应用型本科市场营销专业精品系列教材

消费者行为学

李 捷 编著
宋 磊 参编

北京理工大学出版社
BEIJING INSTITUTE OF TECHNOLOGY PRESS

内容简介

本书主要介绍了消费者行为学的相关知识。全书共十二章，内容包括消费者行为学概论，经济因素与消费者行为，社会因素与消费者行为，文化因素与消费者行为，家庭因素与消费者行为，购买动机与消费者行为，消费者心理与购买行为，学习、记忆与购买行为，消费者态度与消费者行为，个性、自我概念与生活方式，营销因素与消费者行为，消费者购买决策与购买行为。每章附有学习目标、能力目标、导入案例、拓展阅读、本章小结、关键概念以及习题。

本书结构完整、内容新颖，既可作为高等院校市场营销、工商管理等专业的教材，也可作为各层次管理人员和营销人员培训及个人参考用书。

版权专有 侵权必究

图书在版编目（CIP）数据

消费者行为学/李捷编著. —北京：北京理工大学出版社，2020.3（2020.4 重印）
ISBN 978 - 7 - 5682 - 8165 - 2

Ⅰ.①消…　Ⅱ.①李…　Ⅲ.①消费者行为论 – 高等学校 – 教材
Ⅳ.①F713.55

中国版本图书馆 CIP 数据核字（2020）第 030110 号

出版发行 /	北京理工大学出版社有限责任公司
社　　址 /	北京市海淀区中关村南大街 5 号
邮　　编 /	100081
电　　话 /	（010）68914775（总编室）
	82562903（教材售后服务热线）
	68948351（其他图书服务热线）
网　　址 /	http：//www.bitpress.com.cn
经　　销 /	全国各地新华书店
印　　刷 /	北京国马印刷厂
开　　本 /	787 毫米 × 1092 毫米　1/16
印　　张 /	17
字　　数 /	402 千字
版　　次 /	2020 年 3 月第 1 版　2020 年 4 月第 2 次印刷
定　　价 /	48.00 元

责任编辑 / 杜海洲
文案编辑 / 毛慧佳
责任校对 / 刘亚男
责任印制 / 李志强

图书出现印装质量问题，请拨打售后服务热线，本社负责调换

前　言

我喜欢购物，因此，我想更多地了解消费的过程。你呢？

每个人都是消费者，消费者的行为看似简单，实际过程却相当复杂。消费者行为学是为了提供对消费者行为的理解而建立的学科。本书中的许多主题都与读者有专业或个人方面的联系。

从满足生活基本需求到生活方方面面的精致化升级，消费者的消费能力、消费理念、消费方式、消费结构不断发生变化，消费的个性化、复杂度不断提升。无论政府机构还是营销人员、研究人员都对消费者行为的变化投入了更多关注。而在当前经济下行压力以及中美关系不稳定的情况下，国家政策也更多地倾斜于刺激消费来拉动内需。2019年的《政府工作报告》中，"消费"一词出现了16次。2019年8月，国务院办公厅印发《关于加快发展流通促进商业消费的意见》并提出20条稳定消费预期、提振消费信心、拓展消费空间的政策措施。基于这样的背景，本书的编写着重突出了以下三点特色。

（1）新颖性。消费者行为学是一门新兴学科，它在不断发展和变化，不断吸收来自许多学科的营养。本书广泛借鉴消费者行为研究的最新成果和前沿观点，对近年来消费领域出现的新现象、新问题进行了真实反映和探索性研究。本书案例由编者根据近年的营销热点事件改编而成，内容与时俱进，反映了我国消费者的本土化研究及最新的营销实践。考虑到网络消费的飞速发展，本书较传统消费者行为学教材增加了网络消费者行为的研究内容，如网络消费发展的最新趋向、网络渠道融合和网络消费者行为等。

（2）系统性。本书的内容设置和章节安排，都遵循结构紧凑、条理清晰、知识系统化并且便于读者理解的理念。本书围绕影响消费者行为的环境因素、影响消费者行为的营销因素、影响消费者行为的内部因素、消费者购买决策四条主线展开。

（3）应用性。消费者行为学是一门应用科学，将这些模型和理论发现应用到现实中时要特别注意它们的有效性，因此，本书安排了许多新颖生动的案例来支持这些有趣的理论。每章开篇均以导入案例开始，并在行文中穿插拓展阅读小资料，便于使读者有效理解理论知识，再由这些理论联想到实际的消费环境，强调学以致用，使本书更具应用性与趣味性。

本书在编写过程中得到了王洪利教授、范一青副教授、李学军副教授、郑瑞珍副教授、王婉珍副教授、陈芳副教授的大力支持，在此深表感谢。本书的编写还参考了大量文献资料，参考、借鉴、引用、使用了其中的许多观点和材料，改编了大量的企业案例、新闻报道、统计报告并融入编者的认识和理解。为行文方便，未能在书中一一注明，一并列入书后的参考文献中。在此，谨向相关作者表示致敬和感谢！

本书由宋磊编写第一章，李捷编写第二至十二章。全书由李捷设计编写大纲，宋磊负责统稿及修订。由于编者水平有限，书中若有错漏犹存，敬请广大读者批评指正，以便修订时完善。

编　者

目 录

第一章 消费者行为学概论 ·· (1)
  第一节 消费与消费者 ·· (4)
    一、消费 ··· (4)
    二、消费者 ··· (5)
  第二节 消费者行为及网络消费趋势 ······································ (6)
    一、消费者行为 ·· (6)
    二、网络时代的年轻消费者 ·· (9)
  第三节 消费者行为学 ·· (14)
    一、消费者行为学发展简史 ··· (14)
    二、消费者行为的研究内容 ··· (16)
    三、消费者行为的研究意义 ··· (17)
    四、消费者行为学的研究方法 ······································ (17)

第二章 经济因素与消费者行为 ·· (20)
  第一节 影响消费者行为的外在经济因素 ································ (21)
    一、商品价格 ··· (21)
    二、需求弹性 ··· (22)
    三、边际效用 ··· (23)
    四、经济周期 ··· (24)
  第二节 影响消费者行为的自身经济因素 ································ (26)
    一、消费者经济资源 ·· (26)

二、消费者支出结构 …………………………………………………… (31)

第三章　社会因素与消费者行为 ………………………………………… (34)

第一节　社会阶层与消费者购买行为 ……………………………… (36)

　　一、社会阶层的定义与划分 …………………………………………… (36)

　　二、社会阶层的特征 …………………………………………………… (38)

　　三、社会阶层对消费者行为的影响 …………………………………… (38)

第二节　参照群体与消费者购买行为 ……………………………… (41)

　　一、参照群体的定义 …………………………………………………… (41)

　　二、参照群体的分类 …………………………………………………… (41)

　　三、参照群体对消费者的影响 ………………………………………… (42)

　　四、决定参照群体影响强度的因素 …………………………………… (44)

　　五、参照群体的运用 …………………………………………………… (46)

第三节　角色与购买行为 …………………………………………… (48)

　　一、角色概述 …………………………………………………………… (48)

　　二、角色对消费者行为的影响 ………………………………………… (49)

第四章　文化因素与消费者行为 ………………………………………… (52)

第一节　文化概述 …………………………………………………… (54)

　　一、文化的概念 ………………………………………………………… (55)

　　二、文化的特性 ………………………………………………………… (56)

第二节　亚文化 ……………………………………………………… (60)

　　一、亚文化的概念和特征 ……………………………………………… (60)

　　二、亚文化群体的分类 ………………………………………………… (61)

第三节　网络亚文化 ………………………………………………… (64)

　　一、网络亚文化及特点 ………………………………………………… (64)

　　二、二次元亚文化 ……………………………………………………… (64)

　　三、网络短视频亚文化 ………………………………………………… (66)

第四节　文化差异对消费的影响 …………………………………… (67)

　　一、文化差异与文化价值观 …………………………………………… (67)

　　二、与消费者行为有关的文化价值观 ………………………………… (68)

　　三、中国传统文化对消费的影响 ……………………………………… (70)

第五章 家庭因素与消费者行为 ………………………………………… (76)

第一节 家庭概述 ……………………………………………………… (78)
一、家庭的含义 ……………………………………………………… (79)
二、家庭的功能 ……………………………………………………… (79)
三、家庭与其他社会群体的区别 …………………………………… (81)
四、家庭群体的发展及变迁 ………………………………………… (82)

第二节 家庭生命周期 ………………………………………………… (83)
一、家庭生命周期的概念 …………………………………………… (83)
二、家庭生命周期对消费行为的影响 ……………………………… (84)

第三节 家庭消费购买决策 …………………………………………… (86)
一、家庭成员角色的划分 …………………………………………… (86)
二、家庭购买决策的类型 …………………………………………… (87)
三、影响家庭决策类型的因素 ……………………………………… (88)

第六章 购买动机与消费者行为 ………………………………………… (91)

第一节 消费者需要与动机概述 ……………………………………… (92)
一、消费者需要 ……………………………………………………… (92)
二、消费者动机 ……………………………………………………… (95)

第二节 消费者购买动机分析 ………………………………………… (96)
一、购买动机的本能模式 …………………………………………… (96)
二、购买动机的心理模式 …………………………………………… (97)
三、购买动机的社会模式 …………………………………………… (97)
四、购买动机的个体模式 …………………………………………… (98)
五、显性动机与隐性动机 …………………………………………… (98)

第三节 动机研究的主要理论 ………………………………………… (99)
一、马斯洛需求层次理论 …………………………………………… (99)
二、赫茨伯格双因素理论 …………………………………………… (99)
三、麦克里兰成就动机理论 ………………………………………… (100)
四、马歇尔经济人假设理论 ………………………………………… (101)

第四节 消费者动机冲突与营销策略 ………………………………… (102)
一、消费者动机冲突 ………………………………………………… (102)

二、消费者动机与营销策略 ……………………………………………… (103)

第七章 消费者心理与购买行为 …………………………………………… (106)
第一节 感觉与消费者购买行为 ………………………………………… (107)
一、感觉 ……………………………………………………………… (107)
二、感觉阈限 ………………………………………………………… (108)
第二节 知觉与消费者行为 ……………………………………………… (110)
一、知觉的选择性 …………………………………………………… (110)
二、知觉的整体性 …………………………………………………… (111)
三、知觉的理解性 …………………………………………………… (112)
四、消费者知觉过程 ………………………………………………… (113)
五、消费者知觉结果 ………………………………………………… (117)
第三节 情绪、情感与消费者行为 ……………………………………… (121)
一、情绪和情感 ……………………………………………………… (121)
二、消费者情绪的表现形式 ………………………………………… (122)
三、消费者购买活动的情绪过程 …………………………………… (123)
四、影响消费者情绪的主要因素 …………………………………… (123)

第八章 学习、记忆与购买行为 …………………………………………… (129)
第一节 消费者学习概述 ………………………………………………… (131)
一、学习与消费者学习 ……………………………………………… (131)
二、消费者学习的类型 ……………………………………………… (131)
三、学习的进程 ……………………………………………………… (132)
四、消费者学习的作用 ……………………………………………… (132)
第三节 有关消费者学习的理论 ………………………………………… (133)
一、经典条件反射理论 ……………………………………………… (133)
二、操作条件反射理论 ……………………………………………… (135)
三、认知学习理论 …………………………………………………… (136)
第四节 记忆、遗忘与消费者行为 ……………………………………… (137)
一、记忆的含义与过程 ……………………………………………… (137)
二、记忆的类型 ……………………………………………………… (137)
三、消费者的遗忘 …………………………………………………… (139)

四、有关遗忘的学说 …………………………………………………… (140)
　　五、记忆在营销中的作用 ……………………………………………… (142)

第九章　消费者态度与消费者行为 …………………………………………… (144)

第一节　消费与消费者 …………………………………………………… (146)
　　一、消费者态度的含义 ………………………………………………… (146)
　　二、消费者态度的功能 ………………………………………………… (146)
　　三、消费者态度与信念 ………………………………………………… (147)
　　四、消费者态度与购买行为 …………………………………………… (148)

第二节　消费者态度的形成 ……………………………………………… (150)
　　一、学习论 ……………………………………………………………… (150)
　　二、诱因论 ……………………………………………………………… (152)
　　三、认知相符论 ………………………………………………………… (152)
　　四、自我知觉理论 ……………………………………………………… (153)
　　五、认知反应理论 ……………………………………………………… (154)

第三节　消费者态度的改变 ……………………………………………… (154)
　　一、影响消费者态度转变的因素 ……………………………………… (154)
　　二、消费者的个体差异 ………………………………………………… (157)
　　三、改变消费者态度的途径 …………………………………………… (160)

第四节　消费者态度测量 ………………………………………………… (163)
　　一、瑟斯顿量表 ………………………………………………………… (164)
　　二、李克特量表 ………………………………………………………… (164)
　　三、语意差别量表 ……………………………………………………… (165)

第十章　个性、自我概念与生活方式 ………………………………………… (167)

第一节　个性的定义和特征 ……………………………………………… (169)
　　一、个性的定义 ………………………………………………………… (169)
　　二、个性的特性 ………………………………………………………… (169)
　　三、个性的内部结构 …………………………………………………… (170)
　　四、个性与消费者行为 ………………………………………………… (176)

第二节　个性的主要理论 ………………………………………………… (178)
　　一、弗洛伊德的精神分析理论 ………………………………………… (178)

二、阿德勒的个体心理学 ………………………………… (178)
三、荣格的分析心理学 …………………………………… (179)
四、奥尔波特的人格特质理论 …………………………… (179)
五、安娜·弗洛伊德的自我心理学 ……………………… (179)

第三节 消费者的自我概念 …………………………………… (180)
一、自我概念的含义及内容 ……………………………… (180)
二、自我概念的类型 ……………………………………… (182)
三、自我概念与产品象征性 ……………………………… (182)
四、身体、物质主义与自我概念 ………………………… (184)

第四节 生活方式的含义 ……………………………………… (186)
一、生活方式的含义 ……………………………………… (186)
二、生活方式的测量 ……………………………………… (186)
三、VALS 生活方式分类系统 …………………………… (188)

第十一章 营销因素与消费者行为 ……………………………… (193)
一、价格策略 ……………………………………………… (194)
二、产品策略 ……………………………………………… (194)
三、渠道策略 ……………………………………………… (195)
四、促销策略 ……………………………………………… (195)

第一节 4P营销策略与4C营销策略 ………………………… (196)
一、4P营销策略 ………………………………………… (196)
二、4C营销策略 ………………………………………… (196)
三、4P与4C的关系 ……………………………………… (197)

第二节 产品因素与消费者行为 ……………………………… (198)
一、产品生命周期与特点 ………………………………… (198)
二、产品生命周期心理与设计 …………………………… (198)
三、影响新产品扩散的因素 ……………………………… (200)
四、产品造型个性化设计 ………………………………… (201)

第三节 价格因素与消费者行为 ……………………………… (202)
一、消费者的价格心理与营销策略 ……………………… (202)
二、定价策略与技巧 ……………………………………… (204)

三、价格阈限与消费行为 ………………………………………………… (208)
　　四、影响价格判断的因素 ………………………………………………… (208)
　　五、价格调整与消费者行为 ……………………………………………… (209)
　第四节　渠道因素与消费者行为 …………………………………………… (211)
　　一、全渠道时代的消费者行为 …………………………………………… (211)
　　二、线下渠道与消费行为 ………………………………………………… (212)
　　三、线上渠道与消费行为 ………………………………………………… (215)
　　四、渠道冲突与渠道融合 ………………………………………………… (219)
　第五节　促销因素与消费者行为 …………………………………………… (221)
　　一、广告与消费者行为 …………………………………………………… (221)
　　二、公共关系与营销公共关系 …………………………………………… (223)
　　一、品牌重新定位 ………………………………………………………… (224)
　　二、新产品开发 …………………………………………………………… (224)
　　三、人员推销与消费者行为 ……………………………………………… (228)

第十二章　消费者购买决策与购买行为 …………………………………… (232)

　第一节　消费者购买决策与行为模式 ……………………………………… (233)
　　一、消费者购买决策的内容 ……………………………………………… (233)
　　二、消费者购买决策的特点 ……………………………………………… (234)
　第二节　消费者购买决策的类型 …………………………………………… (235)
　　一、根据消费者购买行为的复杂程度和所购产品的差异程度划分 …… (235)
　　二、根据消费者购买目标选定程度划分 ………………………………… (237)
　　三、根据消费者购买态度与要求划分 …………………………………… (237)
　　四、根据消费者购买频率划分 …………………………………………… (240)
　第三节　消费者购买决策过程 ……………………………………………… (240)
　　一、问题认知阶段 ………………………………………………………… (241)
　　二、信息搜集阶段 ………………………………………………………… (242)
　　三、备选方案评估 ………………………………………………………… (244)
　　四、购买决策阶段 ………………………………………………………… (246)
　　五、购后行为阶段 ………………………………………………………… (246)
　第四节　消费者满意与不满意 ……………………………………………… (247)

一、满意与不满意的形成过程 …………………………………………… (247)
二、影响消费者满意的因素 ……………………………………………… (248)
三、消费者不满意的表达方式 …………………………………………… (250)
四、消费者满意的表达方式 ……………………………………………… (251)

参考文献 ……………………………………………………………………… (253)

第一章

消费者行为学概论

【学习目标】

在日趋激烈的市场竞争中，只有掌握消费者行为学方面的理论和知识，才能对消费者购买活动及其相关的原因进行分析和总结，然后量体裁衣式地制定出恰当的市场营销策略。本书关注的是消费者如何购买和使用产品、如何享受与服务，以及他们生活的方式。本章讲述了消费者行为学领域的一些重要方面和原理，这对理解消费者与营销体系相互之间的作用是必不可少的。

通过本章的学习，掌握以下内容。
- 掌握消费者和消费者行为的基本概念。
- 熟悉消费者行为学的研究内容和框架，了解研究和学习消费者行为学的意义。
- 了解消费者行为学的理论基础，掌握研究消费者行为的主要方法。

【能力目标】

通过本章的学习，培养学生以下能力。
- 结合日常实际，能对消费品进行正确的分类。
- 根据自身消费体验并观察他人的消费行为分析消费行为的主要特点。
- 根据消费者行为学的主要研究内容和框架进行相关的案例分析。
- 具有运用消费者行为学的主要研究方法来分析和预测消费者行为的能力。

【导入案例】

大学开学现场成营销轰炸地

年年金秋，旧貌换新颜。一个有点残酷的事实是，校园里永远不缺少新一茬鲜嫩的脸庞。又是一年开学季，大一"萌新"们陆续开学了，大学校园已经被"00后"占据。

"00后"一出生就在互联网化的世界中，他们的成长时期恰好是移动互联网高速发展与内容爆发的阶段。从小接触互联网，智能手机、视频点播、游戏设备和社交媒体伴随着他们的成长、学习、生活，"00后"比之前任何一代都要更熟悉、更亲近互联网，被称为"互联网原住民"。

近七成"00后"大学生在入学前就已经通过各种社交APP结识了新同学,其中"陌陌"和"探探"已经成为当今大学生结识新朋友的首选方式;大约一半的"00后"大学生每天使用社交APP的时间超过5小时;"交友"和"恋爱"是他们在大学期间最想做的两件事;另外,他们在服装、饰品和美容方面的消费倾向更高。这些从他们的入学装备中就能看出来。

相对于"80后""90后"携带大包小包赶往大学校园,"00后"新生的行李箱分量远比前辈们的轻便。他们轻装上阵,行李直接快递,到学校收包裹,独自出发的体验式报到也更多。"一收到录取通知书就买机票了。所有行李都走物流,去的时候带一个背包就够了。去报到时,师兄都问我,你的行李呢?"没错,"00后""空手到"已经红遍网络,让"80后""90后"直呼羡慕嫉妒恨。行李太多可以发快递,忘了带或者没带够的东西,网上下个单直接寄到学校……

与已经"中年危机"的"90后老灵魂"不同,"00后"几乎将家搬到了学校:冰箱、床垫、洗衣机、自行车、扫地机器人……甚至轮胎、摩托车也出现在了大学里的菜鸟驿站中。不少人还玩起了"平衡车、投影仪、无人机"这些新三样,还有吉他、古筝、二胡等乐器。同时使用护肤品一个比一个专业,男生也懂得保养,才貌双全的"萌新"越来越多。

新生陈宇就表示,自己来报到时只背了个背包。"衣物带多了没必要。我在家时已经收拾好了,来到学校确定好宿舍后,就让爸妈给我寄过来。"而关于床上用品等生活必需品,陈宇说:"与其大包小包拎着来,还不如到校后和新认识的室友一起去购买,既可以增进感情还可以熟悉学校周围的环境。当然,还有随时带着的就是护肤品了。形象很重要啊,毕竟要做个精致的男孩子。"陈宇表示,这没什么好诧异的,很多男生都购买了各种护肤品。"化妆品必不可少,证件当然要带齐,衣物带够就行了。"李洁刚入读电商专业,和陈宇的观点一样。在她看来,如今购物方便,缺少的东西可以等报到完成之后再慢慢购买。

陆续成年并进入大学的"00后",正在成为移动互联网新的主力用户。商家们开始把关切的目光投向这个群体。信息渠道的丰富、消费环境的变化和价值观的多元化,让他们逐渐成长为中国商业社会未来最有潜力的消费群体。

想要圈定这些未来的年轻用户并建立品牌好感,今年的开学季商家们的营销大战也激烈得多。铺天盖地的迎新海报和横幅、学长学姐塞给你的传单、在宿舍和食堂楼下排好等着的促销摊位……大学新生们踏入的校园,也是一个被营销包围的小型商业社会。

如今品牌似乎更看重自己与年轻人的关系——比起买买买,获得这群年轻消费者的好感似乎更加重要。京东一口气推出3支视频广告(小饭馆吃饭、加班到凌晨、深夜路边摊),这样的场景乍一看和学生并无关联,但一个有点跳脱的大学生突然出现,带着"一年放两个长假、毫无工作压力、想睡就睡"的特权,其实这个广告想要突出的是大学生在京东享有优惠的"特权"。

腾讯视频和北京电影学院深度合作,用以"闪光电影生活圈"为名的创新营销方式,提前用影视内容点亮了"00后"闪光的大学生活。腾讯视频开学季如图1-1所示。

图 1-1 腾讯视频开学季

淘宝盯上了学生宿舍，号召人们在淘宝上买一些简单工具对宿舍进行装饰改造，并且把改造前后对比照片和购物车截图上传微博。淘宝校园营销如图 1-2 所示。

图 1-2 淘宝校园营销

这是淘宝第一次尝试校园营销，想了解大学生是怎样从淘宝买到自己喜欢的东西和各种"神器"来改造自己将要居住 4 年的环境的。在这个和学生密切相关的生活场景中，"万能的淘宝"无疑是淘宝想要强调的品牌属性。

思考："00 后"大学生有哪些不同于"80 后""90 后"大学生的特点？商家应如何吸引"00 后"大学生的注意力并建立品牌好感？

第一节 消费与消费者

一、消费

消费是最终需求，既是生产的动力和最终目的，也是人们对美好生活需要的直接体现。中国广阔的消费市场需求释放着能量，也蕴含着供给提升的潜力。2018 年消费对我国经济增长的贡献率继续提升，商务部市场运行司副司长王斌指出，从社会消费品零售总额的规模看，我国目前稳居世界第二位，与美国零售与餐饮业销售额的差距进一步缩小。我国消费结构仍处于上升期，消费规模稳步扩大，消费模式不断创新，消费升级趋势不变，消费贡献进一步增强。消费升级在我国还将经历较长的发展阶段。

消费是人类通过消费品满足自身欲望的一种经济行为，是一个涉及社会、心理、文化、宗教等复杂因素的行为过程。具体说来，消费包括消费者的消费需求产生的原因、消费者满足自己的消费需求的方式、影响消费者选择的有关因素。

科技的进步拓展了新的消费方式，改变着人们的生活："无人超市""网络支付""网络外卖""无人机快递"……这些原来存在于"未来"的名词，如今成了现实。消费者的消费习惯正从物质性消费向精神性、享受性和文化性消费转变。消费对象既是实物商品，也是服务商品，同时还是体验性商品，新消费正成为一种新的时尚。

★ **拓展阅读 1-1**

新消费催生新职业

今年 32 岁的胡功苗是百世快递杭州转运中心的一名员工。他每天的第一项工作就是打开手机，浏览前一天的数据报表，然后检查每一条线路是否存在异常，并计算出当天需要几辆车来运货，把需求发送给承运商，承运商再把承接任务的驾驶信息反馈给他。后来，百世快递独家自主研发了百世智能调度引擎，这套基于机器学习算法的智能调度和路由规划系统，能够在一两分钟内精准计算出数千个订单的配载方案和配送路径。

胡功苗是一位"运力专员"。在人工智能调度引擎的协助下，他管理着 62 条发车路线和 20 个线路承运商，每天可以为转运中心省下 10 万元。

"运力专员"是一个崭新的职业，是在新消费背景下应运而生的。其主要职能就是尽可能优化车辆的调度，合理匹配人、货、车、线路，以降低公司运营成本。

二、消费者

顾名思义，消费的先行条件必须要有消费者。

人们的社会身份是千差万别的，不是每个人都能成为医生、教授、学者、记者，然而面对市场经济时，都具有一个共同的身份——消费者，而且这个身份伴随生命的始终。每个人在每天的生活中，必会遇到一系列与消费有关的决策。早餐选择豆浆、油条还是牛奶、面包？搭乘公交车还是出租车上班？到哪家超市或商场购买日用品？买房还是租房？对于诸如此类问题的全面了解，有助于消费品企业制定有效的营销策略。

消费者的概念有狭义和广义之分，两者的区别主要在于购买目的的差异。广义的消费者是指购买、使用各种产品与服务的个人或组织；狭义的消费者，是指为个人的目的购买或使用产品和接受服务的社会成员。也就是说，购买商品的目的主要用于个人或家庭需要而不是经营或销售，是消费者最本质的一个特点。作为消费者，其消费活动的内容不仅包括为个人和家庭生活需要而购买和使用产品，而且还包括为个人和家庭生活需要而接受他人提供的服务。但无论是购买和使用商品还是接受他人提供的服务，其目的只是满足个人和家庭需要，而不是满足生产和经营需要。本书主要从狭义的消费者角度讨论消费者的行为。

在现实生活中，同一产品或服务的购买决策者、购买者、使用者可能是同一个人，也可能是不同的人。比如大多数成年人用品，很可能是由使用者自己决策和购买的，而大多数儿童用品的使用者、购买者与决策者很有可能是分离的。在消费决策过程中，不同类型的购买参与者及其所扮演的角色不同，如果把产品的购买决策、实际购买和使用视为一个统一的过程，那么出现在这个过程中任一阶段的人都可称为消费者。

消费者可以有多种类型，从请求妈妈买小猪佩奇玩具的 5 岁小孩，到为数百万元的房产作购买决策的新婚夫妇。人们消费的商品包括服装鞋帽、奶茶、房产、明星周边产品等一切事物。而被满足的需要与欲望则包括饥渴、爱情、尊严、地位甚至精神。由于消费者需要的多样化，消费者所消费的产品与服务也是种类繁多的，因此其分类方法也不同。

★拓展阅读 1-2

"90 后"消费观念

改革开放四十年的滚滚浪潮，改变了中国人的消费观念。

"90 后"已经毕业进入社会了。当有了第一笔自己可支配收入的时候，他们与上一代人不同的消费观念影响了整个消费市场。"90 后"家里无论贫穷与富裕，几乎从未挨过饿，大多数是独生子女，是全家的掌上明珠，其中很多人对成功没有执念。因此"90 后"不同的消费观念值得密切关注。

以前人们把卖肾买苹果手机当笑话说，但是大量数据显示，有非常多的"90 后"愿意借钱购买奢侈品。有些"90 后"初中毕业就出来打工了，一个月差不多有四五千元收入，却一年到头存不下一分钱，常年使用各种现金贷借钱。但是他们仍然会购买新款手机，也会去海底捞消费，还会去好乐迪唱歌，新出的电影一部都不会落下观看。

消费品按照形态可分为两类，有形物品与无形服务。有形物品是指服装、食品、手表等具体产品。无形服务则是指抽象和不可见的消费对象，如理发、外科手术。还有些消费品的形式介于有形和无形之间，例如在餐厅就餐，既有有形的物品（如饭菜、就餐的桌椅、饭厅的装修布局），也有无形的物品（如餐厅服务员的服务、厨师的技艺等）。有形物品按照消费使用的时间长短分为快速消费品和耐用品。快速消费品主要包括个人护理品、食品饮料类、烟酒类、保健品、医药类，而耐用品主要包括家用电器、房产、交通工具、建筑材料等。

第二节　消费者行为及网络消费趋势

一、消费者行为

消费者行为是指人们为了满足需要和欲望而寻找、选择、购买、使用、评价及处置产品和服务所表现出来的行为过程。消费者行为是一个持续的过程，而不仅仅是消费者掏出货币买到商品或服务那一刻发生的交易。尽管交易仍是所有消费者行为中的重要部分，但广义的观点强调消费的全过程，包括购买前、购买中和购买后影响消费者的所有问题。消费者不仅应了解如何获取产品或服务，而且还应了解怎样使用或消费产品，同时对使用后的产品作进一步的评价，以验证自己的购买决策是否正确，从而产生购后感受。这种感受将影响以后的购买行为。

消费者行为具有以下特征。

（一）消费者行为具有多样性和复杂性

消费者行为的多样性主要表现在两个方面：首先，同一消费者在不同时期、不同情境、不同产品的选择上，其行为均呈现出很大的差异；其次，不同消费者有不同的需求和偏好，购买动机和购买行为也有差别，不同消费者在年龄、性别、民族传统、宗教信仰、生活方式、文化水平、经济条件、个性特征和所处地域的社会环境等方面的主客观条件千差万别，由此形成复杂多样的消费行为。以早餐为例，豆浆油条、馒头煎饼、米面粥等传统中式早餐是中国消费者的首要选择；燕麦、麦片、面包、吐司广受美国消费者欢迎。年轻消费者喜欢简单方便，经常在早餐车和饭馆买早餐，而中老年人则注重营养和健康，更习惯在家用早餐。

消费者行为的复杂性，一方面，可以通过消费者行为的多样性、多变性反映出来，如买洗发水和买汽车的购买决策复杂性表现有很大差异；另一方面，也体现在消费者行为受很多因素的影响，这些因素不仅包括消费者自身的个体与心理因素（如消费者动机，消费者感知觉，消费者态度、个性和生活方式，消费者所拥有的时间、经济、与购买相关的知识资源等），还包括影响消费者行为的外部因素（如文化、家庭、社会阶层、参照群体和营销刺激等），这些外部因素对消费者的影响有的是直接的，有的是间接的，也有的是单独的，还有的则是交叉或相互的。正是这些影响因素的多样性和复杂性决定了消费者行为的多样性。

★ 拓展阅读1-3

王妃效应不可想象！凯特同款一秒售罄

凯特王妃是英国民众公认的带货女王，凭借出色的着装品位，她每次亮相的装扮都能让人种草。出身平民的凯特王妃平日的穿搭都非常亲民。ZARA（飒拉）作为平价快时尚模式的领军品牌，是凯特王妃非常钟爱的服装品牌。ZARA 在凯特王妃身上的出镜频率相当高，无论春夏秋冬，ZARA 从不缺"王妃同款"。

凯特王妃在新婚后度蜜月的第一天就穿上来自 ZARA 的蓝色百褶连衣裙搭配黑色外套，同年，菲利普亲王的 90 岁生日庆典，她仍是同一条 ZARA 蓝裙子加外套；2011 年圣诞节前夕的慈善音乐会，凯特王妃穿的小印花裙同样来自 ZARA；不仅如此，凯特王妃还亲自去店里选购服装，可见凯特真是 ZARA 的忠实粉丝。这些平价又时尚的"王妃同款"每次都以光速被消费者抢购一空。

2019 年 9 月 19 日，凯特王妃参观了伦敦家庭护士伙伴关系——阳光之家。当天，凯特王妃身穿波点上衣搭配 ZARA 黑色阔腿裤，造型简约舒适，将平价单品穿出了高级感。照片曝光后该款裤子再度全球售罄。

2018 年 6 月，英国女王官方生日皇家阅兵庆典期间，凯特王妃身穿 ZARA 浅蓝色细条纹连衣裙，温馨又舒适。之前的皇家慈善马球赛，凯特王妃带着小王子和小公主一起出席，穿的也是这一条连衣裙。其售价仅为 69.9 美元（折合人民币约 440 元），凯特王妃穿过后该款瞬间被一抢而空。同年 5 月，在霍顿赛马会上，凯特王妃穿了另一条售价为 70 美元（折合人民币约 450 元）ZARA 蓝色花纹连衣裙，也是分分钟售罄。

2014 年凯特王妃随威廉王子出访澳大利亚和新西兰，穿的是 ZARA 双排扣小西服配 ZARA 牛仔裤；加拿大之行，她穿的白色小西服和黑色牛仔裤还是 ZARA 的；参加朋友婚礼时穿的黑色印花连身裙亦是出自 ZARA。不仅是衣服，就连首饰，凯特王妃也会戴 ZARA 的。2013 年，凯特王妃出席《曼德拉自传：漫漫自由路》英国皇家首映会，以一袭白色礼服搭配波光粼粼的"钻石"项链走红毯而惊艳全场。其实这款流光荡漾的"钻石"项链是 ZARA 的仿钻项链，售价仅为 35 美元（折合人民币约 210 元）。为了和凯特王妃拥有同款项链，在 ZARA 官网以及实体店此款项链被人们抢购一空，生动演绎了何为"手慢无"。可见英国王妃魅力之大。

（二）消费者决策的多人参与性

不管是简单的消费行为还是复杂的消费行为在整个消费决策过程中参与或影响决策的往往有许多人。在商场购买日化类的小商品时，品牌导购的介绍和推荐在一定程度上左右着消费者的选择。按照购买角色理论（表 1-1），不同的人在整个消费决策中担任着不同的角色。如一个家庭要购买一台学习机，倡议者可能是孩子，他认为学习机有助于查找信息资料，提高学习效率；影响者可能是祖父，他表示赞成；决策者可能是母亲，她认为孩子确实需要，家庭也有购买能力，在权衡利弊之后决定购买；购买者可能是父亲，他到商店去选购、付款；使用者主要是孩子。掌握消费者在购买产品过程中的角色，对营销者制定相应的营销策略具有重要意义。以前，很多生产早餐麦片的企业将重点放在与儿童的互动上，将大量广告投放在周末儿童节目上，后来他们发现早餐麦片主要由母亲购买，孩子只是在品牌选择上有些影响力。自此之后，企业将更多的注意力放在与母亲的沟通上，更多关注的是她们如何作出早餐麦片的购买决定。

表1-1 购买角色类型

角色类型	角色描述
倡议者	首先提出有意购买某一产品或服务的人
影响者	其看法或建议对最终购买决策具有一定影响的人
决策者	在是否买、为何买、如何买、哪里买等方面作出部分或全部决定的人
购买者	实际购买产品或服务的人
使用者	实际消费或使用产品、服务的人

(三) 消费者行为的动态性

消费者行为具有动态性,企业应根据消费者行为的这一特征有效地安排营销活动。

一方面,消费者在获得、使用和处置产品时在时间上会遵循一定的顺序,这为企业洞悉和影响消费者提供了某种条件和可能。比如在获知某个消费者购买了私人汽车后,知道自己随后将购买保险、内部装饰品等产品和服务,到郊区旅游、到更远的饭店就餐的可能性也将增加;又如在获知某个消费者购房后,随后将装修房屋,这涉及很多产品的购买,包括装修材料、家用电器、生活用品等。

另一方面,消费者的动态性还表现为单个消费者的行为会随时间而变化。比如,上小学时喜欢喝碳酸饮料的女生,到了中学爱上了奶茶,而上大学时为了健康改喝枸杞水。儿童期喜欢粉色、红色等颜色鲜艳的服饰的女生,青春期却中意黑白灰棕系列的服饰,到了中年期会选择面料舒适且颜色较亮的服饰。随着年龄的增长,社会经验的丰富,职业、兴趣、价值观的变化,消费者行为也会有诸多变化。

★拓展阅读1-4

《还珠格格》重播:皇后风评逆转,令妃被指心机

2018年夏天,《还珠格格》迎来了自首播20年来的第16次重播,而重播的收视率竟飙到了首位,堪称"镇台神剧"。

《还珠格格》作为童年"回忆杀",许多看着它长大的观众纷纷打卡重温剧情,然而,这一次剧情重现,很多人找到了跟以往完全不同的点,还引发了关于电视剧的大讨论。不少网友惊呼"童年是用来颠覆的""尔康骗了我一整个童年""我居然被皇后娘娘圈粉了""原来容嬷嬷是好人""紫薇那个吹牛女孩"。微博热搜上,"尔泰喜欢小燕子""令妃心机女"等话题轮番上榜。还有网友表示,当年的台词现在听着让人无比尴尬,只能说长大后的世界太奇妙。

小时候的智商真的不够用。按童年时候的想法,毫无疑问小燕子和紫薇都是好人,容嬷嬷和皇后是十恶不赦的坏人,而令妃温柔贤淑、善解人意,深受大家的喜爱。

长大之后再看《还珠格格》,却发现凶神恶煞的皇后娘娘只是一个敢爱敢恨、不善阿谀奉承的耿直女人。一根直肠子,心里想什么全都表现在脸上。不仅如此,网友也更能体会《还珠格格》里皇后的心情,点出皇后身为后宫掌管者,突然出现两个来历不明的格格,并

且不停地破坏各种规矩,在这种情况下怎么可能不出手对付,就像在职场中,不可能有主管会喜欢屡次破坏公司规定的新进员工。而曾经被人痛恨的容嬷嬷也只是忠心护主,就连她给小燕子扎针也被网友发现细节"怕误伤把针尖握手里"。

皇后和容嬷嬷终于沉冤得雪,而真正的心机女却是令妃。小时候看《还珠格格》,觉得令妃是个大好人,帮小燕子和紫薇一次次渡过危机;如今再看,却发现令妃娘娘为了讨皇上欢心,见风使舵,拉拢小燕子和紫薇,保住了自己的荣宠,扶自己的儿子上了位,打败了皇后,送走了香妃,笑到了最后,最终成为人生赢家,而皇后只会说"忠言逆耳啊皇上!"

重播了16遍的剧,每次看都有新发现。当然,剧没变,变的是看剧的人,大概这就是"成长的力量"吧!

(四) 消费者决策的多维性

消费者购买商品涉及一系列决策,包括是否买、买什么、为何买、如何买、何时买、去哪买、买多少、如何支付;是在实体店购买,还是网购;是刷卡支付、刷脸支付、微信支付、打白条还是现金支付……诸如此类的问题,在购买过程中时时刻刻涌现在大脑中,等待作出选择。

(五) 消费者行为具有可诱导性

大多数消费者购买商品时是凭感觉和印象进行购买的,同时消费者普遍存在追求价廉物美、求实从众、求名争胜、求新趋时、求奇立异等购物心理倾向。营销者应根据消费者购买商品或服务的原因和动机制定相应的营销策略。他们对商品缺乏专业性了解,属于非专业性购买,一些消费者在购买商品时会出现犹豫不决的情况,有时有些消费者对自己的需要并不清楚。如消费者喜新厌旧,在求新动机的支配下,特别注重商品的款式、色彩、流行性、独特性与新颖性。因此,华为的智能手机Mate30系列支持包括超级无线快充、侧边触控、隔空玩手机、超慢动作拍摄等新奇功能,很快受到了消费者的热捧,市场占有率超越苹果手机,成为线上最受欢迎的手机品牌。

二、网络时代的年轻消费者

移动互联网时代的到来,使网络消费达到前所未有的水平。2018年网上零售额超过了7万亿元,较2017年增长24%。网络零售对全国社会零售品总额的贡献率达到45.2%,而10年前即2008年,这个数值刚刚突破1%。2019年的《政府工作报告》中,"消费"一词出现了16次。报告特别指出要"发展消费新业态新模式,促进线上线下消费融合发展"。5G、人工智能、大数据、云计算、万物互联等这些新业态,把新的智能产品带入人们的生活中,不仅了解基本需求,甚至可以预测消费者的需求,消费的智能化升级又将带来新一轮的经济增长。

网络营销改变了消费者与企业之间互动的形式,使人们能够打破时间和地域的障碍获取商品。它极大地改变着人们的消费模式,改变了人们从购物到饮食、从社交到娱乐、从理财到医疗的生活习惯和消费习惯。网络不仅打破了传统的渠道形态结构,更颠覆了传统的消费行为。无论是在信息获取、商品选择还是交易方式上,网络都对消费者的心理和行为产生了重大的影响。网红经济、粉丝经济等新模式出现,创意营销也层出不穷。从微信公众号的趣味图文到小红书上的明星短视频都成为重要的营销手段,让消费者在愉悦中被悄悄"安利"。

世界正变得越来越小,消费者的观点和欲望正日益受到网络的影响。消费心理和消费行为表现得更加复杂和微妙。也许拉上三五好友,穿越半个福州去吃大众点评上评分第一的那家自助,然后在评论区写下上千字评论;也许去吃那家马蜂窝美食攻略中的"种草"已久的网红火锅,然后在朋友圈深夜"放毒"。网络还为全世界的消费者提供了一个便利途径,让人们分享意见以及交换他们关于产品和服务的体验信息。想象一下,几个女大学生每月在美岐学生街聚会一次,喝着奶茶讨论她们的共同爱好;现在这一群体可以扩大几千倍,包括来自世界各地的人,他们因为对体育、彩妆、健身、旅游、游戏、偶像或者美食等的爱好而聚集在一起。社交网站成为网络消费者获取信息的主要渠道,而电商平台也已经开始成为某些快速消费品的主要销售渠道(根据贝恩咨询的研究报告:10%的护肤品、11%的彩妆、21%的婴儿奶粉、34%的纸尿裤的销量都来源于电商渠道)。

作为互联网时代的原住民,以"95后"为代表的年轻消费群体不再具有整齐划一的特征,他们的职业观、生活观和消费观更为个性化,开始追求更大的选择权和更佳的购物体验,展现出兴趣优先、注重体验、理性消费等多元化特征。这些特征影响着网络消费的未来走向。

这个细分市场超越了它在数字方面的强大实力。年轻消费者在全国总人口中的占比为15%,在网民中的占比为28%,但是他们的消费影响力远远超过了他们在人口中的比重。从整体网络消费规模占比来看,随着中国整体生活水平的提高和消费的不断升级,"90后"消费者正以年均11%的速度增长,逐渐成为网络消费的中坚力量。而"00后"年轻消费者群体也正在强势崛起,并将对整个网络消费产生多维的影响。波士顿咨询预测,到2020年,30岁以内,成长在社交媒体时代的年轻一代会为中国消费市场贡献一半的消费。

(一)年轻消费者的新特征

①很年轻,文化程度高。

②注重自我,各自有一些独特的、不同于他人的喜好,有独立的想法,对自己的判断非常自信。

③头脑冷静,擅长理性分析,不会轻易被舆论左右、受潮流影响。

④对新鲜事物的追求孜孜不倦,喜欢追根究底。

⑤品位越来越高,对产品和服务的质量和精细程度都相当高,在购物时有自己的标准。

⑥消费观念发生了很大变化。绿色消费和理性消费将成为主流价值观。

作为未来5~10年中产消费的中坚力量,年轻消费者在旅行、娱乐、育儿等领域展现出别具一格的态度。他们崇尚说走就走的旅行,喜欢去影视剧和书中的场景打卡,而且喜欢不作攻略、随心而动。数据显示,50%的"95后"会受影视、书籍的影响出游;他们是在线购票观影的主力军,票房贡献率超过57%,并乐于分享观影体验。阿里影业灯塔数据显示,"90后"观影后评分渗透率2年内从24%提升到66%,他们也是现场娱乐的主力军;大麦网数据显示,"90后"最喜欢的演出类型是演唱会,在草莓音乐节购票人群中,"90后"及"00后"的占比超过90%。

在消费层面,"90后"也更加理性成熟,去哪里买、买什么、为何买以及购买后的思考,都成为他们消费时的优先考量。和上一辈"贵的就是好的"的消费观念不同,年轻消费者重视品质,但不盲从价格,也不盲目追求国外品牌。这种更成熟的消费观念,表现在他们会在有限的消费预算里选择最适合自己的商品,"淘宝心选""网易优选"等"去品牌化"产品的"90后"消费者占比逐年增加。

消费需求进一步变化,从"买便宜的"到"买优质的"、从买"大众的"到买"小众的"、从买"商品"到买"服务"、从"拥有"物品到"共享"物品,从满足生活基本需求到生活各方面的精致化升级,消费者的消费能力和消费理念都在发生着变化。消费者不满足于基本的物质生活需求,更愿意为品质买单,消费的个性化和复杂度不断提升。

年轻消费者热衷于新鲜的购物体验,偏爱直观且互动的营销方式,直播、短视频、社交平台都是"种草"好渠道。在消费过程中追求体验与互动,通过观看直播购买商品的转化效果持续提升,容易被网红博主"安利"。

年轻消费者有明显的超前消费意识,信用消费习惯已经养成,是线上消费分期付款的核心人群。但"90后"的信用消费有节制,超过90%的人不会把花呗额度用完。

年轻消费者是跨境电商消费的绝对主力人群,与去年同期相比,"90后"在品类上越买越丰富且呈现升级趋势,在数码、宠物、个护类的消费占比进一步提升,可见"90后"正越来越注重生活各方面的品质升级。相比于其他代际的消费者,年轻消费者看重新鲜、小众和高品质,需求也越来越细分,这也驱动天猫国际引入更多新品类和新品牌。

(二) 年轻消费力推动下的网络消费趋势

1. 原创消费大众化

在产品多元化、选择多样化的当下,那些有理念、有个性、有设计感的原创品牌尤其受到年轻消费者的喜爱。2018年中国线上的原创产业较上一年增长33%,其中"90后"贡献率达40%,消费金额同比增长近50%。原创服饰方面,2018年"90后"对国潮服饰的消费金额贡献率达65%,较2017年激增450%。原创文创商品成为文艺"90后"新宠,以故宫博物院为代表的博物院文创商品尤其火热,"90后"消费占比快速提升,最近一年"90后"博物馆类文创消费规模增幅超过2倍。

2. 内容付费多元化

"斜杠青年"居多的年轻消费者有很强的学习欲望,愿意不断学习不同领域的知识,以提升自我,也愿意为有价值的内容买单。沪江平台不同年龄段的消费者中,"90后"在兴趣类课程中占比达65%以上且逐年提高。"90后"学习第二外语的人数也最多,其中日语最受欢迎,他们也是音频内容付费的主力人群。

从喜马拉雅数据来看,"90后"用户收听广播的内容呈现出多元化趋势,有声小说、外语及商业类均受到他们的喜爱。以《晓说》《圆桌派》《一千零一夜》为代表的"泛文化"

节目,也受到"90后"的欢迎,优酷数据显示,他们在泛文化类线上视频观看人数中占比为48%。

3. 颜值经济爆发

年轻消费者对"美"的极致追求,为以颜值为切入点的商品与商业模式带来更多市场,从护肤、彩妆到医美、健身,全面引爆颜值经济下各个领域的产品与服务升级。大数据显示,"90后"是线上美妆消费的主力人群,消费贡献超越了"80后",并开始涉足高端"贵妇品牌",人均消费以双位数快速提升。

年轻消费者对待医美的态度也更为开放,主导颜值革命。从医美类APP数据来看,平台近60%的用户为"90后"。值得注意的是,追求美也不再是女性的专利——每7个"90后"整形用户中就有1个男性。

年轻人的颜值追求也不止于脸,对好身材的执念让他们成为运动健身市场的主要消费者。在线运动平台Keep的数据显示,瘦腿和翘臀是女生的健身诉求,而男生则更想要腹肌和胸肌。

4. 粉丝经济迭代

移动互联网时代,明星与大众的距离显著拉近,产品代言、街拍路透、直播"种草"……明星的影响力正在全方位渗透到年轻人中。追星将越来越成为年轻人的生活方式,他们通过娱乐资讯和明星结交朋友,引发社交话题。

由于年轻消费者更愿意为明星同款支付溢价,因此,明星各品类跨界周边带动了粉丝经济不断升温。"90后"尤其喜欢购买明星同款,其中女性贡献了3/4的消费。商家(尤其是运动品牌)顺应趋势,纷纷通过明星合作款来推广产品,以板鞋、休闲鞋、跑步鞋和运动T恤等品类最为常见,且均呈现出"90后"消费者更愿意为明星同款付费的趋势。当然,"90后"消费者也更愿意为偶像代言的商品买单,以蔡徐坤为例,对于代言品牌养生堂的商品销售拉动效果明显。

5. 宠物消费升级

作为独生子女的一代,"90后"对陪伴的情感诉求一定程度上推动了宠物经济的发展。"90后"在宠物商品上的消费增速几乎是整体人群的两倍,购买品类主要集中在猫粮和狗粮上,其中猫粮的消费占比连续三年快速提升,可见"撸猫"已经成为潮流。

而且更愿意尝鲜的"90后猫奴"喜欢购买趣味猫零食"饲主",还会针对性地挑选专业猫粮和功能型猫粮以及专业的局部清洁产品,力图给"猫主子"们最好的生活。同时,他们也注重和宠物的情感交流,和爱宠一起穿"亲子装",为爱宠买生日蛋糕庆生也成了"90后"生活中必不可少的仪式。

6. 社交消费"圈子"化

随着消费社交化趋势愈加明显,在年轻人群中,消费已然成为社交生活的副产品。在这一趋势中,基于熟人关系的泛社交圈子已经无法满足年轻人的需求,追星圈、跑步圈和旅游圈等愈加细分的社交圈层,正在对年轻人产生更大的影响力。

以追星为例,追星社交APP的出现为广大粉丝提供了便利的线上交流平台,Owhat用户中最大的群体是"90后",人数占比超过六成。

跑步圈中的各类活动使都市跑步人不再孤单,"90后"正在越来越多地参与跑步APP攒的新型社交局。悦跑圈数据显示,"星座挑战""距离挑战"等主题深受"90后"跑者欢迎。

7. 租经济深入渗透

新租赁经济正在进入全面发展的快车道。从租房租车到租衣服租包,在人们的刻板印象中喜欢冲动消费的小年轻们,也越来越偏爱"以租代买"的轻生活。他们认为这种生活方式更经济环保,也更潮更时尚。

相较"80后",不愿被房贷捆绑的"90后"购房意愿较低,租房成了年轻人的首选。以租房平台巴乐兔的数据为例,"90后"在租房人群中占比接近70%。不但住的地方可以租,而且穿的用的也可以租。租衣就堪称一种用有限的预算实现更多时尚体验,且低碳环保的生活方式。据服饰租赁平台衣二三数据显示,"90后"用户占比达46%,日常和通勤装的出租更为普及,人均每月租衣次数达3.6次。

出行方面,"90后"是各种共享出行工具的主要用户。哈啰出行数据显示,共享单车用户中"90后"与"00后"占比超过50%。共享汽车平台EVCARD数据显示,"90后"用户占比逐年提升,2018年占比达到1/3,他们的主要出行地点集中在时长1小时、距离30千米内的短途旅行中。

值得注意的是,不同于传统租赁经济,"信用租赁"通过芝麻信用"免押"模式,赋能商家,降低年轻人体验全新生活方式的门槛。在使用芝麻信用免押租物、租房、租车的用户中,"90后"占比均超过50%。

8. 懒人经济全面展开

当年轻人群成为消费主力军,"懒"已不再是传统意义上好逸恶劳的贬义词。他们的"懒文化"与优质生活需求正在催生更多的新业态,让这届年轻人不再以懒为耻。

年轻人懒吃的追求,为外卖、速食、手机点单等新产品和新服务带来更大的市场。除了吃,看病也可以足不出户,线上问诊APP丁香医生的用户中近2/3是"90后",且用户黏性大,打开APP频次远高于其他年龄段。"90后"的消费追求也激励着更多的公司在服务"懒人"方面不断推陈出新,由此形成一个良性的商业闭环,"智能科技+互联网"将会是日后市场的动力和方向。

年轻消费者所处的消费时代是中国经济发展和互联网科技创新共同加持的消费时代。他们从自己的需求出发"主动消费",不轻易追随潮流,不喜欢缺失性补偿或者攀比性的被动消费。他们独有的购物、社交、娱乐、出行等消费习惯,对企业打造极致顺畅的消费体验提出了更高的要求。他们自信,有主张,有鉴别力,也有版权意识并且尊重原创,愿意为"体验"和"品质"买单。

这样一个更加成熟的消费市场为中国商业品质升级和原创品牌的成长提供了难得的契机。中国经济的"品质"消费升级时代将伴随这一代年轻消费力的崛起而到来。

第三节　消费者行为学

狭义的消费者行为仅仅指消费者的购买行为以及对消费资料的实际消费。而从广义上来说，消费者行为包括消费者为索取、使用、处置消费商品所采取的各种行动以及先于且决定这些行动的决策过程，甚至包括消费收入的取得等一系列复杂的过程。消费者行为是动态的，涉及感知、认知、行为以及环境因素的互动作用，也涉及交易的过程。

消费者行为学领域涵盖了很多方面，它研究个体或群体为满足需要与欲望而挑选、购买、使用或处置商品、服务、观念或经验所涉及的过程。心理学、营销学、社会学、经济学、人类学和历史学等许多不同学科的观点塑造了消费者行为学这一学科，现在则更进一步加入数字技术、人工智能（AI）、网络科学和社会物理学。事实上，很难想象还有哪个领域比消费者行为学更具跨学科性。受过各类学科专业训练的人才现在正进行消费研究。

一、消费者行为学发展简史

自从有人类以来，消费者行为的点滴思想观念就与人们的消费实践同步出现。所以，人们对于消费者心理与行为的关注以及经验描述有着悠久的历史。但直到19世纪末20世纪初才出现对消费者心理和行为的专门研究，主要出现在广告和促销研究中，希望通过对消费者的了解改善广告传播的效果。美国心理学家W·D·斯科特（W. D. Soott）在1908年出版的《广告心理学》中首次提出在广告宣传上应用心理学理论，这不仅是第一部有关消费心理学的著作，而且也是消费心理学的一个组成部分——广告心理学诞生的标志。

从20世纪30年代到60年代，消费心理与行为研究被广泛地应用于市场营销活动中并得到迅速发展。消费者研究发端于早年的美国，主要是受商业目的驱使展开的对消费者的种种测试。消费心理学在消费者需求、购买动机、消费习惯、品牌忠诚、参照群体影响、风险知觉、新产品设计、潜意识与广告等方面积累了大量的研究资料，为消费心理学成为一门比较完整的独立学科打下了良好的基础。1960年，美国心理学会成立了消费者心理学分会，并创办了《广告研究》杂志，这被学术界视为消费心理学科正式建立和形成的标志，也是消费者行为学开始确立其学科地位的前奏。

20世纪50年代，受社会学、行为学的影响，营销学开始加入"社会人"的角度，并且提出"消费者行为学"（Consumer Behavior）的概念。1965年，由于企业营销工作发展的要求与推动以及对消费者行为研究的广泛与深入，美国俄亥俄州立大学正式提出了第一份《消费者行为学》教学大纲，标志着消费者行为学发展成一门有系统的理论研究并成为一个独立的学科。1968年，第一部消费者行为学教材由俄亥俄州立大学的恩格尔（James Engel）、科拉特（David Kollat）和布莱克维尔（Roger Blackwell）合著并出版，教材中提出了消费者决策的最早模式。1969年，哥伦比亚大学的霍华德（J. A. Howard）和谢斯（J. N. Sheth）合著并出版了《购买者行为理论》（The Theory of Buyer Behavior）一书。自此之后，西方学者研究消费者行为理论蔚然成风。20世纪70年代以后，西方国家的商业院校中普遍开设了消费者行为学。

随着理论和实践的发展，消费者行为研究已形成独立的学科体系，并成为企业制定营销策略的基础。因此，消费者行为研究在市场营销理论体系中占有重要的基础性地位，是研究市场细分、目标市场选择、市场定位、营销战略与策略组合的基本出发点。

随着社会生产、科学技术的飞速发展，影响消费者行为的因素从传统走向革新，有关消费者心理与行为的研究也在不断发展、深化。在1969年霍华德与谢斯合著的《购买者行为理论》一书中指出，重要的研究前提是购买者信息不完全、不充分；而互联网和数字媒体的普及，提供了越来越充分甚至完备的信息，即已经进入信息完全的环境中。大数据使了解消费者行为的方法、途径和效果与以前大相径庭，原来高度难解的"消费者黑箱"已经成为大数据可以跟踪分析、预判的"消费者画像"。消费者也因为信息充分而拥有了最大的主动权和话语权，有了迥然不同的思考和行为模式。所以，消费者行为学的理论得到不断修正、更新乃至重构，智能技术将进一步改变消费者行为学，使其成为走向大数据时代的、信息充分条件下的消费者行为学。消费者行为学作为一门"古老而年轻"的学科，其演化耐人寻味、催人深思。消费者行为学演化的大事年表见表1-2。

表1-2 消费者行为学演化的大事年表

时 间/年	事 件
1940—1950	开始出现消费者动机研究（Motivation Research）
1960	美国心理学会成立了消费者心理学分会
1963	提出生活方式（Life Style）概念
1965	俄亥俄州立大学提出《消费者行为学》的教学大纲
1968	恩格尔等的《消费者行为学》出版
1969	霍华德—谢斯（Howard – Sheth）提出购买者行为理论
1974	《消费者研究学刊》（JCR）创刊
1982	自我概念（Self Concept）被引入消费者行为学（Sirgy, 1982）
1985—1991	受限意向行为理论（Theory of Planned Behavior, TPB）产生并完善
1992	《消费者心理杂志》（JCP）创刊
1995	《数字化生存》（Being Digital）一书出版
2001	品牌社群（Brand Community）概念提出
2002	《消费者行为杂志》（JCB）创刊
2004	社交媒体Facebook出现
2005	提出消费者文化理论（Consumer Culture Theory, CCT）
2007	提出数字化营销（Digital Marketing）
2009	提出"消费者决策进程模型"
2010	数字化媒体与数字化消费者行为概念与研究出现
2011	社交媒体微信出现

二、消费者行为的研究内容

如同人类行为是复杂多样的一样,消费者行为也是难以完全理解的复杂问题。消费者行为可被看成是由两个主要部分构成的。①消费者的购买决策过程。购买决策是消费者在使用和处置所购买的产品和服务之前的心理活动和行为倾向,属于消费态度的形成过程。②消费者的行动。消费者行动则更多的是购买决策的实践过程。

在现实的消费生活中,消费者行为的这两个部分相互渗透,相互影响,共同构成了消费者行为的完整过程。为此,不仅需要了解消费者是如何获取商品与服务的,而且也需要了解消费者是如何消费商品的,以及产品在用完之后是如何被处置的。因为消费者的消费体验应有处置旧商品的方式和感受均会影响其下一轮购买,也就是说,会对企业和消费者之间的长期交换关系产生直接作用。传统上对消费者行为的研究重点一直放在商品和服务的获取上,关于商品的消费与处置方面的研究则相对被忽视。随着对消费者行为研究的深化,人们越来越深刻地意识到,消费者行为是一个整体过程,获取或者购买商品只是这个过程的一个阶段。因此,研究消费者行为,既应调查和了解消费者在获取商品和服务之前的评价与选择活动,也应重视在商品获取后对其使用、处置等活动。只有这样,对消费者行为的理解才会趋于完整,因此,消费者行为研究是研究消费者究竟怎样选择、购买、使用和处置商品、服务、创意或经验以满足其需要和愿望;研究不同消费者的各种消费心理和消费行为,以及分析影响消费心理和消费行为的各种因素,揭示消费行为的变化规律。

简言之,消费者行为学的研究对象是各类消费者的消费行为产生和发展的规律。它吸引了许多领域(从心理学到经济学、从社会学到文化人类学、从历史学到营销学等)研究者的加入,他们共同关注市场中消费者的心理与行为以及他们如何互相影响,并运用不同学科的知识和方法来解释。这些学科可根据其关注点的微观程度(个体消费者)或宏观程度(作为群体或更大的社会成员的消费者)加以分类。如果以问题为中心,粗略地说,消费者行为研究内容的历史演进和发展先后呈现出以下四个浪潮。

(1)浪潮 A。研究的问题是消费者的实际行为是什么样的(如 5W1H),这是实践和市场调研的视角。

(2)浪潮 B。从心理和经济角度研究消费者行为,核心问题是消费者如何决策(如态度、偏好、关系和选择),这是实证主义的解释视角,可以理解成消费者行为领域的现代主义理论。实证主义是理性至上的,作为一种重要的补充,后来非理性消费者行为研究受到很多的关注,行为经济学和非理性消费者心理与行为成为新的学术选择。

(3)浪潮 C。从社会文化角度研究消费者行为,核心问题是文化如何影响消费者行为(如消费文化、消费伦理),这是后现代主义的解释视角。

(4)浪潮 D。它是移动互联网时代的数字化消费者行为研究,核心问题是数字智能技术如何改变消费者行为,以及精准了解消费者的新方法,这是高科技的视角。

浪潮 A 的问题是什么(What),这由来已久。浪潮 B 的问题是如何(How),大约从 20

世纪60年代开始形成高峰，并且成为主流。浪潮B的营销色彩最浓，在营销研究中分量很重，是心理学和营销学结合最为紧密的地带。浪潮C的问题是为什么（Why），大约从20世纪90年代开始，对其关注的趋势仍在继续（Baker和Saren，2010）。浪潮D带来颠覆性的冲击，着眼于未来的重大新趋势，其问题是如何改变（How to Change）。

三、消费者行为的研究意义

消费者行为学是行为科学在营销实践领域中的应用。消费者行为学的产生，一方面是商品经济产生和发展的客观要求，另一方面也是行为科学日益扩展和深化的产物。深入开展消费者行为的研究具有极其重要的现实意义。消费者行为研究是营销决策和制定营销策略的基础，同时也为消费者权益保护和有关消费政策制定提供依据。

为什么经理人、营销管理人员、政府管制机构都必须了解消费者行为呢？

很简单，了解消费者行为是一件好事。消费者行为研究作为一个独立的研究领域受到重视，最直接的原因是消费者行为研究成为市场营销决策的基础，它与企业的市场营销活动密不可分，并且现代市场营销思想的传播与实践又推动了消费者行为研究的发展。营销的基本观念认为，企业是为满足消费者需要而存在的，只有当营销者比其竞争者更好地了解那些可能使用他们正在销售的产品和服务的个人或组织，这些需要才能得到满足。消费者反应是一项营销策略是否成功的最终检验。只有充分了解消费者及其行为，把握其需要、动机、个性、态度和学习等内在心理因素，掌握其购买决策过程以及分析影响消费者行为的外在因素，才能够有的放矢地制定营销策略，并识别对品牌的威胁与契机，提高产品的市场覆盖率，更好地赢得消费者的青睐，从而在市场竞争中取得主动地位。因此，对消费者行为的分析与了解应成为每个成功营销计划的一部分，使市场营销管理建立在科学的基础上。

同时，随着经济的发展和各种损害消费者权益的商业行为的不断增多，消费者权益保护正成为全社会关注的话题。消费者作为社会的一员，拥有自由选择产品与服务、获得安全的产品、获得正确的信息等一系列权利。消费者的这些权利也是构成市场经济的基础。政府有责任和义务来禁止欺诈、垄断、不守信用等损害消费者权益的行为发生，也有责任通过宣传、教育等手段提高消费者自我保护的意识和能力。政府应当制定什么样的法律法规，采取何种手段保护消费者权益，政府的法规法律和保护措施在实施过程中能否达到预期目标，很大程度上可以借助于消费者行为研究提供的信息。例如，在消费者保护过程中，很多国家规定，食品供应商应在产品标签上注明各种成分和营养方面的数据，以便消费者作出更明智的选择。这类规定是否真正达到目的，首先取决于消费者在选择时是否依赖这些信息。

深入了解消费者行为不仅确实有助于职业生涯，也能使人们更有效地了解消费者行为是如何影响人类的生存环境和生活质量的，帮助人们成为更理智、更高效的科学消费者。

四、消费者行为学的研究方法

消费者行为的研究方法从研究理念和方法论的层面大致可分为两大类型：实证主义（Positivism）和解释主义（Interpretivism）。两者在方法论上的区别是，实证主义方法强调科学的客观性，并视消费者为理性决策者。相反，解释主义方法强调消费者个人经验的主观意义，并认为任何行为都是受多重原因而不是单一原因支配的。

虽然实证主义方法在消费者行为研究中占据主流地位，但是有学者质疑，如果只用"科学（实验）方法"，被研究者的内心世界是否可被完全反映及了解？实证主义被质疑是否能够全面发掘消费者的"隐藏动机"（Hidden Motivation）。所以"解释主义"不赞同"实证主义"所持观点，消费者的行为很多时候不能以科学方法作分析及了解，而往往需要以"人性"或"人本"的"解释主义"方法进行深入（in-depth）的了解。自20世纪80年代以来，研究消费者行为的人本主义方法更受人们关注。

消费者行为研究的主要方法在过去几十年中有很大变化，可以简单概括为以下四种。

（1）观察和调研方法。在日常生活中通过观察消费者的外在行为探究其心理活动的方法。如到购物场所实地观察消费者的购买行为。这个方法的特点是简单易行，成本低，有一定可信度。观察和调研方法是早期消费者研究的主要方法，与营销调研的方法没有区别，其分析方法不断深入发展。

（2）实验方法。进入以心理研究为主的阶段后，由于对心理学方法的依赖越来越大，实验方法后来居上，取代了营销学中原来占主流地位的模型方法。实验方法是心理学研究中应用最广且成效也最大的一种方法，包括实验室实验法和自然实验法两种。实验室实验法是指在专门的实验室内，借助仪器、设备等进行心理测试和分析的方法。这种方法因为借助仪器，所以会得到比较科学的结果，但是存在无法测定比较复杂的个性心理活动的缺点。自然实验法是指在企业通过适当地控制和创造某些条件，刺激和诱导消费者的心理，或者是利用一定的实验对象对某个心理问题进行实验，最终记录下消费者的各种心理表现。实验方法具有主动性、系统性的特点，因此被广泛使用。

（3）因果模型方法。消费者行为学之所以在今天新兴的学科里占据重要的一席，就是因为它是建立在一系列有影响力的模型分析的基础上的，而不是建立在主观猜测的基础上的。在科学方法、实证方法的强大趋势以及经济学模型化的影响下，因果模型方法（Causal Modeling）成为消费者行为研究和营销学研究的主流。其中，结构方程模型（SEM）的应用最为显著并得到学界认可。

（4）大数据智能方法。在大数据技术广泛应用的背景下，捕捉和分析消费者行为的方法完全不同了。消费者行为研究的大数据智能方法的实质是"让消费者自己告诉你"，既包括消费者网上信息的搜集整合，也包括对消费者全方位、精准、实时的分析以及各种让消费者融合与互动的新方法。洞察消费者行为的各种创新技术和软件还在蓬勃发展中。

很多企业与综合使用以上方法，这样可以更科学、更准确地判断消费者的心理变化。另外，随着社会的不断发展，消费者行为的研究方法必将不断完善。

本章小结

广义的消费者是指购买、使用各种产品与服务的个人或组织；狭义的消费者指为个人的目的购买或使用产品和接受服务的社会成员，其购买产品主要为了满足自身消费。本书主要从狭义的消费者角度来探讨消费者行为。由于消费者需求的多样性，消费者所消费的产品与服务也是种类繁多的。按照消费对象的可态分为有形物品和无形服务；按消费使用的时间长短分为快速消费品和耐用品；按照消费者的购买习惯，消费者的消费对象可以分为便利品、选购品、特殊品和非渴求品四类。

网络消费已经成为人们日常生活的一部分。"95后"年轻消费群体逐渐成为重要的消费群体，并影响着网络消费的未来走向。在年轻消费者的推动下，网络消费呈现以下趋势：原创消费大众化；内容付费多元化；颜值经济爆发；粉丝经济迭代；宠物消费升级；社交消费"圈子"化；租经济深入渗透；懒人经济全面展开。

消费者行为是指人们为了满足需要和欲望而寻找、选择、购买、使用、评价及处置产品和服务所表现出来的行为过程。消费者行为是一个持续的过程。消费者行为的主要特征表现为消费者行为的多样性与复杂性、消费者行为的多人参与性、消费者行为的动态性、消费者决策的多维性、消费者行为的可诱导性。

消费者行为学的研究内容主要有以下几个方面：影响消费者购买决策的内部因素，包括消费者感知觉、消费者学习、消费者态度、消费者个性、消费者资源等变量；影响消费者购买决策的外部因素，包括家庭、参照群体、社会阶层、文化、营销刺激等变量；消费者行为及其决策过程。

消费者行为学研究的意义主要体现在三个方面：①有助于企业制定市场营销策略，在市场竞争中获取主动；②有助于政府制定相关的消费政策和法律法规，保护消费者权益；③有助于引导和帮助消费者作出更理智、更高效的科学消费决策。

关键概念

消费者　消费者行为　便利品　选购品　特殊品　非渴求品　实证主义
解释主义　因果模型　大数据

习题

1. 影响消费者购买的内部因素有哪些？
2. 影响消费者购买的外部因素有哪些？
3. 试述消费者行为学研究的意义。
4. 与消费者行为学相关的学科有哪些？
5. 研究消费者行为的方法主要有哪些？

第二章

经济因素与消费者行为

【学习目标】

消费者的消费活动受到外在经济因素与自身经济因素的影响。

通过本章的学习,掌握以下内容。

● 了解与消费者行为相关的主要经济因素。

● 了解并掌握外部经济因素以及其对消费者消费行为的影响。

● 了解并掌握内部经济因素以及其对消费者消费行为的影响。

【能力目标】

通过本章的学习,培养学生以下能力。

● 能结合外在经济因素,对目标消费者进行有针对性的市场营销策划活动。

● 能根据消费者所拥有的自身经济因素,对消费者行为进行准确的预测。

● 能对自己的日常消费活动所受到的经济因素影响进行分析。

【导入案例】

你还吃得起水果吗?

超市的车厘子论颗卖,吃猕猴桃家里要"有矿",部分高端水果售价昂贵的市场行情成为大家纷纷吐槽的段子。2019年,水果价格一直处于较高位置,不少消费者走进超市或者水果店买水果,最直接的感受就是"贵"。"水果自由"一度成为衡量消费水平的另类指标而登上微博热搜。越来越多的市民表示,买一次水果要花费上百元。

连大家印象中最普通、最亲民的大众水果——苹果也出来蹭热点。随着苹果期货的一路飙升,苹果现货售价节节攀升,从2018年的每斤(一斤=500克)四五元暴涨至每斤十多元。而市民购买苹果,从过去的整箱往家里扛,到前段时间的以斤为单位购买,再到如今以个为单位购买。

市民李小姐来到新华都大景城分店,称了一个红富士苹果。这款标价为14.5元一斤的苹果,虽然李小姐只拿了一个,但最终价格为10.25元。她感叹道:"以前经常吃的水果,现在怕是吃不起咯。10.25元一个苹果,我还不如去吃碗牛肉粉。"

"我的很多朋友一提到水果就头大,价格太贵了。有时就干脆买黄瓜或西红柿代替水果。"

国家统计局 2019 年 7 月 10 日公布的数据显示,6 月鲜果价格同比上涨 42.7%,苹果和梨的价格继续上涨且涨幅较高。全国鲜果价格同比上涨 5.1%,导致 CPI 上涨约 0.11 个百分点。目前鲜果价格水平处于历史高位。据全国多家媒体报道,很多地区的苹果价格将迎来十年来最高值。

事实上,从 2019 年年初开始,苹果和梨涨价的消息已经遍布网络。人们以前最常吃的这两种普通水果,现在已经变得越来越不普通了。

在永辉超市,店长告诉笔者:"今年水果市场整体价格都比较高,基本上每个门店苹果的定价都在每斤 10 元以上,去年的苹果价格最低是 4.99 元一斤,现在的苹果新果价格是 12.8 元一斤。"与价格大幅提升相对应的是,苹果销量出现惊人的下滑趋势。往年苹果和梨的进货量每天达 1 000~1 500 公斤(1 公斤=1 千克),而今年苹果的进货量只有每天 300 公斤左右。这意味着苹果正在成为"贵族"水果,大多数市民买得最多的水果已经不再是苹果了。

思考:苹果的销量出现惊人下滑趋势的原因何在?黄瓜和西红柿与水果之间是什么关系?

第一节 影响消费者行为的外在经济因素

外在经济因素是指消费者需求对象的经济特征以及消费者所处的外在经济状态,包括商品价格、需求弹性、边际效用、经济周期等因素。

一、商品价格

消费者对某种商品的购买行为,首先要受到该商品价格的影响。一般来说,某种商品的价格变化对消费者行为的选择有两个方面的影响:第一,消费者在价格的变化方面得到不同程度的满足;第二,消费者可能会以购买目前比较便宜的商品替代购买比较昂贵的商品。

这种价格变化对消费需求的影响可以分为两个部分,即收入效应和替代效应。收入效应是假定在商品的相对价格没有发生变化,商品价格的改变引起消费者实际收入发生变化所导致的消费者总满足水平的变化。替代效应是指在消费者满足水平保持不变的情况下,消费者用价格相对低廉的商品替代价格相对昂贵的商品。价格变化对消费者需求的总影响是收入效应与替代效应之和。对于正常商品来说,替代效应与价格呈反方向变动,收入效应也与价格呈反方向变动,因此,价格变化对消费者需求的总影响与价格呈反方向变动。上述商品价格与消费者需求量之间的反向关系有一个前提条件,就是假设其他条件不变。当其他条件变化时,这种反向关系可能不成立。

具体来说,其他条件包括以下几个方面。

(1)消费者的收入。当不同商品的价格都发生变化时,假定消费者的收入不变,当两种商品的价格同比例、同方向变化时,消费者购买其中任何一种商品的数量都同比例于价格的下降而增加,同比例由于价格的上升而减少;当消费者的收入和两种商品的价格都同比例、同方向变化时,消费者购买其中任何一种商品的数量都是不变的。也就是说,如果消费者的收入显著增加,那么即使某种商品的价格上涨,消费者的需求量可能仍保持不变甚至增加。

（2）消费者的偏好。如果将商品未来价格的预期考虑在内，情况可能就会发生变化。如果消费者预期商品价格要上涨，就会刺激消费者增加购买，甚至在商品价格已经上涨的情况下，需求量仍有可能增加。如果预期价格下降，许多消费者就会推迟购买，即使这时商品价格已经下降，消费者对商品的需求也可能减少。消费者需求变化的程度主要取决于预期价格上涨的幅度与持续时间。

（3）互补商品的价格。由于消费者对某种商品需求量的大小还与其替代品或互补品的价格息息相关，因此，当甲商品的相关商品价格发生变化时，也会影响消费者对甲商品的需求量变化，而使其需求对价格的变化呈现出不同的规律。如果两种商品是完全替代品，则一种商品价格的上涨或下降都会导致消费者完全消费或不消费另一种商品；如果两种商品是完全互补品，则一种商品价格的上涨或下降都会导致消费者对另一种商品需求量的同等减少或增加；如果甲商品价格增加，但其替代品价格相对提高幅度更大，则消费者反而就会增加对甲商品的消费，使甲商品的需求量增加，替代品的需求量减少；同理，在互补商品之间也存在类似的情况。若甲商品（例如汽车）价格下降，但汽油价格上涨，就有可能导致消费者对汽车的需求下降。

★拓展阅读2-1

巧卖小玩具

泰国曼谷有一家专门经营儿童玩具的商店，有一次进了两种造型相似的玩具小鹿，一种来自日本，一种来自中国，标价都是17泰铢（约合3.9元）。出乎意料的是，两种造型可爱的小鹿销量都很惨淡。店员们认为定价太高，纷纷建议降价促销。

可是，精明的老板经过一番思考，不仅没有采纳大家降价促销的建议，反而作出将中国生产小鹿的售价提高到24泰铢（约合5.6元）的决定，而日本生产的小鹿价格不变，并让店员把它们摆在一起卖。

光顾这家商店的顾客看到两种相似的玩具小鹿，价格相差如此悬殊，就忍不住询问。此时，店员按老板的安排，告诉顾客："价格不同是因为产地不同、进货渠道不同，其实质量并没有什么区别。"经过仔细比较，顾客发现两种玩具小鹿玩具确实差不多，自然觉得买日本生产的特别合算，产生一种买得便宜、得了实惠的心理。不出半个月日本生产的玩具小鹿就卖完了。

这时，老板又让店员把中国生产的玩具小鹿标上原价24泰铢，现价17泰铢，减价出售。光顾这家商店的顾客看到减价，又以为买得便宜、得了实惠，于是中国产的玩具小鹿也很快就卖光了。

二、需求弹性

在一些店铺里总能看到"挥泪大甩卖"的广告标语，然而这种甩卖却会持续很久。其实这是商家降价促销的手段之一，想走薄利多销的路线。可是，薄利一定多销吗？

先看个公式：销售额＝单价×销量。

当单价降低时，确实能拉升销量，并且有可能总销售额还会降低。此时则应权衡一下降价带来的客单价损失和拉升销量带来的收益，孰轻孰重应如何判断？

生活中，商品价格的变化会不同程度地影响销量，这种价格和销量之间的动态关系叫作需求价格弹性，简称需求弹性。需求价格弹性表示在一定时期内一种商品需求量的相对变动对于该商品价格相对变动的反应程度。它是商品需求量的变动率与价格的变动率之比，弹性公式可以表述为：

$$需求价格弹性 = 需求量变动的百分比 / 价格变动的百分比$$

当价格变化带来较大的商品销量变化时，说明消费者对价格敏感。比如固态硬盘和电影票，一旦涨价，消费者很可能就不会购买，这就是需求弹性大。而随着价格变化销量波动小的商品，说明其对价格不敏感，比如大米、水电费，即便涨价，消费者也必须购买，这就是需求弹性小。

不同商品的需求量对价格变动的反映程度不同：价格变动对生活必需品需求量的影响比较小，对高档耐用品需求量的影响比较大。根据需求价格弹性系数的大小，可以把商品需求价格弹性划分为五类：无需求弹性、缺乏需求弹性、单位需求弹性、富有需求弹性和无限需求弹性。一般说来，凡是生活中非得到不可、欲望非常强烈，但得到之后又很容易满足的商品，如大米、蔬菜、食盐等生活必需品，人们对其消费量通常比较稳定，因此，这一类商品的需求量受价格和收入变动的影响较小。对这一类商品的需求就称为无弹性需求。奢侈品属于富有需求弹性。

如果商品需求是富有需求弹性的，涨价后企业收入反而下降，因为需求量下降的速度大于商品价格上涨的速度；如果商品需求是缺乏需求弹性的，那么涨价可提高企业收入，因为需求量下降的速度要小于价格上涨的速度；如果无弹性，则企业收入不变，因为需求量下降的损失正好抵消了价格上涨的收益。所以，企业在制订商品价格时必须考虑该商品的需求弹性。如果商品需求弹性大，消费者对价格敏感，则可以通过降价的方式刺激需求量的大幅增加。这其实就是人们生活中常说的"薄利多销"，也有人称之为"以价换量"。如果商品需求弹性小，消费者对价格不那么敏感，则可以通过提高价格的方式拉升整体收入，也就是人们常说的"奇货可居"。

影响商品需求弹性的因素主要包括以下几个方面。

(1) 商品是生活必需品还是奢侈品？必需品需求弹性小，奢侈品需求弹性大。

(2) 可替代的商品越多，性质越接近，需求弹性越大，反之则需求弹性越小。如汉堡包可被包子、蛋糕、肉夹馍等替代。

(3) 购买商品的支出在人们收入中所占的比重大，需求弹性就大；比重小，需求弹性就小。

(4) 商品用途的广泛性。一种商品的用途越广泛，它的需求弹性越大，反之需求弹性越小。

(5) 时间因素。同样的商品，长期看需求弹性大，短期看需求弹性小。因为时间越长，消费者越容易找到替代品或调整自己的消费习惯。

三、边际效用

举个例子，学校附近有一家牛肉面店正在促销，连吃四碗牛肉面的人可以免单。许多"大胃王"跃跃欲试。第一碗牛肉面端上来，挑战者们风卷残云，很快都吃光了；第二碗牛肉面端上来，挑战者们已经没有了最初的兴奋感，但毕竟味道不错，还可以快乐地享用；吃第三碗牛肉面的时候，挑战者们都已经没有什么胃口了；对于挑战者们来说，吃第四碗牛肉面时恐怕就只剩下痛苦了，所以几乎所有的挑战者在挑战第二碗或第三碗时，就已经吃不下了,最后大多都铩羽而归。

在这个例子中,包含着一个重要的消费者行为理论,即"边际效用递减"规律。边际效用(Marginal Utility)又译为边际效应,是指消费者每多消费一件商品时,这种商品能够给消费者带来的额外满足感。这种额外满足感会不断下降。通常认为,随着商品或服务量的增加,边际效用将会逐步减少;当欲望被充分满足后,边际效用为零,甚至为负。

200多年前,亚当·斯密就提出了"为什么钻石比水贵"的"价值悖论"。人们的生活离不开水,但若没有钻石并不会对生命构成任何威胁,但为什么钻石反而更贵呢?现在就可以用边际效用理论解释这个问题。原因是消费者对任何一种物品的支付愿望都基于其边际效用,而边际效用又取决于一个人拥有多少这种物品。水是不可缺少的,但增加一杯水的边际效用微不足道,因为水太多了。与此相反,由于人们很少购买钻石,所以认为增加一单位钻石的边际效用是很大的。

边际效用递减规律在生活中随处可见,审美疲劳即是边际效用递减原理的一个典型实例。比如旅游总是去同一个地方就会厌倦;人总是对初恋印象深刻;又如,很多餐厅的饮料都可以免费续杯,但即使免费消费者也喝不了多少。《左传·庄公十年·曹刿论战》中提到"一鼓作气,再而衰,三而竭",击鼓对战士士气的提升效果也符合边际效用递减规律,类似的还有"升米恩,斗米仇",等等。

营销人员熟练掌握边际效用递减规律,可以更好地制定经营策略,提高企业竞争力。最常见的是买得越多折扣越大,甚至会有饮料免费续杯的销售手段。企业为了实现收入增长就必须反其道而行之,适当地调整产品、不断推陈出新,比如,推出新产品、制造新的流行时尚等。多品牌战略也是为了对抗边际效用递减规律,增加总收入。比如宝洁、斯沃琪、路易威登等企业旗下都有众多的子品牌,避免了消费者连续消费单一品牌带来的边际效用递减规律。

四、经济周期

经济周期一般是指经济活动沿着经济发展的总体趋势所经历的有规律的扩张和收缩,是国民总产出、总收入和总就业的波动周期,是国民收入或总体经济活动扩张与紧缩的交替或周期性波动变化。这种波动以经济中的许多成分普遍而同期的扩张或收缩为特征,持续时间通常为2~10年。经济周期现象普遍存在于世界范围内,超越世界各国经济体制和经济发展阶段,在我国国民经济的发展过程中也不例外。

一个国家的经济周期可以分为四个阶段(图2-1),即繁荣、衰退、萧条、复苏,如图2-1所示。各个阶段在消费需求和消费者信心方面的特征均有所不同。

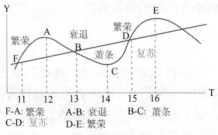

F-A: 繁荣　　A-B: 衰退　　B-C: 萧条
C-D: 复苏　　D-E: 繁荣

图2-1　一个国家经济周期的四个阶段

想要了解经济周期,可以从产业角度入手。首先把产业分成三大类,即下游产业、中游产业和上游产业,这才是形成经济周期的微观原因。

下游产业都是大家最熟悉的消费品行业,包括衣(服装)、食(食品饮料)、住(房地产)、行(汽车),还有消费电子、家电家居、餐饮零售、娱乐教育、宾馆旅游等。

这些衣服是从哪里来的呢?即中游产业。生产面料的纺织厂、批发市场、生产缝纫机的纺织设备厂都是中游产业,中游产业是指为下游产业提供原材料、机器设备的行业。

中游产业又需要上游产业提供原料,如面料的上游就是化纤,还包括石油石化、钢铁建材、矿业农业、电力煤炭等行业。

这就是一个国家经济完整的产业链:消费需求从下游向上游传递,原料供给从上游向下游传递。所以说,消费需求是最大的经济增长动力,买买买才是经济发展的王道。

当前,中国正迎来新一轮消费升级的浪潮。算上这次升级,改革开放以来中国经历了三次消费升级。每一次消费升级均对宏观经济产生重大影响,也都伴随着多次经济转型,同时消费规模也出现爆发式增长。可以说,消费升级既是增长和转型的结果,又改变着宏观经济的运行状况。收入水平的提高和互联网的发展彻底改变了人们的消费习惯和消费场景。在此次消费升级中,消费再次成为主导。2018年消费对经济增长的贡献率达76.2%,连续五年成为拉动经济增长的第一动力。中国经济正步入消费主导的新发展阶段。可以预见的是,在投资趋紧和出口衰退的背景下,消费将长期成为中国经济发展的主要动力。

在投资主导的经济中,经济周期波动程度比消费经济更大。因为投资对于周期和经济环境的敏感程度明显高于消费如图2-2所示。在经济环境较差时,虽然被动的存货投资增加,但包括基建和地产的固定资产投资萎缩得更严重;当经济环境变好时,企业和居民又可借助杠杆在各个产业环节上进行投资扩张。而消费则更具黏性,消费需求的波动远没有投资那么大。近几年中国经济增长趋缓,消费却持续增长的事实验证了这一点。从消费内部结构看,基本消费需求几乎不随经济环境变化,高层次的消费虽然收入弹性相对更大,却也具有一定的惯性。

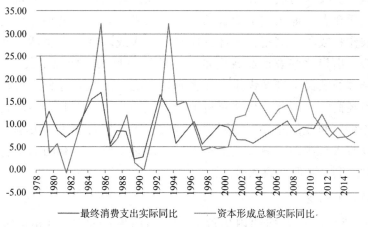

图2-2 投资比消费的经济周期波动程度大

另外,全球化使中国消费享受来自世界各地的技术革新。人们使用的产品和服务包含着全球技术创新的成果,这种技术进步也产生了另一种黏性,即经济环境变差时,持续的技术革新会创造新的需求,缓解高层次消费的萎缩。

同时,在消费主导的经济中,经济周期随着消费变化而波动。2000 年,美国互联网投资泡沫破灭,经济增长开始由消费主导,其产能周期与消费周期大致同步。同理可推,在消费逐渐主导经济的背景下,中国经济周期将在一定程度上得到熨平,经济波动将更小。

第二节 影响消费者行为的自身经济因素

一、消费者经济资源

消费者的经济资源越多,其购买能力就越强,消费者的经济资源主要有收入、财产和信贷等,下面分别对这三种主要类型进行简单介绍。

(一)消费者的收入

1. 消费者收入的构成

任何消费者在购买商品时都要受到一定的收入水平限制。现实生活中,人们总是要购买很多商品。有的消费者住豪华别墅、穿名牌时装、开宝马汽车;而有的消费者住房简陋,穿普通服装,主要交通方式为共享单车或公交地铁。不同消费者之间的生活水平存在较大悬殊,主要原因就在于他们的收入存在较大程度的差异。

收入作为消费者购买力的主要来源,在一定程度上是决定消费者购买行为的关键因素。消费者花费在所有商品上的货币总数不能超过消费者的收入,即不能超过一定的预算约束。在一定的预算约束条件下,消费者按照效用最大化原则进行消费,即当一笔固定的收入用于商品或劳务的消费时,消费者将按这个原则安排其预算,使从每种商品中得到的边际效用与其价格之比相等,或者说,使各种商品的边际替代率等于商品的价格之比。

一般认为,消费者的收入主要由其工资、奖金、津贴、红利和利息等方面构成,不同的消费群体,其经济收入构成存在较大差异。在我国城镇地区,工资和奖金是消费者收入的主要来源;而在农村地区,消费者的经济收入来源就颇为复杂。在过去,大部分农村消费者种植农作物或养殖家畜,一部分供自己个人或家庭日常生活消费,另一部分则是在市场上出售。出售这些农产品或土畜产品所得的收入就构成了其收入的主要来源。近年来,越来越多的农民工进城谋生,许多农村家庭可能既有部分成员在家务农,也有部分成员在城市经商等,因此,目前农村消费者经济收入的来源和构成趋于多元化。由于收入分布的差别和职业的差异,不同消费者的收入构成可能千差万别。如有的消费者是以工资作为其收入来源的,另一些消费者奖金超过工资,还有的消费者经济收入的大部分来源是红利、利息和股票收入等。

2. 消费者收入的测量

(1)国内生产总值和人均国内生产总值。国内生产总值(Gross Domestic Product,GDP)是指一定时期内(一个季度或一年),一个国家或地区的经济中所生产出的全部最终产品和劳务的市场价值的总和。GDP 被公认为是衡量国家经济状况的最佳指标,它包括居住在本国的常住居民所生产的最终产品的市场价值与外国公民在本国资本和劳务所创造的全部产值与收入。GDP不但可反映一个国家的经济现状，还可以反映其国力与财富。人均GDP反映了一个国家或一个地区的消费者的购买水平，是分析消费者收入的一个基本参照值。

（2）个人收入、个人可支配收入和个人可任意支配收入。个人收入指消费者个人从各种来源得到的货币收入，包括消费者个人在年内所获得的工资、奖金、红利、利息、馈赠或其他个人可支配收入，即可用于个人开支或储蓄的那一部分收入，是个人收入扣除税款和非税负担（如强制性保险）后的余额。通俗地讲，它可以包括各种形式的薪资、奖金、补贴、存款、股票、债券的投资收益、租金收入等，以及独生子女补贴，少数民族补贴、低保、帮困补，失业金等（这部分属于"政府对个人的转移支付"），然后，减去个人缴纳的个人所得税以及固定的失业、医疗等保险基金，就称作"个人可支配收入"。个人可支配收入是从"个人收入"派生出的一项指标，体现个人的实际购买力，个人可支配收入被认为消费开支的最重要的决定因素，而"人均可支配收入"常被用来衡量一国生活水平的变化情况。目前，由于我国个人所得税税款数目比较小，所以现阶段在我国，个人收入和个人可支配收入实际上差别不大。

消费者的收入包括消费者个人的工资、奖金、红利、利息、馈赠、补贴或其他个人可支配收入。消费者收入的高低直接影响其购买力的大小，进而影响到市场规模的大小和消费者的支出模式。

然而，有必要对个人可支配收入与个人可任意支配收入进行区分。个人可任意支配收入是指个人可支配收入减去用于维持个人和家庭生活所必需的支出（如食品、服装、住房）和其他固定支出（如分期付款、学费）所剩下的那一部分收入，这部分收入是消费者可以任意支配的收入，因而是影响消费者需求构成的最活跃的经济因素：消费者的个人可任意支配入越多，其消费水平就越高，给提供高档耐用品和非必需品的企业的市场营销的机会也就越多。由于人们只有在保证日常基本生活的开支之后，才会考虑购买高档耐用品、奢侈品以及外出度假旅游，因此，提供这类商品与服务的企业，尤其需要对消费者的个人可任意支配收入进行研究。

（3）名义收入与实际收入。名义收入（Nominal Income）是指人们以货币形式获得的收入，是在没有考虑市场因素的情况下的收入。当市场出现通货膨胀时，货币会贬值，商品价格会上涨，那么所得收入的购买力就下降了。因此，这种收入只是名义收入，也就是说实际收入比以前减少了。实际收入（Real Income）是名义收入的购买力，是在考虑通货膨胀和各种隐形所得因素之后所测算出的收入。它是名义收入能够购买的商品和服务，是将居民的货币收入与物价联系在一起，用以反映物价变动对居民实际货币收入影响的经济指标。

当企业采用问卷形式询问消费者的收入水平时，获取的大部分数据反映的是消费者的名义收入。为了便于数据在不同消费者之间以及不同时段之间进行比较，对消费者名义收入应作适当的调整，这种调整至少应该包括两个方面：一方面是要剔除通货膨胀因素的影响，例如前年或去年的10元和今年的10元在价值上是不同的，在购买力上是存在差别的；另一方面是要把消费者的名义收入转化为实际收入，应将现阶段不能得到的一些延迟所得和以隐形形式获得的收入货币化。例如，很多公务员居住的是政府单位提供的公房或廉价房，相比其他消费者来说，他们在医疗、保险等方面也拥有较多的保障，对这些方面的所得都应该货币化。否则把公务员的月收入与企业工作人员的月收入进行直接比较是不妥当的。

(4) 现期收入、过去收入与未来收入。消费者的消费行为与购买决策不仅受现期收入的影响，也会受过去收入和对未来收入的预期的影响。一些消费者过去收入很高，但由于条件的变化，其现在的收入出现大幅度的下滑，但是过去长期形成的很多消费习惯一时很难改变，因此，他们仍会保持过去的一些较为奢侈的消费行为。同样，如果一个消费者对未来充满信心，认为未来收入会比现在有较大幅度的提高，他就很可能会突破现期收入的限制，通过信贷等方式提升消费水平，消费者对未来收入的预期，会对消费者的消费信心产生影响，并且消费者的消费信心又会对消费者是否进行耐用品的购买、是否举债消费、消费中储蓄与支出的安排产生重要影响。

如果消费者能够运用消费信贷等方式提前消费，其所面临的预算约束就超出了当前的收入水平，但仍然会受到未来收入水平的制约。消费者不过是将未来的消费能力提前到现在实现而已。从长期看，消费者的总消费能力甚至会减少，因为他将不得不为提前消费额外支付一定的利息。

3. 不同收入层的消费行为特点

从消费者收入对需求结构的影响不难发现，不同收入层在消费行为上存在较大差异。例如在美国，收入占前20%的消费者与收入居后20%的消费者相比，两者在家中消费的食物差异性较小，但他们在外出用餐量和在服饰上的支出存在很大差别，前者几乎是后者的5倍；前者用于交通工具上的支出几乎是后者的7倍。下面对不同收入层的消费行为特点进行探讨。

(1) 高净值人群。高净值人群一般指资产净值在600万元（约100万美元）以上的个人，他们也是金融资产和投资性房产等可投资资产较高的社会群体。经济收入特别高的消费者组成的群体，在人口总量中所占的比例大约为1%，但他们的消费行为对其他消费者群体具有很大的示范作用。

2019年5月，中国建设银行发布的《中国私人银行市场发展报告》称，国内个人可投资金融资产600万元以上的高净值人士数量已达到167万。中国高净值人群总人数稳居全球第二，他们共持有61万亿元可投资资产，人均持有可投资资产约为3 080万元。也就是说，占人口比例0.14%的中国高净值人群拥有超过1/3的个人财富（这里的个人财富指全国个人持有的可投资资产总和）。

我国高净值人群主要分为创富一代企业家、二代继承人、企业高级管理层/企业中层/专业人士、职业投资人、其他。其中，北京、上海、广东、浙江、江苏五省市高净值人数均超过10万。北京凭借每万人中有78名高净值人士，成为全国高净值人士密度最高的地区。

中国的高净值人群的财富依然在高速增长中，他们被认为是游艇、高级轿车等奢侈品的主要购买者。据胡润研究院发布的《2019至尚优品——中国千万富豪品牌倾向报告》数据显示，中国高净值人群对银行卡的使用与其他收入群体相比也有所不同，例如，在2万元以上的消费层面，考虑到安全性以及通用性，银联选择率最高，其次是VISA；支付宝与微信支付排名第三、四位。另外，在这一消费层面上，作为国际信用卡，Mastercard的使用率高于2万元以下的消费层。游泳、跑步和打高尔夫球仍然是高净值人群最青睐的三大运动方式，其次是瑜伽、滑雪和打羽毛球。他们在服务、旅游、继续教育等方面的支出颇多,而在住房、装修、电器等方面支出不大,因为他们已拥有这些商品,对其再次购买的欲望并不强烈。

(2) 高收入人群。高收入人群一般是指人均经济收入占人口总量前20%或前25%的消费者组成的家庭,他们拥有整个社会一半的收入和财产。高收入人群非常在意商品的品质与服务,他们通常是家具、旅游、电器、中高档服装、家庭娱乐用品、化妆品、珠宝首饰商品的主要购买者,购买量高达这类商品消售总量的50%以上。高收入人群也是推动服务场所数量增长的主要力量,他们是健康管理、美容服务等服务性商品的主要消费者。

此阶层的消费有其独特之处:第一,由于他们在消费上几乎不存在预算障碍,所以不存在消费压抑现象,即他们的消费已经在现期得到满足。如果暂时收入增加,则绝大部分将被转化为投资。第二,由于消费存在生理极限,因此他们的收入增长只能带来微弱的消费增长。

高收入人群订阅报纸、杂志的比例相比其他收入人群来说高出很多,但该群体成员听广播和看电视的时间相对较少,他们主要收看新闻节目,因此,如果向高收入人群传播商品与服务的相关信息,应侧重于使用报纸、杂志、网络等媒体,尽量免使用广播和电视。

(3) 中等收入人群。中等收入人群,顾名思义,是一个地区在一定时期内收入水平处于中等区间范围内的所有人员的集体。这一群体占到人口总量的大多数,在我国一般将其称为中等收入群体、中间阶层等,这与发达国家的中产阶层概念相接近。但对于中等收入人群,我国目前还没有形成一个相对明确的、统一的、能够获得广泛认可的界定标准。

中国改革开放的成就之一就是中等收入群体得到了较大的增长。一般认为,这个群体具有较为稳定的收入和较强的消费能力并受过良好的教育,多从事专业性较强的工作,有一定的闲暇,追求生活质量,是经济社会发展的主要依托力量。中等收入群体成长为消费的主体、社会的中坚,经济的内生动力主要来自消费,而消费主力又是中等收入群体。

中等收入群体的消费心理:我国中等收入群体目前正值消费升级阶段,注重实际,追求消费的实用性,消费心理比较稳定,既有求实从众、求廉要好的普通心理,又有求美求新、求奇求名的消费欲望。在消费方面,他们首先满足自己的生存性需要,同时在力所能及的条件下去实现甚少一部分的享受性需要,以使心态保持总体上的平衡。

企业如果把中等收入人群作为其目标市场,在店铺设计上应具有吸引力和风格,并且对这一收入群体应尊重。在西方国家,很多折扣商店虽然定位于收入水平一般的消费者,但他们在销售和宣传中总是力图使目标顾客相信其选择的精明和个性化,不会使他们在购物过程中感到自己囊中羞涩,麦当劳和沃尔玛就是把中等收入人群作为其目标顾客,是定位于中等收入人群的企业的典型代表。虽然他们提供的商品品质并不是特别高,但经营非常成功,原因是他们为顾客提供了良好服务的同时,能够给予顾客足够的尊重。

良好的服务和低价不仅对中等收入人群具有较强的吸引力,而且对一些高净值人群和高收入人群的消费者也具有一定的号召力,美国的"All for One"就是这方面的典型例子。这是一家连锁商店,商店里所有商品的售价都是1美元。该商店与同类竞争商店的最大差异在于,商店里灯光明亮,店堂环境清洁、舒适,同时还为顾客提供良好的服务,选址也并不是很偏僻,有的连锁商店还坐落于市区的繁华地段。

(4) 低收入或贫困人群。低收入或贫困人群在美国人口总量中所占的比例为10%~15%。

这一群体大多是单身的老年人、家庭离异、无家可归的人，或者是残疾人。虽然他们的消费量在消费总量中所占的比例较小，也可以说这一消费者群体对市场经营者的吸引力相对较小，但也有些企业和市场研究人员关注、关心这一群体。其主要原因有以下三个方面：第一，他们认为这一群体处于社会的底层，从道德角度考虑，不能对其采取歧视态度；第二，如果这一群体的生活过于贫穷，连最基本的生活必需品也没钱购买，将会引发社会问题，并且会导致其他收入人群的消费支出减少；第三，这一群体中的消费者仍然需要购买很多基本商品和服务，如牛奶、面包、理发等，正是这一群体的某些需要，在一定程度上促进了西方国家跳蚤市场、旧货市场的繁荣和发展。

（二）财产

财产或净财产是反映一个人或一个家庭富裕程度的重要指标。从长期来看，它与收入有较强的相关性，然而，财产并不等同于收入，一个人或一个家庭有较高的收入，并不意味着他就拥有大量的财产；同理，拥有大量财产的个人或家庭，其目前的收入也不一定很高，因为其财产不一定是通过收入得来的，也有可能是通过继承、过去投资、彩票中奖等渠道获得的。在其他条件完全相同的情况下，收入水平相同的两个人或两个家庭，所拥有的财产也会存在相当大的差别。因为不同消费者的消费观念并不相同，在消费和储蓄的模式上也不相同。更何况不同消费者面临的情况也千差万别，如有的家庭成员身体健康，有的家庭成员体弱多病，这些因素都会在其收入不变的情况下对其财产造成重要影响。

消费者的财产既包括住房、土地等不动产，也包括股票、债券、银行存款、汽车、古董和其他收藏品。根据中国家庭金融调查（CHFS）和美国消费者金融调查（SCF）数据，中国家庭的房产在总资产中占比高达69%。当然，这种说法并不是针对所有收入人群，高净值人群更有可能以股票、债券、银行存款等方式拥有财产。由于我国经济非常依赖房地产，我国居民七成资产配置在房地产及相关的领域。中国的"80后""90后"住房拥有率高达70%，是美国的2倍。房价上涨对居民财产的增长十分明显，尤其对拥有多套房的高收入人群的财产增长有利。简言之，房价上涨对"房东"有利。娃哈哈集团创始人宗庆后就曾提出，中产阶级的标准是有房+年薪20万，"如果房子没解决，20万年薪都不能作为中等收入的标准。"

相对于拥有较少或很少财产的家庭来说，拥有较多财产的家庭，会把更多的支出用在接受享乐型服务、外出旅游和投资等方面。拥有较多财产的家庭一般情况下是处于家庭生命周期中较为靠后的时期，在重新装修住房和购买大件商品等方面的支出一般不高，他们特别珍惜时间，对商品的可获性、购买的方便性、商品的无故障性和售后服务等方面有较高的要求，并且愿意为此支付一定的费用。另外，拥有较多财产的家庭成员对仪表和健康较为关注，他们是高档化妆品、皮肤护理产品、健康食品、美容美发服务、健身器材、减肥书籍和减肥服务项目等产品和服务的主要购买者。为了保证身体和财产的安全，他们还会对家庭安保、各种保险、防火与防盗器材、空气净化器等商品产生较大的购买欲望并发生购买行为。

（三）信贷

消费者信贷，就是消费者凭信用先取得商品使用权，然后按期归还贷款以购买商品。消费者信贷的历史由来已久，信用卡就是一种提前消费的信贷产品。

消费者信贷主要有以下几种类型，一是短期赊销，例如，蚂蚁花呗和京东白条就属于消费类的小额信贷；二是购买住房时的分期付款，消费者购买住房时，只需支付一部分房款，但须以所购买的住宅作为抵押，向银行借款购买，以后按照借款合同规定在若干年内分期偿还银行的贷款和利息。分期付款购买住房，实质上是一种长期储蓄；三是购买昂贵的消费品的分期付款。消费者在购买小轿车，昂贵家具等耐用消费品时，签订分期付款合同，先支付一部分货款，其余货款按合同逐月加利息分期偿还。四是信用卡信贷。银行根据信用卡持卡人的资信状况给予一定的额度，持卡人可以利用信用卡进行刷卡消费。

根据央行调查统计，中国家庭的负债增长速度飞快，负债余额占GDP的比重从2009年年底的23.44%飙至2019年6月底的55.3%。个人房贷成为家庭负债的主力军，2012年人民日报记者采访了5个中等收入家庭，发现房贷成为民众消费能力的分水岭。

二、消费者支出结构

消费者支出结构是指消费者收入变动与需求结构之间的对应关系，也就是人们常说的支出结构。在收入一定的情况下，消费者会根据消费的急缓程度，对自己的消费项目进行排序，一般先满足排序在前也最重要的消费。如温饱和治病肯定是第一位的消费；其次是住、行和教育；再次是舒适型、享受型的消费，如保健、娱乐等。

德国统计学家恩格尔于1857年在根据统计资料研究消费结构的变化时得出一个规律——恩格尔定律（Engle's Law），即一个家庭收入越少，家庭收入中（或总支出中）用来购买食物的支出所占的比例就越大；随着家庭收入的增加，家庭收入中（或总支出中）用来购买食物的支出比例则会下降。

由这个研究规律计算出的比例数称为恩格尔系数（Engel's Coefficient），即食品烟酒支出占个人消费支出的比重。恩格尔系数会随着总收入的增加而逐渐降低，能够用来说明人们生活富裕的程度。其计算公式如下：

$$恩格尔系数 = 食品支出/总支出$$

推而广之，一个国家越穷，每个国民的平均收入中（或平均支出中）用于购买食物的支出所占比例就越大；随着国家逐渐富裕，这个比例呈下降趋势，即随着家庭收入的增加，购买食物的支出所占比例则会下降。

美国一些研究机构的调查表明，消费者收入的增加对购买支出的影响呈现以下规律：①原来收入较高的家庭，当收入增加时，食品方面支出的比例将相对减少；②中等收入的家庭，当收入增加后，用于家具和家用电器的支出比例变动较小；③所有家庭，不论原来收入高低，当收入增加后，用于娱乐、旅游和教育方面的支出比例都会增加。当收入增加后，用于服饰方面的支出，低收入家庭比例保持不变，中等收入家庭略有增加，高收入家庭则大幅增加。

1978年，我国城镇居民家庭的人均生活消费支出为311元，恩格尔系数为57.5%；农村居民家庭的人均生活消费支出为116元，恩格尔系数为67.7%。2017年，我国城乡居民的恩格尔系数为29.3%，是中华人民共和国成立以来城乡居民恩格尔系数首次下降至30%以下；2018年，我国城乡居民恩格尔系数比上年下降0.9个百分点，为28.4%。恩格尔系数的下降反映出居民消费结构的改善和生活水平进一步提高的趋势。

按照联合国、世界银行等发布的数据，一般恩格尔系数达到59%以上为贫困（家庭开支接近或超过六成是用来购买食物的）；恩格尔系数为50%~59%者为温饱，恩格尔系数为40%~50%者为小康；恩格尔系数为30%~40%者为富裕，当恩格尔系数低于30%时就已经属于发达国家的水平了。若恩格尔系数达到28.4%，就已经和很多发达国家相近了。

★拓展阅读2-2

美好生活从"买买买"开始

"买买买"无疑成为当下占据"C位"的最火关键词。

表征之一就是民众"双十一"的购物狂欢。2009年是"双十一"活动的第一年，淘宝成交额仅为0.5亿元；2018年，天猫"双十一"活动成交额高达2 135亿元，演绎了一场全球购物狂欢。成交额十年间翻了4 270倍，令人瞠目结舌。

2018年中国人全球奢侈品消费额达1 457亿美元，买下了全球42%的奢侈品。中国人继续成为奢侈品消费的中坚力量，年轻人和女性消费者成为奢侈品市场的主要人群。

2018年11月首届中国国际进口博览会（进博会）交出了一张扎扎实实的成绩单：按一年计，累计意向成交578.3亿美元。成交数字就是真金白银的"市场选票"，投给中国，更投向未来。

2018年9月，中共中央国务院印发《关于完善促进消费体制机制，进一步激发居民消费潜力的若干意见》（以下简称"意见"）。意见强调实行鼓励和引导居民消费的政策，从供需两端发力，积极培育重点领域消费细分市场，全面营造良好的消费环境，不断提升居民的消费能力，引导形成合理消费预期。此外，意见还要求完善促进消费体制机制，激发居民消费潜力，让消费者"能消费""愿消费""敢消费"。

国家也喊你"买买买"了，美好生活还会远吗？

仅仅40年，恩格尔系数就下降了一半，这无疑是巨大的成就。恩格尔系数的下降见证了消费升级的步伐，意味着人们在食品烟酒、衣着等附加值相对较低的领域所花的钱越来越少，有较多"闲钱"投向旅游、教育、保健、文化娱乐等附加值相对较高的领域。人们有更多条件吃得安全、穿得时尚、住得舒适、行得便捷。如今大家见面不再问"吃了吗？"而是问"去哪玩了？"这种现象背后，有收入水平提高的贡献，也是消费升级的表现。这表明我国经济发展水平和居民生活水平在不断提高，这与我国经济从高速发展迈向高质量发展相匹配。

本章小结

消费者拥有的经济资源的多少在一定程度上决定其消费能力的大小。一般情况下，消费者拥有的经济资源越多，其购买能力就越强。消费者的经济资源主要有收入、财产和信贷三种。对于大部分消费者来说，经济收入是其消费或支出的主要来源。经济收入作为消费者购买力的主要来源，在一定程度上是决定消费者购买行为的关键因素，是消费者十分关心的问题。一般认为，消费者的收入主要由其工资、奖金、红利、利息、馈赠、补贴或其他个人可支配收入等方面构成。不同的消费者群体，其经济收入构成存在较大差异。个人收入指消费者个人从各种来源所得到的货币收入，包括消费者个人的工资、奖金、红利、利息、馈赠或其他个人可支配收入等。个人可支配收入，即可用于个人开支或储蓄的那一部分收入，是个人收入扣除税款和非税负性负担（如强制性保险）后的余额。个人可任意支配收入是指个人可支配收入减去用于维持个人和家庭生活所必需的支出和其他固定支出所剩下的那一部分收入。

关键概念

需求弹性　边际效用　经济周期　恩格尔系数　个人收入　个人可支配收入
个人可任意支配收入　名义收入　实际收入　财产

习 题

1. 影响消费者行为的经济因素包括哪些？
2. 消费者的经济资源包括哪些类型？
3. 消费者经济资源中收入的分类有哪些？
4. 收入对消费者消费行为有何影响？
5. 不同收入人群的消费者，其消费行为有何特点？

第三章

社会因素与消费者行为

【学习目标】

本章通过对社会阶层的剖析,阐述不同阶层消费者的消费行为特点,不同社会阶层的生活方式是如何影响消费者的购买决定、消费行为和实际购买的。本章着重介绍社会阶层的测量与划分标准,最后讨论社会阶层的划分在营销中的运用。

通过本章的学习,掌握以下内容。
- 掌握社会阶层的基本概念,了解其主要特点。
- 了解决定社会阶层的因素有哪些。
- 了解不同社会阶层消费者行为的主要特点。
- 掌握针对不同社会阶层的营销策略。

【能力目标】

通过本章的学习,培养学生以下能力。
- 结合日常实际,能对社会阶层进行正确的分类。
- 根据自身消费体验以及通过对社会的观察,能够分析不同社会阶层消费行为的。
- 根据本章的主要研究内容和框架进行相关的案例分析。
- 具有运用本章的主要知识点分析和预测不同社会阶层消费者行为的能力。

【导入案例】

"种草"经济火热 你"长草"了吗?

2019年母亲节期间,许多人给母亲挑选表达自己心意的礼物。新浪微博上"母亲节礼物种草"这个话题就有超过2 000万的阅读量。在话题里,鲜花、护肤品、首饰、家居用品、保健用品等都成为人们母亲节"种草"的对象。

此"种草"非彼"种草",不是要去栽花栽草,而是泛指把一样事物推荐给另一个人,让其他人喜欢这样事物的过程。"种草"这一行为起源于线上,随着美妆论坛和社区的兴起,一些美妆达人开始在网络上分享自己使用过的优质产品,积累了众多粉丝。此后,"种草"行为也由自发推荐转变成商业行为,企业利用分享经济和粉丝效应,对其产品进行推广宣传。

如今,"种草"把日常消费和网络社交结合起来。在不少年轻人看来,"草"本身就有普遍、遍布的含义,"种草"无处不在,万物皆可"种"。走在大街上,看到别人的穿搭好看,自己会留意;和朋友闲谈的时候,有时也会相互推荐分享。艾瑞报告发布《种草一代·"95后"时尚消费报告》,将"95后"称为"种草一代"。小红书、B站、新浪微博、知乎等知名网络平台都有大量的种草内容,如体验晒单、定期盘点、种草好物、良心推荐等都是常用的标题。这些分享使用体验的人则被称为"up主""博主""达人"等,如果粉丝较多还会建立粉丝群,群内成员可以相互讨论、推荐。

很多时候,朋友之间相互"种草"是一种社交方式。例如,通过"偶像同款""同一色号"等符号找到和自己兴趣相投的群体,获得认同感和归属感。这其中,"种草"的内容就成为一种谈资,变成了当下年轻人独特的交流方式。

对不少年轻人来说,"种草"不只是停留在功能的选择上,更像是消费者在选择一种生活方式、个性态度以及品牌背后所代表的符号化意义,尤其在青年群体中更受欢迎。Twitter和市场营销的数据公司Annalect联合发布的一份报告,发现在影响购买决策这件事上,网红和大V的影响力和人们身边的朋友一样大。可口可乐、联合利华、雀巢等都曾花钱请网红和大V宣传自己的产品。数据显示,消费者在品牌购买习惯上,23.5%的消费者会选购品牌的明星产品,还有16.0%的消费者喜欢拔草网红产品和新产品。种草"内容创造"成为品牌营销的重要能力。

一批影响力强的意见领袖在分享笔记或推荐产品时往往能够得到较大的关注量,甚至能够形成相关领域的潮流趋势。Twitter调查了300个用户,比较了朋友推荐的商品和网红推荐的商品对他们的影响。1/3的人说他们在Twitter和Vine上至少关注了一位网红。另外几种调查结果则显示,56%的人说他们会被朋友的推荐影响,49%的人说他们更加依赖网红和大V,另外,40%的人说他们曾经因为大V的推荐买了产品。

口红是第一大彩妆品类,线上消费者平均每年购买数量为3.3支。相比于昂贵的精华和面霜,口红作为一种廉价的奢侈品,更容易被人们接受,而且口红的低单价让试错成本更低,跟着美妆博主一起"拔草"也无妨。

"unbelievable, oh my god, 我的妈呀, 太好看了吧, amazing, 买它!"如魔音绕梁,在耳边久久消散不去。"口红一哥"李佳琦,常常在一分钟内迅速为你种草N支口红,更要命的是,他安利的口红都还挺好看,让爱美的小仙女忍不住一次又一次乖乖地交上自己的钱包。李佳琦本人长相是上镜、耐看的。最突出的是他的唇形,甚至比很多女生都好看,涂起口红视觉效果极佳。挑口红本就是个磨人的事,容易挑花眼。现在提到买口红,很多人都会第一时间想到去李佳琦的口红测评里逛逛。

打开公众号、微博甚至打开"饿了么"APP,都能看到满屏的这个标签为"口红一哥"的男人,这个生猛的"90后"已全方位无死角侵入你的互联网生活。如果要用一句话来概括李佳琦,必定是这句:"5个半小时,观看量18.93万,23 000单,353万元成交量。"这是李佳琦在淘宝大学达人学院第21期主播班的直播教学演练里交上的3月8日"女王节"的成绩单。

李佳琦的走红,离不开个人的努力。他每天在直播中要试涂口红300多支,7个多小时的直播，除了喝水和去洗手间全程不休息。过去的一年里，他从月薪几千元到年收入千万元，谱写了一个超级励志的故事。

李佳琦从欧莱雅出身，学过一年半的化妆技巧、直播技巧和销售技巧，并且经过系统的培训，从化妆步骤、认识单品到美妆培训都一一经过考试，具备很强的专业能力；有足够的感染力，有一种激情四射，用生命在跟你安利的感觉。因为市面上的口红种类繁多，消费者既不具备每样都亲自挑选试色的条件，又容易在挑选色号时陷入选择困难的局面。李佳琦的口红测评视频全部采用统一的模式进行对比，让产品效果一目了然，帮助消费者节约了时间成本，也在无形中加速了消费者作出购买决策的过程。正是他的努力和坚持，让自己成为吉尼斯世界纪录的保持者，是30秒内给最多人涂口红的人，也因此坐稳了"口红一哥"的宝座。

据调查，商业大亨保乐力加（Pernod Ricard）、联合利华（Unilever）、雀巢（Nestle）等都曾花钱请网红和大V宣传自己的产品。联合利华称其2018年在社交媒体宣传方面花费了上千万欧元。根据社交媒体分析公司Hopper HQ的介绍，电视真人秀明星凯莉·詹娜、金·卡戴珊、歌手塞雷娜·戈麦斯和葡萄牙足球明星C罗是Instagram上广告费最高的名人，他们每发布一条帖子可赚取100万美元。

思考：什么是意见领袖？你可以识别出受到这些群体影响而作出的消费决策吗？请刻画对消费者信息性影响效力大的参照群体特征。

第一节 社会阶层与消费者购买行为

社会阶层消费说是关于社会阶层影响消费行为的学说。其认为在同一社会中，由于人们所处的经济地位不同而具有不同的价值观、生活态度及生活情趣，从而表现出不同的消费取向和消费行为。

每个社会大都可以分为"富人"和"穷人"两个群体，即便是在强调"人生而平等"的美国亦是如此。消费者在社会中的地位即社会阶层，是由一系列复杂变量决定的，包括收入、教育、职业、家庭背景等。一个人在社会结构中所处的位置不但决定了他能花多少钱，还决定了他会如何花钱。所以，研究消费者行为有必要了解社会阶层。

一、社会阶层的定义与划分

社会阶层（Social Stratum）是由具有相同或类似社会地位的社会成员组成的相对持久的群体。社会阶层是一种普遍存在的社会现象。同一社会集团成员的态度和行为模式及价值观等方面具有相似性，不同社会集团成员的态度和行为模式及价值观等方面存在差异性。

这里应当指出的是，社会阶层不同于社会阶级，其划分衡量的标准不仅仅是经济因素，还有其他各种社会因素，主要分为经济变量、社会互动变量、政治变量三类。较常见的是根据职业、收入、教育和价值倾向等因素进行划分。例如，按职业可将社会阶层分为工人、干部、教师、医生、科学家等；按在生产过程中担任的角色可将社会阶层分为蓝领阶层和白领阶层等。当然，也可以将多个因素结合起来进行综合性划分，如美国社会学家华纳依据收入来源、收入水平、职业、受教育程度、居住条件、居住地区等，把美国社会成员划归七个社会阶层。在市场营销学中通常是按经济地位和收入水平对社会阶层进行划分的。

一般来讲无论何种类型的社会阶层，其内部成员都具有相近的经济利益、社会地位、价值观念、态度体系，从而有着相同或相近的消费需求和消费行为，因此，社会阶层的划分区分了人们的消费行为与心理，不同的社会阶层就是不同身份和不同社会地位的象征。人们会尽量使自己归属于更高的社会阶层，尽量使自己的消费习惯或消费方式符合所属社会阶层的行为特征。

★拓展阅读3-1

印度种姓制度

印度种姓制度源于印度教，又称瓦尔纳制度。这一制度将人分为4个主要等级，即婆罗门、刹帝利、吠舍、首陀罗。它是古代世界最典型、最森严的等级制度，并且种姓制度下的各等级世代相袭。

四个等级在地位、权利、职业、义务等方面有严格的规定。

第一等级，婆罗门主要是僧侣贵族，拥有解释宗教经典和祭神的特权以及享受奉献的权利，主教育，受众刹帝利，负责垄断文化教育和报道农时季节以及宗教话语解释权。

第二等级，刹帝利是军事贵族和行政贵族，婆罗门思想的受众，他们拥有征收各种赋税的特权，主政军，负责守护婆罗门阶层生生世世。

第三等级，吠舍是普通雅利安人，政治上没有特权，必须以布施和纳税的形式来供养前两个等级，主商业。

第四等级，首陀罗绝大多数是被征服的土著居民，属于非雅利安人，由伺候用餐、做饭的高级佣人和工匠组成，是人口最多的种姓。被认为低贱的职业。在种姓制度中，来自不同种姓的父母双方所生下的后代被称为杂种姓。

除四大种姓外，还有一种被排除在种姓外的人，即所谓"不可接受的贱民"，又称"达利特"。他们社会地位最低，最受歧视。

种姓世袭，不易更改。社会地位高低、经济状况好坏，大多与种姓有关。尽管印度独立以来已废除种姓制度，但几千年来种姓制度造成的种姓歧视在印度不少地区（尤其是农村）仍相当严重。

中国社会科学院发布的《当代中国社会阶层研究报告》以职业分类为基础，以组织资源、经济资源和文化资源的占有情况为标准划分社会阶层，得出了中国当代社会的十大阶层。

第一个阶层是国家与社会管理者阶层，是指具有实际行政职权的干部。主要是党政机关和事业单位、人民群众团体的负责人员。

第二个阶层是经理人员，包括三个部分：①国家公有制企业的负责人、经理、中上层的干部；②三资企业的中上层管理干部；③现在私营企业的经理人员。

第三个阶层是私营企业主阶层。2017年我国私营企业主共有2 726.3万人。

第四个阶层是专业技术人员阶层，包括研究人员、教学人员、工程师、医生、律师、会计师、评估师、文化工作者等。

第五个阶层是办事人员阶层，是与国家与社会管理者阶层相对应的，包括办公室主任、秘书、会计、出纳、采编人员、统计人员，等等。

第六个阶层是个体工商户阶层。我国把雇工7人以下的称为个体工商户。截至2018年10月底，全国实有个体工商户7 137.2万户。

第七个阶层是商业服务人员，实际上是第三产业工人、商业服务人员。

第八个阶层是产业工人阶层，包括制造业、建筑业的操作工人，是体力和半体力劳动者。

第九个阶层是农业劳动者阶层。

第十个阶层是城乡的失业者和半失业者。据统计，2018年城镇失业人员占比3.8%。

二、社会阶层的特征

社会阶层一般具有以下六个特征。

（1）有界性，即各个不同社会阶层之间具有比较明显的界限。就某一社会阶层而言，它必须有自己明确的标志以区别于其他阶层。

（2）条理性，即各阶层可以按某些要素进行高低排列的性质。

（3）互斥性，即某一社会成员在一个阶层系列中只属于某个阶层，而不能同时属于两个阶层。

（4）多维性，即决定社会阶层的标准是多种多样的。所以，决定人们社会阶层的标准除经济水平外，还包括许多难以量化的标准，例如，职业、教育水平、出生背景、社会关系、财产、生活方式、文化习俗、权力、声望等。

（5）趋同性，即同一个社会阶层的成员，在世界观、人生观、价值观、经济收入、教育程度等方面比较接近，其行为也较为相似。

（6）变化性，即社会阶层并不是固定的。一个人能够在一生中改变自己所处的阶层，既可以向高阶层迈进，也可以跌至低阶层，但是，这种变化的变动程度因某一社会阶层等级的森严程度不同而不同。

三、社会阶层对消费者行为的影响

（一）不同社会阶层的消费行为差异

每一个社会阶层都有一种被本阶层广大成员接受和认可的价值观和行为规范。处于同一阶层的人为了使自己的角色、地位与所属阶层相符，往往会有意无意地遵循一种共同的规范行事，在消费行为上也表现出许多相似之处。这种趋同性也与同一社会阶层中成员间的相互模仿或攀比有关，如经理阶层的豪华轿车热，一定程度上就是被社会阶层影响的结果。处于不同社会阶层的人，消费内容、消费水平、消费结构、生活方式和消费习惯可能有相当大的差别。例如，一名大学教授和一名出租车司机，在衣着打扮、娱乐消遣的方式、对价格和广告的反应、选择的产品和商店等多方面都可能存在差异，因此，社会阶层可以作为某些产品进行市场细分的标准，营销人员应根据不同阶层的购买行为特点制定出相应产品的价格还有分销和促销策略。

具体地讲，不同社会阶层的消费行为差异体现在以下几个方面。

（1）消费的功利性差异。处于较高社会阶层的消费者具有较强的消费支出能力，往往是市场上最先接受创新的人,他们的消费追求品牌、时尚、个性化、享乐等。消费是他们内心欲望的一种表达和宣泄。处在高阶层的消费者更愿意花钱在精神层面的奢华上,比如旅游、教育和健康。对于那些处在较低阶层的消费者来说,消费的实质在于获取商品的使用价值,以维持或满足最基本的生活需要。

不可否认,品牌的确可以树立及宣誓身份地位。许多高端品牌售价不菲,不是普通老百姓能消费得起的。也正因为如此,才能彰显其尊贵的身份地位。例如,在服装、家具、娱乐和汽车等消费领域,各社会阶层通常有不同的产品和品牌喜好。奔驰、奥迪、宝马、劳斯莱斯、保时捷是备受高阶层消费者青睐的豪华汽车品牌,吉利、夏利则主要面向中低阶层消费者。

(2)媒体偏好差异。中阶层消费者比较多地从媒体上获得各种信息,而且会更主动地从事外部信息搜集。随着社会阶层的上升,消费者获得信息的渠道会日益增多。不仅如此,特定媒体和信息对不同阶层消费者的吸引力和影响力也有很大的不同。比如,越是高阶层的消费者,看电视的时间越少,因此电视媒体对他们的影响相对较小;而低阶层消费者更喜欢电视。根据胡润研究院发布的《2019至尚优品——中国千万富豪品牌倾向报告》,社交活动和微信是高净值人群信息获取最主要的两种渠道。移动通信高速发展的今天,超出半数的高净值人群依然愿意通过线下社交活动获取信息;其次是微信,占比高达68%;微博首次超过电视位居第三。网络媒体近年来不断发展,而传统媒体对于高净值人群的信息影响力则逐渐下降。即便是观看电视,不同阶层的人对不同的电视节目的喜爱也不同,上层消费者喜欢新闻和信息,而低阶层消费者则喜欢电视剧和娱乐节目。

(3)购物方式差异。一般而言,人们会形成哪些商店适合哪些阶层消费者惠顾的看法,并倾向于到与自己社会地位相一致的商店购物。在购物场所的选择上,高阶层的消费者乐于到高档、豪华、环境幽雅、服务上乘的场所购物,因为在这种环境里购物会使他们产生优越感和自豪感,能够得到超越购物本身的一种心理满足与认同感;较低阶层的消费者在高档购物场所可能会感到不舒服,容易产生自卑和窘迫心理,因此,他们大多数会选择在一般的商场、超市、便利店以及网络购物。研究表明,消费者所处社会阶层与其想象的某商店典型惠顾者的社会阶层相距越远,其光顾该商店的可能性就越小;同时,较高阶层的消费者较少光顾主要是较低阶层消费者光顾的商店,相对而言,较低阶层的消费者则较多地去主要是较高阶层消费者光顾的商店。

无独有偶,京东将用户按照消费能力划分为高、中、低三个层级。可以看出,这三个层级之间差异非常明显。高消费人群线上消费最偏爱酒类,酒类消费规模增长率超过210%,因为高消费人群都喜欢有格调的生活。而且高消费人群较多出境购买美妆和个护产品,对于网上购物的偏好较低。中低消费人群就比较青睐于网上购物了,而且高度集中于母婴、食品、美妆和个护等日用品,占总规模的84.77%,中低层消费者才是网购主力军。

(4)信息接收和处理上的差异。一般来说,高阶层的消费者比低阶层的消费者更善于利用多种渠道来获取商品信息。高阶层的消费者大都受到过良好教育,他们社交广泛、见多识广,能够充分利用各种传媒工具获取充足的有价值的商品信息;而较低阶层的消费者通常没有机会接触最新信息,并且辨别信息有用性的能力较弱。

(二)社会阶层与营销应对策略

社会阶层对消费者行为的影响是很明显的。这种影响的最大特征是使同一阶层消费者的消费观念、行为、要求趋向一致，产生相似的价值标准和消费习惯。消费者更趋向于购买代表他们社会阶层的商品。人们都希望购买的产品彰显自己的身份地位，所以在一定程度上，所谓"你购买的东西展现了你是谁"也是有据可循的，但也并不是绝对的。拥有一定财富与身份的人到了某种程度，自身就是一个标志，一个符号，而不再需要用物质来彰显自己的身份。因此，在市场营销中就能比较方便地按社会阶层对消费者进行市场细分，选择目标市场并制定相适应的营销策略，有的放矢地占领市场。

★拓展阅读3-2

"米勒"啤酒杀出生路

1969年，以生产"万宝路"闻名的烟草业巨头菲利普·莫里斯公司买下了经营不善的米勒酿酒公司，决心创造啤酒中的"万宝路"。

为了解消费者购买啤酒的原因，新的米勒酿酒公司作了一次消费者调查，发现啤酒的最大消费者是男性年轻人，且主要是蓝领工人，同时还发现，这些蓝领工人是在酒吧里和同伴一起喝酒，而不是在家里和妻子一起饮用。

在菲利普·莫里斯公司买下米勒酿酒公司以前，作为主要消费力量的蓝领工人几乎没有引起人们的重视。原先把目标对象弄错了，各啤酒公司的广告刊登的是以一些以上流社会豪华的社交场面为背景的广告，与蓝领工人的生活格格不入。例如，在某宅邸游泳池旁举行的社交聚会上，上流社会富有的绅士淑女们喝着啤酒。

为此，米勒酿酒公司推出了"米勒好生活"牌啤酒——一种适应蓝领工人口味的新啤酒。米勒酿酒公司设计了一个旨在吸引蓝领工人的广告宣传运动，并为此投入了大量财力。其广告对石油、钢铁、铁路、伐木等行业的蓝领工人大加赞美，把他们描绘成健康的、干着重要工作的人。

为了进入目标市场，米勒酿酒公司只在电视上做广告并集中在他们所喜爱的体育节目时间播出，这是蓝领工人所乐于选择的传播媒体。在一年时间里，米勒酿酒公司的市场占有率从第8位跃居第4位，随后又逐步升至第2位。

从社会阶层角度掌握消费心理，应注意以下几点。

基于阶层"认同心理"，人们自然地表现出维护本阶层消费形象的倾向，希望所购买的商品能与其社会地位相符，并遵循该阶层的消费模式行事。例如自认为是"上层阶级"的人，不管是否真心喜欢，都倾向以打高尔夫、高级会所等为主要的休闲活动，以配合上层身份。著名经济学者托斯丹·范伯伦（Thorstein Veblen）观察到，昂贵的银勺子和妇女为衬托身体的紧身胸衣是当时社会精英阶层的标志。他在《炫耀性消费》一书中就曾谈道："富有的消费者通过他们的财产来证明他们是上层社会中的一员。"换句话说，房子、衣服和其他可以看得见的财产都是成就和地位的象征。经营者可以根据消费者的这种消费心理来进行产品的市场定位，塑造企业和产品形象，使自己品牌的产品符合某一社会阶层的消费习惯，甚至成为一定社会阶层的消费象征，从而达到拥有稳定消费者群的目的。

基于不愿往下掉的"自保心理"，人们大多抗拒较低层次的消费模式。例如一名自认为"有名望"的政府官员，可能会认为吃路边摊是一件"有失身份"的事。

第二节　参照群体与消费者购买行为

一、参照群体的定义

过去，人们只想通过自己的力量去改变他人，但这并不是唯一的路径。当你想要改变一个人的时候，除了把精力放到他本身之外，还应该把精力放在影响其决策的群体上。

人们的生活方式和偏好不是天生的，而是后天形成的。在现实中，人类总是会形成不同的群体。群体主义是人类区别于其他低等动物的一种特征。俗话说"物以类聚，人以群分"，人们容易被与自己气质近似的人吸引，寻求有归属感、熟悉感的群体，这能帮助其找到舒适区；而因为害怕被孤立或排除在群体之外，人们会依据"所属群体"的做法判断自己应该怎么行动。消费者会下意识地审视自己所作出的购买决定，并将自己的决定与其他人的决定，特别是那些其所崇拜的人的消费情况相比较。如本章导入案例所述，近年来，网红"种草"粉丝买单的消费趋势已越发明显，尤其在青年群体中更受欢迎。研究发现，关注网红的大学生更倾向于关注原创视频类型，占比高达 68.8%；而不关注网红的大学生较偏向于在未来关注原创类型和学习干货类型视频。在关注网红的大学生中，有 27.8% 的人表示他们会在网红电商、直播等领域进行消费，其中女生占比略大于男生。这种行为在购买高价值产品或重复购买中表现得最为突出。

参照群体（Reference Groups）指能够直接或间接影响消费者购买行为的个人或集体。从消费者行为学的观点看，所有影响消费者购买行为的正式与非正式群体、成员与非成员群体都可以成为人们的参照群体。虽然消费者自身的态度和认知在消费决策中起主导作用，但参照群体也会在很大程度上影响消费者的产品决策和品牌选择行为。尤其是在中国市场环境下，消费者的社会化程度更高、人际关系更密切，参照群体对消费者行为的影响也就更大。消费者可以使用产品或品牌来认同某一群体或成为其中的一员。他们通过观察参照群体成员学习其消费方式，并在自己的消费决策中使用同样的标准。

参照群体具有规范和比较两大功能。前一功能在于建立一定的行为标准并使个体遵从这一标准。比如受父母的影响，子女在食品的营养标准、如何穿衣打扮、到哪些地方购物等方面形成了某些观念和态度。个体在这些方面所受的影响对行为具有规范作用。后一功能即比较功能，是指个体把参照群体作为评价自己或他人的比较标准和出发点。如个体在布置、装修自己的住宅时，可能以邻居或仰慕的某位熟人的家居布置作为参考和效仿对象。

二、参照群体的分类

参照群体可以按不同标准分为不同种类。

（一）按照对成员影响的大小

按照对成员影响的大小，成员群体可分为主要群体和次要群体。

（1）主要群体，即那些规模相对较小，但与消费者存在密切联系的群体。主要群体对消费者的购买行为发生直接和主要的影响。群体内的每个成员都可以互相进行面对面的充分交流，其对各个个体成员的消费行为有较大程度的影响。消费者作决策时，一般都将主要群体视为值得信赖的群体,或多或少地考虑他们的意见和态度。主要群体多是非正式的,如家庭、朋友、邻居、同事等。若父母从事文艺工作或教育工作,子女从小耳闻目睹爱好文艺,对商品的选择具有一定艺术鉴赏能力,或穿着注意仪表,酷爱读书。若某人的亲戚、朋友是医生,受他们的影响,此人在生活中也会比较讲究卫生,更注重食物提供的营养;若某人的邻居是一位体育工作者,他就有机会更多地了解国内体育市场的发展状态,有机会更多地观看各种体育比赛,甚至受邻居的影响而参加各种体育活动。

(2)次要群体,即消费者个人参加的各种社会群体。它多是正式的,成员之间当面交流较少,相互影响较小,如各种宗教组织、各类专业协会等。一般地,组成次要群体的各个成员相互之间不一定很熟悉,所以次要群体对其内部各个个体的消费行为的影响程度相对较低。这些次要群体对消费者购买行为发生间接的影响。各种次要群体具有不同的性质,因此它们对其成员行为的影响程度也是不同的。军人必须穿着军装,风纪严整,这是带有强制性的纪律;文艺工作者穿着打扮比较浪漫,比一般人更丰富多彩,但这并不是文艺团体对其成员硬性规定的结果,而是一种职业特征的体现;各种球迷协会,其成员佩戴共同的标志,经常在某个酒吧或个咖啡馆聚会,甚至购买某一种同一品牌的商品,这种行为显然也是出于自愿的。

(二)按照个体与群体所属关系以及个体对群体的态度

按照个体与群体所属关系以及个体对群体的态度,非成员群体可分为渴望群体和非渴望群体。

(1)渴望群体(或称向往群体、崇拜性群体),即个人虽非成员,但期望归属的群体,如政府官员、社会名流、影视明星、体育明星、网红等。消费者可能会对某一具体群体的消费方式比较感兴趣,并对其进行模仿,这就是以其为渴望群体指导自己的消费活动。渴望群体对消费者行为起示范作用,但无直接约束。这种崇拜性群体的一举一动常常成为人们仿效的对象。雅诗兰黛聘请杨幂为代言人,结果260、270、333这几个色号的口红被大幂幂带火,成为红极一时的热门色,一下子在国内断货了。根据数据显示,杨幂代言雅诗兰黛之后,这个品牌在中国区的销售量增长40%,可见其带货地位毋庸置疑。之所以有这样的作用,是因为渴望群体除了让消费者建立信任(明星用的就是好的)之外,还给消费者塑造了一种"通过模仿渴望群体的行为,短暂让自己变得更像这个群体"的感觉。

(2)非渴望群体(或称厌恶群体),即人们试图与其保持距离、避免与其发生任何联系的群体,比如常人眼中的小偷。如果产品、文案等能够帮助消费者跟回避群体保持距离,他们就更有可能去做你想让他们做的事。比如美国有个知名的手工工具制造商百得(比如家用螺丝刀),占据了大量的消费者市场。其为了再提升销售额,想进入专业手工业者的市场,但发现很难。而另外一个本来不知名的日本品牌"Makita",虽然品牌不知名不算,其工具也不好用还贵,反而在市场中取得了成功。因为这些专业手工业者在回避"非专业人士"这个群体,他们最害怕的事情就是被人认为其实他们跟普通人维修技能差不多。这时候,如果有消费者看到这些专业手工业者也用百得工具,自然就会觉得"我自己买了百得不一样修吗?",从而降低了他们的服务价值。

三、参照群体对消费者的影响

人们总希望自己富有个性和与众不同,然而群体的影响又无处不在。不管是否愿意承认，每个人都有与各种群体保持一致的倾向。例如，观察一个班的同学，你会惊奇地发现，除了男女性别及其在穿着上的差异外，大部分人衣着十分相似。事实上，如果一个同学穿着正装来上课，大家通常会问他是不是要去应聘，因为人们认为这是他穿着正装的原因。请注意，作为个体，人们并未将这种行为视为从众。尽管人们时常要有意识地决定是否遵从参照群体的行为，通常情况下，人们是无意识地和群体保持一致的。参照群体的产品态度会影响消费者对产品价值的感知，从而影响消费者的产品购买意愿。参照群体对消费者的影响，通常表现为三种形式，即规范性影响、信息性影响、价值表现上的影响。

（1）规范性影响。规范性影响是指当参照群体可以给予消费者某些重要的奖赏或惩罚时，消费者为了获得奖赏或避免惩罚而在消费决策中服从参照群体的积极期望。规范是指在一定社会背景下，参照群体对其所属成员行为合适性的期待是参照群体为其成员确定的行为标准。无论何时，只要有参照群体存在，不用经过任何语言沟通和直接思考，规范就会迅即发挥作用。规范性影响之所以发生和起作用，是由于奖赏和惩罚的存在。为了获得奖赏和避免惩罚，个体会按参照群体的期待行事。广告商声称，如果使用某种产品就能得到社会的接受和赞许，利用的就是参照群体对个体的规范性影响。同样，宣称不使用某种产品就得不到群体的认可，也是在运用规范性影响。

（2）信息性影响。信息性影响指参照群体成员的行为、观念、意见被个体作为有用的信息予以参考，由此在其行为上产生影响。当消费者对某种产品或服务不了解或存在不确定性时，其会积极地搜集相关信息，观察那些他们认为是"产品专家"的个体或参照群体的选择行为，或者依据形象代言人来推断产品质量。参照群体的信息性影响会促进消费者的购买决策过程，包括对产品的评价以及产品或品牌的选择。例如，某人发现好几位朋友都在使用某种品牌的护肤品，于是她决定试用一下，因为这么多朋友使用它，意味着该品牌一定有其优点和特色。当个体不确定自己的判断是否正确时，他就更容易受到参照群体的信息性影响和规范性影响，从而作出判断和决策。由此可见，参照群体的信息性影响和规范性影响都正向影响着个体的态度和信念，进而在消费情境中正向影响其消费意愿。

（3）价值表现上的影响。价值表现上的影响指个体自觉遵循或内化参照群体所具有的信念和价值观，从而在行为上与之保持一致。例如，某位消费者感到那些有艺术气质和素养的人，通常留长发、蓄络腮胡、不修边幅，于是他也留起了长发，穿着打扮也不拘一格，以反映他所理解的艺术家的形象。此时，该消费者就是在价值表现上受到参照群体的影响。个体之所以在无须外在奖惩的情况下自觉依群体的规范和信念行事，主要基于两方面力量的驱动：一方面，个体可能利用参照群体表现自我，提升自我形象；另一方面，个体可能特别喜欢该参照群体，或对该参照群体非常忠诚，并希望与之建立和保持长期的关系，从而视群体价值观为自身的价值观。例如，青年学生对某歌星、影星、体育明星的崇拜而导致的模仿性消费行为。再如，网红和大V的一个核心卖点是"人物设定"（人设），即网红和大V自身打造的人物形象和生活理念。消费者在作出购买决策时，往往会在很大程度上受到参照群体的影响，其中一个主要原因是个体的自我认同感，即认为自己是什么样的人，应该过怎样的生活。一旦对某个网红的人设产生了自我认同，消费者就可能会被"种草"，进而购买网红推荐的产品。

四、决定参照群体影响强度的因素

参照群体对消费者消费决策的影响受很多因素的调节，识别这些调节因素具有重要的意义。对于营销人员来说，掌握这些调节因素有利于更好地理解参照群体影响的作用机制，并根据具体的市场环境运用相关知识来分析问题，进而制定营销策略；对于研究人员来说，了解这些因素及其作用机制，能够为研究参照群体特定情境下的影响奠定理论基础。参照群体影响的调节因素可以分为个体因素、群体因素、产品因素和品牌因素四类，它们分别作用于参照群体影响的不同维度。

（一）个体因素

有证据表明，不同个体受群体影响的程度也是不同的。个体因素是指消费者的个体特征，具体包括以下几方面。

（1）自我监控导向。自我监控导向是指个体对情境线索的敏感程度和反应程度，如对他人的某些表达的敏感程度，以及使用社交线索来进行自我监控与管理的程度，自我监控导向越强，个体在进行消费决策时受到的参照群体的功利性和价值表现性影响就越强。

（2）自信心。消费者的决策自信心会减少其寻求参照群体建议或观察参照群体消费行为的需求。因此，消费者的自信心会削弱参照群体对消费决策的信息性影响。自信程度并不一定与产品知识成正比。研究发现，知识丰富的汽车购买者比那些新手更容易在信息层面上受到群体的影响，并喜欢和同样有知识的伙伴交换信息和意见。新手则对汽车没有太大兴趣，也不喜欢收集产品信息，他们更容易受到广告和推销人员的影响。

（3）人际导向。消费者越是注重他人对自己的看法，在进行消费决策时受到的各种维度的参照群体的影响就越大。

（4）介入程度。消费者的介入程度与外部努力以及认知和处理决策相关刺激因素的过程密切相关。消费者的介入程度越高，其消费决策受参照群体影响的程度也就越高。

（5）遵从动机。遵从动机是指个体接受他人价值观的意思，它与参照群体影响高度相关。个人对群体越忠诚，他就越可能遵守群体规范。当参加一个渴望群体举办的晚宴时，在衣服选择上，人们可能更多地考虑群体的期望，而当参加无关紧要的群体晚宴时，这种考虑可能就少得多。那些强烈认同中华文化的消费者，比那些只微弱地认同该文化的消费者可以更多地从规范和价值表现两个层面受到来自中华文化的影响。

（二）群体因素

群体因素是指消费者所处的特定群体的属性，或所参照的群体的属性，以及消费者对该群体的评价或与该群体的关系。群体因素包括以下几个。

（1）可信度。在众多可供利用的信息源中，最可信的信息源最有可能被接受。可信度最高的参照对象是那些被认为具有相关知识的业内人士等。参照群体的可信度越高，其对消费者的信息性影响就越大。

（2）集体主义取向。个人主义取向注重独立的人格，而集体主义取向则强调社会自我，强调个体与他人的关系。消费者属于持集体主义文化价值观的群体时，更容易受到参照群体的功利性和价值表现性的影响。

（3）群体结构特性。消费者所属的正式群体的凝聚力越强、规模越小，消费者与群体成员间的活动和交流就越密切，其消费决策受参照群体的影响也就越大。

（4）接触频率。频繁的接触，一方面为信息征询提供了便利；另一方面，也使消费者的行为更多地暴露在参照群体面前。消费者与参照群体的接触频率越高，其消费决策受到的影响就越大。近年来，随着网络社交应用的日益发达以及信息获取渠道更加丰富，消费者能够更直接、更便利地接触到以不同身份展示的参照群体，"粉丝经济""网红经济"等以特定的参照群体为中心而形成的经济现象均从侧面映射出参照群体或意见领袖在当前消费市场中的重要地位。北京三里屯太古里商场的化妆品专柜前，也会摆出淘宝主播推荐色号的告示牌。此外，随着微信、微博、直播等网络社交应用的高度发达，大量网络信息充斥着人们的生活，鉴于认知资源有限以及付出成本最小化的消费原则，人们在消费决策中对参照群体的依赖程度会有所增强。

（三）产品因素

产品因素是指消费决策所涉及的产品类别的内在属性，具体包括以下两个方面。

（1）产品复杂程度。产品复杂程度越高，消费者在进行决策时感知的风险就越大，因此，受参照群体的信息性影响就越大。此外，对产品复杂性的接纳程度，能反映个体的行为习惯，而这种行为习惯会受到参照群体价值判断的影响，因此，产品的复杂性也会影响消费者在进行消费决策时受到的功利性影响。对于食品、日用品等生活必需品，消费者比较熟悉，而且很多情况下已形成了习惯性购买，此时参照群体的影响相对较小；但个人在购买手机、家电、汽车、保险时，最易受参照群体影响。一方面，这些产品（如保险消费）既非可见又同群体功能没有太大关系，但是它们对于个人很重要，而大多数人对它们又只拥有有限的知识与信息。另一方面，鉴于中国市场环境的复杂性和特殊性，频发的产品质量问题、企业安全事故等消极社会事件会提升人们对消费风险和不确定性的感知，影响着人们的消费态度和消费信任。在此情况下，人们对参照群体影响的依赖程度会得到强化，具体体现在参照群体的信息性影响和规范性影响对消费知识和消费信任的影响上，进而决定着消费意愿。

（2）产品可见度。产品可见度是指产品在使用过程中能够引起他人注意的程度。一般而言，产品或品牌的使用可见性越高，群体影响力越大，反之则群体影响力越小。研究发现，商品的"炫耀性"（Conspicuousness）是决定群体影响强度的一个重要因素。在公共场合使用的商品或是某方面比较独特的商品，更容易引起他人的注意，因此，相应的消费也更容易受到参照群体的影响。一般来说，消费者购买引人注目的商品（如汽车、服装等）受参照群体的影响较大，而购买不太引人注意的商品（如洗衣粉等），则不受参照群体的影响。

（四）品牌因素

品牌因素是指消费决策所涉及的品牌的内在属性或与备选品牌之间的关系，具体包括以下两个方面。

（1）品牌象征性。消费者会利用品牌的象征含义来构建自我形象，尤其是利用参照群体所使用的品牌。因此，品牌的象征性越强，与其他品牌相比越能够体现使用者的某些特性，或是越容易与某个群体产生联系，消费者在选择该品牌时受到的功利性和价值表现性影响就越大。反之，如果某个品牌被不同类型的人广泛使用，该品牌就不能够显示品牌使用者的特性，消费者在选择该品牌时受的参照群体的影响就相对较小。

（2）品牌独特性。品牌的独特性越强，消费者就越容易对该品牌与其他品牌之间的差异进行判断，从而也就越容易依据自己的评判标准来进行选择。反之，消费者则难以区别不同品牌的优劣。因此，品牌的独特性越低，消费者在进行品牌决策时受参照群体的信息性影响就越强。

受相关群体影响大的产品和品牌的制造商必须设法接触并影响相关群体的意见领袖。意见领袖既可以是主要群体中在某方面有专长的人，也可以是次要群体的领导人，还可以是渴望（或向往）群体中人们效仿的对象。意见领袖的建议和行为往往被追随者接受并模仿，因此，他们一旦使用了某种产品，就可以起有效的宣传和推广作用。

五、参照群体的运用

（一）名人效应

人们观察行为，于是模仿行为。他人如何行事，决定了自己如何行事。名人效应是指借助一个高知名度、高信赖度的人启发或传递某一种行为。名人或公众人物（如政府要员、影视明星、体育明星、网红）作为参照群体对公众尤其是对崇拜他们的受众具有巨大的影响力和感召力。对很多人来说，名人代表了一种理想化的生活模式。正因为如此，企业才愿意支付巨额费用聘请名人促销其产品。研究发现，用名人的广告较不用名人的广告得到的评价更正面、更积极，这一点在青少年群体中体现得更为明显。

根据布朗与菲奥雷拉（Brown and Fiorella, 2013）的研究，名人代言或以名人作为样板示范，原本主要是新兴品牌为了能够接触更多消费者而采用的策略。而在今天，更重要的是要确保名人能够带来适当的影响力（基于影响力指数、Q 指数以及在目标市场的受欢迎程度等进行评估）以及名人与品牌本身的契合度。

如今，一些高高在上的国际品牌也放下身段，纷纷找来小鲜肉明星代言其产品，这无疑是看中他们的粉丝效应和带货能力。粉丝流量究竟可以有多"强大"？2018 年 4 月，养生堂官宣蔡徐坤为首位品牌大使代言养生堂桦树汁面膜。蔡徐坤代言的微博一经发布，立刻引发了 iKUN（蔡徐坤粉丝）们的疯狂转发。短短 3 小时，该条微博被转发 119 万次；当天下午养生堂桦树汁面膜销售额已经达到 200 万元；仅用 25 天，这款面膜销售额就突破千万元，可见其带货能力之强大。

运用名人效应的方式多种多样。如可以用名人作为产品或公司代言人，即将名人与产品或公司联系起来，使其在媒体上频频亮相；也可以用名人作证词广告，即在广告中引述广告产品或服务的优点和长处，或介绍其使用该产品或服务的体验；还可以采用将名人的名字使用于产品或包装上等方法。

（二）专家效应

专家是指在某一专业领域受过专门训练，具有专门知识、经验和特长的人。医生、律师、营养学家等均是各自领域的专家。专家所具有的丰富知识和经验，使其在介绍、推荐产品与服务时较一般人更具权威性，从而产生专家所特有的公信力和影响力。当然，在运用专家效应时，一方面，应注意法律的限制，如有的国家不允许医生为药品作证词广告；另一方面，应避免公众对专家的公正性、客观性产生质疑。

2008 年 9 月，葛兰素史克在中国上市了首款口腔保健产品——抗过敏牙膏品牌"舒适达"，如图 3-1 所示。在舒适达进入中国市场时，尽管葛兰素史克凭借其药企专业形象已在中国消费者心目中形成一定认知，但在高端功效型牙膏领域尚未完全打开市场。舒适达将产品定位于高端市场，希望以"帮助消费者有效缓解牙敏感"的口腔护理专家身份培养品牌信任感。舒适达一直坚持使用葛兰素史克研发人员专业讲述的推广方式。在所有 TVC 的拍摄中，舒适达坚持从不准备脚本，亦不引导专家表述，力争建立一个真实的生活化场景，让专家在一个大方向下依照自身的专业和理解向消费者娓娓讲述牙膏的优点。

图 3-1　舒适达牙膏广告

（三）"普通人"效应

运用满意顾客的证词证言来宣传企业的产品，是广告中常用的方法之一。由于出现在荧屏上或画面上的证明人或代言人是和潜在顾客一样的普通消费者，这会使受众感到亲近，从而使广告诉求更容易引起共鸣。如宝洁公司、北京大宝化妆品有限公司都曾运用过"普通人"作证词广告，应当说效果还是不错的。还有一些公司在电视广告中展示普通消费者或普通家庭如何用广告中的产品解决其遇到的问题，如何从产品的消费中获得乐趣，等等。由于这类广告贴近消费者，反映了消费者的现实生活，因此，它们可能更容易获得认可。

（四）经理型代言人

自 20 世纪 70 年代以来，越来越多的企业在广告中用公司总裁或总经理作为代言人。2012 年聚美优品发布新版广告，广告由其 CEO 陈欧（图 3-2）主演，广告词〔"你只闻到我的香水，却没看到我的汗水；你否定我的现在，我决定我的未来；你可以轻视，我们的年轻，我们会证明这是谁的时代。梦想是注定孤独的旅行，路上少不了质疑和嘲笑，但那又怎样？哪怕遍体鳞伤，也要活得漂亮。我是陈欧，我为自己代言。"〕引起无数人的共鸣。一时之间，"陈欧体"火遍大江南北，聚美优品的风头也无人能及，获得很大成功。同样，格力电器董事长董明珠代言格力品牌的形象也令人印象深刻，比如代言的格力空调、格力电饭煲等，还有格力手机的开机画面也是董明珠的个人照片。董明珠说："请代言人费用超千万，宁愿把省下的钱花在制作成本上。很多人都说董明珠的广告自己代言，能不能低调点。我在想请演员作广告，花几千万，未必是一个承诺；而我给消费者承诺，我可以做世界上最好的产品。"

图3-2 聚美优品"陈欧体"广告

第三节 角色与购买行为

一、角色概述

社会活动对于个人行为的影响以及个人行动在社会中的实现,不可能是孤立进行的,必然存在若干中介环节。其中角色就是一个很重要的中介环节。每个人都在社会或群体中占据一定的位置,围绕这一位置,社会对个体会有一定的要求或期待。当个体依照社会的期待去履行义务、行使权力时,就是在扮演一定的角色。

"角色"这个概念是从戏剧中借用过来的。本书所指的角色就是个体在特定社会或群体中占有的位置和被社会或群体所规定的行为模式。

虽然角色直接与社会中的人相联系,而且必须由处于一定社会地位的人来承担,但它是建立在位置或地位的基础上的。对于特定的角色,不论由谁来承担,人们对其行为都有相同或类似的期待。角色在处于一定地位的同时,又被赋予了一定的权利和义务。以老师为例,人们期待老师认真备课,按时到课堂,不断完善教学内容和改进教学方法以提高教学质量;老师有权让学生回答问题,有权给学生布置作业,同时也有义务批改作业和为学生解惑。

在现实生活中,一个人要扮演各种不同的角色。比如,人们在学校要扮演学生、篮球队队员、班长的角色,在家要扮演儿子或女儿的角色,走上工作岗位还要扮演很多其他角色。社会对每一种角色都有与之相对应的一系列期待和要求。期望角色与实践角色之间的差距称为角色差距。适度的角色差距是被允许存在的,但这种差距不能太大。太大的角色差距会被认为这个角色扮演得不称职,社会或群体对其惩罚也就不可避免。

角色在很多方面影响消费者的行为。社会或群体对人们在扮演特定角色的过程中应该穿什么衣服、开什么车、从事什么样的活动均有要求和期待。角色关联产品集，是承担某角色所需要的一系列产品。因此，对市场营销而言，研究角色及其对消费者的影响是很有价值的。这些产品或者有助于角色扮演，或者具有重要的象征意义。角色关联产品规定了哪些产品适合某一角色，哪些产品不适合某一角色。营销者的主要任务就是确保其产品能满足目标角色的实用和象征性需要，从而使人们认为其产品适用于该角色。界定消费者角色是有效制定营销策略的基础，无论商品研制者、生产者，还是销售者，必须具体地、有针对性地为不同消费角色制订产品与服务方案。

二、角色对消费者行为的影响

（一）角色决定在群体中的地位

换句话说，角色就是社会对个人职能的划分，它指出了个人在社会中的地位和在社会关系中的位置，代表了每个人的身份。身份也常指个人的社会地位。这点对购买个人和家庭消费品都是有影响的。从事不同职业和担任不同职务的人，由于在工作环境、劳动性质以及要求的知识水平、年龄、性别、所接触的群体内其他成员等方面存在差异，因此影响个体的消费行为。不仅在购买商品的类别、品种、质量、价格等方面有别，即使对同一商品，也会因为出于截然不同的购买动机和需要而有着明显的差异。假设一位大学教师和一个企业白领收入相同，但他们的消费偏好却可能存在很大差别，这是由职业性质的不同引起的，他们在工作中之所需和使用的生活用品也有明显区别。

（二）角色形成不同的社交方式

不同的社交，出入的场所不同，交往的对象不同，交往的方式不同，对商品的要求也不同。这点在许多消费者购买礼品时，反映得比较明显，可以从购买礼品的种类、数量、质量上看出来。如学生们交往互送鲜花、礼品卡的不少；老人们交往互送保健品的较多。

（三）角色决定个体生活方式

这点在消费态度、消费习惯上比较突出，但有时并不是因为经济收入方面的原因造成的。如某一职业和担任某一职务的消费者，其家庭的室内陈设、吃穿水平、招待客人的标准等往往要保持与同等角色和身份的人相近。

（四）角色多样化使购买行为出现差异

识别一个人担任的角色，可以了解其行为特色。每个人都是通过消费行为表现其角色的。一个人可以同时属于不同的几个群体，并在其中担任不同的角色，每个角色会不同程度地影响其消费行为。社会角色的改变对于消费喜好产生影响，一个人因担任不同角色所产生的购买行为也具有极大的差异性。一个人担任的角色越多，其消费行为越复杂。有时需要考虑消费行为对自己的效用，有时要考虑对他人的效用，有时还要考虑社会效果。

消费者可被视为需要用不同产品帮助自己扮演不同角色的演员。如一个男性消费者作为教师给自己买衣服时，可能考虑亲切大方、得体庄重的款式；作为丈夫给妻子买衣服时，可能就会选择色彩鲜艳、时尚的款式；作为父亲给孩子买衣服时，可能希望买到新颖活泼、价格合理的款式；作为儿子给父母买衣服时，可能要求舒适柔软、方便穿脱、利于活动的款式。艾媒咨询对2019年中秋节月饼销售进行了调查（图3-3），发现39.8%的人购买月饼是为了自己吃，20.6%的人购买月饼是为了送亲朋好友；而20.3%的人因不喜欢月饼而放弃购买，还有19.3%的人由于公司或好友赠送而不愿意购买。面对市场上琳琅满目的月饼，自用类的消费者选购月饼时最核心的考量因素依次为：口味、营养、价格、品牌、包装，赠礼用类的消费者则考虑包装、品牌、口味、价格、营养。

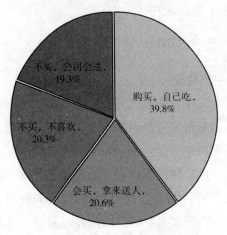

图3-3　2019年中国消费者月饼购买意愿调查

基于更深层数据分析结果的显示，当社会角色发生重大变化时，短期内消费者的应对反应会倾向于不改变喜好的品牌和购物地点，但从长期来看，为了适应新的角色，消费者的喜好会趋向于改变——这可能是因为他们要努力适应新的自我，符合新的角色，或由于增加的竞争力。比如，从学生到职场新人是一个重要的转折点，这代表着你从孩子成为有担当的成年人。当踏入公司大门时，就代表着你做好准备了。虽然心理上很难一下子变得跟职场老手一样，但外在必须展现这一点，因此着装就需要稍成熟些。

本章小结

社会阶层是由具有相同或类似社会地位的社会成员组成的相对持久的群体。社会阶层是一种普遍存在的社会现象。同一社会集团成员之间的态度和行为模式及价值观等方面具有相似性。

社会阶层不同于社会阶级，其划分衡量的标准主要分为三类：经济变量、社会互动变量和政治变量。经济变量包括职业、收入和财富；社会互动变量包括个人声望、社会联系和社会化；政治变量则包括权力、阶层意识和流动性。测量社会地位的方法主要有两种，即单项指数法和多项指数法。前者根据某个单项指标如职业、教育、收入、声望将消费者分成不同的阶层，后者通过赋予职业、教育、收入、声望等不同的权重测定消费者在这些项目上的总分，以决定其属于哪一社会阶层。

不同社会阶层消费者的行为在支出模式、休闲活动、信息接收和处理、购物方式、品牌忠诚度等方面存在着差异。

> **关键概念**

社会阶层　炫耀性消费　社会地位　补偿性消费　声望　社会联系　社会化

习　题

1. 什么是社会阶层？当前中国社会存在哪些社会阶层？
2. 简述社会阶层对消费者行为的影响。
3. 什么是名人效应？如何利用名人效应进行营销？
4. 消费者社会角色的多样化对其购买行为有何影响？
5. 参照群体对消费者消费决策的影响受哪些因素的影响？

第四章

文化因素与消费者行为

【学习目标】

什么是文化？什么是文化价值观？文化差异会对消费者产生怎样的影响？本章主要讨论与文化相关的一些观念与理论。在消费者行为研究中，文化是影响消费者行为最为广泛的环境因素，它影响着消费者的思维方式和生活习惯。人自从出生开始即受到文化力量潜移默化的影响，没有人能脱离文化的影响。从空间角度看，文化无处不在；从时间角度看，文化无时不在。

通过本章的学习，掌握以下内容。

- 了解文化的概念、文化的特征、文化的主要构成。
- 了解亚文化的基本概念和形成条件。
- 了解文化仪式的内涵、文化仪式包含的四个因素。
- 掌握文化差异对消费者行为的影响。
- 掌握亚文化对消费者行为的影响。
- 了解中国文化的特点与消费者行为。

【能力目标】

通过本章的学习，培养学生以下能力。

- 结合日常生活实际，能对文化的特征和文化的主要构成进行描述。
- 根据自身消费体验并通过观察他人的消费行为，分析文化差异对消费者行为的影响。
- 根据本章知识点的主要研究内容和框架进行相关的案例分析。
- 具有运用中国文化特点分析和预测消费者行为的能力。

【导入案例】

"怀旧经济"悄然时兴

前几天,室内设计师宋先生在淘宝网上花80元给自己买了两件纯棉海魂衫,花10元给儿子买了两个带发条的铁皮玩具。收到包裹后,父子俩都很开心。海魂衫可说得上是非常经典的一款单品,它本是海军的军服,却受到普通人的追捧,流行了一代又一代。如今经典回潮,海魂衫又成了新的流行风向标,由新一代继续传承。

宋先生是"80后",他是怀旧商品的忠实"粉丝"。这几年他已买过十几双解放鞋,家中墙上贴的是20世纪60年代的海报和画报。平时他还用印有"为人民服务"字样的搪瓷缸喝水。有人问宋先生为什么喜欢买怀旧商品,他的回答是,这些国货无论是款式设计还是质量都非常不错,而且还让他常常回忆起儿时的生活。

在物质相对匮乏的20世纪80年代,自制弹弓、木头刀等玩具非常流行,玻璃弹珠、套装小人书、上发条的绿皮青蛙等商品也曾伴随着很多人成长。像宋先生这样的怀旧消费者有一大批,更多的时候我们怀念的不单单是一个个体,而是那些承托在这些物件上的记忆与感情引起了人们强烈的共鸣。相比国外,中国消费者则有着更加一致的回忆,从而更容易产生品牌内容与自身之间的共鸣。有人说,回想起童年时无忧无虑的日子,还有那些曾经给自己带来过快乐的商品,心情便会轻松许多。

怀旧不仅仅是集体记忆的宣泄,也是个性的表达。谁也没有预料到,"70后""80后"儿时最常见的"梅花牌"运动服、回力鞋和海魂衫,如今会成为时尚达人的潮流单品。穿上它们出入夜店、派对和秀场,没有人会觉得你品位低下。淘宝网上有间网店名为"国潮地带",主营"梅花牌"运动服、回力鞋和海魂衫,也掺杂贩卖铁皮和塑料铅笔盒、"红宝书"语录杯及旧款儿童电子琴。店主唐先生给店铺的定位语是"小时候那点事儿"。店里生意很好,每天的订单络绎不绝。一件"梅花牌"运动服卖到了148元,还是难以阻挡顾客的购买冲动。

以被称作"童年高尔夫"的玻璃弹珠为例,很多网店这样介绍:除了小时候的玩法外,还可以把它放在玻璃花瓶、鱼缸和盆栽里做装饰品;可以用作教学用具,教孩子数数;还可以洗脚的时候放在水盆里进行足底按摩。一位卖玻璃弹珠的网店老板说,那些看起来微不足道却足以打动人心的创意,才是人们愿意为怀旧商品掏腰包的原因。

虽然现代社会的品牌选择更多,产品功能诉求更加细化,还是有很多人对经典国货有深刻感情。谢馥春鸭蛋粉、蜂花洗发水、百雀羚护肤脂,除了感情和便宜,还因为它们经过了岁月的洗礼和考验,让消费者觉得更加值得信赖。2012年一则名为《花露水的前世今生》的视频短片从6月底在各个网络平台发布后不到一个月,总点击数超过1 200万次。这个视频的发布方正是经典国货——六神品牌团队。视频里从20世纪老派上海的"十里洋场曾经的潮品",到童年时光中的一张凉席、一台电风扇、一瓶花露水的夏天,既重温了品牌的衍生历史,让消费者怀念了自己的美好童年,也让他们与品牌更加亲近,对品牌更加有好感。

社会学家认为,怀旧是社会发达和进步的表征。国家愈发达,其人民愈怀旧。怀旧本身也是文化建构的方式;怀旧消费不仅是一种文化现象,也成为一种经济现象。因此,如今穿耐克、吃薯条、看韩剧不代表新潮,读诗词、穿回力、看京剧才是真时尚。在中国消费者越发自信的文化背景下,种种情感的需求便会成为消费的动力,怀旧情结演变成现实的怀旧消费并爆发出巨大潜力。

思考:怀旧文化对消费有什么影响?如何利用消费者的怀旧心理去实现企业的怀旧营销目的?

第一节 文化概述

从如何接受如结婚、死亡或节假日等文化事件到如何看待空气污染、赌博和吸毒等社会问题,文化对人们如何看待世界和如何在其中生活发挥着重要作用。这种文化影响是不容忽视的,尽管许多人似乎并未意识到他们的观点——他们崇拜的明星、最新的服装款式、食物与装饰选择,甚至是对身材、容貌美丑的看法都受到了文化的极大影响。在很多情况下人们购买商品,与其说是因为它们的用途,不如说是因为它们的意义。文化是人们用来观察产品的"透镜"。对于消费的选择,如果不考虑其文化背景,有时简直无法理解。许多虚构的动物或人物,如孙悟空、蜘蛛侠、灰姑娘、葫芦娃、喜羊羊,等等,都是文化中的重要人物。事实上,消费者可能更容易认出这些虚构形象而认不出前总理、商界领袖或艺术家。尽管这些形象从未真实存在过,但还是有许多人觉得自己好像"认识"他们,而且他们也确确实实成了产品的有力代言人。2015年《小猪佩奇》被引进中国市场,这只风靡全球的英国小猪不仅拥有新浪微博超级话题,且阅读量已经达到4.2亿,还与优衣库合作推出了联名款服装。据不完全统计,目前《小猪佩奇》每年能创造10亿美元的全球零售额,拥有800多个全球授权商。《小猪佩奇》喜提2019年度影视传媒授权IP如图4-1所示。

图4-1 《小猪佩奇》喜提2019年度影视传媒授权IP

优秀的商品品牌无不蕴含着丰富的文化内涵，文化赋予消费者情感体验，也造就了商品品牌的价值。"七匹狼"品牌创立于1990年，当时创业者一共七人，"七"代表"众多"，而"狼"与闽南话中的"人"是谐音。创业者在研究了国际知名品牌如鳄鱼和花花公子后，拟想用动物名称作为产品品牌，最终他们认为狼是非常有团队精神并具有拼搏力和奋斗精神的动物，具有机灵敏捷、勇往直前的个性，而这些都是企业创业成功不可缺少的因素，最后就以"七匹狼"为品牌。"七匹狼"品牌定位于具有奋斗精神的30～40岁中青年男性群体，他们经历过许多挫折，希望穿着形象代表成熟男人的生活方式和价值观，"七匹狼"品牌的核心价值是"直视挑战、勇往直前"的英雄气概。近年来，除了以代表成熟、坚毅、责任、稳重的孙红雷和张涵予两位代言人外，"七匹狼"还增加了相对年轻的代言人冯绍峰和李晨，消费群体从"60后""70后"向"80后""90后"过渡，完美地演绎了"七匹狼"品牌的文化内涵。通过对男性精神的准确把握，七匹狼公司将服装、香烟、酒类、茶品等产业统合在"男性文化"下，并围绕这一品牌文化，对各类产品进行了开发和定位，服装——自信、端重；香烟——沉重、思索；酒类——潇洒、豪放；茶品——安静、遐想。这种将男性的主要性格特征全部融入企业涉及的各行业中的现象，在我国企业中是十分罕见的。

一、文化的概念

消费者行为并不是与生俱来的，而是后天学习的结果。文化对消费者行为的影响是通过价值规范反映出来的。文化影响消费者的购买行为，因为购买行为反映了消费者从社会中学习到的价值观。在不同的国家、不同的地区、不同的时代，消费者的购买行为有所不同，这是因为，消费本身是种社会化的行为，受到消费者所处社会文化环境的影响。

文化是理解消费者行为的重要概念，可以视为社会的个性，它不仅包括一个群体所生产的物质产品和提供的服务，如汽车、服装、食物、艺术和体育，而且包括它所重视的抽象观点，如价值观和道德观。文化是一个组织或社会的成员共有的意义、仪式、规范及传统的积累。

文化是人类社会特有的现象。"文化"一词来源于拉丁文"culture"，原义是指农耕及对植物的培育。15世纪以来，"文化"一词逐渐引申使用，把对人的品德和能力的培养也称为文化。在中国的古籍中，"文"既指文字、文章、文采，又指礼乐制度、法律条文等，"化"是"教化""教行"的意思，从社会治理的角度而言，文化是指以礼乐制度教化百姓。汉代刘向在《说苑》中说："凡武之兴，为不服也，文化不改，然后加诛。"此处"文化"一词与"武功"相对，含教化之意，南齐上融在《曲水诗序》中说："设神理以景俗，敷文化以柔远"。其"文化"一词也为文治教化之义。"文化"一词的中西两个来源殊途同归，都用来指称人类社会的精神现象，抑或泛指人类所创造的一切物质产品和非物质产品的总和。

给文化一个准确或精确的定义，的确是一件非常困难的事情，而不同的学科对文化有着不同的理解。在近代给文化一词明确定义的，首推英国学者"人类学家之父"爱德华·泰勒。1871年他在《原始文化》一书中提出狭义文化的早期经典学说："据人种学的观点来看，文化是一个复杂的整体，它包括知识、信仰、艺术、伦理道、法律、风俗。人类作为一个社会成员所必需的各种能力和习惯的综合的整体。"我国权威工具书《辞海》对"文化"的界定：从广义来说，指人类社会历史实践过程中创造的物质财富和精神财富的总和；从狭义来说，指社会的意识形态，以及与之相适应的制度和组织机构。

个人的文化行为受其所归属的文化群体的影响，不同层面文化表现有所差异。例如，服饰习惯可能因民族、职业而异；饮食习惯可能因国家、地区而异；性别角色可能因国家、社会阶层而异。消费者行为中的文化主要指的是在一定社会中，消费者经过学习获得的、用以指导其消费行为的信念、价值观和习惯的总和。消费者行为中的文化重点关注和研究的是文化对消费者行为和消费形态的影响（表4-1），属于狭义的文化范畴。

表4-1 文化影响消费形态

文化	特征	消费形态
向上型	积极	新产品
自由型	喜爱大自然	自然产品，环保产品
个人型	寻找自我	消费个性化
团队型	与同伴相同	消费集体化
同情型	同情弱者	忠于实力弱小，便宜品牌
怀旧型	回忆旧时往日	老牌子，怀旧
重成功型	金钱至上	爱炫耀，贵就是好，品牌

二、文化的特性

（一）文化的继承性

传统文化是在长期历史发展中形成并保留在现实生活中的，没有文化的继承，就没有文化的积累。中国文化的传承性似乎本能地具备了一种不断穿越历史的基因，今天丰富多彩的文化离不开对前人的继承。传承中国文化的不仅仅是唐诗、宋词、京剧、昆曲，还包含着与人们生活相关的每一个细节……《舌尖上的中国》第三季《宴》透过宴席讲述食物背后承载的中国文化和中国人的传统价值观。开篇点题："宴席是与古人最恰当的相逢"。从"莲藕宴"入手，千年的"食材传承"自然过渡到家宴中常见的鱼，借以点出"家庭传承"和"父子"般的师徒传承。

★拓展阅读4-1

《舌尖上的中国》传播中国饮食文化

辣、鲜、咸、甜，红椒、紫菜、黄鱼、海参、爆炒、慢炖、白煮……博大精深的中国饮食文化汇聚在大型美食纪录片《舌尖上的中国》。《舌尖上的中国》每集一个主题，透过原料、主食、贮藏、烹饪、生态等窗口展现食物给人们的生活带来饮食、伦理等方面的文化。

在中国的文化环境里，人与食物有着感性、复杂、千丝万缕的联系。日常生活中，人们把饮食当作其文化的一部分。许多人功成名就，远赴他乡，但仍然有一个"故乡的胃"。当今中国，每座城市外表都很接近，唯有饮食习惯能成为区别于其他地方的标签。城市外表变得极为相似，唯一不同的就是楼宇森林之间烹饪的食物和空气中食物的香气。

《舌尖上的中国》与以往的美食纪录片的不同之处在于，它是通过中华美食的多个侧面来感受食物给中国人生活带来的仪式、伦理、趣味等方面的文化特质。它不仅令观众见识到中国特色食材以及与食物相关、构成中国美食特有气质的一系列元素，而且也能使观众了解中国饮食文化的精致和源远流长。每一种食材和每一种制作工艺的背后都蕴含着丰富的文化信息，彰显着中国作为东方文明古国的悠久传统。

以美食为窗口让国内外观众领略中华饮食之美，感知中国的文化传统和社会变迁。美食背后的文化和文明，才是《舌尖上的中国》系列的根和魂。

（二）文化的习得性

文化是习得的。所有的文化都是通过后天习得，而非先天遗传的。个人有什么文化并不取决于其种族，而是取决于其生活的文化环境。饥、渴、性等生物性驱力，都永无止境地受到文化的重整和再塑造。不仅语言、习俗、风尚、信仰是通过后天习得的，而且连表面上看来是生而有之的现象（如饮食偏好），实际上也是在社会中习得的。人们吃的不仅仅是食物本身，还是它所凭依的文化。《礼记》中说："夫礼之初，始诸饮食"。所谓"礼"，即社会行为的制度和规范。吃是生存的必要条件，人人都要吃饭，古往今来都是如此，区别只在于吃什么、怎么吃、在哪里吃、什么时间吃、与谁一起吃、为什么觉得某些菜美味、谁主持烹饪、使用什么餐具、遵循什么就餐礼仪……乍一看都是饮食习惯中的基本行为，但实际上都受到了社会文化的深层制约，其中每一个方面挖掘下去，都映射出不同文化的内在差异。有些生理性的动作似乎与文化无关，例如，打喷嚏是一种生理现象，但在英美人中却有说"God Bless You"（上帝保佑你）的习惯，广东人也有说"吉星"的习俗。打喷嚏是不需要学习的生理现象，但在别人打喷嚏之后你应该说什么却是需要学习的。也就是说，人们在生理现象的外面裹上了一层文化的外衣。不仅儿童可以学习其他民族的文化，成年人也可以有意识地吸收其他民族的文化，我们注意到学习不同语言的学生在学习语言的同时也有意无意地学习所学语言国家的文化。学习英语的学生在课堂上常常表现得比较放松，讲话比较随意；而学习日语的学生往往在课堂上站立时身体笔直，并且常深深鞠躬；学习阿拉伯语的学生在课堂上讲话的声音，比学习英语的学生的声音要大得多。同样，外国留学生在学习汉语时也学习了不少中国习俗。

（三）文化的无形性

研究文化的困难之一在于文化的大部分存在于人的潜意识中。人们并未意识到自己的文化在支配着自己的行动，相反，还觉得一切都十分自然，如同人需要氧气一样，只有当人们缺氧时，才会突然感到氧气很重要。人们对于自己文化的许多方面都视为理所当然，只有在与其他文化接触时才会感到自己文化的独特之处。服饰、食物、建筑、文学艺术作品、科学技术的成果等可以看到并立即联系到某种文化,而习俗、观念、信仰、人与人之间的关系、人与自然的关系、世界观等都是看不到的。正因为如此,若问什么是中国文化,人们可能首先想到的是文物古迹、中国的烹调、经典文学作品、各种节日庆祝的形式等,比如中秋节吃月饼这个习俗据说始于元代。当时,朱元璋领导汉族人民反抗元朝统治者的暴政,约定在八月十五日这一天起义,以互赠月饼的办法把字条夹在月饼中传递消息,中秋节吃月饼的习俗便在民间传开。人们可能想不到日常的行为中充满了中国文化。例如,在家穿什么?上学、上班、购物、看电影时穿什么?大多数情况下,在不同的场合人们会有不同的穿戴。当然,人们穿着的观念也发生着变化,很多时候工作环境也越来越休闲,男人不再穿西服打领带,女人不再穿套装。相反,符合潮流特色的宽松裤子、宽松上衣、牛仔裤以及休闲服越来越畅销。

(四)文化的民族性

文化总是根植于民族之中,与民族的发展相伴相生。一个民族有一个民族的文化,不同民族有不同的文化。民族文化是民族的表现形式之一,是各民族在长期历史发展过程中自然创造和发展起来的、具有本民族特色的文化。民族文化就其内涵而言是极其丰富的,就其形式而言是多姿多彩的。常常是民族的社会生产力水平越高,历史越长,其文化内涵就越丰富,文化精神就越强烈,因而其民族性也就越突出、越鲜明。从历史发展的沿革来看,中华民族本身是具有中国文化特质的,或者说,中华民族是以中国传统文化为主流文化的各民族的有机组合体。无论哪个部落、哪个民族,也无论采取何种方式接受中国传统文化,只要从认识中国文化开始,逐步理解、学习、接受、融入,最后秉持中国文化并彻底认同自己是中华民族的一员,都将纳入整个中华文化圈范围内。特别是无论朝代如何变迁,中华文化在传承发展过程中的核心内容在中国大地上始终没有改变。最简单的例子就是汉语一直是各朝各代的官方语言,从而使人们在回溯数千年的文化时毫无违和感。美国是一个高度个人主义的国家,十分强调个人的重要性。其实美国也是一个高度实用主义的国家,强调利润、组织效率和生产效率。它重视民主领导方式,倾向于集体决策与参与。它对风险具有高度的承受性,具有低程度的不确定性的规避倾向。日本文化则具有深厚的东方文化色彩,具有群体至上和为整体献身的忘我精神。它注重人际关系,有强烈的家庭意识和等级观念。日本文化还具有对优秀文化兼收并蓄的包容能力和强烈的理性精神。英国文化的典型特征是经验的、现实主义的。法国文化则是崇尚理性的,由此导致法国人重视经验,保持传统,讲求实际,法国人喜欢能够象征人的个性、风格和反映人精神意念上的东西。又如,俄罗斯人喜欢喝伏尔加,法国人喜欢喝葡萄酒。中国人在春节前习惯大量购物,圣诞节前是西方人的购物高潮。

(五)文化的动态性

文化一旦形成就具有一定的稳定性,但同时又是不断变化的。文化是一个对其内外部的动作行为有所反应的动态系统。为了恰当运行并保持生命力,一种文化必须拥有足够的灵活度,才能在面临不稳定或者变化甚至冲击时作出调整。在几千年的历史中,我国文化经历了巨大的变化。先秦时期推崇的审美标准以"硕""欣"为美,翻译成白话就是越高越美。

《诗经·卫风·硕人》两次提到齐国公主庄姜："硕人其欣""硕人敖敖"。到了汉代，审美发生了改变，汉代乐府诗《陌上桑》就写了当时流行的美男子范儿："为人洁白皙，鬑鬑颇有须。盈盈公府步，冉冉府中趋。"大意是男子的皮肤又白又嫩，留着浓密的山羊胡子，走路迈着四方步，气场十足。而女子以体态轻盈为美，汉成帝的皇后赵飞燕，人如其名，身轻如燕，可作掌上舞。再到大唐时，审美就很不同了，以胖为美。最知名的人物杨贵妃，白居易夸她"温泉水暖洗凝脂，侍儿扶起娇无力"。同时期的知名画作《虢国夫人春游图》和其他许多仕女图中的人物形象也都是十分丰腴的。宋人崇尚纯朴淡雅之美，女子的美从华丽开放走向清雅内敛。人们对美女的要求渐渐倾向于文弱清秀，即削肩、平胸、柳腰、纤足。宋代缠足之风则遍及民间，"三寸金莲"成了对女子美的基本要求。中国女性以瘦为美的审美趋势在此定下了基调。在社会剧烈变动的情况下，文化的变化则更快。民俗学家钟敬文在其著作《民俗学概论》中指出："服装在中国社会里不仅仅是生活文化的一部分，它往往同时还是一种政治符号，其中蕴含着很多象征性和意识形态的理念或其背景。"例如，"五四运动"前后，中华人民共和国成立前后，我国的文化都经历了翻天覆地的变化，无论是人们的服饰、生活方式、语言、风俗习惯还是思想观念都发生了改变，古时我国有磕头和作揖的礼仪，现在又有鞠躬礼和握手礼。

★ 拓展阅读4-2

百年中国时尚文化变迁

1910年前后，充斥着政治斗争和意识形态的较量，衣服也随之成为纷争社会状态的特殊表现形式，改装易服成为当时新闻界乃至政界的热点话题。大街上经常出现西装和传统服装混穿的人，一派亦中亦西、伦类难分的景象。

1920年前后，同样是个风云变化的时期，为服饰创新提供了更多的可能性，此时出现的中山装和旗袍成为我国现代历史上最重要的服装样式。中山装成为当时政客们的日常着装，并被附着上民主、平等、创新的社会理想。中山装的出现和普及带有极强的政治意味。时至今日，在最重要的外事场合，我国领导人仍会选择身着中山装示人。

1930年前后，中国人深受西方思想和生活方式的影响，西式服装成为当时新派人士的标志，是政要、商人、知识界和都市职员的必备品。同时由于战事频繁，军装也对男性着装有不小的影响。旗袍迎来了自己的黄金时代，成为女明星、交际花、新派女性和阔太太们的主要穿着。

战争是1940年前后的关键词，随之带来的经济拮据等问题对国民生活造成了不小的影响，也为男女服装的发展蒙上了阴影。西装依旧是上海等沿海大都市中上层男性的主要服饰，只是板型变得更加宽松。受战时环境的影响，女性服装趋于简洁和中性，款式各异的衬衫成为女性的必备行头，各种小翻驳领男士西装甚至军装也曾在女性中流行。

1950年前后，中华人民共和国成立后政治意识形态和国际关系的变化，使穿着打扮和政治立场有意无意地挂钩。受解放区简朴服饰和审美意识的影响，中山装、列宁装、人民装成为这个时期男女的主要日常穿着,西装革履和旗袍丝袜销声匿迹。同时为了体现社会主义新气象,国民进入男女同装时期,服装不分职业、地位、年龄、场合。

1966年,"文化大革命"开始,经济进入困难时期,国民服饰陷入更加单一的局面。在"不爱红装爱武装"思想的影响下,由旧军装、旧军帽、武装皮带、解放鞋、红袖章、军挎包、毛主席像章构成的"红卫兵装"成为当时男女青年的时装,要是再手拿一本"红宝书"(毛主席语录)那就是最时髦的人了。

1976年,毛泽东逝世,"文化大革命"结束。年轻人已经开始自己动手,悄悄修改军裤肥大的裤腿,使之合体美观,同时海魂衫也在此时受到追捧,白色回力鞋或飞跃鞋更是时髦人士的标配,还有的摩登女青年穿起了丝袜。

1980年前后,经济迅速发展,人们对物质生活有了新的要求,尤其是对穿衣打扮的渴望程度近乎疯狂,港片中的人物造型成了重要的模仿对象。时髦男青年的标准穿戴就是花格衬衫和紧绷臀部的喇叭裤以及蛤蟆镜、长头发、大鬓角,手上还提着录音机。女青年除了喇叭裤、花衬衫和高跟鞋外,还穿健美裤、筒裤等各种裤子,各式连衣裙、风衣和西装,等等。

1990年前后,人们开始强调后现代主义,改变过去上流社会时装为主流的时装文化,年轻人的、街头大众的真实生活得到重视。男青年们普遍受到香港电影《古惑仔》的影响,纷纷模仿起电影主人公的造型,下身穿着修身牛仔裤,上身是白色吊带背心,外面套上皮夹克,借此幻想自己成为陈浩南这样闯荡江湖、快意恩仇的热血男儿。女青年们则深受"小一号"风格的影响,追求短小紧窄以及露和透的性感风格,露脐装就是最好的代表。

2000年前后,文化衫、牛仔裤和运动鞋这样的穿戴方式随处可见,同时人们对名牌产生了极大的渴望,生怕别人看不见自己衣服上耐克、阿迪达斯的"logo"。崇拜NBA球星的男青年们则收集偶像同款手环戴在手上当作装饰,女青年们则沉浸在一场由李宇春引发的中性风中,她们剪短头发,穿起肥大的运动上衣,下面穿着性感的短裤,脚上则是穿当时颇为流行的"NIKE Air Force 1",她们追星追得无比狂热,拿着32和弦的直板手机为偶像投票。

2010年前后,人们有了越来越多穿衣选择,只能试图找到现如今的时尚关键词,例如刺绣夹克、阔腿裤、小白鞋、露背装……但相信很快这些又会被新一轮的流行风潮取代。时髦的西装男们将运动鞋与西装混搭在一起,而原本属于街头的棒球夹克则顺利挤入"High Fashion"行列中,价格也一路水涨船高。汉服复兴运动在近几年兴起,成为点燃文化复兴的星星之火,大大小小的品牌都在最新设计中加入东方元素。越来越多的中国年轻人峨冠博带,行走于钢筋水泥构筑的现代城市中,以汉服为载体,重新审读中华文化。

第二节 亚文化

一、亚文化的概念和特征

(一)亚文化的概念

亚文化又称小文化、集体文化或副文化,是指某一文化群体所属次级群体的成员所共有的独特的价值观念、行为规范和生活方式。亚文化是整体文化的一部分，每一个亚文化都包含着能为文化群体成员提供更为具体的认同感和社会化的较小的亚文化，每一个亚文化也包含着群体成员中大多数人的主要的文化信念、价值观和行为模式。同一亚文化群的成员具有共同的价值观、信仰、爱好、习惯。

(二) 亚文化的特征

(1) 独特性。一个亚文化越是倾向于维持它的特色，其对该文化下消费者的影响就越大。

(2) 同质性。一个亚文化越是表现出高度的同质性，它对于该文化下消费者的潜在影响越大。

(3) 排他性。一个亚文化越排斥社会，或是被社会所排斥，则它越孤立于社会之外，其规范的维持越强，因此对消费者潜在的影响越大。

(三) 影响亚文化形成的因素

亚文化有各种分类方法。其可以分为人种的亚文化、年龄的亚文化、生态学的亚文化、地理的亚文化、性别的亚文化等；年龄的亚文化可分为青年文化、老年文化；生态学的亚文化、可分为城市文化、郊区文化和乡村文化等。由于亚文化是直接作用或影响人们生存的社会心理环境，其影响力往往比主文化更大，能赋予人们一种可以辨别的身份和属于某一群体或集体的特殊精神风貌和气质。

(1) 年龄。年轻人通常比老年人更容易接受新鲜事物。

(2) 性别。男主外、女主内是中国传统文化对性别角色的认识。

(3) 职业。白领阶层相对于蓝领阶层穿着西装的机会更多，出席正式社交场合的机会也更多。

(4) 地域。北方人与南方人有着较大的饮食口味的差别。

(5) 种族。不同的种族有着不同的肤色。其穿着、生活习俗、习惯有着各自的特点。

(6) 宗教。不同的宗教有着不同的戒律，产生不同的消费行为，如伊斯兰教徒不吃猪肉。

(7) 收入。高收入的人比低收入的人更能承担高经济风险的事物。

(8) 家庭。子女的生活习惯受到父母的影响，不同的家庭生活习惯有着较大的差异。

二、亚文化群体的分类

不同的亚文化群体有着不同的消费特点。亚文化对了解消费需求、分析消费者行为、选择目标市场有重要意义。

(一) 性别亚文化

所有社会都会把某些特征与角色分配给男性，而把另外一些特征与角色分配给女性。如男性的历史角色是养家糊口，女性的历史角色是操持家务、照料孩子。社会上有很多消费品都与性别有关，如男性的剃须刀、雪茄烟、领带，女性的手镯、化妆品、香水。随着消费者角色和消费行为的转变，男女消费者的特点日渐趋同，一些商品的性别诉求概念越来越模糊，如男性越来越多地使用护肤品、化妆品、香水。

在家庭消费中，中国女性掌管着家庭支出的经济大权，是家庭的"采购总管"。有报告显示，除数码产品、家用电器、机票和酒店预订三种品类外，其余消费品类如食品、服装鞋帽、家居母婴、用品、化妆品和美容产品等，女性都拥有更高决策权。旅游出行等家庭休闲活动的决策，女性也当仁不让。同程旅游发布的《2018女性旅行消费趋势报告》显示，有71.5%的受访家庭，全家出游由妻子作决策；同时，中国女性消费者也是家庭购物的主要实施者，无论线上还是线下，女性的日常活跃度均高于男性。

2019年，埃森哲在《智赢她经济：重新认识数字时代的女性消费者》报告中指出，中国女性消费者更加理性和务实，她们对透支消费和名牌消费持审慎态度。受访女性在面对花呗、京东白条等互联网消费贷产品时，比男性表现得更为成熟理性，只有25%的受访女性认为当"月光族"并无不妥，而受访男性的这一比例为28%。女性买家对名牌的消费也日趋理性，44%的女性消费者表示，购物时会优先选择知名品牌，男性消费者的这一比例为48%。

另外，同性恋文化一直是全世界范围内存在广泛争论的文化现象。西方社会也一度因为艾滋病而对同性恋者产生过恐慌。但随着社会的进步与理解，人们已经开始慢慢接受了这些人，使他们有了更多的空间，也衍生出自己的文化。同性恋作为一个亚文化，具有独特的行为规范。

（二）年龄亚文化

不同年龄阶段的人有着不同的价值观，以及对商品的不同偏好。在生活中，人们会发现，自己与父母听不同的歌、穿不同的衣服、看不同的杂志、欣赏不同的电视节目。很显然，一个人在从处处依赖他人的小孩成为一个退休老人的过程中，对特定类型的产品或者服务的选择也在不断地发生重大的变化。例如，20世纪60—70年代，我国的"上山下乡知青"就是一个重要的亚文化群体，对这一代人已经有并且还继续有大量的研究。当然，现在的"80后"成为社会的中坚，"90后"普遍进入工作岗位，"00后"占领大学校园，年轻人的标签正式开始交接。虽然不少"90后"仍坚持认定自己是年轻人，但在与"00后"甚至是"10后"的交流中不难发现，几代人之间的代沟问题已经十分严重。"00后"的社交行为追求简洁、快速。他们的对话很简短，"00后"比"90后"在社交媒体上的言论平均字数减少了36%，转发内容平均字数减少7%；"00后"使用网络表情的次数高出"90后"55%，是"80后"的3倍多。新用户群体的消费习惯与消费能力均发生巨大变化，比如"00后"偏重中式餐厅，对果汁、茶饮品的需求不断提高，而对咖啡、可乐等碳酸类饮料的需求不断下降。相比"80后""90后"，"00后"在同样年龄阶段的行为更加理性，他们的消费更加注重实用和健康，社交方式更加简洁直接，对国产品牌的认可度也大幅提升，这不仅是他们的行为表征，也是社会消费行为的进化。

（三）地理亚文化

人们消费习俗和消费特点的差异在不同的地理环境上也有体现。自然地理环境决定一个地区的产业和贸易发展格局，也间接影响着该地区消费者的购买力、消费结构、生活水平和生活方式，形成不同地域的差异化的商业文化。

由于地域习惯是长期形成的，所以具有相对稳定性。如在我国，有关中国地域的亚文化，有齐鲁文化、中州文化、关东文化、巴蜀文化、滇云文化、两淮文化、八闽文化等。而福建的八闽亚文化差异性极大，闽东、闽南、闽西、闽北和莆仙五个大的文化区各有特色，闽东闽南靠近大海，当地人更豪爽热情、主动大方，闽北闽西则与山林和耕地相依为命，为此当地人在性格上保守谨慎。尽管如此，福建人大部分都十分勤劳、节俭、精打细算和淳朴好客。客家人的移民文化更是福建人的一大特色。常说的南甜、北咸、东酸、西辣的饮食习惯也与地理亚文化密切相关。众所周知北方饮食粗犷豪迈，南方饮食精致细腻；南方人喜欢在吃饭时喝汤，而北方人喜欢在饭后喝汤。甜咸党之争，自古以来都是我大天朝南北两方吃瓜群众的必争的胜利。民以食为天，吃的问题丝毫不能马虎。从豆腐脑、粽子到月饼，始终争论得不相上下。这种"严肃"的态度，贯穿到微博上，将一场关于豆腐脑该咸吃还是该甜吃的口水战，短短两天内，以16万条的讨论量，顶到了微博话题排行榜的探花位置。

（四）宗教亚文化

不同的宗教群体，文化倾向、习俗和禁忌均不相同。宗教是一种群体社会行为，它包括宗教信仰、宗教组织、行为规范、文化内容等方面。教会、宗侣属于宗教组织，宗教组织内的祭祀、礼仪活动由行为规范规定，宗教建筑、绘画、音乐等则是宗教文化。基督教、伊斯兰教和佛教被称为世界性的三大宗教，其他宗教则主要为民族性宗教或地域域性宗教，五大宗教——天主教、基督教（指基督新教）、伊斯兰教、佛教和道教，这些宗教都有各自的信仰、生活方式和消费习惯。分析宗教亚文化有助于企业产品进入市场，促进发展，抓住商机，满足不同宗教群体的个性需求。比如在基督教中，只有用小麦制成的面包才可用作圣餐；对大多数美洲人来说，玉米是神圣的食物。印度人把牛奉为母神，禁止杀牛和吃牛肉；而对于基督徒和穆斯林来说，猪是邪恶、不洁的动物，猪肉是万万不能吃的。《圣经旧约·利未记》中规定："凡蹄分两瓣、倒嚼的走兽，就是洁净的，可以吃；那分蹄而不倒嚼，或倒嚼而不分蹄的，即为不洁净，不可吃。"欧美许多国家，人们欢度圣诞节，从12月24日至次年1月6日，节日期间世界各国基督教徒都要举行隆重的纪念仪式。圣诞节期间，白须红袍、驾鹿橇从北方而来的"圣诞老人"给孩子们送礼物；有挂满各种花卉、灯饰、礼品等象征吉祥如意、生命永存的圣诞树，有各种圣诞聚会，送圣诞卡、圣诞物祝福，还有以火鸡、火腿、甘薯、蔬菜、蜜饯等为主要菜肴的圣诞大餐。宗教节日是商家的商机。

（五）民族亚文化

不同民族各有其独特的文化传统和风俗习惯，几乎每个国家都是由不同民族构成的。

在我国，56个民族的宗教信仰、民族传统、风俗习惯、生活方式和审美意识都有着明显的区别。如在服饰上，少数民族大多喜欢色彩变化强烈、颜色鲜艳、挂饰丰富、崇尚自然，而回族则喜欢白色；在饮食上，回族人禁食狗肉、猪肉，蒙古族人以吃羊肉、牛肉为主。由此可见，民族亚文化对消费者行为影响深远而巨大。

（六）种族亚文化

种族是有着共同的起源，体质形态上具有某些共同遗传特征的人群。共同遗传特征主要表现为头部、肤色、五官、发色、身高及其比例等。

不同种族都各有其独特的文化风格、传统文化和习惯。他们即使生活在同一地区，也有着本种族特殊的需求、爱好和购买习惯。种族亚文化有利于市场细分，有针对性地进入目标市场。如不同种族的消费者对产品的品牌、支付的价格、了解产品选择的媒体、购买行为等方面有着显著区别。同在美国，白种人在食品、交通、医疗方面花费多；黑种人在服装、家具、个人服务上的花费占较高比例，消费金额较高的是大米、速食土豆、软饮料，还喜欢照相。从上述比较可以看出种族的不同需求和行为特征。

综上所述，亚文化群消费者具有以下基本特点：一是亚文化群是以一个社会子群体出现，每一个子群体各自都有独特的文化准则和行为规范；二是子群体与子群体之间在消费行为上表现出明显的差异性；三是亚文化群内各个消费者的个体消费行为都会受到群体文化的影响和制约；四是每个亚文化群还可以细分为若干个子亚文化群。

第三节 网络亚文化

一、网络亚文化及特点

网络亚文化的定义至今尚未统一。网络亚文化涉及面广，影响深远，从不同的角度看，会给出不同的定义。本书认为，网络亚文化指的是以互联网为基础而产生的新的社会文化生活现象文化。网络亚文化也是一种亚文化，其特点是开放性、平等性、互动性、无政府性。

不同于传统媒介一元、线性的传播方式，媒体融合下的互联网传播方式则更凸显出其多元且网状的特征。网络时代，网红、直播、游戏、粉丝、说唱、街舞、同人漫画、霸道总裁文……各种亚文化形态，在青少年人群中呈现出一种"主流化"倾向。"天下无不可变之风俗"，人类的主流文化如同大江大河，总是在融汇各种涓涓细流之后，才有大江东去的生命力。

二、二次元亚文化

"二次元"不但可以用来指称作为个体的次元文化（ACGN）爱好者，更多时候可以用来指称 ACGN 爱好者基于趣缘认同而形成的亚文化社群。

二次元文化脱胎于这一跨文化混生性的互联网时代。20 世纪 90 年代，随着国外动漫作品引入我国，"80 后"成为最早接受二次元文化影响的一代人。而后，在互联网文化浸润与国产动漫崛起背景下，二次元作品更加丰富，传播更加广泛，"90 后"和"00 后"二次元群体迅速成长。2018年，中国网民规模达8.29亿，而网民中约40%属于泛二次元用户，用户规模已达3.4亿，"95后"占总用户的近50%。什么叫作泛二次元呢？打个比方说，就是你知道动漫的IP形象，在生活中会或多或少地购买动漫周边。

从动漫电影到爆款游戏，从A站（Acfun）、B站（Bilibili）的走红到各类二次元音视频的传播，二次元这个词越来越多地出现在我们的视野当中……Coser（玩Cosplay的人），Lo娘[喜欢洛丽塔（Lolita）穿衣风格的人]，舞见（一般指宅舞的舞者），长久以来主要存在于年轻人群体中的二次元"小众"文化正逐步迈入大众视野。大街上随处可见的小黄人、喜羊羊玩偶是二次元文化，皮卡丘、机器猫的钥匙链、茶杯套是二次元文化，平常人们口中说的"萌/腐/宅"也是二次元文化。二次元文化已成为一种不可小觑的网络青年亚文化。

光明网早在2017年6月28日就刊文《"二次元"文化，从小众走向大众》，证明二次元文化已经成为一种普遍的现象。而当代的年轻人俨然已经成为二次元主要的消费人群，购买周边、参加漫展、玩正版游戏，这些都是需要具备成人能力和消费意识的当代年轻人。同时，国产动漫文化产品质量的提升以及"90后"和"00后"消费能力的增强，也是二次元消费市场升温的关键因素。据统计，在"二次元"周边产品上，用户每年平均花费超过1 700元，活跃"二次元"内容消费者规模达到568万人次，边缘活跃"二次元"内容消费者规模达到8 028万人次。这个数目是令人震惊的，但是却在意料之内。

2018年双12期间，淘宝二次元行业相比2017年的销售额同比增长近90%。在这些二次元行业的消费者中"95后"和"00后"占比近50%，成为当之无愧的消费主力。大量的IP人物形象为二次元玩具的售卖提供了足够的利润空间，限量版"手办""潮玩"的出现更是打造了一批玩具界的"奢侈品"。在更注重精神消费和体验的情况下，多数资深爱好者愿意为了一个限量版"手办"省下生活费。

洛丽塔（Lolita）时尚是一种亚文化现象，国内的洛丽塔亚文化社群成员主要分布在北京、上海、广州以及一些东部沿海城市，随着该文化的扩散，也逐渐深入内陆地带。"Lo娘"之间的互动主要分为线下、线上两方面。在线上，有微博、论坛、贴吧（Lo娘吧Lolita吧），各种"Lo娘"微信群，可以没事互相安利小裙子等；在线下，主要是在同城举办各种主题的聚会，"Lo娘"们会穿着洛丽塔服装，化着精致的妆容，进行在一起喝茶聊天的"茶会"，或是小群体聚集拍照的"私影"。

★拓展阅读4-3

视频社交媒体带动汉服、洛丽塔从"小众"走向"大众"

2019年5月4日，为期两天的IDO30漫展在北京展览馆落下帷幕。其中，汉服和洛丽塔服装展区吸引了很多人驻足。

当被问及为什么会喜欢汉服或者洛丽塔服装时，大多数爱好者的回答都是"因为好看呀"。随着微博、抖音、B站等多种视觉化自媒体内容发布平台的曝光，很多小众服装走进大众的视野。

"我最开始是因为看《百变小樱魔术卡》并非常喜欢里面的衣服,后来刷抖音,看很多漂亮的小姐姐穿这种衣服拍视频,才知道这种风格的裙子是洛丽塔。买了一件试穿后就一发不可收拾,因为真的太漂亮、太可爱了。"当被问及是怎么"入坑 Lo 圈"时,一位 Lo 娘这样解释道。

一位汉服爱好者说:"网络上都有很多教程。我这个发型就是跟着上面学的,因为看着视频学起来会比较容易。"

某洛丽塔服装品牌的代理商陈先生说:"线下我们会通过这样的主题展会宣传,线上主要是在微博客上推广,已经取得一些效果。之后也计划开始在短视频社交媒体上做推广,毕竟后者现在年轻人玩得更多。"

关于引流,某汉服淘宝店店主表示:"这次漫展其实是我们第一次来做线下的宣传,因为我们现在刚开店不久,主要是通过在短视频社交媒体上发布一些视频来引流,比如我会武术,我有时就会穿汉服表演武术录视频放在抖音上。"

截至目前,抖音上"洛丽塔"和"汉服"这两个话题的播放量分别为 2.1 亿次和 108 亿次,而二者的微博话题阅读量分别为 2 409 万和 14.5 亿。这些数据的背后反映出二者受众面广度的不同,而这也从一定程度上决定了这两种类型服装市场特点的差异。

三、网络短视频亚文化

近年来,网络短视频逐步取代以报纸杂志为代表的纸媒体,以音乐广播为代表的音媒体成为当下的主流传播媒体。其出产速度快、影响范围广、参与人数多,主要通过快手、抖音、微博、微信等手机 APP 生产、加工并传播。中国网络视听节目服务协会发布的《中国网络视听发展研究报告》称,截至 2018 年 12 月,含网络短视频用户在内的网络视频用户规模达到 7.25 亿,占整体网民的 87.5%,其中网络短视频用户高达 6.48 亿,网民使用率为 78.2%,成为仅次于即时通信的第二大应用类型。2018 年,网络短视频市场规模由 2017 年的 55.3 亿元猛增 744.7%,达到 467.1 亿元。2018 年网络短视频的忠实用户主要为有更多空闲时间的"90 后"和"00 后"及学生群体,不过网络短视频对中老年群体的渗透也在加速,40 岁及以上人群的使用率增长了 12% 以上。除此之外,高收入、高学历群体的短视频使用率也在迅速增长。此外,在性别上出现男性占比超过女性的反转。浏览网络短视频的时长同时占据着网民手机上网时长的头部位置,根据数据显示,2018 年 12 月,中国网民每天人均使用手机上网 5.69 小时,比 2017 年增加了 1 小时。其中,网络短视频的时长增长贡献了手机上网整体时长增量的 33.1%。大量数据表明,网络短视频已超越一般娱乐休闲项目的受欢迎程度,发展成一种全民生产、参与、共享的文化现象。

网络短视频是当代人表达自我、宣泄情感的主要方式,这一文化现象也是当下社会精神文化、心理特征、价值追求的重要投射。网络短视频作为一种新的文化传承,在网络信息时代自发形成,通过视频 APP 广泛传播,建立了属于草根阶级的草根文艺,捧红了不少来自民间的素人明星。如快手里的美食达人陕西大爷老乔、抖音里仿明星化妆走红的百变女王

666、骑摩托车带着妻子穷游世界的尼姑哥哥，等等。这些普通人的长期走红靠的不是偶然，而是令人信服的一技之长或是苦中作乐的精神品质。

同时，从这些网民狂热追求的网红示例中，也能归纳出与其相对应的主导文化类型。烹饪美食视频的火爆表达着人们对饮食的更高追求；美容美妆视频的火热则传达出人们追求美、欣赏美的意愿；实用技能视频凸显出人们在日常生活中展现的伟大智慧；娱乐恶搞视频则展现了人们在工作之余解压放松的行为方式。

总之，网络短视频是被独立创造出来有自己独特功能和价值的文化产物，它丰富的内容实现了人们对生活、工作、娱乐的需要，也达到了人们宣泄和表达自我的精神诉求，是当下人们日常生活最真实的反映。

第四节　文化差异对消费的影响

文化因素是影响消费者行为最广泛、最深刻的因素之一。西方现代社会文化的主导思想是基督教中的新教，而中国文化的长期主导思想是儒家思想。这种差异导致中西方价值观有所不同，而且也很难完全用西方跨文化维度的理论来阐释中国人。在总体价值观层面，中国人的追求特征是以妥协态度达到人与人、人与自然的和谐共存（"和合论"），而西方人的追求特征是个体的独立、自主及成就。

文化因素往往影响着社会的各阶层和家庭，进而通过个人和心理因素包括文化、社会阶层、参考群体等影响消费者行为。由于文化对消费者的熏陶和潜移默化，使在各种文化背景下成长起来的消费者有着不同的价值观念和对商品的选择标准，从而直接或间接地影响消费者的兴趣、爱好、思想等，进而影响消费者的行为。不同文化背景下，人们的消费行为各不相同，甚至相互对立。例如，大多数国家的人认为牛肉是具有高营养价值的食物，但印度人是不吃牛肉的。消费中的许多禁忌行为都是不同文化的表现。

一、文化差异与文化价值观

文化差异主要是文化价值观的不同。文化价值观又分为文化核心价值观和次要价值观。文化核心价值观是指特定的社会或群体在一定时期内形成的被人们普遍认同和广泛持有的占主导地位的价值观，具有极强的稳定性；次要的、居于从属地位的价值观就是次要价值观。每个社会或群体都有居于核心地位的文化核心价值观。文化核心价值观是一个社会或群体所共有的，不会随着群体成员的更新而变化，具有延续性。文化核心价值观在文化中起主导作用，制约着次要价值观的形成和变化；次要价值观服从核心价值观的发展，体现核心价值观的内涵。相对而言，次要价值观容易随环境的变化而改变。

消费行为是文化的表现形式之一。消费者的需求和动机，消费者的购买内容和购买方式都与其息息相关。因此，理解和识别文化价值观对人们消费行为的影响，有助于企业选择合理的营销策略。

二、与消费者行为有关的文化价值观

与消费者行为有关的文化价值观分为三种极端的价值观，即他人导向价值观、环境导向价值观、自我导向价值观。极端的价值观之间还存在中间状态。

（一）他人导向价值观

他人导向价值观是反映社会或群体与个体之间、个体与个体之间、群体与群体之间应如何相处或建立何种关系的基本看法。

在社会或群体与个体之间，不同的社会文化有不同的价值取向。有强调团队协作和集体行动，并把成功的荣誉和奖励归于集体的集体主义；也有强调个人成就和个人价值，荣誉和奖励常常被授予个人而不是集体的个人为主的人本主义。一项研究表明，中国、韩国、日本、印度和墨西哥的文化带有集体主义色彩，而美国、英国、加拿大、澳大利亚、新西兰、荷兰的文化特别强调个人主义。因此，运用个人物质奖赏和提升激励美国营销人员有效，激励日本、韩国的营销人员则可能达不到预期效果。

在个体与个体之间，会表现出不同的价值取向。有相对强调个人利益和自我满足的，也有相对满足他人、强调社会利益的。

在群体与群体之间也有不同的价值取向，有重视合作强调协同效应的，也有利用其他集体强调本集体利益的。

除了上述他人导向价值观，还有成人的与孩子关系上的价值观。体现在成人与孩子关系上的价值取向主要是家庭活动是围绕孩子的需要还是围绕成人的需要，家庭的决策者是谁，孩子在家庭决策中扮演什么角色。对这些问题的分析可以发现一个社会在成人与孩子关系中的价值取向。不同的社会文化在对待年轻人与老年人关系上的价值取向上也可能存在差异，在竞争与协作关系上价值观也有所不同。有的崇尚竞争、信奉"优胜劣汰"的自然法则，有的倾向于通过协作而取得成功。这些他人导向价值观，在不同群体、不同民族、不同时代均有不同体现。

（二）环境导向价值观

环境导向价值观是指一个社会关于该社会与其经济、技术及自然等环境之间相互关系的看法。

不同文化背景下的人在对待自然和人与自然的关系上会有不同的价值观。有崇尚自然的和谐，与自然和谐相处；有乐于征服和改造自然以体现自身强劲，可能造成自然界的破坏。中国文化重视与自然的和谐统一，即顺应自然规律，保持人与自然的和谐与平衡，为人类造福。在与自然和谐的价值观念下，消费者行为出现了"绿色""环保""可持续发展"的理念。

不同文化在勇于冒险精神上具有不同的价值观。有的把勇于冒险作为尊敬的对象，有的则把冒险视为愚蠢的行为。如果站在时代的前沿，将创新作为企业的灵魂，崇尚冒险才可能推动社会的进步与发展。消费者具有冒险精神，是新产品、新技术、新观念能够被推动的基础。

个人成就和家庭出身不同，文化价值有一定差异。如果强调这种文化差异，就会导致个人或群体在政治、经济、机会等方面的不平等。个人和群体的机会、成就取决于家庭、家庭地位、所属社会阶层。淡化这种文化差异，任何个人和群体都没有特权机会、荣誉、价值会更多地提供给那些能力强、有突出表现的人。分析个人成就与家庭还有社会阶层的观念，可以为消费者抓住机会、表现能力、获得成就和价值做好服务。

（三）自我导向价值观

自我导向价值观是个人的一种长久信念，它反映的是社会认可的应为之奋斗的生活目标和实现这些目标的途径、方式，对消费者行为具有重要的影响。

不同的文化价值观对待物质财富和精神的重视程度有很大差异。物质财富是一切存在和发现的基础和前提，但是人们对待物质财富的态度却有区别：有的以物质为重即"金钱万能"且奉行享乐主义；有的强调精神财富、以非物质的利益作为重要内容。在经济快速发展的今天，文化价值观也发生着变化，消费者的购买行为不但是为了满足其基本需要，也是社会表现和社会交流的行为。消费行为可以向社会表达和传递诸如身份、地位、个性认同等意义和价值。消费者除消费产品本身以外，同时，也消费这些产品代表的象征、意义、心情、美感、档次、气氛和情调。

在文化方面，一个社会对待现在与未来的关系也是价值观的集中体现。正确对待现在与未来的关系有利于鼓励消费者消费或信贷，也有利于企业制定促销和分销策略。如消费者的价值观就是人们为今天还是为明天而活，是更多为今天着想还是更多为明天打算，如贷款购房就是鼓励消费者提前消费的一种手段。

不同的社会文化对待工作和休闲的关系问题上，会有不同的价值观。有的为了获取更多报酬而工作，当工作报酬达到一定量时再选择提高精神生活质量，如休闲旅游；有的则是为了在工作中获得自我满足，达到自我实现的需求。在拉丁美洲的某些地方，工作被视为不可摆脱的累赘；在欧洲，工作则是充实的人生不可或缺的部分。因此，节省劳动力的某些产品以及快餐食品在瑞士这样的国家，通常不容易获得成功。企业分析不同文化的人对待休闲和工作问题的价值观，找到文化差异，有的放矢，将有助于开发市场，以更好地满足消费者购买行为。

人们对待各种活动的态度是不同的。这种不同与文化差异有关，在活动中有的"喜静"，有的"善动"，体现了动与静上价值观的不同。如美国妇女和法国妇女有着不同的动静价值观。一项对消磨时间的调查发现，"同朋友一起在炉边闲聊消磨夜晚是我喜欢的方式"是法国妇女的选择，"喜欢有音乐和谈话的聚会"则是美国妇女的选择。这种活动上的差异为企业提出不同的产品或服务需求。

在对幽默的理解以及幽默能在多大程度上被接受和欣赏也有体现，不同的人、不同的群体在不同的场合对幽默的理解和接受程度也有所不同。如一些动画片，儿童觉得幽默；成年人由于理解不同可能认为不幽默。西方人善于以幽默的语言表达，东方人善于陈述事实，幽默与严肃关系上的价值观影响消费者行为方式的选择。

价值观的差异导致生活态度的差异。在生活态度上，有的倾向于自我放纵、无节制，有的倾向于克制自己、节制欲望。与消费者行为密切相关的文化价值观见表4-2。

表4-2 与消费者行为密切相关的文化价值观

他人导向价值观	环境导向价值观	自我导向价值观
(1) 个人与集体。社会是重个人活动和个人意见还是重集体活动与群体依从	(1) 清洁。社会对清洁的追求在何种程度上超过健康所要求的限度	(1) 主动与被动。更积极、生活取向是否更为社会所看重
(2) 扩展家庭与核心家庭。一个人在多大程度上应对各种各样的家庭成员承担义务和责任	(2) 绩效与等级。社会激励系统是建立在绩效的基础之上还是建立在世袭因素如家庭出身等的基础上	(2) 物质性与非物质性。获取物质财富的重要性到底有多强烈
(3) 成人与小孩。家庭生活是更多地满足大人的还是小孩的需求与欲望	(3) 传统与变化。现在的行为模式是否被认为优于新的行为模式	(3) 勤奋工作与休闲。拼命工作是否更为社会所倡导
(4) 男性与女性。社会权力的天平在多大程度上自动偏向男性一方	(4) 承担风险与重视安定。那些勇于承担风险、克服种种困难去达成目标的人是否更被尊重和羡慕	(4) 延迟享受与及时行乐。人们鼓励去即时享受还是愿意为获得"长远利益"而牺牲"眼前享受"
(5) 竞争与合作。一个人的成功是更多地依赖超越他人还是更多地依赖于与他人的合作	(5) 能动解决问题与宿命论。人们是鼓励去解决问题还是采取一种听天由命的态度	(5) 纵欲与节欲。感官愉悦地享受吃、喝、玩、乐在多大程度上会被接受
(6) 年轻与年长。荣誉和地位是授予年轻人还是年长的人	(6) 自然界。人们视自然界为被征服的对象还是视其为令人景仰的圣地	(6) 严肃与曲默。生活被视为严肃的事情,抑或应轻松面对

(资料来源:霍金斯.贝斯特.消费者行为学 [M].符国群,译.北京:机械工业出版社,2003:25)

三、中国传统文化对消费的影响

中国传统文化源远流长。在这种文化背景下繁衍生息的中华民族,形成了其独有的消费心理、消费观念、消费方式与消费行为。虽然历经不同民族文化的冲撞融合、全球化的冲击,但其核心的消费价值观仍不同程度地影响着人们现在的消费行为和习惯。

(一)以亲情为基准、家庭为单位的消费伦理

由于中国传统文化是建立在宗法制度基础上的血缘文化,国家同构,宗法一体,神权、王权、父权合一,因此其最基本的功能就是维持和强化作为宗法制度基础的血缘关系,强调人与群体之间的关系，强调血缘家族关系和以血缘为基础派生出来的人际关系。这种非常重视人与人之间关系、强调家庭与群体的观念与西方注重人与自然之间关系、强调个性与自由的观念形成强烈反差，并直接导致了中西文化在许多方面出现不同。比如许多中国人平时省吃俭用，却把财富留给子女。西方人都对这种现象感到惊奇，认为这在西方是难以想象的事情。但中国人受传统宗法血缘观念的影响，理所当然地都希望多攒些钱留给子女，尤其是在接受了上代人留下的钱财后，也接受了应该储蓄、把钱财留给下一代的观念。反映在消费行为中，中国人的消费往往也是以亲情为基准、以家庭为单位进行的，在购物过程中其消费行为深受亲朋好友、相关群体与家庭的影响。中国人的家庭责任感和家庭依赖感十分强烈。传统文化注重人与人之间的感情关系，包括亲情、友情、爱情、亲友关系、同学同乡关系、同事关系、上下级关系等。在人际交往中，人们往往把人情视为首要因素，以维系人情为行为方式的最高原则。这一观念在消费活动中表现为礼品消费在消费支出中所占比重较大，且总额有逐年增长的趋势。脑白金和黄金搭档等产品的开发正是以传统文化为依托，发现老年人和儿童这庞大的目标市场群体的。

在中国，个人的消费行为常常与整个家庭的行为活动息息相关，而不是单纯个人的、孤立的，因此，在以中国人为主的消费市场中，个体的消费行为不仅要考虑自身的需要，而且还要顾及整个家庭的消费需要。在产品或劳务信息的传递和沟通方面，口传信息沟通比正式的信息沟通渠道（如广告）更能让中国人相信并接受。

（二）注重人情和求同的消费动机

中庸是中国人的一个重要的价值观，几千年来一直深刻地制约着中华民族的思想和行为。大理学家朱熹认为，中庸就是"不偏之谓中，不易之谓中"。通俗地说，中庸的要义就是事物的发展过程都有一定的标准和规范，如果超过或达不到这个标准和规范都是不利于事物发展的，所以无论做什么事都应该采取不偏不倚、调和折中的态度。凡事讲究"度"，反对超越"常规"的思想和行为，反对根本性变革，强调持续和稳定。就个人而言，中国人群体感强，往往把自己看作某一群体的一员，竭力遵守群体规范，言行举止力求与大家一致，特别重视人与人之间的感情联系，强调良好的人际关系，避免突出个人，否则会引起他人的注意和议论。这是大多数中国人不喜欢的，也是他们极力避免的。如"树大招风""人怕出名猪怕壮"等无不在提醒着人们应与他人保持一致的重要性和做人做事的准则与法度。反映到购买行为中就是注重人情和求同的消费动机，往往以社会上多数人的一般消费观念和消费行为来规范和约束自己的消费行为。一个人购买和消费什么商品往往首先要考虑他人的议论与评价，即使自己非常喜爱的商品，如果这种商品不符合群体规范的要求，购买和消费这种商品会使人有一种"鹤立鸡群"之感，那么这个人很可能会放弃这种购买行为，所以其消费行为具有明显的"社会取向"和"他人取向"特点。这与西方文化背景下，突出个人的权利与价值、强调个性化、追求新奇化、力求多样化、敢于标新立异、以"自我取向"为特点的消费行为有显著区别。因此，在中国市场上大众化的产品设计比较受欢迎，而在美国市场上则是个性化的产品设计比较符合人们的消费偏好。

中国传统消费价值观注重人情和求同的消费动机，固然有其能够增强群体感、一致性和凝聚力的一面，但其消极作用也显而易见。首先，这种消费价值观反映在人们的消费行为中就是强调与社会保持一致的重要性，即重规范、讲传统、重形式、随大流、赶潮流、与他人看齐，盲目跟风，消费行为趋于一致化，反对超前消费，看不惯新生事物，反对消费中的标新立异。这不仅会抑制和扼杀人们的创造性，还不利于新产品的开发和销售，而且也与社会发展的趋势相背离。随着我国改革开放的不断深入以及中西方文化的不断交流、碰撞融合，中国人的生活已开始向着丰富化、多样化、个性化的方向发展，人们购买和消费某种商品已不单单是消费商品本身，同时还是消费这些商品所象征或代表的某种文化和社会意义，而且希望通过消费商品体现和张扬自己的个性，尽显自己的个性魅力。其次，这种注重人情和求同的消费价值观，还体现在人们的"面子"情结上。爱好面子是中国人典型的文化心理特征，也就是说中国人特别注重自己的"形象"和在他人心目中的地位，即重视"脸面"。在很多人心目中，"面子"重于一切，为了保住和增加"面子"可以不惜任何物质代价，许多人"打肿脸充胖子"，也就是人们平常说的"死要面子活受罪"。在上述观念的支配下，中国消费者在凡是涉及"面子"的消费活动中都格外小心谨慎，注意遵从各种礼仪规范，尽量不失自己的面子或伤他人的面子。反映在消费行为中，中国消费者过于看重"体面"的消费，过于看重与自己的身份、地位相一致、与周围的他人相一致的求同消费和人情消费。人们为了面子随处花钱，开销巨大。逢年过节、红白喜事、生日满月、乔迁新居、职位变动、子女升学等都要举行名目繁多的消费活动。

（三）勤俭节约的消费观念

我国传统文化崇尚节俭，以节制个人欲望为美德。由于古代生产力较为落后，又由于天灾人祸等因素造成商品的缺乏，商品经济的发展也不是很发达，以及百姓经济购买力不足等原因，促成了人们勤俭习惯的形成。孔孟主张"克己复礼"。孔子教育学生要安贫乐道，俭而有度。朱熹提出"存天理，灭人欲"。勤俭曾被贤哲伟人反复论述，"历览前朝国与家，成由勤俭破由奢"，所以，几千年来中国人民一直崇尚勤俭持家的消费观念，反对挥霍浪费和超前消费。这反映到人们的消费行为上就是在花钱、购物方面较为慎重，富有计划性，重视积累，不尚奢华，反对花钱大手大脚和今朝有酒今朝醉的消费观念，对缺乏计划性的花钱行为嗤之以鼻，视这样的人为没有头脑、不会过日子。人们习惯于攒钱买东西不习惯借钱或贷款买东西，主张生活开支要"精打细算""细水长流"，以达到"月月有余""年年有余"。一般来说他们用于购置生活必需品的方面较多，而用于享受方面的奢侈品较少，崇尚实惠、耐用的消费观念。中国民间流传着这样的说法："吃不穷，穿不穷，计划不到一世穷"。这典型地反映了中国人民节俭和压抑的消费观念。这种消费观念突出地表现在中老年消费者身上，他们总是尽量把钱存起来，用在孩子上学、结婚、买房、医疗、养老等方面。

居民储蓄率指的是居民个人可支配收入中储蓄所占的百分比，是反映一个地区居民（家庭）储蓄水平的一个重要指标。2017年，我国居民消费支出占GDP的比重不到40%，这一数字不仅远低于美国（69.5%）的水平，也低于老龄化严重、消费增长低迷的日本

(56.3%)和韩国(47.8%)的水平,还低于印度的居民消费支出水平(59.1%)。不过换个角度看,正因为我国居民消费在横向对比上低于其他国家,所以也预示着国人消费扩张的潜力仍然较大,前景可期。

中国人确实有勤俭节约、量入为出的传统,但这种传统思想在现代经济社会的冲刷下影响越来越小。统计数据显示,居民储蓄率和存款增速一直呈现下滑态势,2019年最为明显。随着物质供应的丰富和社会保障体系的逐渐完善,再加上越来越多的消费信贷产品进入市场,"90后""00后"的消费观念发生了较大转变。"60后""70后""80后"大多经历过物质匮乏的时代,知道消费和储蓄到底哪个更重要。而"90后""00后"都是成长在物质丰富的时代,他们开始活在当下,分期、蚂蚁花呗、蚂蚁借呗、京东白条、金条使用非常普遍,这种超前消费的文化已经被他们所接受。

现代文明也强调珍视有限资源,提倡崇俭抑奢的价值观。当然,随着消费层次的不断提高,人们没有必要再去赞扬"新三年、旧三年、缝缝补补又三年"的做法。但勤俭节约、艰苦奋斗的思想不能丢,习近平总书记也在不同场合多次强调艰苦奋斗、勤俭节约是中华民族的传统美德,铺张浪费则背离优良传统文化,败坏党风、政风和社会风气。

(四)儒家文化对消费行为的影响

中国文化注重和谐与统一,这是中西文化的一个重要差异。儒家文化在中国一直是文化的主流。当代中国的年轻人骨子里仍深深埋藏着儒家思想与观念。"男儿欲遂平生志,六经勤向窗前读",十年寒窗苦读是当代中国年轻一代必须经历的。中国儒家文化对消费者心理具有根深蒂固的深远影响,效忠国家、孝敬父母、尊敬师长、尊老爱幼等儒家文化已经深入中国人的骨子里。

儒家文化以仁爱为核心,提倡以和为贵的思想,中庸、忍让、谦和。在对待不同民族和文化的价值观方面提倡平等待人,承认其他民族和文化的价值不同,主张不同民族或群体之间思想文化的交互渗透和包容。儒家文化在人与人之间体现得更为明显,在商品交易中尽可能"和气生财",中国人习惯了平和心态的消费模式。"以和为贵"自然就成了一条潜规则。由于中国人普遍比较好面子,并且相关法律制度的不健全,以前,大多数消费者在遇到令自己不满意的消费时,甚至在自己的权益被商家损害时,往往忍气吞声,只会向朋友、同事或其他熟人倾诉自己的不满,而很少通过合法投诉等途径获得权益的保障。这样做的原因之一就在于"和为贵""息事宁人"的传统思想仍然根深蒂固。

(五)先义后利的价值取向

对义利关系的处理集中体现了伦理道德的价值取向。应该说,先义后利、以义制利是中国传统义利观的核心,是始终居于正统地位、对中国传统文化影响最为明显的一种义利观。企业和消费者在现实的博弈中,聪明的企业往往将"义"与"利"并重,企业为了长远利益愿意放弃眼前局部利益,维护消费者的"利","义字当先"也就成了诚信的体现。对于消费者,他们既得到了企业的"义",也得到了应有的"利"。因此,消费者往往去购买那些有诚信的企业生产的产品,注重企业在售中和售后的承诺和服务。

★拓展阅读 4-4

跨文化下的营销失误

2018年11月17日，意大利奢侈品牌杜嘉班纳（Dolce & Gabbana，GD）在官方微博发布"起筷吃饭"系列视频，旨在宣传11月21日的上海大秀。为了与中国传统文化结合，DG播出了以中国的筷子为主题的广告视频，但是内容却非常不友好。视频中，一位穿着DG的中国女孩坐在中国餐馆里，尝试用筷子品尝超大尺码的三种意大利美食。蹩脚的中文旁白、模特傲慢的语气和扭捏夸张的表演，以及将筷子称为"小木棍"、将玛格丽特披萨用"伟大"来形容等情节，引起了中国网友的不满，认为该品牌对中国文化缺乏了解。更有网友认为选择这位小眼睛的模特出镜完全是对中国人的误解和歧视。随后，该视频遭到网友质疑后被迅速删除，但DG并未作出任何解释。

11月21日11时许，@Fashion_BangZ发布了"网友和DG设计师Stefano Gabbana在Instagram（INS）上的一段真实的对话"的微博。大意是这位网友在INS Story提到DG涉嫌歧视，设计师本人前来争辩，最终恼羞成怒，大骂出口。

该微博发出后随即引爆舆论，一下子点燃了网友的怒火。截至15时50分，该微博转评赞达到10万余条。短短2个小时，热度飙升，霸榜微博热搜（图4-2），燃爆网络。DG设计师辱华言论事件创造了舆情发酵的全新速度。舆情监测显示，网民负面和中立情绪达90.2%；正面情绪为9.8%。

图4-2 微博热搜截图

受邀的众多中国明星拒绝出席DG大秀，金大川等中国模特在明星发声之前就已经宣布罢演，当天，其代言人迪丽热巴更是直接给出了解约通知。明星们此次态度空前一致，DG方意识到事态不妙，立刻发出了声明，称设计师账号被盗，所发的言论并不是其本意，但中国网友却并不买账。随即，DG当天的大秀取消，品牌遭遇中国及海外多个电商下架，已经无力回天。

上述消费者这些不同的心理和行为反应，在某种意义上都可以说是一定文化价值观作用的结果。综上所述，文化的各个要素，如价值观、规范、习俗、物质文化等，对消费行为都具有一定的影响。从消费者产生消费需求、获取产品信息、选择评判，到作出购买决定以及售后评价，每一阶段消费者都有自己的价值理念。不论诚信为首理念，还是勤俭消费观念，都会直接或间接地体现着中国传统文化价值遗留和影响。总之，树立消费观是极为重要的，人们在现实消费过程中，要正确把握传统文化和价值观对消费行的影响。

本章小结

消费者行为并不是生来就有的，而是后天学习的结果。文化对消费者行为的影响是通过价值观和规范反映出来的。

文化具有继承性、习得性、无形性、民族性、动态性的特征。

文化由信仰、价值观、规范、符号、仪式等要素组成。

亚文化又称小文化、集体文化或副文化，指某一文化群体所属次级群体的成员共有的独特信念。

价值观和生活习惯是与主文化相对应的那些非主流的、局部的文化现象。

影响亚文化形成的因素有年龄、性别、职业、地域、种族、宗教、收入、家庭等。

亚文化有各种分类方法，可以分为人种的亚文化、年龄的亚文化、生态学亚文化、地理的亚文化、性别的亚文化等。

关键概念

文化　文化价值观　信仰　他人导向价值观　环境导向价值观
自我导向价值观　亚文化　二次元

习题

1. 什么是文化？文化有哪些特征？
2. 亚文化有哪些特征？大学校园里同年级的学生群体是否可以看作是一个亚文化群体？
3. "文化为行为设定了边界"这句话意味着什么？
4. 赠送礼物时的消费者决策与其他购买决策有何不同？
5. 中国"90后"的成长带来的营销启示是什么？
6. 中国关系文化对消费者行为有哪些影响？

第五章

家庭因素与消费者行为

【学习目标】
家庭是社会的基本单位，也是很多产品和服务的基本消费单位。家庭对消费者个性、价值观之消费观念的形成以及消费与决策模式均产生非常重要的影响。
通过本章的学习，掌握以下内容。
● 了解家庭的含义与功能，以及家庭与其他社会群体的区别。
● 了解并掌握家庭生命周期各阶段的消费特点。
● 了解家庭成员的角色类型。
● 了解并掌握家庭决策类型及影响家庭决策类型的因素。

【能力目标】
通过本章的学习，培养学生以下能力。
● 能用家庭生命周期理论判断某一家庭属于生命周期的哪个阶段。
● 能具体分析某一家庭的购买决策类型。
● 能具体分析一次购买活动中每个家庭成员所扮演的角色。

【导入案例】
      疼的样子也是爱的样子——"90后"妈妈的"疼爱"商机
"90后"作为在更为开放活跃背景下成长的一代，已成为生育大军的核心力量。从无忧无虑的女孩儿，到为人妻、为人母，"90后"妈妈们已经开启了新的人生旅程。虽然每天都称自己是"宝宝"，但有了娃的她们发生了哪些变化？

美少女战士（28岁）："消费上都偏向孩子了。单身的时候自己想买什么就可以买什么，但现在一切以孩子的需要为主，不会大手大脚的花钱了。"

职场辣妈（28岁）："当妈以后，需要给宝宝吃母乳。有些想吃的、爱吃的，为了宝宝忍忍也就过去了；以前逛街自己喜欢哪个买哪个，现在买东西先买宝宝的，总觉得她会需要，自己有没有已经无所谓了。"

我是超人（26岁）："变得对自己舍不得，想给孩子提供好的物质生活条件！"

中年少女（26岁）："当妈以后，每天几点起床、做什么事情都比以前有规律了。"

不少"90后"妈妈表示，孩子的来临让她们将更多注意力倾注在孩子身上，"仿佛一夜间长大"。生娃前，购物车里收藏的都是自己的口红、首饰、衣服、包包；有娃后，"种草"的都是孩子的尿不湿、餐具、绘本、玩具……她们对孩子的期待，对于孩子寓教于乐的培养方式都有不一样的需求。母婴市场也正接受着她们作为消费主体带来的全新的、未知的挑战。让人意外的是，"90后"父母自己带娃像"开了挂"，更愿意抽尽可能多的时间来陪伴孩子。根据《2017国民家庭亲子关系报告》数据显示，"90后"父母每天陪孩子"1~2小时""3~5小时"的比例分别为34.9%和28%，陪伴孩子的时间要多于"70后""80后"父母，也往往与孩子保持着更为亲密的亲子关系。他们乐于与孩子玩耍，认为"玩是孩子自然学习的过程"。玩玩具对儿童的认知能力、社交技巧和情绪发展都有着重要的影响。

2017年2月，美泰（Mattel）正式宣布与阿里巴巴集团达成新的战略合作。作为全球最大的玩具公司，美泰在天猫布局已久，除了美泰天猫旗舰店，旗下多个品牌也已开设了多家天猫旗舰店，包括费雪（FisherPrice）、芭比（Barbie）（图5-1）、托马斯和朋友（Thomas & Friends）、美高积木（Mega Bloks）、风火轮（Hot Wheels）等。

中国的玩具市场达几十亿美元规模，拥有巨大增长潜力，但碎片化程度高，市场还有很多不确定性，所以需要更多地关注消费者需求及其变化情况。这几年，玩具企业从传统意义上的玩具生产商、制造商转变成运作IP，甚至涉及很多新科技领域的内容。制造实体玩具的公司在数字时代本来就比较艰难，这些企业正在根据市场和消费者的变化寻找一些新的发展模式。阿里巴巴完善的生态系统所拥有的超大范围的目标用户群体和海量消费数据，能够实现精准的人货匹配，追溯消费者消费行为的变化。阿里拥有近6亿的活跃买家，他们都是在用实实在在的钱包份额进行投票，更容易看到某个品类的趋势，也可以更精准、更准确和快速地洞察消费背后的机会。凭借美泰在全球玩具市场的品牌知名度和专业技术以及阿里巴巴对中国消费者的独到了解，这项新的战略合作有望重塑中国家长对玩具的重新认识，是发展和引领中国玩具市场的机会。

图5-1　芭比天猫旗舰店截图

2018年3月，美泰与天猫新品创新中心共创成立了"妈妈研究所"。这是一种全新的"C2B2C"商业合作模式，阿里巴巴集团对中国消费者的了解将帮助美泰定制有针对性的市场和产品战略。借助阿里巴巴大数据和美泰多年母婴人群系统研究，从C端了解妈妈在育儿过程中的需求及趋势，洞察市场机会点；然后在B端通过与阿里巴巴的深度开发及产品上市的各个阶段紧密合作，更好地将消费者的需求融入进去，借助阿里巴巴强大的数据和营销工具，锁定核心消费人群。

以往，为了测试消费者的喜好，美泰曾经跟全球30多万妈妈对话，也组织过2 500次以上的焦点访谈小组，通常拿到1万个样本需要1个月时间。但是现在通过天猫新品创新中心拿到1万个样本只需要5天时间，新品研发成本和周期也将大大降低和缩短。传统的调研分享给美泰的数据是消费者宣称的购买意向，但天猫新品创新中心看到的数据是基于消费者真实行为的分析。从消费人群入手，捕捉特定人群的需求和痛点，以此挖掘市场机会点，再辐射到多品类。企业可以和行业数据对比，看到新品在未来销量上的潜力，把握未来母婴行业的发展趋势，开发出更多适合中国消费者的创新性产品。而双方合作共创的第一篇报告就是《千禧妈妈疼爱》白皮书，主要针对"90后"新手妈妈。新手妈妈们在育儿过程中既有对中国传统育儿方式的传承，又有在数字化时代寻求育儿理念和方法的突破。基于阿里巴巴超过4 000万妈妈的大数据，通过定性访谈、案头研究和店铺大屏互动等调研方式，美泰从4个方面切入，深度分析了新一代妈妈们的心理特征：她们渴望独立育儿，但缺乏经验和育儿能力不足；她们遵循科学育儿规则，却又缺乏信心；她们疼爱孩子，但不忘记享受自我；她们饱有快乐育儿的初衷，无奈需担负社会的竞争压力。在她们身上看到很多矛盾和冲突，也感觉到很多焦虑，而这些矛盾、冲突和焦虑都体现在她们的消费行为上。

《千禧妈妈疼爱报告》发现，0～3岁宝宝的妈妈们购买治疗腱鞘炎的相关药物等比例达到普通女性的3倍，这是妈妈们因"爱"而"疼"的表现；同时购买婴儿监护器者的比例增长10%，这也是新生代妈妈们积极想办法解放双手的表现。从报告中可以看出，未来的玩具和母婴市场，"智能"是关键词。以哄睡神器为例，它相当于一个电动摇椅，把宝宝放在上面就可以自动晃动以减轻妈妈的负担。这一产品在天猫和淘宝上的销售表现不俗，近2年的销售量增长达300%。

美泰认为，了解新一代妈妈内心的焦虑，对把握未来母婴市场具有很大的启发作用。基于这些研究结果为妈妈们在疼爱孩子方面的痛点——提供有爱的解决方案。首先，美泰要有智能化、全方位的妈妈帮手类产品解决方案；其次，除了产品，美泰还要生产内容优质、有权威的知识分享及能实时反馈的育儿平台；此外，新时代妈妈对玩具寓教于乐的需求越来越大，因此利用高科技、具有强互动特点的娱乐产品会有很广阔的市场；最后，表现对妈妈关爱的宠爱妈妈类产品也将成为未来母婴市场的热销产品。

思考：从"宝宝"到"宝妈"，消费者行为发生了哪些改变？

第一节　家庭概述

在日常生活中，人们经常可以发现家庭的作用。家庭作为一个群体担当着组织家庭成员分工合作、生产、消费、养育子女、赡养老人等各项重要功能。对大多数产品和服务来说，家庭是基本消费单位。住房、汽车和一些大型家用电器等，大多为家庭所消费。家庭是消费者个人所归属的最基本团体，对消费者的购买模式具有很大的影响。一个人从父母那里学习到许多日常的消费行为，即使在长大以后，父母的消费模式和消费习惯仍然对其有明显的影响。本节将从家庭的含义、功能、作用以及它与其他社会群体的联系与层面入手，探讨家庭对消费者行为的影响。

一、家庭的含义

一般认为，家庭是指建立在婚姻关系、血缘关系和收养关系基础上的，接触关系密切、共同生活的社会基本单位。一般情况下，家庭应该由两个或两个以上的成员组成，以单身一人为单位的家庭尚不能成为完整意义上的家庭。

社会学家一般将家庭分为四种形式或类型。

（1）核心家庭，指一对夫妇或其中一方与其未成年女儿所组成的家庭，也包括只有一对夫妇的家庭。

（2）主干家庭，父母和一个已婚子女或未婚兄弟妹生活在一起所组成的家庭，通常指一个家庭中至少有两代人，且每代只有一对夫妇（含一方去世或离婚）的家庭，这种家庭的最典型形式是包括祖父母、父母和未婚子女等直系亲属三世同堂的。

（3）联合家庭，指由父母双方或其中一方和多对已婚子女组成的家庭，或兄弟姐妹婚后仍不分家的家庭。这种类型是核心家庭同代横向扩展的结果，它突出表现为人口较多，关系较为复杂。

（4）其他类型的家庭，是指上面三种类型以外的家庭，如空巢家庭、丁克家庭、单亲家庭以及未婚兄姐妹组成的家庭。

在不同文化观念的影响下，甚至同一文化观念下的不同区域，占主导地位的家庭类型是不同的，不同文化观念之间、不同区域之间是存在一定差别的。例如在美国，核心家庭在家庭总数中所占比例相对较大。在宗族色彩比较浓厚的泰国，主干家庭所占比例相对较大。在我国，城市家庭多以父母及其子女组成的核心家庭为主；而农村家庭，多以祖父母、父母及其子女组成四世同堂的主干家庭为主。

二、家庭的功能

家庭作为社会的基本单位，对人类生存和社会发展的作用是多方面的，能满足人和社会各种需求。与消费者行为研究关系比较密切的功能主要有家庭的经济功能，家庭的情感沟通功能，家庭的生育、赡养与抚养功能，家庭的教育功能。

（一）家庭的经济功能

家庭的经济功能包括家庭中的生产、分配、交换、消费，是家庭功能其他方面的物质基础。家庭要满足家庭中成员的食、衣、住、行等需要，有工作能力的成员需要工作和金钱，以维持家中的开销。在过去的小农经济社会，家庭既是一个消费单位，同时又是一个生产单位，发挥着重要的经济功能；在现代社会条件下，家庭的经济功能中的生产功能有所区别，但并不是说家庭已不具备经济功能，仍要通过其他方式（如参加工作等）为每一个家庭成员提供生活福利和保障，因此，经济功能依然是家庭的一项主要功能。在过去传统的小农经济社会,丈夫是生产中的主要劳动者,也是家庭的经济来源,因此,他在家庭中占有主导性地位;而现在,越来越多的妇女参加工作,她们对家庭做出的经济贡献也在逐渐增大,因此,妇女在家庭中的地位也不断提高。

家庭是一个基本的消费单位,它可以在某段时间里把家庭成员的大部分经济资源集中起来,为了家庭成员的共同利益或主要为了某一个家庭成员的利益而使用,这在我国很多家庭中是很常见的。例如,在我国农村地区,子女在成家之前所得到的经济收入并不能自由支配,基本上由父母代为保管。把家庭成员的个人经济收入集中起来,即使那些并不宽裕的家庭也能尽全家之力,完成一些仅凭个人经济能力短期内无法实现的活动,如大型购物或购房。

(二) 家庭的情感沟通功能

家庭是思想、情感沟通最充分、最真实、最便利的场所。当消费者在工作、生活、情感等遇到困难和挫折时,家庭成员能够给予充分的安慰、鼓励和帮助,使其对家庭有较强的归属感。家庭成员之间的亲密交往和真实情感,是以血缘关系和亲缘关系为坚实基础的。当前,社会竞争日趋激烈,消费者对于获得家庭的关爱、鼓励和帮助有更为强烈的要求,但由于生活节奏的加快以及大多数家庭夫妻双方均参加工作,家庭成员之间用于感情沟道的时间越发显得宝贵,特别是父母与子女之间,常常由于缺乏时间资源导致情感关系较为紧张。因此,能有利于成员之间情感交流,能够缓解因缺乏情感交流所产生的不安、迁就等情绪的产品和服务一定会受到消费者的欢迎。

(三) 家庭的生育、赡养与抚养功能

生、老、病、死是人一生必经的阶段,有生必有死,所以生育功能也是家庭功能中的一项重要功能。它是指男女双方经过公开仪式,达到法定年龄而结婚,生儿育女,延续下一代。对于父母来说,未成年儿童需要抚养;对于子女来说,年老的父母需要赡养;家庭成员受到伤害时,需要其他成员给予照顾。抚养未成年的家庭成员,赡养年老的家庭成员和照顾丧失劳动能力的家庭成员,是人类本能的生存和繁衍的需要。当子女还不具备独立生活能力的时候,父母有抚养他们的责任和义务,如果没有父母的抚养,他们就无法生存下来,人类社会也就难以延续;当父母年纪大了,也会丧失劳动能力和独立生存的能力,这时子女也负有赡养老人的责任和义务。随着国家社会保障制度的不断完善,社会将替代家庭承担一定的赡养与抚养功能,但不可能完全承担此功能。

(四) 家庭的教育功能

对家庭成员(特别是对未成年儿童)的教育,是家庭的主要或核心功能。消费者从刚出生的一无所知,到其世界观、人生观、价值观和行为模式的逐渐形成与稳定,这一过程大部分是通过家庭成员尤其是父母的言传身教完成的。消费者在儿童时期通过接受父母的教育,或模仿父母的行为,获得一些待人接物、适应社会的观念和技巧。消费者在儿童时期所习得的行为和理念,对其一生都将产生较为深远的影响。从这个意义来说,家庭所履行的教育功能对消费者的成长和各种观念的形成是非常关键的。

家庭履行教育功能的一个重要内容,是把儿童放在消费者的立场上对其进行社会化教育,教育其如何获得作为消费者所必备的技能、知识和态度。国外一些专家和学者研究发现,学龄前儿童主要通过观察父母或家庭其他成员的行为获得有关的消费规范,但当其进入少年时期,他们更可能从朋友身上学习什么是可以接受的行为。儿童从第一次与父母上街,

就开始了有关购物技能的学习。也许此时他还不会说话，不能表达自己的意思，但跟随父母购物的体验会在其幼小的心灵中留下深刻印象。随着年龄的增长和心智的成熟，儿童的消费知识和技能也会逐步增长。根据麦克尼克（McNeal）的理论，很多儿童在2~3岁时就会在家里或商店里向父母提出购物要求，3岁半时就可以记得他们所喜欢的东西放在商店的哪个位置，5岁左右就明白买东西要付钱这一事实，8岁左右就已经具有独立在商店购买某些商品的能力。

家庭的教育功能并不是仅仅针对未成年儿童，很多成年人同样需要接受家庭的教育。例如，新婚夫妇建立起单独的家庭，就要学习如何相互协调、相互妥协才能使家庭生活美满幸福，这也是家庭的教育功能的一部分。同样，当一对夫妇逐步迈进退休年龄，他们也会面临很多需要学习的消费问题。因此，很多人认为，家庭教育过程始于儿童期，基本贯穿消费者的整个人生。

三、家庭与其他社会群体的区别

以婚姻关系，血缘关系和收养关系为基础的家庭，作为基本的社会群体，既具有一般社会群体基本特征，又具有自身特性。

（1）家庭的构成基本上是以婚姻关系或血缘关系为基础的，而其他社会群体的形成往往是以工作或任务为基础的。其他社会群体可能是因某种共同的目标而联系在一起的，他们的很多行为可能基于该目标的实现，一部分群体还会随着目标的实现而解散，但家庭较多地侧重成员之间的经常互动和交流，情感关系、亲缘关系是家庭构成的基础，所以家庭成员之间的关系一般较其他社会群体更稳定、持久。父母与孩子之间以血缘为基础的亲情关系可以说毫无任何功利色彩，即使他们之间存在一些矛盾、冲突，也基本上不会或很少使这种亲情受到影响。其他的社会群体大部分是一种契约式的关系，群体成员之间的关系大多偏重利益，情感基础较差，很可能会因利益上冲突或既定目标的达到而终止、解散。

（2）家庭群体成员之间具有较为稳定和持久的情感沟通，而其他社会群体成员之间的联系则有更多的理性成分。由于夫妻之间有浪漫的爱情关系，父母和子女以及兄弟姐妹之间有着以血缘关系为基础的亲情关系，因此，家庭成员之间充满着爱情、亲情等较为真诚的情感关系，这种情感是人们在其他群体中难以体会的。

（3）家庭群体对内在的价值追求较为注重，而其他社会群体对外在的价值追求较为注重。随着经济的发展和社会的进步，纯粹为了经济条件、经济利益等而组建的家庭逐渐减少，更多家庭的组建以情感为基础。家庭的主要功能由经济功能转向情感和教育功能，人们在家庭群体中获得更多的是家庭成员之间的关系和亲情，而不是经济利益上的索取或名利上的追求。

（4）家庭成员之间强调更多的合作，而其他群体成员之间强调更多的是竞争。无论是同学之间、朋友之间、同事之间还是邻里之间，总存在着一定程度上的攀比和竞争。在学校读书时同学之间比谁的成绩好；在单位工作时，同事之间比谁的工作能力强，谁升职较快；在小区里，邻里之间比谁的汽车档次高等。虽然家庭成员之间有时也存在一定的攀比和竞争，但相对于其他社会群体来说，家庭成员之间体现更多的还是彼此的关心和关爱与家庭的和谐，可以说"温馨"是每一个家庭成员所追求的感觉。

四、家庭群体的发展及变迁

随着生产力的不断发展和社会的不断进步,人类家庭也不断发生变化,但人类家庭的发展变化也有其自身的客观规律。在生产力水平极为落后的原始社会,人类只有依赖群居才能生存,没有现代意义上的家庭群体。生产力的发展、私有制的出现,促使以夫妻为主的家庭出现。在生产力水平较为低下的农业社会,人类的死亡率很高,寿命很短,以至于家庭规模扩大,几代同堂的大家庭较为常见。在当代社会,工业化和城市化使由一对夫妇及其未成年子女所组成的核心家庭成为家庭的主要形式。随着社会的进步、生产力的发展以及家庭观念的变化,当代家庭的形式再度发生变迁和延伸,出现了一些传统意义上较为少见的家庭形式,如单亲家庭、未婚同居家庭、同性恋家庭等非传统的家庭形式。当前,这类非传统的家庭形式在我国并不常见。

(一)家庭结构

家庭作为一个社会群体,也有其自身的结构。按照人口变量可以将家庭结构分为人口结构、年龄结构、关系结构和教育结构。家庭结构的不同对家庭的消费行为具有一定的影响。家庭的人口结构是指家庭中家庭成员数量的多少,即家庭规模,家庭的人口结构对其消费数量、消费决策过程、消费水平和质量都具有一定的影响作用。一般来说,家庭人口越多,家庭消费数量就越多,家庭购买决策就越复杂。在家庭经济收入不变的条件下,家庭人口数量的增加必然会导致家庭消费水平和消费质量的降低。家庭的年龄结构对家庭的消费行为也有一定程度的影响。在我国大多数家庭中,往往是由父母作决策,孩子一般处于从属地位,很少有发言权,但随着孩子年龄的增长和阅历的不断丰富,其在家庭中的决策能力和决策机会都会随之增加。家庭的关系结构是指家族内各个家庭成员之间购买行为的关联性。一般情况下,孩子成家之后组成的小家庭的消费行为会与其原来所在大家庭的消费行为之间存在一定的相似性。家庭的教育结构是指家庭成员所受教育的程度情况下,家庭成员所受的教育程度越高,消费心理越日趋成熟,消费更加理性,越来越看中消费的质量,越来越重视提高生活质量,并更加注重显示个性消费观。

(二)家庭规模

家庭规模是指家庭中所包含的家庭成员数量的多少。家庭规模的大小主要取决于家庭的教育水平,控制生育的有效性和宗教信仰等因素。

近几十年来,家庭规模总体上呈小型化的趋势。造成家庭规模小型化的原因是多样的,晚婚、生育数量减少、人口迁移流动以及分家等可能是促使家庭小型化的重要因素。

如在美国,1960年平均每个家庭有3.3人,但到了2019年,平均每个家庭只有2.6人,家里有3个及以上未成年孩子的家庭较少,只占美国家庭总数的20%。与中华人民共和国成立前相比,目前我国的家庭规模大大缩小了,家庭规模的小型化也是近30年来我国城乡家庭结构变化的重要特征之一。全国第6次人口普查数据显示,家庭人口规模小型化已经成为主流。总体上看,7人以上的大家庭所占的比例有所下降,人口少的家庭所占比例不断上升。在我国,家庭成员为2人、3人和4人的家庭所占比例较大,大约占我国全部家庭总数的76%,此外,家庭成员在2人与3人的家庭呈持续增长趋势,成员在5人以上的家庭数量则持续下降。农村家庭内有较多人口的比例虽然高于城镇,但所占比例也较低。这表明,在我国，由一对夫妇及其未成年孩子所组成的核心家庭，成为当代家庭的主要形式，所占比重也日益增加，联合家庭所占比重逐渐减少，而主干家庭所占比重则相对稳定。非传统的小型家庭日益多样化，如单身家庭、单亲家庭、丁克家庭、空巢家庭等。

随着家庭规模的变化，家庭购买行为也在不断发生变化，主要表现为：家庭消费的数量下降而质量不断提高；对适合小型家庭的小包装食品及包装精美的馈赠礼品的需求量不断上升；对住房的卫生间、厨房面积及配套设施的要求有所提高；对快餐食品、熟食和半成品的需求量大大增加。

第二节 家庭生命周期

一、家庭生命周期的概念

家庭生命周期是一个家庭形成、发展直至消亡的过程，反映家庭从形成到解体呈循环运动的变化规律。美国人类学家 P·C·格里克早在 1947 年就从人口学角度提出比较完整的家庭生命周期概念，并对一个家庭所经历的各个阶段进行了划分。

就家庭而言，从一对夫妻结婚建立家庭、生养子女、子女长大就学、子女独立到夫妻终老而使家庭消失，就是一个家庭的生命周期。一般来说，根据标志着每一阶段的起始与结束的人口事件，可以将家庭生命周期划分为单身期、新婚期、满巢期、空巢期和鳏寡期（表 5-1）。

表 5-1 家庭生命周期的划分

周期	起始	结束
单身期	成年	结婚
新婚期	结婚	第一个孩子出生
满巢期	第一个孩子出生	最后一个孩子离开父母
空巢期	最后一个孩子离开父母	配偶一方死亡
鳏寡期	配偶一方死亡	配偶另一方死亡

家庭生命周期研究强调家庭随时间的各种变化，并解释家庭在不同时期的变迁，以说明家庭在不同发展阶段的各种任务和需求。家庭生命周期的概念在社会学、人类学、心理学、与家庭有关的法学，以及消费者行为学研究中都很有意义。

家庭从组建开始，随着时间的推移，会经历一系列不同。在不同阶段，家庭成员数量、心理状况与心理需要都具有不同特点，因此，使家庭消费呈现不同模式。在消费者行为学中，家庭生命周期特指消费者作为家庭成员所经历家庭各个阶段形态的变化，用以分析和揭示消费者在不同阶段消费的形式、内容和特征等，从而作为市场细分的变量。例如，对家庭生命周期的分析可以更好地解释家庭成员的收入与消费、家庭对耐用消费品的需求、处于不同家庭生命周期的人们消费心理状态的变化，等等。

然而，传统的家庭生命周期概念反映的是一种理想的道德化的模式，与社会的现实状况有较大出入。有不少学者已认识到这一概念的局限性。他们认为把家庭生命周期分为5个阶段的方法只适用于核心家庭，而不适用于许多亚洲国家和其他发展中国家中普遍存在的三代家庭或与其他形式的扩大家庭并存的情况。传统家庭生命周期概念也忽略了离婚以及在孩子成年之前丧偶的可能性，即未包括残缺家庭；还忽略了无生育能力或其他原因造成的"无孩家庭"；对于孩子数量不同的家庭，还有再婚与前夫或前妻所生子女的家庭的差异也未予以反映。

二、家庭生命周期对消费行为的影响

消费者的家庭状况根据年龄、婚姻状况、子女状况的不同，可以划分为不同的生命周期。在生命周期的不同阶段，消费者的行为呈现出不同的主流特性。

（一）单身期

单身期主要是指已长大成人但尚未结婚的人，国外大多称为单身家庭。我国这个时期的青年大多与父母共同生活，有收入的也还生活在原有家庭。单身期一般无收入或收入较低，几乎没有经济负担，但消费支出较大。

随着经济社会的发展、高等教育的普及和城市化程度的提升，中国居民初婚年龄近40年来出现普遍提升。而高涨的房价导致结婚成本增长，在一定程度上也成了影响结婚的因素。2018年，全国的结婚率仅为7.2‰，创下近十年来新低。与此同时，中国居民初婚年龄也越来越晚。一线城市平均初婚年龄在30岁以上，四五线城市或者农村地区平均初婚年龄为25岁左右，并有继续走高趋势。江苏省的平均初婚年龄为34.2岁，其中女性为34.3岁，男性为34.1岁；即使是结婚最早的湖南人，平均初婚年龄也为24.98岁。

处于单身阶段的消费者一般比较年轻，收入不高，但由于没有其他方面的负担，所以他们通常拥有较多的可自由支配收入。收入的大部分用于支付房租，购买个人护理用品、基本的家庭器具以及用于交通、娱乐、度假等方面。这一群体比较关心时尚而且紧跟潮流，以自我为中心的消费观，崇尚娱乐和休闲，注重产品的品牌，舍得花大钱以满足自己的爱好。单身期消费者消费弹性大，稳定性较差，是营销者最好的销售目标人群，特别是即将结束单身生活的消费者，对未来家庭的向往和较高的消费需求与父辈消费者形成鲜明的对比。

（二）新婚期

从新婚夫妇正式组建家庭到他们第一个孩子诞生一般需要1~5年。这个时期是家庭的主要消费期，经济收入增加而且生活稳定，已经有一定的财力并已经购置了不少基本生活用品，为提高生活质量，往往需要较大的家庭建设支出（如购买一些较高档的用品），具有较强购买力和较大的需求量。耐用消费品的购买量高于处于家庭生命周期其他阶段的消费者。为了形成共同的生活方式，夫妻双方需要进行很多调整。一方面，共同作决策和分担家庭责任，对新婚夫妇来说是一种全新的体验；另一方面，还会遇到很多以前未曾遇到和从未考虑过的问题，如购买家庭保险和进行家庭储蓄等。建立一个家庭需要购买很多家用产品，如各种电器、家具、床上用品、厨房设备和用具等。由于缺乏购买这些产品的经验，新婚夫妇很可能要征求已婚者的意见和建议。不过，这类家庭大部分有双份收入，相对于其他群体较为富裕。他们是剧院门票、高档服装、高档家具、餐饮、奢侈度假等产品和服务的主要消费群体，因此新婚夫妇对营销者很有吸引力。

(三) 满巢期

从第一个孩子出生到所有孩子长大成人和离开父母的时期被称为满巢期。由于这一段时期很长,(一般超过 20 年),所以一些研究人员根据孩子的年龄,进一步将满巢期分为满巢期 1、满巢期 2、满巢期 3。

★ 拓展阅读 5-1

孩子年龄对妈妈消费行为的影响

唯品会调研了几千个妈妈发现,在孩子处于胎儿、0~3 岁、3 岁以上三个年龄阶段时,妈妈选购用品时考虑的因素会发生变化。怀孕阶段的妈妈,需要被教育,靠口碑;0~3 岁宝宝的妈妈,最看重安全、健康、品牌;3 岁以上宝宝的妈妈,当小孩已经度过了成长危险期,给他买东西时,价格在考虑因素中占比更多,讲究性价比。

1. 满巢期 1

该期是指由年幼（6 岁以下）小孩和年轻夫妇组成的家庭。

第一个孩子的出生往往会给家庭生活方式和消费方式带来很多变化,处于这一时期的消费者往往需要购买住房和大量生活必需品,常常感到购买力不足,对新产品感兴趣并且倾向于购买广告产品。在西方,夫妻中通常女方停止工作,在家照看孩子,因此家庭收入会减少;在我国,从独生子女到全面二孩,加上我国有祖父母或外祖父母照看孙子孙女的传统和习惯,有了孩子后大多数家庭不需要夫妻一方辞掉工作来专门照料孩子。然而,孩子的出生确实会带来很多新的需求,从而使家庭负担有所增加。在满巢期 1,家庭需要购买婴儿食品、婴儿服装、婴儿玩具等很多与小孩有关的产品,同时,在度假、用餐和家具布置等方面均要考虑小孩的需要。

2. 满巢期 2

该期是指最小的孩子在 6 岁以上的家庭。

在这一时期,最小的孩子已超过 6 岁,多在小学或中学念书,因为孩子不需要大人在家里照看,夫妻中原来专门在家看护孩子的一方也已重新工作,家庭经济状况有所好转。伴随年龄和知识的增长,消费观念日趋成熟,已经形成比较稳定的购买习惯,较少受广告的影响,倾向于购买大规格包装的产品。在我国,这一时期基本上是以孩子教育为中心,家庭不仅要为孩子准备衣、食、住、行等方面的物品,还要带孩子参加各种培训班,以提升孩子各方面的能力。

3. 满巢期 3

该期是指已经上了年纪的夫妻和仍需要抚养的未成年子女组成的家庭。处于这一阶段的消费者,子女中有的已经工作,家庭财务压力相对减轻,家庭经济状况明显得到改善,消费习惯稳定,可能购买一些大型的日用消费品,还可能花很多钱接受牙医服务并且在外用餐。家庭最大的消费是教育、保健医疗、生活用品。

(四) 空巢期

1. 空巢前期

该期是指子女已经成年并独立生活,但家长还在工作的家庭。这一时期,子女不再依赖父母,也不与父母同住。对一些父母来说,子女不在自己的身边会产生落寂感,对另一些父母来说，这可能是一种"新生"和一种"解脱"。父母可以做以前想做但由于子女的牵绊而无法做的一些事情，如接受继续教育、培养新的爱好、夫妻单独外出旅游等。处于这一阶段的消费者经济状况最好，可能购买娱乐品和奢侈品，但对新产品不感兴趣，也很少受广告的影响。

2. 空巢后期

该期是指子女开始独立生活，父母已经退休的家庭。处于这一阶段的消费者，收入大幅度减少，消费更趋谨慎，倾向于购买有益健康的产品。由于很多人是在身体很好的情况下退休的，而且退休后可自由支配的时间比较充足，所以不少老年消费者开始追求新的爱好和兴趣，如参加老年人俱乐部等。这一时期，家庭支出更多侧重于健康类产品与服务，老年消费者花相当多的时间看电视和上网，电视和网络成为他们的主要信息来源和娱乐方式。

（五）鳏寡期

该期是夫妻配偶中的一方去世后所形成的家庭。在这一时期，如果在世的一方身体尚好，有工作或有足够储蓄，并有朋友和亲戚的支持与关照，家庭生活的调整就比较容易。由于收入减少，在世的一方会过更加节俭的生活，即消费量减少，且集中在生活必需品和医疗产品方面的。

第三节　家庭消费购买决策

一、家庭成员角色的划分

一般情况下，消费者的购买与消费活动是以家庭为单位的，但是在以家庭为单位的购买与消费活动中，很多情况下产品或服务的购买者与使用者并不相同，大多数情况下只涉及家庭中的一个或部分成员。波士顿咨询公司2016年对中国家庭的消费状况进行统计，得出这样的结论：62%中国家庭的消费由女性主导。因此，以家庭为单位的购买和消费活动的决策者，通常不是家庭这个集体，而是家庭中的某一成员或某几个成员。不同的家庭成员对购买不同的商品，具有不同的实际影响力。在家庭成员内部，为了使其功能得到正常发挥，各家庭成员在购买和消费过程中承担不同的角色。

在家庭进行购买决策的过程中，通常可以发现家庭成员扮演五种主要角色，即消费的倡议者、影响者、决策者、购买者和使用者。

（1）倡议者。本人有消费需要或消费意愿，或者认为他人有消费的必要，或者认为其他人进行了某种消费之后可以产生所希望的消费效果，他要倡导他人进行这种形式的消费，这个人即为消费的倡议者。

（2）影响者。即以各种形式影响消费过程的一类人，包括家庭成员、邻居与同事、购物场所的售货员、广告中的模特、消费者所崇拜的名人明星等，甚至素昧平生、萍水相逢的路人等。

（3）决策者。有权单独或与其他成员一起作出购买决策的人。

（4）购买者。作出最终购买决定的人，即直接购买商品的人。

(5) 使用者。最终使用、消费该商品并得到商品使用价值的人，有时称为"最终消费者""终端消费者""消费体验者"。

在个人的购买活动中，这些角色可能是由同一个人担任，但是在家庭的购买活动中，不同的家庭成员往往会担任不同的角色，并有可能担任多个角色，至于家庭中有多少成员担任这些角色，哪些成员担任哪些角色，则要根据家庭的不同和他们所购买产品或服务的不同而定。

★拓展阅读 5-2

青年男性热衷家庭轿车

一个人在一生中购买的商品是不断变化的，消费者还会根据家庭生命周期阶段来安排商品的消费。对北京地区的106个已经购买家用轿车家庭的调查表明，有54位购买者家庭的"提议购买"行为由20～34岁的男性完成，占样本总量的50.9%；另有25位受访者家庭买车是由20岁以下的男性首先提议的，占已购车家庭数的23.6%。前两者合计达74.75%。由此可见，青年男性在家庭购车中担任着一个非常重要的角色。另外，单身阶段与有年幼子女阶段的购买行为也会有显著区别。单身的青年时尚一族，追求的是轿车外观的前卫、价格的低廉和功率的强劲；而在结婚后、有年幼的孩子的情况下，人们对轿车的购买欲望有很大提升，并且是以价格适度和舒适宽敞为主要甄选指标的。

在这里值得提醒的是，家庭中很多商品的使用者和购买者通常不是由同一个家庭成员担任。例如，很多儿童用品，虽然孩子是商品的最终使用者，但母亲才是该商品的决策者和购买者。在有些购买活动中，大部分角色都由某一个家庭成员来担任；在另外一些购买活动中，这些角色则可能由多个家庭成员分别担任。因此，在家庭中产品的使用者一般不是购买者。例如，家庭中由部分成员决定并购买一台空调，但所有的家庭成员都是该商品的使用者。一般情况下，商品的购买者和使用者多为同一家庭成员，而倡议者所提供的相关信息是否会被采纳，主要取决于该成员在家庭中的地位或影响力，影响者则决定了家庭在购买活动中接触到的信息，他们对信息进行分析，分析结果将是决策者及购买者作出决定和实行购买的重要依据。购买者有时也会承担一定的信息收集任务，因为他们对所购商品相对比较熟悉。

二、家庭购买决策的类型

家庭购买决策是指由两个或两个以上家庭成员直接或间接作出购买决策的过程。家庭购买决策过程属于一种集体决策，在很多方面与个人独立作出的决策存在一定差异，如在很多购买活动中，成年人与儿童所考虑的购买目的、商品特点以及对商品信息的处理方式是不同的，因此，他们共同作出的购买决策可能与他们各自单独作出的购买决策大相径庭。

家庭购买决策与组织购买决策相比，虽然两者都属于集体决策，但它们之间存在很大区别。家庭购买决策不像组织购买决策那样具有较为客观的标准（如利润最大化等）和明确的、整体的目标。另外，大多数家庭购买活动会直接影响家庭中的每个成员，而组织关于大多数工业品的购买对那些没有参与购买活动的组织成员影响较小。

家庭对于不同商品的购买，其购买决策是以什么方式作出的，哪些成员在购买决策中具有较大的影响力，都是家庭购买决策研究中的重要问题，戴维斯（H. Davis）等在比利时做的一项研究识别了家庭购买决策的四种方式。

①妻子主导型：家庭在购买决策活动中，最终决策权掌握在妻子手中。

②丈夫主导型：家庭在购买决策活动中，最终决策权掌握在丈夫手中。

③自主型：每个家庭成员在购买决策活动中，都有权相对独立地作出有关自己的决策，这种类型一般是所购产品只与某个成员有关，而且是不太重要的购买决策。

④联合型：丈夫和妻子协商，共同作出购买决策。

该研究发现，对于不同的商品，家庭成员在购买决策中发挥的作用也有所不同，如家庭食品、日杂用品、儿童用品、装饰用品等，女性在购买决策中影响作用较大；五金工具、家用电器、家具等，男性在购买决策中影响作用较大；价格高昂、全家受益的大件耐用消费品，文娱、旅游方面的支出，往往经过协商作出购买决策。孩子可以在家庭购买特定类型产品的决定上产生某些影响，如对购买点心、糖果、玩具、文体用品等就有较大影响。我国的很多城市家庭中，妻子与丈夫有平等的经济收入，她们有工作，又承担了更多的家务，家庭经济大权多被她们控制，家庭的大部分日用品及耐用消费品的购买决策大多是由她们作出的。这种现象在城市家庭中已经极为普遍。

三、影响家庭决策类型的因素

家庭购买决策究竟会采取哪种决策类型？家庭购买决策类型的选择会受到哪些因素的影响？这些是研究人员一直努力思考和研究并试图找出相关答案的重要问题。奎尔斯（W. Qualls）的研究识别了三种影响家庭购买决策的因素，即家庭成员对家庭的经济贡献、购买决策对特定家庭成员的重要性以及夫妻性别角色取向。一般来说，家庭成员对家庭的经济收入贡献越大，该成员在家庭购买决策中的话语权也越大；购买决策对某个特定家庭成员越重要，该成员对购买决策的影响就越大，原因是其他家庭成员一般都会愿意放弃在与自己无关紧要的购买决策中的影响力，而争取在与自己相关性较强的购买决策中拥有更大的影响力。性别角色取向对家庭购买决策的影响，是指家庭购买决策会在多大程度上受到传统的关于男女性别角色的影响。部分研究表明，一般情况下较少传统观念和更具现代观念的家庭，在家庭购买决策中会更多地采用联合型决策。除了上述三种因素以外，以下几种因素也会对家庭购买决策产生一定的影响。

（一）家庭所在城市区域中的文化和亚文化

文化或亚文化中关于性别角色的态度是否一致，是否存在性别歧视，很大程度上决定着家庭购买决策的主导者是男性还是女性，是丈夫还是妻子。在我国一些贫困地区，受传统男尊女卑封建思想的影响，家庭购买决策的主导者多为男性，父母会给予男孩更多的受教育机会，当然，在他成年之后也会带来更高的经济收入，其在家中的地位就更高，对家庭购买决策的影响自然就更大。而在上海、重庆、福州等城市，夫妻地位较为平等，很少存在性别歧视现象，因此在家庭决策过程中出现自主型决策、联合型决策甚至妻子主导型决策的可能性就更大。

（二）角色专门化的形成

随着社会的发展及其思想观念的变迁，夫妻双方在家庭购买决策中将逐渐形成专门化角色分工。在传统家庭中,丈夫通常负责购买机械和技术方面的产品,如负责评价和购买汽车、保险、维修工具等产品;妻子通常负责购买与抚养孩子和家庭清洁有关的商品,如孩子的食物与衣服,厨房和厕所的清洁剂等。随着社会的发展和人们思想观念的变迁,婚姻中的性别角色不再像传统家庭中那样明显,丈夫或妻子越来越多地从事以前被认为应由另一方承担的工作或责任。尽管如此,家庭决策的角色专门化仍然是不可避免的。从经济和效率角度来看,家庭成员在每件产品上都进行联合决策的成本太高,专由一人负责对某些产品进行决策,效率会提高很多。

家庭中的角色分工与家庭生命周期中所处的阶段密切相关,由年轻夫妇刚组成的家庭会较多进行联合型决策,随着孩子的出生和成长,家庭内部会形成较为固定的角色分工。当然,随着时间的推移和孩子的不断成长,这种分工也会发生相应的改变。

(三) 家庭购买决策的具体阶段

在家庭购买决策中,也存在着不同的阶段。家庭成员在购买决策中的相对影响力,与购买的具体阶段有关,戴维斯等在比利时的研究,识别出家庭购买决策的三个阶段,即问题认知阶段、信息搜集阶段和最后决策阶段。家庭决策越是进入后面的阶段,角色专门化通常变得越模糊。

在一个关于谁在汽车和家具购买中影响最大的研究中,研究者将家庭购买汽车的决策分为六步:

①何时买;
②花多少钱;
③购买哪个厂家的;
④买哪种型号;
⑤买哪种颜色;
⑥在哪里购买。

同样,对于家具的购买决策也可分为六步:

①购买什么家具;
②花多少钱;
③在哪里买;
④何时购买;
⑤购买什么式样的家具;
⑥购买什么颜色和质地的家具。

就汽车的购买而言,在大多数购买阶段丈夫都占主导地位,而妻子一般只参与或主导颜色的选择;对于家具的购买则不同,妻子在所有阶段都占主导地位,只有在花多少钱的决策方面更多地由丈夫决定。

(四) 家庭成员的个人特征

家庭成员的个人特征对家庭购买决策的类型也存在很大的影响。如前所述,一般情况下,夫妻双方谁对家庭的经济贡献大,其在家庭购买决策中的影响力就大。因此,拥有更多经济收入的一方在家庭购买决策中就拥有更大的影响力。

个人特征的另一个方面是家庭成员的受教育程度,妻子受教育程度越高,其所参与的重要的家庭购买决策就越多。美国的一项研究表明,在美国受过大学教育的已婚妇女中,有70%认为在选择汽车时有着与丈夫同等的权利;而在只受过高中教育的妇女中,这一比例是56%;在学历不足高中的妇女中,这一比例就更低了,仅为35%。家庭成员的其他个人特征(如年龄、能力、知识等),也都会直接或间接影响其在家庭购买决策中的作用。

本章小结

家庭是指建立在婚姻关系、血缘关系和收养关系基础上的,接触关系密切、共同生活的社会基本单位。家庭是消费者个人所归属的最基本团体,对消费者的购买模式具有很大的影响。家庭与消费者行为研究关系比较密切的功能主要有家庭的经济功能、家庭的情感沟通功能、家庭的生育、赡养与抚养功能或家庭的教育功能。

家庭生命周期是反映一个家庭从组建到解体呈循环运动过程的范畴。在家庭生命周期的不同阶段,其消费行为也有不同。

一般情况下,消费者的购买与消费活动是以家庭为单位的。家庭购买决策是指由两个或两个以上家庭成员直接或间接作出购买决策的过程。在购买决策的过程中,家庭成员主要扮演着倡议者、影响者、决策者、购买者和使用者五种主要角色。不同的家庭成员往往会担任不同的角色,并有可能一个人担任多个角色,至于家庭中有多少成员担任这些角色,哪些成员担任哪些角色,则要根据家庭的不同和他们所买产品或服务的不同而决定。

戴维斯等识别了家庭购买决策的四种方式:妻子主导型、丈夫主导型、自主型和联合型。奎尔斯识别了影响家庭购买决策的因素:家庭成员对家庭的经济贡献、购买决策对特定家庭成员的重要性以及妻子性别角色取向。除此以外,家庭所在城市区域中的文化和亚文化、角色专门化的形成、家庭购买决策的具体阶段、家庭成员的个人特征、家庭成员的介入程度及其所购产品的特点等因素也会对家庭购买决策产生一定的影响。

▶关键概念◀

家庭　核心家庭　主干家庭　联合家庭　家庭生命周期　家庭购买决策

习题

1. 家庭的含义与功能是什么?
2. 家庭与其他社会群体在哪些方面有区别?
3. 什么是家庭生命周期?它包括哪些阶段?
4. 在家庭生命周期的不同阶段,消费行为分别有哪些特点?
5. 家庭决策类型有哪些?
6. 影响家庭决策类型的因素有哪些?

第六章

购买动机与消费者行为

【学习目标】

市场营销者在制定营销方案时,首先要确定消费者是否会对产品产生兴趣,而产生兴趣的基础就是消费者是否对产品有需要。消费者为什么购买某种产品?为什么对不同企业的产品会有不同反应?这是因为消费者需求的不同,决定着购买动机的不同。为了让营销方案更有针对性和可行性,就必须了解消费者的需求和购买动机,因此本章主要介绍消费者的需求和动机。

通过本章的学习,掌握以下内容。
- 消费者需要和动机的基本概念。
- 动机理论。
- 如何根据消费者动机来制定营销策略。

【能力目标】

通过本章的学习,培养学生以下能力。
- 结合日常实例,能够快速定位消费者对某类产品的需要层次。
- 根据自身消费体验及他人消费行为分析各种营销方式对消费者动机的影响。
- 利用消费者购买动机制定营销方案。

【导入案例】

成功的销售——创造需求

莱昂纳多·迪卡普里奥主演的电影《华尔街之狼》让全世界认识了一个活生生的草莽金融英雄——行销大师乔丹·贝尔福特。电影根据前华尔街股票经纪人乔丹·贝尔福特的个人自传《华尔街之狼》改编。乔丹·贝尔福特通过各种光明以及不光明的手段赚钱,年纪轻轻就聚敛了惊人的财富。他曾经在3分钟赚取了1 200万美元,31岁就拥有百亿美元的身家。

在电影结尾,莱昂纳多所扮演的乔丹成为一名销售培训师,正给一群销售菜鸟开展培训。乔丹又拿出了一支笔,让听众尝试把笔卖给他。

听众1:"这是一支很棒的笔。可以为专业人士所用……"

听众2:"这是一支好笔,可以用来记录人生的感悟。"

听众3:"这支笔很好用,我个人很喜欢这支笔……"

很显然,台下的学员并不知道应该如何销售。想当初乔丹混迹华尔街时就是从最底层做起的,凭借天才的销售能力,他很快就挣到了钱。他召集了一些朋友和他一起创办公司,靠打电话推销垃圾股票以赚取高额提成。乔丹在饭桌上向朋友介绍如何做好销售工作。他拿出一支笔,让朋友尝试把笔卖给他。

同样的场景,让我们来看看乔丹的发小和事业伙伴——前大麻贩子布拉德是如何进行销售的。

乔丹:"把这支笔卖给我。"

布拉德:"好吧。帮个忙,在这餐巾纸上给我签个名吧?"

乔丹:"好的,可是我没有笔。"

布拉德:"OK,我这有支笔。"

他只用了一句话,并且这句话完全没有提到这支笔,也完全没有提到买或者卖,只说:"我想请你为我签个名",要签字自然就需要笔了。没有吗?我这有一支。这样布拉德就有了一个正当的理由向乔丹卖笔。这就是客户需求。有需求就有市场。

思考:

1. 布拉德的推销为什么成功?
2. 如果你是本案中的推销员,你会怎么做?请设计你的谈话步骤和内容。

布拉德的成功之处在哪里?显而易见,他不只是卖东西,而是创造客户的购买欲望,帮助客户发现问题,再给客户提供解决问题的方法。

在现实生活中,消费者各种各样的购买行为都是由其购买动机引起的,而消费者购买动机的基础是人类的各种需要,消费者购买行为的一般规律是需要决定动机。动机支配行为是一个不间断的循环过程,正所谓三流的推销员送货上门;二流的推销员满足需求;一流的推销员创造需求。要刺激消费者的购买欲望,光说自己的产品好还远远不够,还要让他们意识到这种产品是生活必需品。

本章将介绍消费者需要和购买动机的相关知识,以便营销者在制定营销方案时能够准确地把握消费者需要与购买动机。

第一节 消费者需要与动机概述

一、消费者需要

消费者需要是现代营销的基础。企业的生存、营利和在高度竞争市场中成长的关键因素就是获得比竞争者更好、更快地满足消费者需要的能力。企业对消费者需要的把握,便成了营销的重中之重。

(一)消费者需要的概念

消费者需要是指消费者在生理和心理上的匮乏状态。个体在其生存和发展过程中会有各种各样的需要,这些需要是人类活动的原动力。当人们感觉到匮乏时,需要就会被激活;需要一旦被激活,就可以促使人们为消除匮乏感和不平衡感的状态采取行动,在市场营销中就是消费者的需要导致购买动机的产生。若消费者感到饥饿,便会对面包、馒头、米饭、面条等进行购买,但究竟购买何种食品,并不完全由消费需要本身决定。换句话说,消费需要只是针对大多同类备选产品,并不决定人们购买哪种产品或者服务。

人们的消费需要包括吃、穿、住、用、行、文化娱乐、医疗等方面。消费需要及其满足程度取决于生产力发展水平。生产力没有发展到某种程度,某些消费需要不仅不可能得到满足,甚至不可能产生。例如在原始社会甚至奴隶社会和封建社会,都不可能产生手机的消费需要。

(二)消费者需要的分类

作为个体的消费者,其需要是十分丰富多彩的,可以从多个角度进行分类。

1. 从人的生理角度分类

人们的需要可分为先天需要与习得需要。每个个体都有需要,有些是先天的,有些是后天的。

先天需要指的是生理上的需要,主要包括对食物,水、空气、衣服、住所等的需要。消费者需要用这些来维持生物性的生活,因此,这种生物性的需要被认为是基本需要。比如受生物钟的控制,人们要有规律地睡觉,人如果超过10天不睡觉就会死亡;又如人们对水的需要,人不吃食物大约可以存活1周,而不饮水则超过3天就会死亡,因此,先天需要是消费者的基本需要。

习得需要是人们对周围环境进行反应和学习的需要,主要包括自尊、威信、权利、爱心等。因为这些需要基本上都是心理性的,所以被认为是次级需要。次级需要的形成与主观心理状态以及主体和他人的关系有着密切联系。为了维护社会的存在和发展,人们在社会生活中必须与他人互动。如果人与社会脱节,会导致安全感和归属感的缺失,当习得需要得不到满足时,人会产生焦虑情绪,影响身心健康。

2. 从需要的对象角度分类

人们的需要是有指向性的,如果没有对象,需要也就无法定义。根据需要的对象可以将需要分为物质需要和精神需要。

物质需要是指对衣、食、住、行相关物品的需要。在生产力低的环境下,人们购买产品很大程度上是为了满足生理需要,但随着社会的发展和进步,人们越来越多地追求能够展现自身成就和地位的物质资料。比如对衣服的需要,人们最初追求的是衣服的保暖功能,而现在则更多地追求衣服的时尚功能。

精神需要指的是人们在认知、审美、交往、道德、创造等方面的需要,这种需要都源自心理上的匮乏感。比如当人们衣食无忧的时候就会去追求更多的知识或者学历;为了填补心灵上的空缺,人们会选择阅读;为了驱走孤独感,人们会和朋友约会。

3. 马斯洛需求层次理论

需要是理想状态和渴望状态之间的不均衡所引起的一种内部紧张状态,根据亚伯拉罕·马斯洛的理论,可将需要分为5个层次,即生理需要、安全需要、社会需要、尊重需要、自我实现需要,如图6-1所示。

图6-1 马斯洛需求层次

(1) 生理需要。为了维持个体生存和人类繁衍而产生的需要,如对食物、空气、水、睡眠、性的需要。生理需要主要关注的消费品为食物、饮料等。

(2) 安全需要。人们为了维持自身的健康,安全和有序地进行生活,避免受到生理和心理的伤害的需要。消费中的"安全",更多的是对于质量的追求与考量,消费者对于品质的敏感度较高,也愿意花高价购买一部分品质较高的消费品。安全需要关注的主要消费品为家居、家电、服装配饰等。

(3) 社会需要。人们是社会群体中的成员,希望得到群体的接纳,希望结识朋友,表达感情。这些需要就是社会需要。社会需要关注的主要消费品有衣、包、表、车等。

(4) 尊重需要。也称自我中心需要。当人们作为社会群体中的一分子得到接纳的时候,接着就会希望被他人认可,获得社会地位,追求自由、地位、名誉、被人尊重等。尊重需要关注的主要消费品有高档定制、小众限定等。

(5) 自我实现需要。当人们得到社会的认可之后并非停滞不前,希望实现自身的追求。为发挥自我潜能,实现自己的理想和抱负,人们对自己提出更高要求,表现在求知、创造、成就等方面。马斯洛的需求层次理论对人们研究消费者的需求和行为有很大的启发。在他的理论中,高层次的需要一般必须在低层次的需要被满足之后才会被激发。如人们在为社会地位操心之前,必须先满足低层次的需要(如水、食物等),但是该需要层次的假设还是具有一定的文化局限性的,其他文化中的人们可能会质疑各个层次的先后顺序。一名立誓单身素食、独身、僧装的佛教僧人就不一定同意在达到自我实现需要之前必须先满足生理需要。

★拓展阅读6-1

不带手机会死,不开手机会慌

生活中,你有没有经历过这些:

每天早晨睁开眼的第一件事就是看手机;

每晚睡觉前如果不玩半个小时手机,总感觉睡觉不踏实;

去卫生间的时候必须拿手机,不拿手机解决不了任何问题;

吃饭时也要看手机,不然就食不知味;

出门前,首先检查有没有带手机,再检查有没有带钥匙;

出门发现没有带手机,心情不爽一整天;

手机没有信号很抓狂;

…………

杀毒软件销售商卡巴斯基对来自世界上15个国家的1.125万人进行调查,结果显示:

有23%的人表示若没有带手机出门,还不如裸奔;

对于出门不带手机这个选项,有46%的人认为比下雨出门没带伞的情况还要糟糕,31%的人则是认为比天冷没有穿厚衣服更加难以忍受;

43%的人早上起床的第一件事,就是查看手机;

在中国,这个情况尤为明显。据外媒报道,根据调查,中国人对手机的依赖程度在全球居首,没有手机寸步难行。

360手机用户调研中心发布的《智能手机依赖度调查报告》显示,平均每人每天解锁屏幕122次。中国人每天花在手机上的时间为5小时,同时有近一半的人过了午夜12点还放不下手机。

作为一种通信工具,手机无疑为人们的生活提供了便利。越来越多的人发现,一旦手机不在身边,就会非常不自在。手机已然成为人们的生活必需品。

二、消费者动机

(一) 消费者动机的概念

心理学中把动机定义为引起个体活动、维持已引起的活动,并促使活动朝向某一目标进行的内在活动。个体通过行为有意识或者下意识地减轻其所承受的压力是否能够真正满意则依赖于所采取的行为。当消费者感受到的压力大到希望满足的需要被激活时,动机就产生了。这种需要可能是功利性的,也可能是享乐性的,最终达到的状态就是消费者的目标。营销者试图创造出能够提供消费者想要的利益并且缓解其紧张程度的产品和服务。

动机指的是促使个体实施行为的驱动力(driving)。这种驱动力通过一种紧张状态产生,这种状态是未被满足的需要的形式结果。一种基本需要可以用很多方式来满足,而个人所选择的具体途径既受自身特有经验的影响,也受成长环境的文化所灌输的价值观的影响。这些个人和文化背景因素结合起来称为欲望,是需要的具体表现形式。例如,饥饿是每个人要满足的基本需要,缺乏食物就会产生一种紧张状态,这种紧张状态可以通过食物减轻或消除,但到底是吃面包还是吃米饭,则是由文化背景和个人决定的。

消费行为研究不仅关心"你买了什么",更关心"你为什么买"。最有价值的信息其实是消费者为什么买。比如李小姐最近买了条很贵的裙子,大数据显示,这是因为她要参加一个非常重要的会议。所以下一次当李小姐的日程表上有会议或者聚会时,商家就可以给她推送高档服装的信息。这可以帮助品牌推送精确到个人的广告信息,极大限度地提高市场营销支出的效率。

(二) 消费者动机的功能

1. 启动性

动机具有发动行为的功能,它能使有机体由静止状态转向活动状态。例如,因饥饿引起摄食活动，为获得优良成绩而勤奋学习，为受到他人赞扬而尽力做好工作。摄食活动、勤奋学习、尽力做好工作的行动分别由饥饿、获得优良成绩、受到他人赞扬的动机驱动。

2. 方向性

动机不仅引起行动，也使行为朝向特定的目标或对象。例如，人们在饥饿时趋向食物而不是游戏机。意欲追求成就和成功结果的人们总是在活动中积极主动向困难挑战，绝对不会知难而退。人们在相同的活动中，由于动机不同会产生行为的差异。例如，两个女生都喜欢甜品，但其中一人由于要减肥，因此拒绝喝奶茶、吃冰淇淋。

3. 强度

动机在发动行为和引导行为方向的同时，也能确定行为的强度，人们在活动中具有不同的动机强度，这是很明显的。例如，两位学生都要参加考试，甲生急忙走进教室，坐下之后立即打开本子快速翻阅，直到教师开始发考卷时才合上本子；乙生则不慌不忙地在教室的座位上坐下来，也像甲生一样打开本子，但却来回扫视着周围同学和教师的动静，几乎没有看本子上的内容。由此可见，甲生的考试行为反应明显比乙生强烈。

第二节 消费者购买动机分析

购买动机是指为了满足一定需要而引起人们购买行为的欲望或意念。在现实生活中，每个消费者的购买行为都是由其购买动机引发的，而动机又是由人的需要而产生的。饿了就要吃饭，渴了就想喝水，这就是人的需要产生动机、又由动机引起行为的表现。消费者的购买动机是推动消费者进行购买活动的内部动力。由此可见，人们的购买动机是与人的需要密切相关的。需要是消费者产生购买行为的原动力，但是，并不是所有的需要都能表现为购买动机。由于受客观条件的限制，人的各种需要不可能同时全部获得满足。对于消费活动来讲，只有那些强烈的、占主导地位的消费需要才能引发消费者的购买动机，促成现实的购买活动。

对消费者购买动机的分析，主要围绕3方面问题展开：

第一，消费者被激发的个人内在能量问题，也就是消费者的个人内在能量、行为的源泉是怎样产生的；

第二，消费者反映的目标定向问题，也就是消费者从许多具有不同性质的行为中选择什么；

第三，消费者行为系统定向问题，也就是消费者的行为是怎样维持的。

一、购买动机的本能模式

人类为了维持和延续生命，有饥渴、冷暖、行止、作息等生理本能。这种由生理本能引起的动机叫作本能模式。它具体表现形式有维持生命动机、保护生命动机、延续生命动机等。这种为满足生理需要购买动机推动下的购买行为，具有经常性、重复性和习惯性的特点。消费者购买的商品，大都是供求弹性较小的日用必需品。例如，为解除饥渴而购买食品饮料，是在维持生命动机驱使下进行的；为抵御寒冷而购买服装鞋帽，是在保护生命动机驱使下进行的；为实现知识化、专业化而购买书籍杂志，是在发展生命动机驱使下进行的。

二、购买动机的心理模式

由人们的认识、情感、意志等心理过程引起的行为动机叫作心理模式。其具体包括以下几种类型。

（一）情绪动机

它是指由人的喜、怒、哀、欲、爱、恶、惧等情绪引起的动机。如为了增添家庭欢乐气氛购买音响产品，为了过生日购买蛋糕和蜡烛等。这类动机常常是被外界刺激信息所感染，所购商品并不是生活必需或急需，事先也没有计划或考虑。引起情绪动机的主要原因是商品新颖的外观造型、流行的款式、精致漂亮的包装、气氛热烈的销售现场等。情绪动机推动下的购买行为具有冲动性和即景性的特点。

（二）情感动机

它是由道德感、群体感、美感等人类高级情感引起的动机。如因为爱美而购买化妆品，因为交际而购买馈赠品等。馈赠品购买者特别注重商品的外形、包装和装饰，以示对被馈赠者的友好和敬重。情感动机可以分为求美动机（从美学角度选择商品），嗜好动机（满足特殊爱好），攀比动机（对地位的要求，即争强好胜心理）。情感动机推动购买行为一般具有稳定性和深刻性的特点，往往可以反映人们的精神面貌。

（三）理智动机

它是建立在人们对商品的客观认识之上，经过比较分析而产生的动机。这类动机对欲购商品有计划性，人们购买商品前对同类商品进行比较分析，并且深思熟虑。如经过对配置、功能、质量、价格、保修的比较分析，某消费者在众多智能手机中选择并购买华为手机。理智动机可以分为求实动机（产品的实用价值），求新动机（产品新潮、奇异），求优动机（产品的质量、性能优良），求名动机（看重产品的品牌），求廉动机（喜欢买廉价的商品），求简动机（要求产品使用程序简单，即产品购买过程简单）。理智动机推动下的购买行为具有客观性、计划性和控制性。

（四）惠顾动机

它是指基于情感与理智的经验，对特定的商店、品牌或商品产生特殊的信任和偏好，使消费者重复、习惯性前往购买的动机。如有的消费者几十年一贯使用某品牌的牙膏，有的消费者总是习惯到某个网站去购物等。这种购买动机的心理活动相对稳定。惠顾动机推动下的购买行为具有经验性和重复性的特点。研究表明，惠顾动机的行为表现就是"顾客忠诚"，这对企业保持一定的顾客群有重要的作用。

三、购买动机的社会模式

人们的动机和行为不可避免地受到来自社会的影响。这种后天的由社会因素引起的购买动机叫作社会模式或学习模式。社会模式的购买动机主要受社会文化、社会风俗、社会阶层和社会群体等因素的影响。社会模式是后天形成的，一般可分为基本的社会性心理动机和高级的社会性心理动机两类。由社交、归属、自主等意念引起的购买动机属于基本的社会性心理动机；由成就、威望、荣誉等意念引起的购买动机属于高级的社会性心理动机。

四、购买动机的个体模式

个人因素是引起消费者不同的个体性购买动机的根源。这种由消费者个体素质引起的行为动机叫作个体模式。消费者个体素质包括性别、年龄、性格、气质、兴趣、爱好、能力、修养、文化等方面。个体模式比上述心理模式、社会模式更具有差异性,其购买行为具有稳固性和普遍性的特点。在许多情况下,个体模式与本能、心理、社交模式交织在一起,以个体模式为核心发生作用,促进购买行为。

五、显性动机与隐性动机

消费者在产生消费需要的时会引发两种消费动机。一种是消费者主观认识到的并且承认的消费动机,称作显性动机。比如某个消费者购买奔驰汽车时,认为自己看中的是其性能,这一动机就是这位消费者的显性动机。与显性动机相反,消费者没有意识到或不愿承认的动机被称作隐性动机。比如购买奔驰汽车的本质是因为其在汽车中属于高端产品,是身份和地位的象征但消费者却不愿承认自己是为了"面子"而购买奔驰汽车。这种动机就是消费者的隐性动机。

在产品的广告设计中,经常可以看到赋予产品显性、隐性动机的案例。典型产品广告中的显性、隐性动机分析见表 6–1。

表 6–1 典型产品广告中的显性、隐性动机分析

产品	广告语	动机分析
奔驰汽车	领导时代,驾驭未来	汽车是一种交通工具,人们对其需要是一种显性动机;对于高薪、高地位阶层,他们用高档汽车作为自己身份的象征,这是一种隐性动机
海尔电器	真诚到永远	人们购买电器,都希望选择的是质量比较好的产品,这是公认的需要,是一种显性动机。而海尔电器将消费者当作朋友一样对待,希望用真诚陪伴消费者到永远。这种感情的介入则是一种隐性动机
VIVO 手机	够快才畅快	当今时代,手机是人们不可或缺的东西,人们出于通信的目的产生对手机的需要,是一种显性动机。随着人们生活的多元化,VIVO 推出了顺应人们需要的功能手机,这种心理需要是一种隐性动机
百事可乐	新一代的选择	可乐作为一种饮料,人们对于它的需要是一种显性动机。百事可乐从年轻人群体中发现市场。年轻人更有活力,也渴望展现自己的活力,这是一种隐性动机

第三节 动机研究的主要理论

一、马斯洛需求层次理论

马斯洛需求层次理论把人的需要分为五个层次,即生理需要、安全需要、社会需要、尊重需要、自我实现需要。需求层次理论认为人们的动机是由当时的优势需要决定的。当人们极度饥饿时会无视社会准则和道德底线,因为人的生命遇到了危险,所谓的道德需要并非当前的优势需要。人作为有欲望的动物,其行为受需要所驱使,当优势需要被满足后,其也就不再是行为的决定性力量,人们会追求更高一级的需要。

对于马斯洛需求层次理论的理解,需要注意以下几点。

(1) 五种需要像阶梯一样从低到高,按层次逐级递升,但这种次序不是完全固定的,它可以变化,也存在种种例外情况。比如,在信仰受到侵犯时,即便生命受到威胁,虔诚的教徒也会奋不顾身与异己势力作斗争。

(2) 需求层次理论有两个基本出发点:一是人人都有需要,当某一层需要获得满足后,另一层需要才出现;二是在多种需要未获满足前,首先满足迫切需要,当该需要获得满足后,后面的需要才会促使行为的产生。

(3) 一般来说,某一层次的需要相对满足了,就会向高一层次发展,追求更高一层次的需要就成为驱使行为的动力。相应地,获得基本满足的需要就不再是主要的动力。

(4) 五种需要可以分为两级,其中生理需要、安全需要和社会需要都属于低一级的需要,这些需要通过外部条件就可以满足。而尊重需要和自我实现需要是高级需要,是通过内部因素才能得到满足的,而且一个人对尊重和自我实现的需要是无止境的。同一时期一个人可能有几种需要,但每一时期总有一种需要占支配地位,对行为起决定作用。任何一种需要都不会因为更高层次需要的发展而消失,各层次的需要相互依赖和重叠。高层次的需要发展后,低层次的需要仍然存在,只是对行为影响的程度大大减小。

(5) 马斯洛和其他行为心理学家都认为,一个国家多数人的需要层次结构,是同这个国家的经济发展水平以及科技发展水平、文化和人民受教育的程度直接相关的。在欠发达国家,生理需要和安全需要占主导的人数比例较大,而高级需要占主导的人数比例较小;在发达国家则刚好相反。

二、赫茨伯格双因素理论

双因素理论(the Two Factors Theory)又称激励保健理论(the Motivator – Hygiene Theory),是美国行为科学家弗雷德里克·赫茨伯格(Fredrick Herzberg)在1959年提出来的。该理论认为引起人们工作动机的因素主要有两个:一是激励因素,二是保健因素。只有激励因素才能够给人们带来满足,而保健因素只能消除人们的不满,却不会给人们带来满足感。

其理论根据是:第一,不是所有的需要得到满足就能激励起人们的积极性,只有那些被称为激励因素的需要得到满足才能调动人们的积极性;第二,不具备保健因素时将引起强烈的不满,但并不一定会调动强烈的积极性;第三,激励因素是以工作为核心的,主要是在员工进行工作时发生的。

保健因素是造成消费者不满的因素。在市场营销中，产品的质量是企业开展营销活动的基础，如果产品质量不能满足消费者的要求，就会使消费者产生负面态度，即保健因素不能得到满足，使消费者产生不满情绪。但在保健因素已经得到一定程度的改善后，无论再如何进行改善往往也很难使消费者感到满意。所以就保健因素来说，"不满意"的对立面应该是"没有不满意"。

激励因素是指能造成消费者感到满意的因素。激励因素的改善会带来使消费者感到满意的结果，能够极大地激发消费者的购买欲望。但激励因素即使不能让消费者满意，通常也不会因此使消费者感觉不满意。所以就激励因素来说，"满意"的对立面应该是"没有满意"。如消费者购买华为手机后，即使华为公司后续没有追加广告或其他让利活动，消费者也不会对其不满意；但如果手机本身存在严重的质量问题，即使广告做得再好，该品牌也不会得到消费者的青睐。

三、麦克里兰成就动机理论

成就动机理论是20世纪50年代美国哈佛大学教授戴维·麦克里兰（David C. McClelland）通过对人的需求和动机进行研究，在一系列文章中提出的。首先，麦克里兰把人的高层次需求归纳为对成就、亲和和权力的需求；其次，由于具有不同需求的人需要不同的激励方式，了解员工的需求与动机有利于合理建立激励机制。

（一）成就需求

成就动机是一个个体追求着个体价值的最大化或者在追求自我价值时，通过方法达到最完美的状态。它是一种内在驱动力的体现，同时也能够直接影响人的行为活动和思考方式，并且是一种长期的状态。

所谓成就需求，是指人们愿意承担责任并解决某个问题或完成某项任务的需求。具有高成就需求的人一般设置中等程度的目标，并具有冒险精神，而且更希望有行为绩效的反馈。金钱刺激对高成就需求者的影响很复杂。一方面，高成就需求者往往对自己的贡献评价甚高，自抬身价。他们因为了解自己的长处和短处，所以在选择特定工作时很有信心。如果他们在一个组织中工作出色但薪酬很低，他们是不会在这个组织待很长时间的。另一方面，金钱刺激究竟能够对提高他们的绩效起多大作用很难说，他们一般总以自己的最高效率工作。另外，麦克里兰还发现高成就需求者有三个主要特点。

（1）高成就需求者喜欢设立具有适度挑战性的目标，不喜欢凭运气获得的成功，不喜欢接受那些在他们看来特别容易或特别困难的工作任务。他们不满足于漫无目的地随波逐流和随遇而安，而总是想有所作为。他们总是精心选择自己的目标，因此，他们很少被动接受他人——包括上司——为其选定目标。除了请教能提供所需技术支持的专家外，他们不喜欢寻求他人的帮助或忠告。他们若是赢了，会要求应得的荣誉；若是输了，也勇于承担责任。例如有两件事件让你选择，掷骰子（获胜机会是三分之一）或研究一个问题（解决问题的机会也是三分之一），你会选择哪一样？高成就需求者会选择研究问题，尽管获胜的概率相同，而掷骰子则容易得多。高成就需求者喜欢研究并解决问题，不愿意依靠机会或他人取得成果。

(2) 高成就需求者在选择目标时会回避过分的难度。他们喜欢中等难度的目标，既不是唾手可得没有一点成就感，也不是困难到只能凭运气取胜。他们会揣度可能办到的程度，然后再选定一个难度力所能及的目标——也就是会选择能够取胜的最艰难的挑战。对他们而言，当成败可能性均等时，才是从自身的奋斗中体验成功的喜悦与满足的最佳机会。

(3) 高成就需求者喜欢多少能立即给予反馈的任务。目标对于高成就需求者非常重要，所以他们希望得到有关工作绩效的及时和明确的反馈信息，从而了解自己是否有所进步。这就是高成就需求者往往选择专业性职业或从事销售行业或参与经营活动的原因之一。

（二）亲和需求

亲和需求是指个体在社会情境中建立亲密友好的人际关系的需求。获得他人的关心，获得友谊、爱情和他人的支持、认可与合作，均可视为亲和需求。亲和需求就是寻求被他人喜爱和接纳的一种愿望。亲和需求很大程度上是经由学习形成的：个人目标实现遇到困难时，习得求人帮助；遇到危险情境时，习得求人保护；对事物不了解时，习得求人指导。

高亲和动机者更倾向于与他人交往，特别关心人际关系的质量。友谊和人际关系往往先行于完成某项任务或取得某项成就。高亲和需求者渴望亲和、喜欢合作而不是竞争的工作环境，渴望彼此之间的沟通与理解，他们对环境中的人际关系更为敏感。那些有着强烈的合群需要的人倾向于将与他人在一起合作的愿望摆在对成功的需要之前。

有时，亲和需求也表现为对失去某些亲密关系的恐惧和对人际冲突的回避。亲和需求是保持社会交往和人际关系和谐的重要条件。

麦克里兰的亲和需求与马斯洛的情感需求、奥尔德弗的关系需求基本相同。麦克里兰指出，注重亲和需求的管理者容易因为讲究交情和义气而违背或不重视管理工作原则，会导致组织工作效率的下降。

（三）权力需求

权力需求是指个体希望获得权力、权威，试图影响或控制他人且不受他人控制的需求。

高权利需求者对影响和控制他人表现出很大的兴趣，喜欢对他人"发号施令"，注重争取地位和影响力。他们常常表现出喜欢争辩、健谈、直率而且头脑冷静；善于提出问题和要求；喜欢教训他人并乐于演讲。他们喜欢具有竞争性和能体现较高地位的场合或情境，也会追求出色的成绩，但这样做的目的并不是高成就需求者那样是为了获得个人的成就感，而是为了获得地位和权力或与自己已具有的权力和地位相称。权力需求是管理取得成功的基本要素之一。

麦克里兰还将组织中管理者的权力分为两种。一是个人权力。追求个人权力的人表现出来的特征是围绕个人需求行使权力，在工作中需要及时的反馈和倾向于自己亲自操作。麦克里兰提出，一个管理者若把他的权力形式建立在个人需求的基础上，不利于他人来续位。二是职位性权力。职位性权力要求管理者与组织共同发展，自觉接受约束，从体验行使权力的过程中得到满足。

四、马歇尔经济人假设理论

对于消费者购买动机受了何种因素的影响而最终形成购买行为的路径的探索，可从以下几种购买行为发生的机制模式开始。

经济学家马歇尔认为购买者是"经济人",追求的是"最大边际效用",即每个消费者都根据本人的消费偏好、产品的效用和相对价格决定其购买行为。"经济人"是西方经济学者作为基本假设提出来的,因而又称"经济人假设"。

马歇尔经济人假设理论有以下几点假设:
①价格越低,商品的销售量越大;
②本品价格越低,替代品越难销售;
③某商品价格下降,其互补品销售量上涨;
④推销费用越高,销售量越大等;
⑤边际效用递减,消费者消费单位产品所增加的满足感递减,购买行为减弱;
⑥消费者收入水平高,则需求总量增加,价格作用相对减弱,偏好的作用增强。

"经济人假设"的实质就是对"人"进行抽象,并根据这种抽象分析其决策和行为。问题在于,这种抽象实际上就是将人不当成"人",而是当成一个纯粹的"经济动物"。显然,这种"动物"本身并不存在。所以"经纪人假设"的局限难以避免。

首先,由于研究角度、研究需要的不同,对于人的抽象也各不相同。"一千个人眼里有一千个哈姆雷特",对人性不同的看法也影响了对人的假设。例如,著名的"社会人"模式和"管理人"模式就是另外两种假设。

其次,"经济人假设"在假定人是"自利的理性人"的同时,还存在一系列相关假设,包括资源供给不受限制、市场信息对称、人的知识水平足够、市场机制充分有效等,但实际上这样的条件本身在现实中不存在。即使是追求"利益最大化"的"经济人",其一旦遇物质利益与精神利益的双重选择时,其利益判断会出现巨大差异,其权衡标准也会背离这种"假设"。

最后,即使人是"自利的理性人",但由于每个人的"自利"程度和"理性"程度的差异,也可能出现不同等级和程度的"经济人",从而使这种假设变得多样化和复杂化。尤其是"自利"的标准差异会使人的选择出现巨大差异,如对吸毒、赌博等消费行为的选择。

第四节 消费者动机冲突与营销策略

决定消费者是否购买某件产品取决于当时消费者的动机冲突,消费者的哪种动机占上风,那么哪种动机便能引发消费行为。根据消费者的动机冲突,市场营销者可以利用各种营销策略来促使消费者更快速作出购买决定。本节主要介绍动机冲突的类型以及与其对应的营销策略。

一、消费者动机冲突

动机冲突理论是美籍德裔心理学家科特·莱温(Kort Lewin)首先提出的。

动机冲突是指当个体同时产生两个或两个以上相互抵触的动机时,个体心理上产生的矛盾。消费者的需要可能是多样的,必然会产生多种动机,但由于各种因素所限,不可能什么需要都得到满足,所以就会产生矛盾和冲突。

（一）双趋冲突

双趋冲突（Approach–Approach Conflict）是心理冲突的一种。若两个目标都是自己想实现的，但一个目标的实现将导致另一个目标无法实现，就会产生双趋冲突。双趋冲突指的是两种对个体都具有吸引力的需要目标同时出现，而由于条件的限制，个体无法同时采取两种行动时所表现出的动机冲突。

例如，世界杯足球赛总在每年6月底至8月初这段时间举行，而这段时间又恰恰接近学校期末考试时间，喜欢看足球的同学就会产生内心的冲突：既想观看高水平的球赛，又不想影响考试。这样的冲突就会产生看与不看的焦虑，导致心理压力的形成。正如《孟子·告子上》中所述："鱼，我所欲也；熊掌，亦我所欲也，二者不可得兼，舍鱼而取熊掌者也。"即当顾客并存的动机无法同时得到满足，而是相互对立或排斥时，就形成了必须选择其中之一的心理状态——舍鱼取熊掌，还是舍熊掌取鱼呢？这就产生了动机冲突。

（二）双避冲突

双避冲突又称负负冲突，是动机冲突的一种，是指若同时有两种可能对个体具有威胁性、不利的事发生，两种都想躲避，但受条件的限制，只能避开其中一种，接受另一种。在作抉择时人们内心产生矛盾和痛苦，处于两难境地。例如，在大学读书时，有的同学既不想用功读书，又怕考试不及格，于是出现"二者必居其一"的心理冲突。

双避冲突是指一个人要在两项负价对象之间（即两个有害无益的目标之间）进行选择时产生的心理冲突。双避冲突一般会带来两种影响：第一种是犹豫不决或优柔寡断，第二种可能是逃避或拒绝选择。这类冲突的解决方法可能是"两害相较取其轻"。例如，顾客买到了一件存在缺陷的商品，如果去商店交涉退货要走很多路，而且商店是否同意退货也难以确定；不去退货则影响商品的使用效果。究竟去不去退货，顾客面临两种都不愉快的抉择。若此商品价格不高，即使存在某些缺陷，顾客会选择不去退货，如去退货，顾客的时间、精力、体力、路费等消耗损失汇总起来要高于此商品的价格；若此商品价格较高，即使花费精力、体力、时间、路费，因为这些消耗损失与商品缺陷造成的损失相比要低，顾客也会选择退货。解决此类冲突只能选择负向作用力较低的一种方式。

（三）趋避冲突

趋避冲突也称"正负冲突"。此类冲突常发生在顾客选购某种商品时，此商品既存在各种促使顾客购买的积极因素，同时也存在阻碍顾客购买的消极因素。如商品的优点、质量、功能、款式、包装、品牌、服务等对顾客形成一种购买"拉力"；商品亦可能存在某些缺陷或潜在的风险（如价格较高、使用有难度、体积过大等不足之处），而形成一种使顾客放弃购买的"推力"。趋避冲突最终的结果取决于对立双方力量的强度大小。"拉力"大则顾客实施购买，"推力"大则顾客放弃购买。企业则应努力提高产品的"拉力"，尽量减少商品的"推力"，才能促使顾客实施购买行为。

二、消费者动机与营销策略

发现消费动机以及动机冲突后，必须针对这些动机和冲突设计营销策略（包括产品设计、通信等企业）。首先，由于动机往往是多重的，因此，产品应具有多种优点，产品广告应能传达多点的信息。其次，不同的产品或品牌能满足消费者不同的动机，所以，营销策略必须有针对性、目的性。另一个需要注意的是动机对立的问题。三种动机是对立的，必须针对它们找出解决办法。第一种对立是当消费者面临两种吸引力相近的选择时，便会产生动机的对立，及时的广告可以鼓励其中的一种选择，价格的调整也可使其中的一种选择占据优势。第二种对立是当消费者同时面临产品的优点和缺点，解决的办法是发现缺点并及时消除缺点。第三种对立是两种选择同时存在负面结果。如花高价购买质量上乘的商品，还是购买廉价的但容易损坏的商品后花不少维护费用。有一则英语广告就是针对这个难题设计的："Pay More Now, or Pay Me Later."这说明购买质量上乘的商品好过购买便宜但容易损坏的商品。

解决动机对立的问题之后，企业接着要唤起消费者的购买动机。唤起消费者的消费动机要从以下几个方面入手。

（一）增强消费者对企业的信任感

企业必须具有信誉度，有了信誉度才会使消费者感到可靠。研究表明，产品信誉度越高，消费者的购买倾向就越高，即购买动机越高。信誉度不仅对传统企业很重要，对于电子商务企业更是重中之重。商家提供的产品信息、产品质量保证、产品售后服务是否和传统商场一样，购买后是否能够如期拿到产品，是否提供配套的商品服务等，都是消费者所担心的问题。

（二）提供丰富准确的产品信息

如今的消费市场是买方市场，消费者可以轻易地从网络、报纸、电视上获取各种产品信息，如果想在众多产品中脱颖而出，企业就必须向消费者提供准确的产品信息。为了唤起消费者的购买动机，企业需要把产品介绍得清楚详细。消费者了解产品后就有可能去购买，但是不能采用欺骗消费者的销售方式将产品信息写得不完整。这样即使会带来初次消费，但若消费者使用后感觉实际与产品介绍不符，就不会再有第二次消费。开拓新市场的成本要远远大于维系老市场，所以企业不能目光短浅，不能盲目追求短期利润。

（三）通过个性化营销满足顾客个性化需求

在网络经济时代，随着人们消费观念的不断变化和消费心理的日趋成熟，需求的个性化趋势越来越明显。企业要生存、要发展，就要具有个性化的营销能力。消费者的生活充斥着各种信息，如果产品没有差异性，那么就很难唤起消费者的购买欲望，但是个性化的产品可以唤起消费者没有发现的需要。每一个消费者都是一个细分市场，心理上的认同感已经成为消费者作出购买决策的先决条件。因此，在个性化需求时代企业必须抢占先机，在充分了解顾客需求的基础上，为其量身定制合其所用的产品和服务。例如，亚马逊书店通过分析顾客的基本资料和以往的购买记录，把购买同类书籍的顾客进行对比，归纳出相同的消费群购买比例较大的图书，然后向顾客群的其他消费者进行推荐。

（四）营造良好的营销文化

网络的发展迅速扩展了企业的营销方式，使企业的营销更加透明。消费者可以清晰地了解到企业的各种营销活动。当消费者看到这些产品并且认同这些营销方式时，就会产生购买动机。中国市场逐步变为开放性市场，消费者对产品本身的关注已经逐步退为次要，因为可替代的产品很多。他们更多时候会去选择质优价廉、服务过硬的产品。因此，市场营销者在推广产品的过程中要树立良好的营销文化，要让顾客感到购买的不仅是产品，还有良好的产品文化。近年来层出不穷的产品欺诈是由企业营销文化的缺失造成的，这种企业是得不到长远发展的。与此同时，政府应该加强对企业营销的立法与监督。

本章小结

消费者需要是现代营销的基础。企业的生存、营利和在高度竞争市场中成长的关键因素就是获得比竞争者更好、更快的满足消费者需要的能力。企业对消费者需要的把握便成了营销活动的重中之重。从人的生理角度分类,可以把需要分为先天需要与习得需要。从需要的对象角度分类,可以分为物质需要和精神需要。马斯洛把需要分为五个层次,即生理需要、安全需要、社会需要、尊重需要与自我实现需要。

心理学中把动机定义为引起个体活动,维持已引起的活动,并促使活动朝向某一目标进行的内作用。当消费者感受到的压力大到需满足他们的需要时,动机就产生了。主要的动机理论有马斯洛的需求层次理论,赫茨伯格的双因素理论,麦克里兰的成就动机理论。

消费者是否购买某件产品取决于当时的动机冲突。消费者哪种动机占上风,那么哪种动机便能引发行为。消费者动机冲突主要分为三类,即双趋冲突、双避冲突和趋避冲突。根据这三类动机冲突,市场营销者可以采取相应的策略制定营销方案。

关键概念

需要　先天需要　习得需要　物质需要　精神需要　马斯洛需求层次理论　动机　诱因　保健因素　激励因素　成就需求　亲和需求　权力需求　动机冲突　双趋冲突　双避冲突　趋避冲突

习题

1. 消费者需要指的是什么?可以分为哪几类?
2. 消费者动机的功能有哪些?
3. 马斯洛将需要分为哪几个层次?每个层次有什么特点?
4. 动机冲突的种类有哪些?企业应如何解决这些冲突?
5. 企业可采取哪些措施唤起消费者的购买动机?
6. 简述赫茨伯格的双因素理论。

第七章

消费者心理与购买行为

【学习目标】

市场营销者在制定营销方案时必须根据消费者的需求来制订，而根据消费者的需求就必须了解消费者的心理活动过程感觉和知觉，以便快速确定营销方案的方向，因此，本章主要介绍消费者的感觉和知觉方面的知识。

通过本章的学习，掌握以下内容。
- 掌握消费者感觉和知觉的基本概念。
- 理解差别阈限和韦伯定律。
- 掌握知觉过程。
- 了解消费者知觉结果及其对消费者行为的影响。

【能力目标】

通过本章的学习，培养学生以下能力。
- 结合日常实例，能够快速地定位产品带给人们的知觉认识。
- 根据自身消费体验以及他人的消费行为，体会感觉和知觉对消费行为的影响。
- 根据知觉相关知识分析消费者进行具体消费的知觉过程。
- 利用消费者感知来制定营销方案的能力。

【导入案例】

"熊猫抱抱"萌快闪吸引你的注意力

2019年8月8日18时18分，2019年第18届世界警察和消防员运动会（以下简称"世警会"）在成都正式开幕。这次是世警会首次在亚洲举办，也是"一带一路"倡议沿线国家和地区参赛最多的一届。两年一度的世警会始于1985年，是世界最大规模的警察和消防人员体育竞赛，又被称为"警界奥运会"。本届世警会有来自全球79个国家、地区和国际组织的近万名警察、消防员参加，他们在成都挥洒汗水、顽强拼搏，共享欢乐与荣耀的美好时光。

8月7日上午，6只可爱的"滚滚"现身成都世警会的第一注册中心，它们的出现迅速引起人们的围观。胖乎乎圆滚滚的身子，配上标志性的黑眼圈，可谓集万千宠爱于一身。6只"滚滚"憨态可掬，左右摇晃脑袋和身体，并不时向周围的运动员和工作人员招手，摆出各种可爱的姿势。不仅与现场前来注册的运动员们热情互动，当有人靠近时，"滚滚"还会出其不意给他们一个爱的抱抱，为本就热闹的第一注册中心增添了更多欢乐。

突然而来的大熊猫，让巴西姑娘布鲁娜（Bruna）兴奋不已。伴随着阵阵音乐声，布鲁娜忍不住跳起来，还让朋友帮忙给她和大熊猫拍合影，自己也兴奋得与大熊猫击掌。见到大熊猫，澳大利亚消防员罗伯特（Robert）和妻子感叹："Solovely！"（太乖了）。来自美国的世警会联合会工作人员歌莉娅（Gloria）和史蒂芬（Steven）看到大熊猫，也忍不住冲上前与其合影。除了大熊猫，成都环球中心同样让他们感到印象深刻。不少参加世警会的外国警察和消防员在现场与大熊猫合影留念。

这是成都"熊猫抱抱"的大型互动主题活动——"我在成都抱世界"的首场活动。通过一系列快闪性质的"熊猫抱抱"落地活动，各种憨态可掬的大熊猫以"友好使者"的身份，频繁空降成都各大地标和世警会相关活动现场，以"突袭"的方式热情拥抱外地游客、参加世警会的国内外警察和消防员。然后与他们一起欢乐共舞，让国内外嘉宾充分感受成都"创新创造、优雅时尚、乐观包容、友善公益"的城市文化，让大家感知"成都拥抱世界"的开放胸襟。

成都是"熊猫之都"，"熊猫抱抱"将国宝大熊猫的友好文化使者形象、成都人友善、优雅的形象和成都美丽宜居公园城市形象有机结合，让大熊猫成为成都和世界沟通的桥梁，传递爱与友谊，全面彰显"人文成都"的别样精彩。

消费心理学在营销界并非陌生事物，而心理学家在营销界工作更是不遑多让。十多年来，人类行为的心理学理论和行为科学，深入影响广告、经济和消费者研究领域，带动此风潮的先驱就是获得诺贝尔经济奖的丹尼尔·卡尼曼（Daniel Kahneman）。

第一节　感觉与消费者购买行为

一、感觉

人们生活在一个信息激增的时代和一个感觉刺激泛滥的世界中，如电视剧播放前，一叶子面膜的广告，雀巢冰淇淋的味道，火箭少女101的音乐以及九寨沟或其他旅游胜地的美景等。每时每刻，人们都被各种色彩、图像、气味、声音包围。这些刺激，有些是消费者不得不被动接受的，如广告。有些是消费者主动去寻找的，如旅游。面对刺激，人们会有意无意地作出各种选择。由于每个人都有自己的需求、欲望、价值观和生活经历，人们根据这些形成自身的认识，选取与自己的独特经验相符合的刺激，结果往往与营销者的预期大相径庭。因此，市场营销者有必要理解知觉和感觉的相关概念，以便确定影响消费者购买的因素。

感觉（Sensation）是指感受器（眼、耳、鼻、口、指）对光线、色彩、声音、气味等基本刺激的直接反应。感觉的整个系统包括感觉器官（Sensor Receptors）和刺激（Stimulation）。感觉器官是指接受刺激的受体，如眼、耳、鼻、嘴、皮肤等，是人体的物理特征。个体通过感觉器官感知外界刺激以产生感觉。人们生活在一个感官刺激泛滥的世界,不管是烤肉的味道、令人胃口大开的餐厅广告、还是雨打芭蕉的声音。在任何地方,人们都会被各种色彩、图像、声音、气味包围,还会有酸甜苦辣、软硬冷暖的各种体验与感觉。这些刺激有些是来自大自然的,如花朵的芬芳;有些是来自人的,如香水的味道;营销者当然也是这支混乱的"交响乐"的演奏者之一。刺激指的是非内在的感觉输入,在营销领域具体指的是产品、包装、品牌、广告和商业促销等。比如"我们不生产水,我们只是大自然的搬运工"的广告语就是一种直接指向消费者的广告刺激。

市场营销者在制定营销方案时需要了解感觉的三个特性。

(1) 消费者的感觉认识的是产品或服务的个别属性。

(2) 消费者感觉到的事物必须是直接作用于感官的。如果某件产品不在眼前但他人提起时你能知道,则不属于感觉。

(3) 消费者的感觉是基于人体脑部认识,如果脱离人脑这个物理属性,人们就无法对事物进行加工,也就谈不上感觉。例如服装,人们用眼睛看就可以知道它是由布料构成的,有各种各样的颜色与厚度。这些都是人们通过视觉以及触觉所感知到的,属于感觉。

二、感觉阈限

如果你曾经吹过狗哨,观察过宠物对你听不到的声音所作出的反应,就不会对人感受不到某些刺激感到奇怪。心理学上用"感觉阈限"(Sensor Threshold)来衡量感受性的强弱,其是指能引起感觉并持续一定时间的客观刺激量。任何超出感觉阈限的刺激都不能引起人的感觉,感觉阈限与感受性之间成反比关系,感受性和感觉阈限都有两种形式,即绝对感受性和绝对感觉阈限、差别感受性和差别感觉阈限。

(一) 绝对感觉阈限

绝对感觉阈限(Absolutely Threshold)是指刚刚能引起感觉的最小刺激量,绝对感受性是指对最小刺激量的感觉能力。个体对某个刺激是否觉察到的分界点就是个体对那个刺激的绝对感觉阈限,只有超过绝对阈限的刺激,人们才能感觉到它的作用。比如一般人眼可见光谱为 400~760 纳米,声音感受频率为 20~20 000 赫兹。在高速公路上,警示牌就要根据人视觉的感觉阈限来设置,如果警示牌过小,只有当人走近的时候才能看清,那么就很难及时作出反应,有时甚至会导致意外事故的发生。当然每个人的绝对感觉阈限是不同的,同样的刺激,有的人能有感觉,有的人则没有,而且在连续的刺激下,人们的绝对感觉阈限会提高,若持续看广告,开始可能会被吸引,但时间一长就会觉得枯燥无味。因此,在安排广告时,通常先播放的是会给人们带来更强的感觉刺激。

(二) 感觉适应

重复播放广告会使人们的绝对感觉阈限提高,会导致人们产生感觉适应(Sensory Adaption)。感觉适应是众多营销者着力解决的问题,如今人们的生活中充斥着大量的信息,如何脱颖而出便成了营销者和广告商的着眼点。为了能在众多广告中生存并吸引大众的眼球,市场营销者逐步扩展营销方式,不再以播放单一的视觉广告为主要手段,各种新型的提高消费者感觉输入的营销方式见表 7-1。

表 7-1 提高消费者感觉输入的营销方式

方式	描述与举例
体验营销	为消费者提供试用产品的机会,如小米公司在"小米之家"体验店中放置小米无人机、小米平衡车、智能音箱、扫地机器人样机,供消费者随意使用,并附加店员的讲解,能够使消费者快速熟识产品,刺激消费需求
产品试用	这种营销方式与体验营销很相近,主要应用在食品上。如家乐、新华都等卖场,会设置固定试吃点,将产品制作成小块供往来的消费者品尝
植入广告	也称为品牌植入,即在电影、电视或者晚会上使用某品牌的产品,如在电视剧《都挺好》中,所有角色全部配备小米手机,还出现了小米电视、米兔抱枕和小米之家等,并且主角的手机铃声也是小米的默认铃声。就连"柳青"的女友都叫小米
埋伏广告	将广告置于消费者无法回避的地方,例如,停车场出入口的挡板上,超市的购物小票上,大卖场的购物袋上等

(三)差别感觉阈限

两个同类的刺激物,其强度只有达到一定差异时才能引起差别感觉,即人们能够觉察出其差别,或把其区别开来。例如,把 150 克砝码放到手上,若再增加 1 克,人们不会感觉到其质量有所增加;增加 5 克以上,人们才会感觉到其质量的增加。这种刚刚能引起差别感觉的刺激的最小差异量称为差别感觉阈限(Difference Threshold, DT)或最小可觉差(Just Noticeable Difference, JND)。19 世纪德国著名生理学家和心理学家 E·H·韦伯指出,对于两个刺激的差别感觉阈限并不是绝对量而是与第一次刺激的强度密切相关,即第一次刺激越强,第一次的刺激需要更强才能被感知。例如,鸡蛋价格从每斤 5 元上涨到 7 元和食用油从每桶 50 元上升到 52 元,虽然上涨量均是 2 元,但给人们的感觉相差很多。鸡蛋价格上涨 2 元带来的是市场的疯狂抢购,而食用油上涨 2 元,市场反应并不会特别剧烈,甚至是毫无反应。这种现象证明了差别感觉阈限与首次刺激有密切的关系。

以上这种现象被韦伯发现,被称作韦伯定律(Weber's Law)。韦伯定律是表明心理量和物理量间关系的定律,即感觉的差别阈限随原来刺激量的变化而变化,而且表现为一定的规律性。韦伯定律在市场营销中有着广泛应用,市场营销者为了让消费者降低价格变动的刺激,主要从下面两个方面出发。

(1) 降低负面改变对消费者的心理影响。负面改变主要指的是产品质量的降低或重量的减少,价格的上升。为了减少负面改变对消费者心理的刺激,市场营销者通常采用减少产品容量但不改变价格的方式。如舒肤佳沐浴露的容量从 750 毫升减少到 720 毫升但价格不变,所以一般消费者很难发现这一改变。

(2) 提高正面改变对消费者的心理刺激。营销者在产品提价过程中会同时提高包装的质量，让消费者感觉这种改变是良性的，虽然价格提高了，但产品质量提高或者数量的增加覆盖了价格上涨的负面情绪，并且会使消费者对产品提价感觉良好。有时市场营销者在促销过程中往往会提醒消费者产品的差别，如"加量不加价"等广告语就是为了让消费者对产品的变化予以关注。

★拓展阅读 7-1

你的眼睛如何让你减肥或增肥

我们的眼睛欺骗了我们！当用大盘子盛食物或吃食物时，其暗示吃多一点是适当的或是"可接受的"——我们就是这样做的！

一项研究中给芝加哥常看电影的人免费派发中号或大号包装的爆米花，结果发现得到大号包装爆米花的人比得到中号包装爆米花的人多吃45%。即使是用存放4天的爆米花做试验，人们也要多吃32%，尽管他们声称讨厌爆米花。

不可思议的是，人们靠眼睛告诉自己是否已经吃饱，这可就麻烦了。在一项名为"无底碗"的研究中，那些使用在下面被偷偷自动装满汤碗的大学生，比使用普通碗的大学生多喝了73%的汤。这些大学生抱怨说，自己估计喝的量与别人相同，甚至也不觉得很饱。造成这种结果的原因就是他们用眼睛告诉自己是否吃饱了，因为碗里还有食物，所以他们相信自己还没有吃饱。

第二节　知觉与消费者行为

在心理学上，知觉（perception）是指对感觉进行选择、组织和解释的过程，形成对客观世界有意义的和相互联系的反映的过程，也可以理解为"消费者如何看待所处的市场"。因此，对知觉的研究就集中在为了给初始感觉赋予意义，人们在原始感觉上添加了什么。因为个体对这些刺激的理解是根据自身的价值观、自身需求和期望而来，甚至有时不同的人对同一产品的态度大相径庭。

一、知觉的选择性

面对刺激，人们会有意或无意地作出各种选择也会通过注意某些刺激而排除其他刺激来应对感觉的冲击。事实上，人们只能接受外界传递的刺激中很小的一部分。同样，消费者在了解自己所处的环境时也会根据其需求有选择地进行了解，潜意识地会注意一些事情、忽略一些事情或者回避一些事情。如在超市购买牙膏时，人们的主要注意力集中在牙膏这一产品上，其他产品大部分被忽略，这就是知觉的选择性。

在知觉的选择过程中，除了刺激本身，还有另外两个因素会左右人们的知觉选择：一是消费者的期望；二是消费者的需求或购买动机。

（一）刺激

在市场营销中，刺激具体指的是营销刺激，其包括营销消费者感知的因素，如产品的品质、产品的物理属性、品牌、包装以及商业促销元素（如广告语、模特、拍摄技术和广告规模等）、产品定位、产品评价等。一般来说，对比刺激是最能引起人们注意的属性之一，比如平面广告中的放大效果。在人流量很大的广场等处张贴大型海报，或者设置与周围环境对比度很大的广告牌，均能引起消费者的注意；再比如把产品摆在容易看到的地方更容易引起人们的注意。供应商激烈地抢占货架的好位置，保证其产品在商店里可以被摆在从消费者腰部开始到与视线平行的位置，原因就在于此。

（二）期望

人们喜欢看到他们所期望的东西，而期望看到的东西又是由个人经历、个人倾向和熟悉的东西决定的，因此，从市场营销角度来说，人们倾向于根据自身的期望来感知产品和服务。如一个朋友告诉你一件衣服很好看，你去购买的时候潜意识中便把这件衣服归类在好看的行列；又如广电总局删除电影中的某些镜头，人们便会认为这些镜头带有暴力或者色情问题，在心中把电影进行了归类。

（三）需求

人们倾向于感知他们需要或者想要的东西，这种需要越强烈，就越容易忽略环境中的不相关的刺激。例如，想要购买计算机的学生一定比周围不想购买计算机的学生更加关注计算机的信息；一个早上没有吃饭的白领会比周围的人更能注意到食物的存在。一般来说，消费者对自己感兴趣的刺激有着较强的注意力，对于那些暂时与自身无关的刺激没有太大的反应。市场营销者需要通过市场调研，分辨出消费者对某件产品的需求程度，然后根据需求程度进行市场细分，并根据细分市场有针对性地投放广告。最终目标是让整个消费群体对其产品产生消费需求。

二、知觉的整体性

整体性是世界万物都有的特性。从自然界到人类社会，都不是孤立的，所以不能单独地看待人们从外界选择接受的感觉刺激，把这些刺激组织加工为一个整体才能更好地感知周围环境。关于知觉的整体性的理论在心理学上通常合称为完形心理学（Gestalt Psychology，又称格式塔心理学），主要包括三个基本概念，即主角与背景、分组性、完整性。

（一）主角与背景

正如与环境对比强烈的刺激更容易被人们所察觉，周围环境相当于背景，对比强烈的刺激相当于主角，市场营销者需要根据这些仔细地计划他们的广告，必须让消费者注意到刺激是主角而不是背景。如广告中的背景音乐的声音绝对不可以湮没掉广告语的声音，而平面广告也不能把产品放置在颜色类似的背景当中。

（二）分组性

人类是通过组块来记忆的，而复时记忆仅能记住 5 ± 2 个组块。在信息量巨大的现实社会，想要将产品迅速地植入消费者的意识当中，就需要利用分组的原理。人们记忆11位的手机号码时通常把号码分为三个部分：前3位指的是运营商代码，中间4位是地区代码，后4位则是用户号码。营销者可以根据这一例子将产品与消费者熟悉的东西联系起来，比如将加多宝凉茶广告与消费者吃火锅的画面相结合，让消费者一想着火锅便想起加多宝凉茶。

（三）完整性

个体记忆是通过画面完成的，并非文字，因此人们的知觉是一幅完整的画面。即使所受到的环境刺激是不完整的，人们也会根据自身经验补上缺失的部分。不过研究表明，人们对不完整信息的记忆要比完整信息的记忆更深刻,因为个体接收一个不完整信息之后会本能地将其补全,若无法补全便会产生紧张和焦虑,这意味着就加深了对不完整信息的记忆。如一个朋友对你说话,说到一半时突然停止,这会驱使你去猜测他想表达的意思是什么,这种感觉如同上街擦皮鞋只擦了一只一样。市场营销者常常利用知觉的整体性推广产品,如在广播中播放电视广告配音,会使消费者联想自己曾经在电视上看过的画面,自动地补全其听到的信息。

三、知觉的理解性

人们在吸收了外界刺激之后对刺激的理解是形成知觉的重要之处。外界刺激往往是各式各样的,人们在记忆的过程中会根据自身经历和兴趣爱好将刺激进行归类,刺激通常分为喜好的、厌恶的和无聊的。这些归类会形成各种印象。本节重点介绍第一印象、刻板印象、描述性概念、晕轮效应。

(一) 第一印象

第一印象是产品投放时带给消费者的首次记忆归类,往往有强烈的作用,左右着人们以后发展的长期看法。如果产品还没有完全成熟就将其投放市场,会给消费者一种不完善的第一印象;即便日后产品质量有所提升,也很难消除消费者心中的负面情绪。如联想公司进军手机市场时,因技术不过关,招致了很多负面信息。后来其手机工艺技术成熟之后,不得不投放大量广告来消除消费心中的负面情绪。

(二) 刻板印象

刻板印象是人们在头脑中已经储存了各种刺激含义的图片。当刺激发生时,人们会将这些图片附加到感觉之中,导致印象的扭曲。比如若由有兴奋剂丑闻的体育明星代言产品,人们已经对其产生厌恶心理,就会扭曲地认为其代言的产品是不好的,因此不会产生消费意向。营销者和策划者一方面要研究和顺应消费者的某些刻板印象,使自己的产品形象与消费者的经验相吻合;另一方面要力传播新观点和新经验,以改变消费者的某些成见与偏见。

(三) 描述性概念

描述性概念指的是刻板印象可以通过文字传递。比如中餐菜品往往配有美轮美奂的菜名,这会让食客在没有见到菜肴时就浮想联翩,这些食物比有一般名字的食物更加吸引人。描述性概念不仅适用于产品,同样也适用于服务。因为服务是抽象的、不具体的,所以消费者对特定名字的联想对于营销者制定营销方案有着重要意义。比如联想公司致力于计算机的开发。20世纪末期,中国刚刚出现计算机,消费者对其定位是"计算机可以帮助人们改变生活""计算机让时代进步",计算机是富有创新性的产品。联想公司就"创新"这一关键词为公司命名"联想",让人们觉得只要想得到就能办得到。最终联想公司在中国占据了计算机大部分的市场份额。

(四) 晕轮效应

晕轮效应又称"光环效应",最早是由美国著名心理学家爱德华·桑戴克在20世纪20年代提出的。他认为人们对人的认知和判断往往只从局部出发,扩散而得出整体印象,即常常以偏概全。如果一个人被标明是好的,他就会被一种积极肯定的光环笼罩,并被赋予一切都好的品质;如果一个人被标明是坏的,他就被一种消极否定的光环所笼罩,并被认为具有各种坏品质。在市场营销学中，授权是晕轮效应应用的一个典范。当一家优质公司对另一家新公司授权后，消费者会本能地认为这家新公司具有良好的发展前景，从而给予新公司更多的关注。又如可口可乐公司推出果粒橙等新产品时，人们可能一开始不知道这些产品是哪家公司生产的，但在广告中提出"可口可乐公司荣誉产品"之后，人们便会对新产品给予关注。

四、消费者知觉过程

消费者知觉的形成通常需要经过三个阶段，即刺激物的展露、注意及其影响因素、理解及其影响因素。这三个阶段相互联系、周而复始，使人们的认知不断加深，在信息处理过程中，如果一则信息不能依次在这几个阶段生存下来，就很难储存到消费者的记忆中，从而也无法有效地对消费者行为产生影响。总体来说，消费者的知觉过程如图7-1所示。

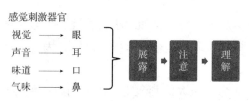

图7-1　消费者的知觉过程

（一）刺激物的展露

刺激物的展露是指将刺激物展现在消费者的可察觉范围之内，使消费者的感官有机会被激活。对于消费者来说，并不强求自己接受刺激物的展露，只是把刺激物放置于周围环境中，并且消费者有主动选择接受刺激物的权利。比如消费者在浏览报纸时大篇幅的广告被忽视，说明刺激物虽然呈现在消费者眼前，但却被消费者主动放弃。出现这种现象，一是由于电视、报纸等大众媒体上的广告实在太多；二是由于很多消费者并不使用广告中的产品，展露在这些消费者面前的广告与他们无关；三是由于消费者已经多次见过这些广告，知道其内容。

虽然消费者对刺激物的展露有主动选择权，但研究表明高展露的刺激物仍能提高消费者的购买欲望，因为消费者不是以个体存在的。作为整个消费群体中的一员，虽然消费者对某一种产品可以放弃接收，但是其他消费者可能会认可这种产品，所以高展露的刺激物依旧能为产品赢得多消费者的关注。因此，如何提高刺激物的展露水平便成为目前营销者所关注的问题。

为了提高产品和营销信息的展露水平，市场营销者需要了解影响展露的因素。首先，广告等营销信息在媒体中的位置会影响展露；其次，产品的分销范围以及产品在零售店的货架位置会影响展露（产品分销范围越广，在零售店占的货架空间越大，产品展露的机会就越多）。同样地，如果产品置于消费者腰部到与视线平行的货架位置，也将获得更多的展露机会；最后，将产品放在消费者必须经过或必须花时间逗留的位置，展露水平会相应增加。除了运用大众媒体、增加产品陈列空间、利用更好的陈列位置等方式提高展露水平外，现在很多企业开始用一些非传统的手段增加产品或营销信息的展露，如植入广告等。

(二) 注意及其影响因素

由于认识能力的限制，消费者在某一特定时间点不可能同时注意和处理所有展露在自己面前的信息，而只是对某些信息部分地予以注意。注意是指个体对展露于其感觉神经系统面前的刺激物作出进一步加工和处理，实际上是对刺激物分配某种处理能力。也有学者将注意理解为意识的指向性和集中性。指向性是指消费者将意识指向某一营销对象，而离开其他对象；集中性则指消费者对特定营销对象倾注比较多的心理资源。由于注意是一个认知的过程，因此注意有着认知的各种特性，主要包括选择性、可分割性、有限性。消费者在注意周围环境时因为精力和自身能力有限，就不可能注意到所有的外界刺激物，并且还会受到外部和内部各种因素的影响。这些影响因素主要分为刺激物因素、个体因素、情境因素三类。

1. 刺激物因素

刺激物因素是指刺激物本身的特征，如大小与程度、色彩与运动、位置、刺激物的新颖性、格式与信息量。由于刺激物因素是企业可以控制的，因此，在营销实践中它们常被用来吸引消费者的注意。

（1）大小与强度。一般来说，大的刺激物比小的刺激物更容易引起消费者的注意。

（2）色彩与运动。彩色画面通常较黑白画面更易引起消费者的注意。一项涉及报纸广告色彩效果的研究发现，减价商品新增销售的41%是由零售商在黑白报纸广告中增加了一种颜色所致。另外，某些颜色（如红色和黄色）较其他颜色更加引人注目。具有动感的刺激物较静止的刺激物更容易抓住人们的视线。街上的霓虹灯广告及其他一些具有动感的广告均是运用此原理来吸引受众注意的。

（3）位置。物体处于个体视线范围内的不同位置，其吸引注意的能力就会不同。通常情况下容易看到的刺激更容易被人注意。在杂志广告中，位于刊物前面（尤其是右侧位置）的广告更能吸引读者的注意。将某些特定刺激物与其他物体分隔开叫隔离（Isolation），隔离也有助于吸引注意力。例如，在报纸或其他印刷媒体上，将大部分版面空下来而不是用文字或图画填满整个版面，就是用隔离原理吸引读者的注意力。

（4）刺激物的新颖性。相对于那些与背景融为一体的刺激物，人们倾向于注意那些与背景形成明显反差的刺激物，其原因是后一情况下会造成人们认知上的冲突，从而激活和提高信息处理水平，例如，黑白广告紧随众多彩色广告之后会更引人注目。刺激物的新颖性，如与人们预期大相径庭的画面和内容、带音乐或声音的印刷广告、快闪行动等均有助于吸引受众的注意。

（5）格式与信息量。格式是指信息展示的方式，通常，简单、直接的信息呈现方式比复杂的方式会更多地受到注意。信息量作为一个刺激物因素，同样会影响消费者的注意程度。给消费者提供过多的信息，会使其处于信息超载状态。在信息超载状态下，消费者可能会产生受挫感和沮丧感从而降低信息处理水平。消费者能够利用多少信息，并无统一规则可循。一般来说，企业应了解消费者需要哪些信息，并据此提供信息。重要信息应特别突出和强调，更详细、具体的信息，处于次要地位的信息则可以用表格、视频和信息广告形式提供给那些对其感兴趣的消费者。

2. 个体因素

个体因素是指个人的特征。其通常是企业不能直接控制的，主要分为需要与动机、态度、适应性水平。

（1）需要与动机。需要是人对客观现实的需求（包括自然需求和社会需求）的主观反应，而动机则是人们为了满足需要而激励着主体采取行动的内隐性倾向，二者密切相关。凡是能够满足需要符合动机的事物，往往容易引起消费者的注意。问题是在大多数情况下，当企业提供信息时，消费者的某种特定需要并没有被激发，所以，企业应开发更加引人注意的刺激信息。

（2）态度。根据认知一致性理论，人们倾向于保持一套一致的信念和态度。认知系统中的不一致将引发人们心里的不安和紧张。出于趋利避害的考虑，消费者更倾向于接纳那些与其态度相一致的信息。换句话说，当消费者对某种产品有好感时，与这种产品相关的信息更容易被注意到，反之则会出现相反的结果。

（3）适应性水平。人们对非常习惯的事物可能习以为常，不再注意。如人们从安静的乡村搬到喧闹的市区居住，起初可能对噪声不适应，但过一段时间慢慢就适应了，对噪声不再那么敏感。这种现象同样发生在营销领域。虽然广告很新颖，但若总是重复该广告，时间一长，其效果也会下降。如何突破知觉适应的负面影响，让广告常见常新？这的确是一个值得营销者关注与研究的课题。

3. 情境因素

情境因素既包括环境中独立于中心刺激物的那些成分，又包括暂时性的个人特征，如个体当时的身体状况和情绪等。一个十分忙碌的人比一个空闲的人可能更少注意呈现在其面前的刺激物。处于不安或不快情境中的消费者，会注意不到很多展露在其面前的信息，因为他可能想尽快从目前的情境中逃离。

广告等营销信息一般出现在电视或广播节目、报纸、杂志等具体情境中。受众接近这些媒体的主要目的是欣赏这些节目或阅读刊载于印刷品上的文章内容，而不是为了观看广告。实际上，很多消费者通过转换频道或将目光移到他感兴趣的内容上来主动避开广告。消费者对某个节目或某个版面内容的关心或介入程度会影响其对插入其中的广告的注意或关注水平。随着介入程度的提高，受众对刊登在杂志上的广告的注意程度也随之提高。而且，当介入程度由低转向中等水平时，受众对广告注意力的提升幅度最大。

★拓展阅读 7-2

品牌代言人，流量明星仍占主流

2019年2月13日，小米宣布王源为品牌的新代言人后，小鲜肉明星算是在手机行业代言中集齐了。王俊凯代言OPPO，易烊千玺代言华为NOVA，蔡徐坤代言VIVO，再加上朱一龙代言联想。这几个代言人的共同点是粉丝基础大、影响力处于上升阶段、粉丝群体与品牌目标用户相契合等，但是，最重要的一点还是他们强大的带货能力。

早在手机出现之前，就已经有知名人士为产品代言，来拉近产品和普通大众关系的商业行为了。手机沿用这一宣传形式自然也是希望通过代言人的名气带动手机的知名度。不过到了现代的明星模式下，代言人有了另一层意义，即一个具有号召力的艺人可以在大众之外紧紧吸引到其核心粉丝群体，对产品起到极强的带动作用。往往能在微博等艺人出没的社交平台看到有粉丝表示若自己的偶像代言了新的产品，不管是手机还是其他产品，自己都愿意买几份。这可是一般消费者做不到的。

明星代言品牌其实是相互成就的：一方面，明星可以帮助品牌提升影响力和美誉度，利用粉丝经济实现高转化；另一方面，明星也可以借助品牌提高自己的知名度和身价。第三方数据技术公司 AdMaster 在 2019 年年初发布了一份 2018 CSI 最具商业价值明星榜单 TOP100，易烊千玺荣登榜首。前十名中，有三位是人气值飙升最快的小鲜肉流量明显：第二名的蔡徐坤、第八名的邓伦、第九名的朱一龙。纵观整个榜单，可以发现除了因作品表现不俗的秦岚、谭卓等排名上升较多外，大多还是小鲜肉级别的流量明星占据着比较靠前的位置。从代言人的选择中可以看到，小鲜肉流量明星占据代言主流的趋势不会改变，甚至还会变得越来越普遍。

（三）理解及其影响因素

知觉的最后一个阶段是个体对刺激物的理解，它是个体赋予刺激物以某种含义或意义的过程。理解涉及个体依据现有知识对刺激物进行组织分类和描述，它受到个体因素、刺激物因素和情境因素的影响和制约。

1. 影响理解的个体因素

（1）动机。正如动机会影响个体对刺激物的注意一样，它也会影响个体对刺激物的理解，不仅如此，动机还影响理解过程中个体对信息加工的深度。如果刺激物被认为与达到某种目的或提供某种利益有关，就有可能激发各种联系和想法，此时信息加工程度被提高，反之则会被削弱。

（2）知识。储存在头脑中的知识是决定个体如何理解刺激物的一个主要因素，新手和专家对同一事物的判断可能截然不同。比如同是接触一枚镀金硬币，专家型的消费者可能一看便知，而新手型消费者则很可能将其当作金币。不仅如此，知识还有助于提高信息理解能力，知识丰富的消费者更可能识别信息传播中的同错误，更少对信息作出不正确的解释。此外，知识丰富的消费者可能更集中思考刺激物中包含的事实，而知识欠缺的消费者则可能更多着眼于背景音乐和图片等非实质性内容。

理解在很大程度上取决于个体对所要看到的事物的期待，对于一个像"13"又像"B"的刺激物，有的人可能会把它视为数字 13，也有的人可能将它看作英文字母 B。研究发现，若被试者先看了一串英文字母，多会把图中刺激物辨识成 B；而若被试者先看了一串数字，则多会把图中同一刺激物辨识成 13，这种现象同样经常出现在营销领域。20 世纪 60 年代，百事可乐公司为了消除消费者对可口可乐的品牌期望，曾把两种可乐的标志盖上后让消费者品尝，结果消费者判断好喝的一种可乐露出标签后竟然是百事可乐。这则广告让百事在可乐市场上站住了脚，同时也说明了消费者对产品的感觉好坏在很大程度上取决于其对品牌的信赖程度。

2. 影响理解的刺激物因素

（1）刺激物的实体特征。刺激物的实体特征（即大小、颜色、质感等物理特征）对消费者如何理解刺激物有着重要影响。如颜色鲜艳的产品会使人感觉快乐,颜色深沉的会使人感觉稳重,质感柔软的衣物让人觉得温馨,这些物理属性会对消费者的理解产生直观的影响;同时,产品的摆放位置、品牌也会对消费者的理解产生影响,摆在精致专柜里的产品和摆在地摊上的产品带给消费者的品质感受显然是不一样的。大企业的品牌会让人觉得产品质量有保障,但若大企业的产品出现问题,消费者失望的情绪也会特别明显。

(2)语言和符号。语言和符号作为刺激物的一部分,对信息的最终理解亦产生重要影响。同样的语言或符号在不同情景和不同文化背景下,其含义可能截然不同,对于降价销售,如果从字面意义上理解,是指产品价降到正常价位以下销售,在很多情况下消费者可能会作出这样的理解,然而,同样的词如果用于时装的销售,消费者可能会认为这些时装已经或即将过时,因此,区分字、词的字面含义与心理含义又十分重要,字面含义是指一个字或一个词的一般含义,即词典所解释的含义。心理含义是基于个人或某个群体的经历、词语使用时的具体情境而赋予某个词的特定含义。

(3)次序。当一个男生在跟其父母首次介绍自己的女友时,先介绍优点还是先介绍缺点会给父母留下截然不同的印象。这种刺激物在次序上对理解的影响可以分为两种类型:一是首因效应(Primacy Effect),二是近因效应(Recency Effect)。首因效应是指最先出现的刺激物会在理解过程中被赋予更大的权重,而近因效应是指最后出现的刺激物会更容易被消费者记住,并在解释中被赋予更大的影响权重。在刺激物呈现或信息传播过程中,到底是应用首因效应还是近因效应要视情境而定。比如在广告中是先播品牌名效果好还是先呈现背景和产品实物再播品牌名效果好,取决于消费者特性和购买介入程度等多个因素。对企业来说,通过市场调查或市场测试了解是否存在次序影响是很有必要的。

3. 影响理解的情境因素

一些情境因素,如饥饿、孤独、匆忙等暂时性个人特征以及气温、在场人数、外界干扰等外部环境特征,均会影响个体对信息的理解。背景引发效果(Contextual Priming Effects)是指与广告相伴随的物质环境对消费者理解广告内容所产生的影响。广告的前后背景通常是插播该广告的电视节目、广播节目或广告出现于其中的杂志与报纸。虽然目前有关背景引发效果的实证资料十分有限,但初步研究表明出现在正面节目中的广告获得的评价也是正面和积极的。

五、消费者知觉结果

消费者的感知最终是要决策是否购买某种产品,所以会对产品的价格、产品的品质、产品的定位和形象作出知觉判断,并且结合自身的经验和认知对感知风险进行评估,以得出最终的感知结果。这一结果影响和决定着是否促成消费者的购买行为。消费者首先对产品有直观感受,然后通过自身的经验和认知对感知风险作出理性的分析,最后得出一个消费的判断,即是否购买。所以消费者的感知结果可以分为消费者对产品的感知、消费者的感知风险和消费者的知觉判断。

(一)消费者对产品的感知

1. 消费者对产品价格的感知

价格感知是消费者在解释商品或服务的价格时,综合与价格有关的各种属性形成的一种有意义的、与外部环境相一致的完整心理过程及认知过程,即消费者是如何解释他所面对的产品或服务的价格。消费者对产品的价格通过自身经验和现有认知,权衡之后会形成一个感知结果,这个结果是消费者对企业提供的产品或服务所具有价值的主观认知。市场营销者在制定营销方案时对消费者的价格感知研究非常重要,因为消费者的价格感知直接影响到其购买决策。

价格对消费者感知有两种影响。一种是正向影响,产品价格是产品本身的声望地位和质量的指示器。比如,消费者通常认为价格高的产品不论是在品质还是产品定位方面都处于中高端领域,收入高的消费者往往会为了体现身份和地位去购买价格高的产品。另一种是负向影响,消费者会认为产品的价格高会减少他们经济上的利益。比如,低收入人群更看重产品的性价比,认为价格高的产品华而不实。消费者对价格的正向感知和负向感知对消费者的市场反应和行为有很强的预期效果。

2. 消费者对产品品质的感知

产品品质可分为客观存在品质和主观感受品质。客观存在品质即产品固有的性能特征是否优越,主观感受品质即人们在心中对于产品性能价值等的判断和评估。消费者所感知的产品品质就是对产品的主观感受,可以说,"产品品质的优劣不是由产品本身决定的,而是由消费者的感知决定的"。

由于消费者在购买时的主观性,产品品质的感知受到两个方面的影响:一是与产品质量直接相关的内在因素,内在因素与产品物理特性有关,如大小、颜色、形状等;二是与产品品质非直接相关的外在因素,包括产品价格、品牌形象、品牌名称等。研究发现,产品的价格、颜色、店名、消费者的受教育水平和收入等都会影响他们的感知质量,而且品牌知名度和美誉度、产品价格等对产品品质的感知存在显著影响,并且往往是正向的。

3. 消费者对产品定位和形象的感知

产品定位是指企业对用什么样的产品来满足目标消费者达成目标消费市场的需求,消费者对产品定位的感知依赖于消费者对产品相关信息的记忆。企业在产品的广告诉求中通常会指明产品属于哪种受众的消费范围。在信息对称且消费者感知并无偏差的情况下,消费者就能够对产品的市场定位有一个直观的概念。消费者对产品的定位和形象的感知来自两个方面:一方面是企业自身的定位,例如,香奈儿在其广告中反映的是奢侈时尚的产品理念,消费者能够明确地感知其产品属于高端消费品;另一方面是自身的经验,这种情况下企业往往没有明确自己产品的定位,消费者只能通过自身的经验来感知。例如,一汽大众公司的辉腾轿车没有明确告知消费者此款汽车属于高端品牌,虽然其价格在 100 万元左右,但消费者的感知结果却是辉腾和帕萨特一个档次,结果导致了营销的失败。

产品形象是基于产品的市场定位而设计的,例如,碧桂园的定位是打造中低层消费者能够住得起的住房品牌,那么消费者对其的感知结果就属于中低端的企业形象。消费者对产品形象的感知结果受到产品定位的直接影响,因此,市场营销者应该帮助企业明确自身的产品定位,这样能够迅速建立消费者感知,促进产品的销售。

(二)消费者的感知风险

感知风险概念最初是由哈佛大学的 Bauer 从心理学延伸出来的。他认为消费者的任何购买行为可能无法确认其预期的结果是否正确,而某些结果可能令消费者感到不愉快,所以,消费者购买决策中隐含着对结果的不确定性。这种不确定性也就是感知风险的概念。

感知风险的类型有以下4种。

(1) 资金风险。消费者的支付能力总是有限的,多种多样的消费欲只能得到部分满足,因此,消费者购买任何一种产品时都会考虑:第一,在有限的支付能力下,这是最合理的开支吗?第二,该产品值得花这么多钱吗?如果这两个问题不能得到较满意的回答,消费者就会产生消费支出的风险知觉体验。

(2) 功能风险。消费者往往担心产品的质量和性能不能达到预期水平的风险。

(3) 价格风险。如果预期未来商品价格呈上升趋势,消费者就会在持抢购心理前实现购买,反之,就会谨慎从事,推迟实现购买行为。

(4) 社会风险。每个消费者都生活在社会环境中,他们的行为受到参照群体的影响,一个消费者在购买之前就会想象自己购买这个商品家人能赞成吗?最好的亲朋好友会高兴吗?

由于消费者在购买的整个过程中都冒着某种程度的风险,因此,每个消费者都在努力回避或降低这种风险。消费者常用的控制风险的方法有6种:①尽可能多地收集产品的相关信息;②尽量购买自己熟悉的或使用效果好的产品,避免购买不熟悉的产品;③通过购买名牌来降低风险;④通过有信誉的销售渠道购买产品;⑤购买价格高的产品;⑥寻求安全保证(如退货制度、权威机构的检测报告等)。

(三) 消费者的知觉判断

1. 消费者认知偏差

消费者通过对外界刺激的感知,再根据自身的动机和期望对这些刺激进行加工,最后得出自有的一种知觉态度。这种态度有时会跟营销者的预期一致,有时会跟营销者发出刺激物的目的相左。具体可以分为三个类型,即对营销信息的正确理解、对营销信息的忽视和对营销信息的感知偏差。营销者希望消费者能正确理解其传递的信息,然而,一个涉及商业广告和非商业性电视节目的研究发现:

(1) 很大一部分受众对商业电台的传播内容存在误解;

(2) 无论是商业广告还是非商业性电视节目内容均无法避免被误解;

(3) 总体信息中有30%的内容被误解;

(4) 非广告节目内容较广告节目被误解程度高;

(5) 某些人口统计变量与误解有一定的相关性。

这就说明消费者感知偏差无法形成认知偏差的原因多种多样。有时可能是受众注意力不集中,如在收看节目时做别的事情或与他人聊天。误解也有可能是由刺激物本身不明确和模糊所致。此外,消费者知识的局限、误导性信息均有可能导致其对营销信息的误解。减少误解非常重要,但它又是一个很复杂的问题。迄今尚未发现十分有效的消除误解的办法。企业在与消费者和其他社会公众沟通的过程中,应预先认真测试所要传递的信息,以尽可能减少误解。

2. 认知偏差和营销

消费者处在充斥着大量营销信息的环境中,在接收信息时根据自身的动机、需求及期望来判断营销信息的真实含义。营销者的目的也是让消费者能够正确认识营销的意图。当消费者对营销信息的理解与营销者的期望相一致时,就构成了无偏差的知觉。市场营销者的目标就是让消费者正确理解企业的诉求。

营销者可以从以下4个方面来判断消费者是否对营销信息有着正确的认识。

(1) 消费者对产品的需求与营销者的市场分析结果是否一致。在进行产品推广之前,营销者需要对消费者的真实需求进行分析。消费者的真实需求如果与营销者所分析的一致,那么消费者对营销信息的认知就是正向的,对产品的接受度就会很高。产品的高接受度正是营销者所追求的。

(2) 消费者对产品物理属性的理解与产品本身是否一致。消费者之所以购买产品,实际上购买的是产品的使用价值,所以消费者对产品功能的理解是否与产品本身的用途一致是十分重要的。比如,一个年轻女孩给她的男朋友买了一个电子阅读器Kindle。但它却成了泡面神器。无论是大小、重量还是材质,都与泡面盖绝配的Kindle因此而避免了躺在墙角积灰的命运。Kindle在手,泡面不愁! 在日常生活中存在不少类似的事情。营销者在推广产品时最重要的就是介绍其基本功能。如果对其功能描述不清晰,消费者很可能对产品形成错误的认识,最终导致营销失败。

(3) 消费者对产品市场定位的认知与产品本身的定位是否一致。消费者根据收入水平和生活经历分为不同的消费阶层,与之相对应,产品也分为不同的消费档次。若产品的定位与目标受众一致,那么目标受众就很容易注意到;若产品的广告诉求偏离原本的目标受众,不仅消费者不会注意到,还会导致错误的市场反应,甚至会影响企业形象。

(4) 消费者的实际购买倾向与市场营销者的预期是否一致。产品在市场上推广之前,市场营销者肯定要先作产品的销售状况预期。比如消费者的需求量是1 000件,但企业只投放了500件产品,结果就导致本来该赚的钱白白流失了;但是如果市场投放量比消费者需求高,又会导致产品堆积,若严重超标便会导致产品积压。例如瑞典快时尚品牌H&M进入中国市场后,销售增长的同时,也积压了大量库存。作为一个快时尚品牌,紧跟潮流,快速推出迎合消费者需求的时尚款式是很有必要的。然而,产品的快速变化不可避免地导致大量的旧款式下架,从而形成庞大的库存积压。面对仓库里庞大的库存,H&M选择将其烧毁。它不愿利用打折销售损害自己的品牌形象。据统计,H&M在五年内烧掉了60吨衣服。事实上,不仅H&M,世界上还有一些奢侈品牌如LV等都是直接烧掉过剩库存的。

(四) 消费者知觉的结果与营销策略

产品投放市场之后要对市场进行调查。若消费者对产品认可,消费者的知觉是积极的,消费者可能会购买这种产品;反之,消费者不会购买这种产品。当然还有一种特例,产品投放到市场,由于营销推广不到位,导致消费者完全没有关注到该产品。对于这种情况,企业要重新制定推广方案,让消费者能够在短时期内先关注产品,然后再考虑如何进行下一步的推广。

1. 消费者对产品认可

产品在推广初期能在消费者心中留下最直观的印象,消费者知觉就会形成积极正面的认知,对产品持正面的态度。此时,企业应该根据计划进行下一步的推广,强化消费者的认知。

2. 消费者对产品否定

在推广初期，让消费者关注产品是十分困难的，因为面临各种竞争对手，新产品在推广时很难让消费者留下印象，所以有时产品的诉求达不到消费者的预期。当固有认知被新的理念冲击时，大部分人都会因循守旧，因此，产品的初期推广很容易就被消费者否定。此时，市场营销者应根据消费者原有需求变换产品的推广方式，或者仍按照原有方式推广，但要加大推广力度。也就是说，用高强度的推广方式来改变消费者原有的认知体系。如脑白金的广告，在推广初期不停地播放，使本来不相信这类产品的消费者慢慢接受了它的存在。

第三节　情绪、情感与消费者行为

消费者的心理活动是一个完整的过程。除认识过程外，其还包括情感与情绪，并在消费者的心理与行为活动中发挥着特殊的影响和作用。

一、情绪和情感

根据商品是否符合消费主体的需要，消费者可能对其采取肯定态度，也可能采取否定态度。当采取肯定态度时，消费者会产生喜悦、满意、愉快等内心体验；当采取否定态度时，消费者则会产生不满、忧愁、憎恨等内心体验，这些内心体验就是情绪或情感。

情绪或情感是十分复杂的心理现象，包括五类：第一类是喜、怒、哀、乐等经常出现的基本情绪；第二类是痛楚、压迫等纯粹由感观刺激引起的情绪；第三类是自信、羞辱等与自我评价有关的情绪；第四类是爱、惜等与人际交往有关的情绪；第五类是理智感、荣誉感、美感等与意识有关的情绪或情感。

以上各类别在消费者的情绪过程中都有不同形式的表现。

情绪或情感是人对客观事物的特殊反映形式，它的产生与认识过程一样，源于客观事物的刺激。当刺激达到一定强度时，便会引起人的相应体验，从而产生各种情绪反应，这些情绪反应不具有具体的现象形态，但可以通过人的动作、语气、表情等方式表现出来。例如，某消费者终于买到盼望已久的笔记本电脑时的面部表情和语气会呈现出欣喜的情绪；而当其发现买回的笔记本电脑存在质量问题时，又会表达出懊恼、沮丧、气愤的情感。

从严格意义上讲，情绪和情感是既有联系，又有区别的两种心理现象。情绪一般指与生理需要和较低级的心理过程（感觉、知觉）相联系的内心体验。例如，消费者选购某品牌的轿车时，会对它的颜色、外型、内饰等可以感知的外部特征产生积极的情绪体验。情绪一般由当时的特定条件引起，并随着条件的变化而变化，所以情绪表现的形式是比较短暂并不稳定的，具有较大的情景性和冲动性。

情感是指与人的社会性需要和意识紧密联系的内心体验，如理智感、荣誉感、道德感、美感等。它是人们在长期的社会实践中受到客观事物的反复刺激而形成的内心体验。与情绪相比，情感具有较强的稳定性和深刻性。在消费活动中，情感对消费者心理和行为的影响相对长久和深远，例如，对美感的评价标准和追求会驱使消费者重复选择和购买符合其审美观念的某一类商品，而排斥其他类商品。情绪的变化一般受到已经形成的情感的制约；而离开具体的情绪过程，情感及其特点则无从表现和存在。因此，在某种意义上，可以说情绪是情感的外在表现，情感是情绪的本质内容。在实际生活中，二者经常作同义词使用。

二、消费者情绪的表现形式

（一）根据情绪发生的强度和速度以及持续时间长短还有稳定性方面的差异，可以将情绪的表现形式划分为4种类型

1. 激情

激情是一种猛烈的、迅速爆发而短暂的情绪体验，如狂喜、暴怒、恐怖、绝望等。激情具有瞬时性、冲动性和不稳定性的特点，发生时常伴有生理状态的变化。消费者处于激情状态时，其心理活动和行为表现会出现失常、理解力和自制力下降的特征，以致作出非理性的冲动购买行为。

2. 热情

热情是一种强有力的、稳定而深沉的情绪体验。如向往、热爱、嫉妒等。热情具有持续性、稳定性和行动性的特点。它能够控制人们的思想和行为，推动其为实现目标而不懈努力。例如，一个古钱币收藏家为了不断增加收藏品，满足自己的爱好，可以长年累月压缩生活开支，甚至借钱购买收藏品。

3. 心境

心境是一种比较微弱、平静而持久的情感体验。它具有弥散性、持续性和感染性的特点，在一定时期内会影响人的全部生活，使语言和行为都感染上某种色彩。在消费活动中，良好的心境会提高消费者对商品的服务、使用环境的满意程度，推动积极的购买行为；相反，不良的心境会使人对诸事感到厌烦，或拒绝购买任何商品，或借助购物消愁。

4. 挫折

挫折是一种在遇到障碍又无法排除时的情绪体验，如怨恨、沮丧、意志消沉、灰心等，它具有破坏性、感染性的特点，消费者处于挫折的情绪状态下，会对广告宣传，商品促销等采取抵制态度，甚至迁怒于销售人员或对商品采取破坏行动。

（二）就情绪表现的方向和强度而言，消费者在购买过程中所表现出的情绪，还可分为积极、消极和双重情绪3种类型

1. 积极情绪

如喜欢、欣慰、满足、快乐等。积极情绪能增强消费者的购买欲求，促成购买行动。

2. 消极情绪

如厌烦、不满、恐惧等。消极情绪会抑制消费者的购买欲望，阻碍购买行为。

3. 双重情绪

许多情况下，消费者的情绪并不简单地表现为积极或消极，如满意或不满意，信任或不信任，喜欢或不喜欢等，而经常表现为既喜欢又怀疑，基本满意又不定心等双重性。例如，消费者对所购买商品非常喜爱，但又因价格过高感到有些遗憾；又如，由于销售人员十分热情，消费者因盛情难却而买下不十分满意的商品。消费者的情绪体验主要来自商品和销售人员两方面，当二者引起的情绪反应不一致时，会导致双重情绪的产生。

三、消费者购买活动的情绪过程

消费者在购买活动中的情绪过程大体可分为4个阶段。

（1）悬念阶段。这一阶段，消费者产生了购买需求，但并未付诸购买行动。此时，消费者情绪处于一种不安的状态，如果需求非常强烈，不安的情绪会上升为一种急切感。

（2）定向阶段。这一阶段，消费者已面对所需要的商品，并形成初步印象。此时，情绪获得定向，即趋向喜欢或不喜欢，趋向满意或不满意。

（3）强化阶段。如果在定向阶段消费者的情绪趋向喜欢和满意，那么这种情绪现在会显强化，强烈的购买欲望迅速形成，并可能促成购买决策的制定。

（4）冲突阶段。这一阶段，消费者对商品进行全面评价。由于多数商品很难同时满足消费者多方面的需求，因此，消费者往往要体验不同情绪之间的矛盾和冲突，如果积极的情绪占主导地位，就可以作出购买决定。

四、影响消费者情绪的主要因素

购买活动中，消费者情绪的产生和变化主要受下列因素的影响。

（一）消费者的心理状态

消费者生活的遭遇、事业的成败、家庭情况等现实状况，对其情绪过程有着重要的影响，从而影响他的购买决策过程。

（二）消费者不同的个性特征

消费者的个性特征主要包括个人的气质类型、选购能力、性格特征。这些个人的个性特征也会影响消费者购买活动的情绪体验。例如，有的消费者选择能力差，在众多商品中感到手足无措，这时候，若感到麻烦的情绪越发浓重，消费者就会产生放弃购买的心理。

（三）商品特性的影响

人的情绪和情感总是针对一定的事物而产生的。消费者的情绪首先是由于他的消费需要能否被满足而引起和产生的，而消费需要的满足是要借助于商品实现的。所以，商品的各方属性能否满足消费者的需要和要求就成为影响消费者情绪的重要因素，具体表现在以下2个方面。

1. 商品命名中的情感效应

企业在商品命名中给商品取一个具有独特情绪色彩的名称契合消费者某方面的需要，容易激起其购买欲望。

2. 商品包装中的情绪效果

消费者选购品时，首先看到的是商品的包装，包装对消费者购买商品起到很大的作用，影响其购买意愿。

（四）购物环境的影响

心理学认为，情绪不是自发的，而是由环境中多种刺激引起的，从消费者的购买活动分析，直接刺激消费者感官引起其情绪变化的主要有购物现场的设施、照明、温度、音响以及销售人员的精神风貌等因素。如果购买现场宽敞、明亮、整洁、环境幽雅、销售人员服务热情周到，会引起消费者愉快、舒畅、积极的情绪体验；反之，会引起消费者厌烦、气愤的情绪体验。

环境因素主要有以下几点。

1. 温度

温度是表示物体冷热程度的物理量。舒适温度是指人体感受舒适的环境温度。环境温度是否适宜直接影响人们的舒适感。人体的舒适温度为18℃～25℃。商业空间环境温度和消费者的购物欲之间存在一定的联系。一般来说25℃时人体感觉最舒适，购物欲最强。太冷或者太热都不利于激发消费者的购买欲，过冷的温度令人情绪低落，购物兴趣也不强；而过热的温度又令人烦躁，是导致人们不舒服、不愉快的因素。

2. 音乐

"感于物而动，故形于声。"音乐既源于人的情感又影响着人的情感。购物场所的音乐是影响消费者情绪与情感的重要因素，背景音乐已经成为商场营运的重要内容。音乐的内容、音量、节奏、风格等，都会给消费者带来不同的情绪情感反应。播放背景音乐是烘托卖场气氛的一项有效措施。背景音乐的适合与否不仅会影响营业员的工作态度，还会影响消费者的购买情绪，进而影响消费行为。

★ 拓展阅读7-3

背景音乐对消费行为的影响

前不久，一则关于"久光百货通过音乐防盗"的帖子在微博上传开了，常常被消费者忽略的商场背景音乐，一跃成为白领间的谈资。

有时候背景音乐比任何其他优美华丽的装潢更能发挥效果。有些商场偏爱播放安静的钢琴曲，有些则偏爱播放热闹的流行音乐。不管高雅还是通俗；不管是为了打动消费者，激起他们的购物欲，还是为了给消费者提供一个更为轻松愉悦的购物环境，这一首首看似随意的背景音乐背后，都有着不随意的理由。

以音乐节奏的快、慢为独立参考指标的话，慢节奏背景音乐会使消费者在消费场所内产生较慢的步伐，进而促使他们较长的停留时间和较高的消费金额。消费者在商场购物时，背景音乐能在潜意识上一定程度地影响其购买行为的可能性。因此，各类超市、商场等卖场广泛地使用背景音乐，通过影响消费者的心理，进而达到提升购买行为的目的。

全球最大的咖啡连锁店星巴克以生活节奏快的上班族为主要的目标群体，因此，星巴克的歌单会更适合"工作"。星巴克音乐由总部统一提供，歌手和歌曲都很冷门，几乎没有当下时新的热门单曲入选。

星巴克倾向于播放美国乡村、爵士、摇滚等歌曲，更符合中产阶级与白领的品位，歌曲速度大多偏慢，营造舒适放松的休息氛围。但在中午和晚上的营业高峰时间，星巴克会播放劲歌热曲。在营业高峰期时饮品需求量大，快节奏歌曲能促使店员高效完成工作，还能够起到加速消费者流动的作用，使营业额更高。

英国剑桥大学心理学家贝慈博士对一项背景音乐的研究发现，音乐风格也会对消费者的购物欲带来出乎意料的影响。贝慈在研究中特意在一家超市的货架上摆放了价格、知名度、风味均处在同一档次的法国和德国啤酒。一般情况下，消费者会根据自己的偏爱和经验进行选购。但出人意料的是，当超市大放法国风情音乐时，法国啤酒的销量就猛增到德国啤酒的3倍；而当超市大放德国啤酒节音乐时，德国啤酒的销量又比法国酒多了2倍。据此可知，消费者更倾向于购买那些与背景音乐相"协调一致"的酒。

3. 色彩

对于日趋成熟的消费者来说，传统的营销容易引起其抵触心理，最终导致消费者的购买行为变得更加谨慎。把色彩理论运用到营销中，消费者见到色彩时产生联想，不仅能更加凸显产品本身具有的优良品质，更能引起消费者的情感共鸣，最终很自然地发生购买行为。跨文化的研究显示，不论是生活在加拿大还是生活在中国，人们对蓝色的偏好是一致的。在广告中，使用蓝色背景的产品比使用红色背景的产品更受欢迎。研究表明，蓝色可以引起对未来的积极感觉，因为人们会将它与天空和水联系起来，提供一种无限、空间、宁静和科技的感觉。2019年1月艾仕得发布的《全球量产汽车色彩流行报告》指出，白色连续5年成为全球最受消费者欢迎的汽车颜色——以38%的占比位列第一，大幅度领先于位列次席的黑色（18%）以及并列第三的银色和灰色（12%）。

据调查，85%的消费者表示颜色是其作出购买决定的首要原因，80%的人认为颜色能增加品牌的认知度，90%的判断在潜意识上是基于颜色的，因为颜色会唤起人们强烈的情感。显然，选择适当的颜色搭配对于包装设计至关重要。一般而言，暖色调的颜色能够使人情绪兴奋，消费行为在兴奋的情绪支配下比较容易进行；而冷色调的颜色则能够抑制人情绪的兴奋，不利于消费行为的进行。

对颜色的一些反应来自后天学习获得的联想。在西方国家，黑色是哀悼的颜色，而在东方国家（特别是日本），白色才扮演这个角色。另外，黑色与力量相联系。在美国橄榄球俱乐部和曲棍球俱乐部中，穿黑色队服的球队最具进攻性，在赛季中，他们所在的俱乐部一直位居受罚榜榜首。

对颜色的其他反应则归因于生理差异和文化的不同。女性更容易被明亮的色彩吸引，并且对微妙的色彩变化和色彩运用方式更为敏感。一些科学家将此归结为生理原因，因为女性对色彩的感受力比男性强，所以男性患色盲症的比例比女性高16倍。年龄因素也影响着人们对色彩的反应。随着年龄的增大，人们的眼睛也逐渐老化并且对黄色具有视觉敏感倾向。

★拓展阅读 7-4

色彩营销，抓住 85% 消费者的购买欲

你是否注意到，那些销量特别好的杂货店（如伊东屋、大创生活馆、无印良品）店内基本是暖色调的。这不是偶然，颜色的选择是一件严肃的事情。研究表明红色、橙色、黄色这些颜色，能够刺激人的饥饿感和食欲，同时还给人带来幸福友好的感觉。所以真功夫、向阳坊、永和豆浆、麦当劳、肯德基等从商标到店面基本都是暖色。

但是暖色同时也会给人一种廉价的感觉。所以，淘宝、天猫、京东这些网上商城，它们的网站和Logo都是红黄色系。当你沐浴在一片红黄色系的网站购物时，就会无形中觉得它们的商品好便宜。当当网最初是在线卖书的平台，当时它的Logo是深绿色的；后来转型成为线上百货销售平台，其Logo变成了红色，如图7-2所示。

图7-2 当当Logo变化

如果让你设计一个奢侈品牌，比如名贵包包或者跑车什么的，该给品牌设计什么颜色才能更好地赢得消费者的心呢？这下你肯定知道不能用红色了，因为它会给人们带来廉价的感觉，与奢侈品的定位格格不入。而采用黑色或者类似的深色色调，可以给人一种优雅、精致、权威的感觉。比如茑屋书店和诚品书店，店面装修采用冷色调，营造出平静、高端的氛围。

当当网的Logo之前是深绿色的，那么绿色或者蓝色这样的颜色，又会给人带来什么样的感受呢？实际上，绿色或蓝色会给人一种平静、可靠的感觉，这就是为什么最初以卖书为平台的当当网会使用深绿色Logo的原因。另外，因为蓝色能够体现信任感，所以它也广泛应用于各种直接与钱打交道的产品上，比如支付宝。

不仅单一的颜色会给人们带来不同的感受，各种颜色的不同组合，也会影响人们的购买欲。

比如宜家的同款家具，就会经常推出不同颜色的一起销售；小米同一款手机也推出不同颜色一起销售；伊东屋同一款式的产品，也经常推出不同颜色的一起销售。这是因为，鲜艳颜色的组合会提高人们的购买欲。当你在犹豫"我到底该不该买这款便利贴？"却时而看到各种颜色组合在一起之后的便利贴，你的想法就会下意识地变成："这些便利贴好漂亮，我到底该买哪种颜色呢？"这样就无形中提高了人们购买它的概率。

对于不同类型和档次的产品，给它们设计一个合适的色调是一门很深的学问。使用搭配得当的色彩，甚至能够在无形中提高产品的销量。例如那些商店收银台上摆放的小物，可以考虑选用鲜红色包装来吸引消费者的注意力。这种"理解"消费者购物需求的能力，不只是对于色彩的应用，也是提升产品销量的关键所在。

4. 空间

购物场所的空间大小与人员的拥挤状况也容易对人们的情绪产生影响，其与人的空间知觉相联系，空间知觉是人们对于上下左右前后方向的知觉。除了物理上的空间知觉外，每个人都会有一个心理上的空间知觉，即知觉到他人离自己远或近。有些人的心理空间大一些，有些人的心理空间相对小一些。每个人都要有适合于自己的严格的个人心理空间，并且不同国家、不同民族的人对于自己的心理空间有完全不同的标准。心理空间与消费者的购物环境、休闲娱乐环境、居住环境等有着很密切的关系。

我国的营业场所一般比较拥挤，所以设计营业场所一般应尽量把营业空间扩大，以增加消费者的空间知觉，不至于因为人多而产生拥挤感，影响其购物兴趣。在实际生活中也有相反的设计，如为了取得经营效果而缩小营业空间，以减少消费者的空间知觉。

★拓展阅读 7-5

法国"丽思卡尔顿"酒店的大堂构思

法国有一家"丽思卡尔顿"酒店，在设计酒店大堂的时候是经过巧妙构思的。"丽思卡尔顿"酒店的老板认为大堂太大，客人们就会不自觉地到大堂里聊天，大堂里面的人当然觉得气氛很活泼，但对于外面要来住店的人来说，一看到大堂里面那么多的人，乱哄哄的样子，可能会打消在这里住宿的念头。为了真正达到"宾至如家"的感觉，他把"丽思卡尔顿"的大堂设计得比较小，客人一到酒店就可以直接去客房，不会在大堂里面停留，因此大堂里总是可以保持清净与雅致。这种想法给其他酒店大堂的设计提供了一种新的风格。

(资料来源：叶敏，张波，平宇伟. 消费者行为学 [M]. 北京：北京邮电大学出版社，2008：246.)

5. 气味

气味能够激发强烈的感情，也能够产生平静的感觉。它们可以唤醒记忆，也可以缓解压力。一项研究发现，在观看鲜花或巧克力广告的同时，闻到花香或者巧克力味道的消费者更有可能花更多时间对产品信息进行加工，并在每个产品种类中试用不同的备选产品。随着科学家继续发现气味对消费行为影响的巨大效果，营销者也正在跟进采用灵活的方式来发掘这种联系。广告公司如今每年花费 5 亿美元用于气味营销。这种形式的感觉营销使制造商发现了一些把气味放到产品中的新方法，如男士套装、女士内衣、洗衣粉、机舱、商场、汽车等。

6. 促销

企业在进行促销宣传时要注意树立良好的形象，把企业、品牌的良好形象印在消费者的心目中，使他们能修够长久地对企业有良好的印象。

本章小结

感觉是人的大脑对直接作用于其感官的客观事物个别属性的反应。知觉则是在感觉之后，经过思想理念的再加工所形成的整体反应。营销刺激如果不能被消费者感知，就不能在消费者中引起预期的反应。

消费者知觉的形成通常需要经过三个阶段，即刺激物的展露、注意及其影响因素、理解及其影响因素。

消费者通过对外界刺激的感知，再根据自身的动机和期望对这些刺激进行加工，最后得出自有的知觉态度，有时这种态度会跟营销者的预期一致，有时也会跟营销者发出刺激物的目的相左。感知偏差是营销者必须面对和解决的问题。

消费者的心理活动是一个完整的过程，其中除认识过程外，还包括情绪与情感。情绪一般指与生理需要和较低级的心理过程（感觉、知觉）相联系的内心体验。情绪的表现形式是比较短暂并且不稳定的，具有较大的情景性和冲动性。情感是指与人的社会性需要和意识紧密联系的内心体验。与情绪相比，情感具有较强的稳定性和深刻性。在消费活动中，情感对消费者心理和行为的影响相对长久和深远。

关键概念

感觉　感觉阈限　感觉适应　差别感觉阈限　韦伯定律　知觉　第一印象
刻板印象　首因效应　近因效应　认知偏差

习题

1. 什么是消费者感觉？感觉阈限又是什么？
2. 影响消费者知觉的因素有哪些？
3. 消费者知觉的定义是什么？其形成过程包括哪几个方面？
4. 什么是感知风险？消费者的感知风险有哪几种类型？
5. 消费者对产品品质的感知是如何形成的？
6. 简述消费者在购买活动中的情绪变化过程。

第八章

学习、记忆与购买行为

【学习目标】

人们因为具备了学习的能力,在接收外界信息刺激时,产生了各种感知觉、联想、情感等,形成了对外界事物的记忆,在头脑中留下了印象。本章主要介绍广告影响消费者的原理以及如何让消费者对品牌形成印象并留下深刻记忆,为以后的购买储备品牌知识。

通过本章的学习,掌握以下内容。
● 掌握学习的概念。
● 掌握学习理论的类型。
● 掌握学习的特点,以及遗忘的一般规律。

【能力目标】

通过本章的学习,培养学生以下能力。
● 应用学习理论,分析相应的广告视频。
● 根据影响学习效果的要素,进行一项营销策划。
● 根据有关记忆和遗忘的知识点,分析消费者对同类产品不同品牌的行为。

【导入案例】

"六个核桃"的销售神话

经过多年的市场竞争,国内植物蛋白代乳饮料市场已经形成了以核桃乳、杏仁露、椰汁、豆奶四大品类为主的饮料细分市场。作为四大干果之王、有着很高营养价值的核桃,"益脑"的形象早已深入人心,因此,养元饮品推出的以核桃为主要原料制成的"六个核桃"饮料具备了成功的基础条件。

作为益智型的健康饮品,"脑力长期大量消耗"的学生群体是"六个核桃"的核心受众。"经常用脑,多喝六个核桃",一度是莘莘学子耳熟能详的金句。这十个字可谓字字精当,字字珠玑。该传播语首先通过"经常用脑"的用脑场景提示,完美地打了一次广告法的擦边球,利用一系列的广告策划将产品与"用脑"结合起来,却不直接说其产品有健脑功效,令消费者自己联想。这既让消费者易于对号入座,又借用了消费者固有的

"核桃健脑"认知,在规避工商审核风险的前提下,巧妙暗示了核桃乳"健脑、益脑"的品类价值;其次,"多喝"二字在倡导了消费的同时,又表明了核桃乳的饮品、快消品属性;最后,"六个核桃"四字完成了品类与品牌的关联,使"六个核桃"成为核桃乳品类的品牌指代。

在品牌传播上,"六个核桃"采取了"央视+战略市场卫视"传播策略,除了邀请知名女主播陈鲁豫当代言人外,还借助益智健脑类热门栏目实现与广大年轻受众的深度沟通,比如连续冠名了《最强大脑》《挑战不可能》《好好学吧》《向上吧!诗词》《机智过人》等益智类栏目。2017年,养元饮品加速与年轻人群沟通,首次开启"狂烧脑,为闪耀"的品牌时尚化、年轻化升级战略。2018年,养元饮品聘请王源代言,进一步加强品牌与年轻人的沟通。2019年,针对高考季,推出"十年陪伴、共迎高考"的微电影(图8-1)。

如何为高三学子健脑、补身体,每年高考前期都是家长朋友圈里的刷屏话题。各种"高考食谱""状元养生帖"层出不穷。

深谙消费心理的养元饮品,在2019年6月6日,即高考首日前天推出《十年陪伴 共迎高考》的高考主题微电影。短视频上线后,引发《人民日报》《中国新闻周刊》《新周刊》等官方媒体以及麦子熟了、不二大叔等情感类头部自媒体相继发声,引发大量关注。在评论下方,一些家长表示"为上高三的孩子购买,希望能给高考助力""希望能增加记忆力,祝考试顺利通过"。

图8-1 "六个核桃"微电影截图

喝"六个核桃"养脑的意识深入人心,收割了大波消费者,直接反映在其销售业绩的节节攀升上。从2006年的3 000万元销售额突破到巅峰期的100亿元销售额,被业界视为"销售神话"。2018年,养元饮品实现营收81.44亿元,净利润高达26.78亿元。

第一节 消费者学习概述

一、学习与消费者学习

消费者的需要和行为绝大部分是后天习得的。通过学习,消费者获得了丰富的知识和经验,提高了对环境的适应能力;同时,在学习过程中,消费者的行为也在不断地调整和改变。学习是人类适应客观世界的一项非常重要的能力。

从广义上说,学习是指学习者因外部信息与经验而引起的行为、能力和心理倾向的比较持久的变化,人们通过学习获得大部分的态度、价值观、品位、行为偏好等。狭义的学习指的是学生在各类学校环境中,在教师的指导下,有目的、有计划、有组织地进行的学习,在较短的时间内系统地接受前人积累的文化经验,以发展个人的知识技能,形成符合社会期望的道德品质的过程。学习是指学习者因经验而引起的行为、能力和心理倾向的比较持久的变化。学习与记忆是紧密联系在一起的,若没有记忆,学习是无法进行的。

消费者的行为很大程度上是后天习得的。消费者学习是指消费者在购买和使用商品的活动中,不断地获取知识、经验与技能,通过积累经验、掌握知识,不断地提高自身能力,完善自身的购买行为的过程。消费者通过学习可以改变相应的消费行为,这些消费行为反过来会影响市场的变化。如原来不熟悉、不认识的商品,通过学习可以逐渐地熟悉、认识该商品;原来不知道的企业,学习之后对该企业的生产经营情况就会有所了解,在进行购买决策时产生的联想更多、决策与思考的速度更快,因此,外部的环境和消费者内在的心理倾向都会促成和影响消费者的学习。

二、消费者学习的类型

消费者的学习有以下几种类型。

(一) 模仿式学习

即通过获取信息,观摩效仿的方法进行学习,其结果是消费者摒弃旧的消费方式,适应新的需求水平。

模仿行为在消费者的购买活动中大量存在。例如选择明星代言或邀请明星在线下为品牌活动站台、看秀,并在线上与明星互动,因此,一些品牌经常会不惜重金请网红或明星为自己代言。

(二) 试误式学习

消费者在积累经验的过程中,总要经历一些错误的尝试。随着经验的积累,错误率逐渐降低,成功率逐渐提高。

试误不一定要亲身经历,从间接经验中同样可以认识错误消费中的错误是消费的失败或消费的不满足。导致消费失败的原因是多种多样的,企业的任务是尽量避免自己的产品、服务成为消费者消费失败的原因;相反,企业要尽量使消费者消费的满足与自己的商品、服务相关。

(三) 发现式学习

即消费者建立在对消费过程各方面的认识,包括在发现的基础上和其他主动应用自己头脑获得知识的一切方法，如某消费者在超市里对某种商品产生兴趣后，积极主动地收集其有关信息或者当场询问售货员，或者经过比较和判断最后作出决定。消费者一般在购买价值较大的商品时，使用这种方法进行学习；而对日常用品则大多数用试误法完成学习。

（四）对比式学习

对比法是人们认识事物很常用的一种方法。消费者在消费中进行的对比可以是消费的对象、方式、时间、地点，甚至是消费观念等方面。在消费者每次进行具体的选择和对比的过程中，决定比较结果的因素孤立地看也许是随机的，但是通过适当的消费需求调查分析，还是可以找到一定统计规律的。

消费对象的对比在消费者的消费行为活动中具有重要意义，对比的结果直接决定着消费者的消费选择和购买决策。因此，在竞争激烈的市场上，如何使自己的产品和服务在消费者的对比中脱颖而出成为首选，是企业经营的一个重点。

三、学习的进程

消费者学习的具体途径、方式和方法多种多样，每人、每时、每地的情况也各不相同。但学习是有一些普遍规律的，这些规律在消费者消费活动的各个方面都有着不同程度的体现。

（一）先快后慢

即学习初期效果好、进步快；随着学习次数的增加，进步速度逐渐变缓。这种状况产生的原因多种多样，如动机、兴趣由强到弱，学习内容由易到难以及学习者能力的限制等。

（二）先慢后快再慢

即刚开始学习时进步较慢，经过一定次数的学习后进步变快。这可能是由于开始学习新东西时经验不丰富，甚至由于以前的经验对现在的学习起了阻碍作用，需要一段时间适应新的情境，而在积累了足够的经验后，学习的速度就会迅速提高。

无论是先快后慢还是先慢后快再慢，学习效果到后来都表现为相对停滞，称为学习的高原现象。在学习曲线上表现为学习效果上升到某一程度后停滞不前，呈水平直线，这一段水平线称为高原。高原的起始点称为学习极限。这一阶段，学习会引起人们的厌倦。过度的重复学习还可能产生副作用。

四、消费者学习的作用

由于消费者通过学习之后可以改变自身的某些行为方式，而这些行为方式的改变对于企业经营及产品销售具有直接意义，所以研究消费者学习的作用是一个相当重要的课题。

（一）获得有关购买的信息

消费者学习可以增加其产品知识，丰富其购物经验，提高其购物能力，帮助其更好地作出购买决策。消费者每天接触大量信息，如新产品的产生及如何使用，如何改变人们的生活；比如现在智能手机新功能的学习。手机功能的丰富，真正实现了科技改变生活。人们对智能手机的信息获取、了解、认识和对其功能的掌握过程就是在学习产品知识，为对产品的认知及以后决定是否购买储备经验。

威士忌品牌投入资金举办威士忌品尝活动不仅是为了让人们懂得品尝威士忌，更是要教会参与者关于威士忌的术语，以及各种酒在风格与风味等方面的细微差异。当消费者走出活动会场，不只对这种酒所代表的文化有了更多的了解，更重要的是，其被赋予了谈论威士忌（以及描述其风味）的能力。这样，消费者在未来购买威士忌的可能性就会大增。

（二）促发联想，形成记忆

人们在学习古诗时，常常会根据诗意在头脑中展现出一幅图画，从而加深对古诗的印象。如在学习苏轼《惠崇春江晚景》里的"竹外桃花三两枝，春江水暖鸭先知"时，人们立刻会联想出一片竹林，桃花稀稀落落三两枝，横出竹林临水而开，春来冰开，群鸭戏水。诗情画意就是如此。在影响消费者购买决策的时候联想心理的应用同样最为广泛。"累了，困了，喝红牛"的广告语以及雪碧广告中清凉画面的展示等都是应用联想加强消费者记忆的实例。如果品牌联想能够深入人心，引起消费者的情感共鸣，那么其也就具备了人格魅力，如超能洗衣液以"超能女人"的形象赢得女性的共鸣。

（三）影响消费者的态度和对购买的评价

消费者处在琳琅满目的商品信息的刺激下，对品牌名称、广告、公关活动等形成了产品的感知觉，留下记忆，形成一定的思维评价，进而可以影响消费者对产品的态度、情感、偏好等。消费者学习有助于其养成正确的购物观念，不仅可以较快地接受新产品，而且可以使消费者认牌购买，成为某一品牌的忠实顾客。如成年消费者在钙不断流失的信息影响下形成了需要及时补钙的认知，从而学习和积累有关补钙产品的知识，甚至产生购买行为以及一定的品牌偏好习惯。

以护肤品消费为例，消费者一旦产生购买某种护肤品的动机，便会从最便捷获得的该类护肤品品牌和产品信息开始进行一系列心理和行为活动，也就开始了相关的信息收集，并进一步了解该类护肤品的特征、性能和使用方法。在这个过程中实际上也就产生了对不同品牌护肤品的对比行为，最终会认定某个品牌的护肤品是其最好的选择，继而采取购买行动。

在获得和使用所购护肤品的体验之后，消费者则会形成三种可能的购后反应：一是强化了原来选择的信念，认同并重复购买；二是认为原来的选择不过不失，不重复购买但无负面反应；三是打破原来选择的信念，流露出后悔甚至反感之意，并采取不同的行为弥补损失，随着经验积累消费者购买产品的成功率逐渐提升。

第三节　有关消费者学习的理论

消费者学习理论一般分为行为主义学习理论和认知主义学习理论两个理论派别。行为主义学习理论一般也被称作刺激—反应理论，它主要是刺激—反应之间的联结，其中最著名的为经典条件反射理论和操作条件反射理论。

一、经典条件反射理论

经典条件反射（又称巴甫洛夫条件反射）是指一个刺激和另一个带有奖赏或惩罚的无条件刺激多次联结，可使个体学会在单独呈现该刺激时，也能引发类似无条件反应的条件反应。

诺贝尔奖奖金获得者、俄国生理学家伊凡·巴甫洛夫（Ivan Pavlov，1849—1936）是最早提出经典性条件反射的人。经典条件反射最著名的例子是巴甫洛夫的狗的唾液条件反射。他把食物展示给狗，并测量其唾液分泌情况。在这个过程中他发现，如果随同食物反复给一个中性刺激，即一个并不自动引起唾液分泌的刺激，如每次给狗送食物以前打开红灯、响起铃声。这样经过一段时间以后，红灯一亮或铃声一响，狗就开始分泌唾液。他从这一点推知，狗经过连续几次的经验后，将"铃声响"视为"进食"信号，由此引发了"进食"会产生的流涎现象。这种现象被称为条件反射，证明动物的行为是因为受到环境刺激，将刺激信号传到神经和大脑，神经和大脑作出反应而产生的。

根据巴甫洛夫的经典条件反射理论，人的一切行为归根结底是反射活动，反射活动可以分为无条件反射和条件反射两种。

（1）无条件反射是一种由先天决定的不需要学习就能产生的反射活动。狗能够对食物自然而然地分泌唾液，此时巴甫洛夫将食物看作非条件刺激（US）、将唾液的分泌看作非条件反应（UR），并将两者的关系称为非条件反射。例如"尝梅生津""迎风流泪"等先天性的神经反射都属于无条件反射，而一些医学上的现象如膝跳反射、眨眼反射、吞咽反射等基本神经生理活动也属于先天获得的反射活动，这些都属于无条件反射。

（2）条件反射是一种后天习得的，由学习而获得的反射活动。如"望梅止渴""谈虎色变"等都应该属于条件反射，即由后天学习获得的反射活动。

巴甫洛夫进行的工作的重要性是不可估量的，他的发现给人们开辟了一条通往认知学的道路。人们一致认为，相当一部分的行为用经典性条件反射的观点可以得出很到位的解释。比如经典条件反射理论可以用来解释使用名人广告的原因。当名人和品牌被反复联起来以后，名人的形象价值等就被转移到品牌上，这时品牌是条件刺激，名人是无条件刺激，消费者喜爱的感觉就是无条件反应。

如今，经典条件反射理论已经被广泛地运用到市场营销中。比如，在一则沙发广告中，一只可爱的波斯猫坐在柔软的沙发上，悠然自得地欣赏着美妙的音乐，似乎在诉说着沙发的舒适和生活的美好。很显然，该广告试图通过营造一种美好的氛围，以激发受众的遐想，并使之与画面中的产品联结，从而增加人们对沙发的好感与浓厚兴趣。

乔丹是耐克公司的形象代言人，当时耐克公司聘请天才摄影师斯伯克·李拍摄以乔丹为主角的广告片。片中以慢镜头形式播放了乔丹飞身扣篮的动作，主题语则是："谁说人不能飞？"从那以后，乔丹赢得了飞人的称号，而耐克公司的业绩也开始蒸蒸日上。乔丹意味着顽强、拼搏、更高、更强和成功的 NBA 精神，广告成功地将这些因素注入品牌中，这应该就是广告的本质。该公司的"飞人乔丹"系列运动鞋一上市即创下年销售1.3亿美元的佳绩。除了耐克这个大主顾外，乔丹还为可口可乐公司、麦当劳公司、桂格麦片公司、世界通信公司等许多企业代言。由于这些公司在美国的形象都是极好的，因此，乔丹为他们代言对于自己的形象和长远价值也有帮助。

一般来说，在低介入情境下，经典性条件反射比较常见，因为此时消费者对产品或产品广告可能并没有十分注意，也不大关心产品或广告所传达的具体信息；然而，在一系列对刺激物的被动接触之后，各种各样的联想或联系可能会由此建立。应该特别指出的是，在低介入情境下，消费者所学到的并不是关于刺激物的信息，而是关于刺激物的情感反应。这种情感反应将导致消费者对产品的学习和试用消费。

二、操作条件反射理论

操作条件反射（Operant Conditioning）亦称"工具性条件反射"，是 20 世纪 30 年代由美国行为主义心理学家斯金纳在经典条件反射的基础上创立的实验方法。操作条件反射与经典条件反射不同，操作条件反射与自愿行为有关，而巴甫洛夫条件反射与非自愿行为有关。

斯金纳关于操作性条件反射作用的实验，是在他设计的一种动物实验仪器，即著名的斯金纳箱中进行的。箱内放进一只白鼠或鸽子，并设一杠杆或按钮，箱子的构造尽可能排除一切外部刺激。动物在箱内可自由活动，当其压杠杆或啄按钮时，就会有一团食物掉进箱子下方的盘中，动物就能吃到食物。箱外有一装置记录动物的动作。

斯金纳通过实验发现，动物的学习行为是随着一个起强化作用的刺激而发生的。斯金纳把动物的学习行为推而广之到人类的学习行为上，他认为虽然人类学习行为的性质比动物复杂得多，但也要通过操作性条件反射。操作性条件反射的特点是强化刺激既不与反应同时发生，也不先于反应，而是随着反应发生。

有机体必须先作出所希望的反应，然后得到"报酬"（即强化刺激），使这种反应得到强化。学习的本质不是刺激的替代，而是反应的改变。斯金纳认为，人的一切行为几乎都是操作性强化的结果，人们有可能通过强化作用的影响去改变他人的反应。例如，白鼠的压杆行为如果不予以强化，压杆反应便立即停止。若学生某一良好反应未能受到教师充分的关注和表扬，学生最终便会放弃这一作出良好反应的努力。

但是，反应的消退表现为一个过程，即一个已经习得的行为并不即刻随强化的停止而终止，而是继续反应一段时间，最终趋于消失。斯金纳以实验表明，一只已经习得压杆反应的白鼠在强化被停止后，仍然能按压杠杆达 50～250 次之后才最终停止反应。至于消退的时间则与该习得反应本身力量的强弱成正比，即如果原来反应非常牢固，那么消退的时间较长，反之亦然。例如，在上述实验中，受过多次强化的白鼠在强化停止后，可连续按压杠杆 250 次左右；而仅受过一次强化的白鼠在强化停止后连续按压杠杆的次数为 50 次左右，所以，消退过程的时间长短也是斯金纳衡量操作性条件反射力量的一个指标。

一般来说，操作性条件反射作用更适合高介入度的购买情境，因为在高介入情境下，消费者对购买回报将会有意识地予以评价。以购买汽车为例，消费者将汽车购买回家后很可能会从象征性和功能性两个方面对自己的购买行为做出评价。在此情形下，强化无疑会在消费者心理上产生重要影响。比如，如果有人对消费者所买的汽车予以赞许或者在某些场合某些名人开同样品牌汽车的时候，均会对消费者起到正面的强化作用。

操作性条件反射对理解复杂的消费者心理现象具有重要的意义，这个理论将消费者行为视为原先产品使用后的满意感的函数。按照该理论，消费者对自己的购买行为是可以主动控制的，从产品使用中获得的持续强化（反复满意）将会提高消费者再次购买这一品牌的在操作性条件反射理论中还提到一种现象，叫作自然消退。它是指某种条件反射形成后不再受到强化，那么这种反射就逐渐减少甚至消失。例如，消费者在有奖销售的影响下购买了某种产品，当他以后再次购买同类产品时，若没有受到奖励，就有可能不再购买该产品。另外，若消费者对某一种品牌或服务不再有好感，消退过程使消费者再次购买相同品牌产品的可能性迅速降低。

★ 拓展阅读 8-1

被水淋湿的猴子

有一个著名的实验，研究人员把 5 只猴子关在一个笼子里，笼子一端挂了香蕉，旁边有个自动装置，若测到有猴子要去拿香蕉，立刻有水喷向笼子。实验开始后，有一只猴子去拿香蕉，喷出来的水顿时把猴子们淋成了落汤鸡，每只猴子都去尝试了这个动作，发现每次都是如此。于是，猴子们达成了一个共识——"不要去拿香蕉，因为会有水喷出来"。

后来实验人员把其中的一只猴子带走并换进 1 只新猴子。这只猴子进到笼子里看到香蕉，马上想去拿，结果被其他 4 只猴子暴揍一顿，因为其他 4 只猴子认为新猴子会害得它们被水淋湿。新猴子尝试了几次，结果被打得头破血流，还是没有拿到香蕉，当然这 5 只猴子也没有被水淋到。后来实验人员把喷水装置拿走了，再把原有 4 只猴子中的 1 只带走，换进另外 1 只新猴子，这只猴子看到香蕉，当然也是马上要去拿，结果又被其他 4 只猴子暴揍了一顿，新猴子尝试了几次，总是被打得很惨，只好作罢。再后来慢慢地把所有的猴子都换成新猴子，然后大家都不敢去动那根香蕉，但却不知道为什么。

三、认知学习理论

认知心理学认为学习是一个解决问题的过程而不是在刺激与反射之间建立联系的过程。在许多解决问题的情境中，并没有类似建立条件联系时那种可见的强化物，但这并不意味着没有任何强化。实际上，解决问题本身就是一种很重要的强化因素。

最早研究认知学习现象的是德国心理学家柯勒。柯勒于 1917 年报告了他对黑猩猩学习过程的研究：在房间中央的天花板上吊一串香蕉，黑猩猩若站在地面则够不到，房间里有一些箱子，但又不在香蕉下面。开始时，黑猩猩企图通过跳跃取得香蕉，但没有成功，于是，它就不再跳了，在房间里走来走去，突然在箱子面前站立不动、然后很快地把箱子挪到香蕉下面，爬上箱子，从箱子上起跳，取走了香蕉。有时候站在一个箱子上仍取不到香蕉，黑猩猩还会把两个或几个箱子叠起来，然后成功取走香蕉。柯勒认为，这就是对问题情境的一种"领悟"，并且他认为黑猩猩解决问题是靠发现了事物之间的关系，对问题情境进行改组，才使问题得以解决的，是突然实现的。认知心理学派认为学习不是尝试错误的过程，而是知觉经验的重新组织，是顿悟，因此，柯勒的学习理论就被称为"顿悟说"。

在柯勒看来，顿悟是主体对目标和达到目标的手段之间关系的理解，顿悟的学习不必靠练习和经验，只要个体能够理解整个情境中各成分之间的关系，顿悟自然就会发生。

继柯勒的顿悟学习实验之后，美国心理学家托尔曼与霍齐克于 1930 年所做的关于潜伏学习的实验，对行为主义的强化学习原理作了进一步反驳。该项实验发现，在既无正面强化也无负面强化的条件下，学习仍可以采用潜伏的方式进行。关于这一点，现实生活中的很多现象都可以对此提供支持。比如，在接触各种广告的过程中，消费者可能并没有有意识地对广告内容予以学习，在其行为上也未表现出受某则广告影响的迹象，但并不能由此推断消费者没有获得关于该广告的某些知识与信息。也许某一天，当消费者要达到某种目标时，会突然从记忆中提取源自该广告的信息。此时，潜伏的学习将通过外显行为表现出来。

第四节 记忆、遗忘与消费者行为

一、记忆的含义与过程

记忆是过去的经验在头脑中的反映。所谓过去的经验是指过去对事物的感知,对问题的思考,对某个时间引起的情绪体验以及进行过的动作操作。这些经验都可以以映像的形式存储在大脑中,在一定条件下这种映像又可以从大脑中被提取出来,这个过程就是记忆。记忆不像感知觉那样反映当前作用于感觉器官的事物,而是对过去经验的反映。

《辞海》中"记忆"的定义是:"人脑对经验过的事物的识记、保持、再现或再认。"这也是记忆过程的三个环节。记忆是一个复杂的心理过程,其基本过程包括识记—保持—回忆—再认等基本环节。

(一) 识记

识记是识别和回忆往事的过程。在这个过程中,大脑接收信息并进行编码加工,从而形成暂时的神经联系。从信息论的角度来看,信息输入(录入)和编码过程是记忆过程的最基本环节。在购买活动中,消费者首先就是从识记商品开始直至完成最终购买行为的。

(二) 保持

保持是指巩固已经识记的知识和经验,并对储存于脑中的事物进行进一步的加工与存储,使它们较长时间保持在脑中的过程,即信息的储存和继续编码的过程。

(三) 回忆

回忆也叫再现或重现,是指过去曾反映过的事物虽然不在眼前,但现在却能把对它的反映重现在大脑中的过程,从信息论的角度来看,也就是输出信息的过程。

在购买活动中,消费者有时不需要努力的回忆,但更多的时候需要努力的回忆,回忆曾经见过或使用过的同类商品的有关信息,进行相互之间的比较以作出购买决策。

(四) 再认

当过去感知或经历过的事物重新出现在眼前时能够辨别出,并确认自己曾经经历过的过程,称为认知,也叫再认。例如当消费者在商场购物时,见到自己曾经使用过或在广告中感知过的商品时能够辨认出来,并且确认自己曾经接触过,这便是认知过程。

记忆的几个基本过程是密切联系在一起的。没有识记,就谈不上对经验的保持;没有识记和保持,也就不可能对经验过的事物回忆或再认。识记和保持就是回忆和再认的前提,回忆和再认不但是识记和保持的结果,还进一步巩固和加强了识记和保持的程度。

二、记忆的类型

(一) 按记忆内容分类

记忆的类型可分为形象记忆、情境记忆、情绪记忆、语义记忆和运动记忆。

1. 形象记忆

形象记忆是指对感知过的事物形象的记忆。美国图论学者哈拉里有一句名言:"千言万语不及一张图"。人的记忆都是从形象记忆开始的,婴儿从出生6个月起就会表现出形象记忆（如认知母亲和辨识熟人的面貌），这种形象并非单纯指看得见摸得着的实物。声音也是一种形象，对声音的记忆便是一种形象记忆，所以《列子·汤问》中的"余音绕梁三日不绝于耳"也属于形象记忆。

2. 情境记忆

情境记忆是指对亲身经历过的，分为时间、地点、人物和情节的事件的记忆。如对昨天在公园里会见朋友的记忆就是情境记忆。对情境记忆的知觉又称自主意识。情境记忆属于远事记忆范畴，它是人类最高级、成熟最晚的记忆系统，也是受老化影响最大的记忆系统，其存在随年龄增加而下降的趋势。

人类的大脑很难记住日常琐碎的、司空见惯的小事，但对于有意义的次序事件的记忆却会十分清晰。如果你在听到尖锐的汽车刹车声后，目睹了一场车毁人亡的惨剧，此后在人生中一旦再次听到类似的声音，你就会不由自主地感到恐惧。这说明你的大脑已经将刹车声与车祸紧密地联系在一起。时间关联事件记忆对人类生存具有十分重要的意义，它可以帮助大脑判断如何趋利避害。

3. 情绪记忆

情绪记忆又称情感记忆，是对自己体验过的情绪和情感的记忆。如学生对接到大学录取通知书时的愉快心情的记忆等。人们在认识事物或与人交往的过程中，总带有一定的情绪色彩或情感内容，这些情绪或情感也作为记忆的内容而被存储进大脑，成为人的心理内容的一部分。情绪记忆往往是一次形成而经久不忘的，对人的行为具有较大的影响作用。如教师对某个学生的第一印象会在很大程度上影响其对该学生的态度和行为，就是因为这一印象是与情绪相连的。情绪记忆的映像有时比其他形式的记忆映像更持久，即使人们对引起某种情绪体验的事实早已忘记，但情绪体验仍然保持着。当某人回想起以前一次"吃鸡"游戏中取得战斗的胜利时，当时的情绪和情感也会再现，就像再一次体验到"吃鸡"胜利的喜悦和欢乐。

4. 语义记忆

语义记忆又称词语—逻辑记忆，是用词语概括的各种有组织的知识的记忆，例如对数学定理、公式、哲学命题等内容的记忆。这类记忆是以抽象逻辑思维为基础的，具有概括性、理解性和逻辑性等特点。

5. 运动记忆

运动记忆也称动作记忆，是以人们过去的操作性行为为内容的记忆。凡是人们头脑里所保持的进行过的动作及动作模式都属于运动记忆。如上体育课时的体操动作、武术套路，上实验课时的操作过程等都会在头脑中留下一定的痕迹。这类记忆对于人们动作的连贯性、精确性等具有重要意义，是动作技能形成的基础。

以上几种记忆形式既有区别，又紧密联系在一起。

（二）按保存时间分类

1. 瞬时记忆

瞬时记忆又称感觉记忆，是指作用于人们的刺激停止后，刺激信息在感觉通道内的短暂保留。信息的保存时间很短,一般为 0.25~2 秒。例如,一个人走过一家食品店,会迅速看一下里面卖的是什么食品。尽管这种感觉只能持续几秒,但这段时间已足够消费者作出决定是否留下来进一步观察和收集信息。如果瞬时记忆的内容被注意并保留下来并经过初步处理,其就会转化为短时记忆。

2. 短时记忆

短时记忆是保持时间约 1 分钟的记忆。据 L·R·彼得逊和 M·J·彼得逊的实验研究,在没有复述的情况下,18 秒后回忆的正确率就下降至 10% 左右。如不经复述,约 1 分钟后就会衰退或消失。此外,短时记忆的容量不大,因此,在告知消费者数字、符号等机械性信息时,不宜过长或过多。

短时记忆有三个特点:

(1) 短时记忆容量有限,据米勒的研究为 7±2 个组块。"组块"就是记忆单位,组块的大小因人的知识经验等的不同而有所不同。组块可以是一个字、一个词、一个数字,也可以是一个短语、一个句子等;

(2) 短时记忆以听觉编码为主,兼有视觉编码;

(3) 短时记忆的内容一般要经过复述才能进入长时记忆。

3. 长时记忆

长时记忆指信息经过充分的和有一定深度的加工后,在头脑中长时间保留下来的记忆。从时间上看,凡是在头脑中保留时间超过 1 分钟,直至数日、数周、数年甚至保持终生的记忆都是长时记忆。平时常说的记忆力好坏,主要是指长时记忆。

长时记忆的容量是相当大的,并且是以有组织的状态储存信息,长时记忆对消费者知识和经验的积累具有重要作用,它将直接影响消费者的购买选择和决策。就企业而言,运用各种宣传促销手段的最佳效果就是使消费者对商品品牌或企业形象成长时的记忆。

企业在传递商品信息时,首先要考虑消费者接收信息的记忆极限问题,尽量把输出的信息控制在记忆的极限范围内,避免因超出相应范围而造成信息过量,使消费者无法接受。其次,从记忆经类型的效果看,情绪与情感因素对记忆效果的影响最为明显。消费者若在愉快、兴奋、激动的情绪状态中,对商品及有关信息极易形成良好、鲜明、深刻的记忆表象,并将这种表象保持较长时间。在适当的环境下,消费者也会迅速回忆和再认原有表象及情绪体验。

三、消费者的遗忘

伟大的法国作家巴尔扎克曾经说过:"如果不忘记许多,人生无法再继续。"现实生活中,无论何种类型的记忆都难以做到永远保持,这是因为在记忆过程中遗忘的存在。遗忘是一项重要的心理机制,指对识记过的事物不能再认或回忆或者表现为错误再认或回忆。记忆无时无刻不在产生,同时,又是无时无刻不被遗忘。

遗忘可能是永久性的,即不再重复时就永远不能再认或重现。例如,许多文字或电视广告,倘若不加注意和有意识地进行记忆,就很可能会完全遗忘。遗忘也可能是暂时性的,消费者叫不出熟悉的商品名称或想不起使用过的商品用法,都属于暂时性的遗忘。

影响遗忘的因素

影响遗忘的因素包括时间、识记材料的内容、识记材料的数量、识记材料的序列位置、学习时的情绪、记忆任务的长久性与重要性。

(1) 识记后的休息。识记后最初阶段休息得好,则保持的效果也好。

(2) 识记材料的内容。有意义的材料比无意义的材料遗忘得慢;形象、直观的材料比抽象的材料遗忘得慢;比较长的、难度较大的材料遗忘得快;凡是能引起主体兴趣,符合主体需要、动机,激起主体强烈情绪,在主体的工作、学习、生活上具有重要意义的材料,一般不易遗忘。反之,则遗忘得快。

(3) 识记材料的数量。数量越大,遗忘越多。学习强度太低或太高,都不利于对知识的记忆。实验证明,过度学习(即能够背诵之后再进行的学习)达到50%,记忆效果最好。学习强度越高,遗忘越少,但是超过一定限度,记忆效果将下降。

(4) 识记材料的序列位置。一般材料的首尾容易记住,不易遗忘,而中间部分则容易遗忘。

(5) 学习时的情绪。学习者情绪差、动机弱、目的不明确都不利于记忆。心情愉快之时习得的材料保持时间更长;而焦虑、沮丧、紧张时所习得的内容更容易遗忘。

(6) 记忆任务的长久性与重要性。比如人们对早餐的记忆不会超过三天,但是对初恋或初吻的记忆可能持续一辈子。在学生时代,可以把学生分为两类:一类是学霸型,对知识的掌握非常牢固;另一类是普通型,对知识的掌握非常一般。虽然他们在学生时代对知识的掌握相差甚远,但是他们在工作之后对学生时代的知识遗忘率却可能并驾齐驱。因为他们记忆知识是为了考试,所以毕业后知识就被快速遗忘了。

四、有关遗忘的学说

(一) 痕迹衰退说

痕迹衰退说强调的是生理机制对记忆痕迹的影响,认为遗忘是由于记忆痕迹得不到强化,而逐渐减弱,以致最后消退。记忆痕迹随时间推移而消退的假说因为比较接近常识,也与日常的"用进废退"经验相同,容易被人们理解,但未必符合所有事实。

德国著名的心理学家艾宾浩斯(Hermann Ebbinghaus,1850—1909)在1885年发表了他的实验报告后,记忆研究就成了心理学中被研究最多的领域之一,而艾宾浩斯正是发现记忆遗忘规律的第一人。

艾宾浩斯在做这个实验的时候是以自己为测试对象得出一些关于记忆的结论。他选用了一些根本没有意义的音节,也就是那些不能拼出单词来的众多字母的组合,如 asw、cfhhj、rhfbc 作记忆材料,用节省法计算保持和遗忘的数量。他经过对自己的测试,得到一些数据,并根据他的实验结果绘制描述遗忘进程的曲线,即著名的艾宾浩斯记忆遗忘曲线(图8-1)。图8-1中纵坐标表示记忆的数量(用来表示机械记忆的保持程度),横坐标表示时间(天数),曲线表示机械学习实验的结果。

艾宾浩斯记忆遗忘曲线是他在实验室中经过了大量测试,得出不同记忆数据,从而生成的一种曲线,是一个具有共性的群体规律。此记忆遗忘曲线并不考虑接受实验个人的个性特点,而是寻求一种处于平衡点的记忆规律。

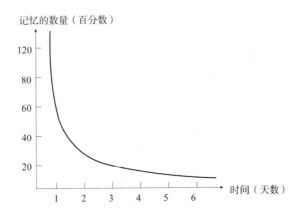

图 8-1 艾宾浩斯记忆遗忘曲线

图 8-1 中的曲线表明，在学习中遗忘是有规律的，遗忘的进程很快，并且先快后慢，先多后少，呈负加速。观察该曲线可以发现，学得的知识在一天后如不抓紧复习，记忆就只剩下原来的 25%。随着时间的推移，遗忘的速度降低，遗忘的数量也减少。有人做过一个实验，两组学生学习一段课文，甲组学习后不复习，一天后记忆率为 36%，一周后只剩 13%。乙组按艾宾浩斯记忆规律复习，一天后记忆率为 98%，一周后还可保持在 86%。乙组的记忆率明显高于甲组。

一项实验表明，某广告最后一次重复后，只相隔几个小时，消费者记住它的百分数就下降了 50%，此后，随着时间的推移，遗忘速度保持渐趋稳定的下降。也就是说，遗忘的进程是"先快后慢"，了解消费者记忆遗忘的这一规律，对于企业有针对性地采取措施帮助消费者减少记忆遗忘，保持有效记忆，使消费者能够更准确地和长久地记住有关品牌的信息。

（二）干扰遗忘说

衰退说对遗忘的解释并不符合所有的事实，也不能得到实验的证实。例如，童年时期的某些经验事隔几十年仍历历在目，几天前刚学过的外语单词却想不起来。由此表明，时间延长不一定产生痕迹衰退，这并非是遗忘的唯一原因。

干扰说是麦克奇等研究提出的，此学说的依据是"刺激—反应"理论。干扰说认为遗忘不是记忆痕迹的衰退，而是新旧经验之间彼此相互干扰的结果。由于干扰抑制了记忆中信息的提取而导致遗忘。此时，记忆中的信息并未消失。一旦消除了干扰或得到适当的线索，记忆就能得以恢复。

提到干扰说，必要涉及两个概念——前摄抑制和后摄抑制。先学习的材料对后学习的材料所发生的干扰作用称前摄抑制。在无意义材料的记忆中受前摄抑制的影响极大，是造成大量遗忘的重要原因（有意义材料受其影响要小些）。如人们刚学习完一种材料，马上就学习另一种新材料，这样就会忘记前面学习的材料。前摄抑制是指先前学习的材料对后学习的材料的干扰作用。前摄抑制和后摄抑制的影响常表现在对课文的学习上，人们阅读一篇长文章时，总是首尾印象深刻，中间部分不易记住，这是因为文章的开始部分只受后摄抑制的影响，结尾部分只受前摄抑制的影响，而中间部分则同时受两种抑制的影响。

（三）压抑遗忘说

压抑遗忘说认为由于某种动机所引起的遗忘，是人们压抑痛苦的或不愉快的事，以免引起焦虑的后果。这种现象首先是由弗洛伊德在临床实践中发现的。他在给精神病病人施行催眠术时发现，许多人能够回忆起早期生活中的许多事情，而这些事情平时是回忆不起来的。他认为，这些经验之所以不能回忆，是因为回忆它们会使人痛苦、不愉快和忧愁，于是人们便拒绝它们进入意识，将其存储在无意识中，也就是被无意识动机所压抑。当情绪紧张而引起遗忘的情况也是常有的，例如人们在考试时由于情绪过分紧张，致使一些学过的内容怎么也想不起来。

（四）同化遗忘说

这是奥苏伯尔提出的较为独特的见解。他认为遗忘是学习到更高级的概念与规律以后，高级概念可以代替低级概念，使低级概念被遗忘，从而简化了认识并减轻了记忆的量，这是一种积极的遗忘。相反，若原有知识不巩固，新旧知识辨析不清，或者旧概念代替貌似相同实质不同的新概念，或者对新知识产生曲解导致记忆错误，这是一种消极的遗忘。

（五）提取失败说

一些研究者认为，存储在长时记忆中的信息是永远不会丢失的，人们之所以想不起来一些事情，是因为人们在提取有关信息时没有找到适当的提取线索。人们常常有这样的经验，明明知道对方的名字，但就是想不起来。这种现象称为"舌尖现象"。

遗忘之所以发生，不是因为存储在长时记忆中的信息消失了，而是因为编码不准确，失去了检索线索或线索错误。一旦有了正确的线索，经过搜寻，所需要的信息就能提取出来，这就是遗忘的提取失败说。

五、记忆在营销中的作用

记忆是个体经验积累和心理发展的前提，作为一种基本的心理过程，是和其他心理活动密切相连的。消费者的每次购物活动不仅需要新的信息和新的商品知识，还需要参照其以往对商品或服务的情感体验以及知识和经验。在以后的消费活动中，消费者会自觉地利用记忆材料如过去的使用经验、广告宣传、效果印象等对商品进行评价，这有助于消费者全面、准确地认识商品并作出正确的购买决策。尤其是对一些价格昂贵的商品，消费者大都经过慎重的挑选、比较、权衡后，才决定购买与否。因此，信息在消费者记忆中如何组织就成为专家和营销人员十分关心的问题。对企业来说，在了解消费者记忆特点的基础上，可以采取以下方法进行营销。

（1）心理学研究表明，有意义的材料比无意义的材料容易记忆，企业在做广告或给产品命名时，应尽量避免陌生、冷僻的词汇，少用专有名词和令人费解的字句。

（2）人的信息加工能力是有极限的。普通人的大脑不能同时处理7个以上的单位，也就是说，很少有人能记住同类产品7个以上的品牌名称。这就给企业传递了一个信息，即使本企业的产品非常幸运地挤进了七者之一，也不能高兴得太早。因为影响消费者购买的往往只是前二三位。有人进行过统计，排在首位的企业和产品比排在第二位的企业市场占有率高出一倍；而排在第二位的企业又比第三位的高出一倍。所以说，企业的产品和品牌要想让消费者眷顾，就必须了解消费者记忆的特征，做好市场定位。

（3）适度重复可以加深消费者对广告或产品的印象。由于适度重复可以增加信息在短时记忆中停留的机会，不断重复还有助于将短时记忆转化为长时记忆，所以在传递消费信息（特别是新产品上市）时，应尽可能多次重复有关内容，但应注意表现形式的多样化和重复时间的间隔性。

本章小结

消费者学习是指消费者在购买和使用商品的活动中，不断地获取知识，经验与技能，通过积累经验、掌握知识，不断地提高自身能力，完善自身的购买行为的过程。消费者通过学习可以改变相应的消费行为。消费者学习有模仿式学习、试误式学习、发现式学习、对比式学习四种类型。

消费者学习理论中最著名的是经典条件反射理论（又称巴甫洛夫条件反射）和操作条件反射理论。经典条件反射是指一个刺激和另一个带有奖赏或惩罚的无条件刺激多次联结，可使个体学会在单独呈现该刺激时，也能引发类似无条件反应的条件反应。操作条件反射与经典条件反射不同，与自愿行为有关；而经典条件反射与非自愿行为有关。操作条件反射理论更适合于高介入度的购买情境，其认为人的一切行为几乎都是操作性强化的结果，人们有可能通过强化作用的影响改变别人的反应。

记忆是一个复杂的心理过程，其基本过程包括识记—保持—回忆—再认几个基本环节。根据内容，记忆分为形象记忆、情境记忆、情绪记忆、语义记忆和运动记忆；根据时间，记忆分为瞬时记忆、短时记忆和长时记忆。

记忆无时无刻都产生，同时，又无时无刻被遗忘。遗忘是指对识记过的事物不能再认或回忆，或者表现为错误再认或回忆。影响遗忘的因素包括时间、识记材料的内容、识记材料的数量、材料所处的位置、学习时的情绪、记忆任务的长久性与重要性等。

关键概念

消费者学习　经典条件反射理论　操作条件反射理论　前摄抑制　后摄抑制记忆　遗忘　瞬时记忆　短时记忆　长时记忆　艾宾浩斯记忆曲线

习题

1. 消费者学习有哪些作用？
2. 消费者学习和消费者记忆的区别和联系是什么？
3. 简述前摄抑制和后摄抑制。
4. 简述操作性条件反射理论及其对营销的指导作用。
5. 影响遗忘的因素有哪些？
6. 商家可以通过什么途径帮助消费者保持有效记忆并减少遗忘？

第九章

消费者态度与消费者行为

【学习目标】

通过本章的学习,掌握以下内容。

- 了解消费者态度的概念及功能。
- 熟悉消费者态度形成的基本理论。
- 掌握消费者态度转变的主要影响因素和途径。
- 了解消费者态度测量的相关方法。

【能力目标】

通过本章的学习,培养学生以下能力。

- 结合日常实际,能对消费者态度有理性的认识。
- 根据自身消费体验并通过观察他人的消费行为,分析消费者态度转变的原因。
- 运用所学的消费者态度的知识,对现实的案例进行分析,制定相应的营销策略。

【导入案例】

中国奢侈品全球定价最高,消费者态度决定售价

2012—2018年,全球奢侈品市场超过一半的增幅来自中国。麦肯锡中国的《2019年中国奢侈品消费报告》显示,在中国经济增长放缓的背景之下,2018年奢侈品市场的增长势头反而更强劲。数据显示,2018年全球奢侈品市场规模约3 470亿美元;而中国人奢侈品消费额达到1 457亿美元,同比增长7%,占全球奢侈品市场的42%,其中有74%的奢侈品购买行为发生在中国境外。服装、珠宝、腕表、皮具、美容和化妆品以及酒类是中国消费者最青睐购买的品类。购买者普遍认为,虽然奢侈品不是生活必需品,但却会使他们生活得更加快乐。

然而,作为全球最大的奢侈品消费国,中国却一直承受着全球最高的奢侈品价格。纽约数字营销研究机构Gartner L2统计的数据显示,2017年奢侈品牌中国官网的商品售价相较美国官网平均高出11%。随着时间的推移,商品价格差距也在不断变大。2018年奢侈品牌在中美市场商品售价的平均价差已经达到21%,而中国市场与法国市场的奢侈品平均价差更是令人咂舌，达到36%。由于在中国购买奢侈品的价格远远高于境外，所以很多中国人选择在出国旅行时顺便购物。

2019年4月，国际奢侈品牌在中国掀起了新一轮"降价潮"。多个奢侈品牌相继下调中国门店的商品售价，下调幅度约为3%，其中包括古驰、路易威登、雅诗兰黛、奔驰、宝马等知名奢侈品巨头。英国《金融时报》的报道引用咨询机构德勤的数据说，相对于欧洲，奢侈品在中国的利润减少了四分之一，但中国依然是全球奢侈品价格最高的国家，有23%的奢侈品牌在中国的标价比国外贵16%~25%。除了高端奢侈品在国内外市场存在巨大价差以外，轻奢品牌更是表现出惊人的价差，例如蔻驰在中美两国的价差已高达40%。

古驰这次售价下调了3%，但是和国外价格差距仍然很大，普遍超过3 000元。以古驰某款热销手提袋为例，中国官网售价为17 900元，按3%降价后售价为17 363元；而这款手提袋在欧洲国家官网的售价为1 790欧元（约合人民币13 484元），官网售价相差3 800多元。可见中国市场的售价明显比欧洲市场高。

同样降价3%的路易威登，也存在中国市场售价偏高的情况，差价平均为2 000~3 000元。事实证明，商品售价下调3%，仍然和欧洲价格差距较大。2011—2018年中国人奢侈品消费额如图9-1所示。

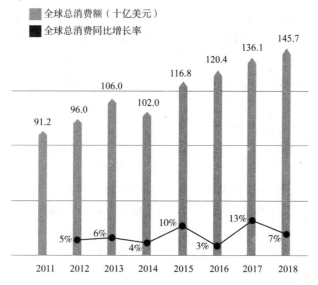

图9-1　2011—2018年中国人奢侈品消费额

决定奢侈品售价的主要因素不是成本，而是消费者的态度。对支付意愿高的消费者可以定更高的售价。在奢侈品行业内流行着这样一个成本计算公式：

原材料成本+加工成本+奢侈品牌价值+市场公关成本+旗舰店年度成本+关税与政府税率=实际销售价格

其中，原材料成本往往不足实际销售价格的10%。奢侈品在中国的高定价，正是由于中国消费者对奢侈品的热捧造成的。中国消费者对奢侈品高涨的热情在2019年的"618"又一次得到了印证，天猫的奢侈品整体成交额和成交人数均增长超过1.3倍。不断提升的成交额背后是中国消费者对奢侈品日益浓厚的兴趣。三至六线城市奢侈品的消费增速已经比一二线城市高18%。进行奢侈品消费的三线及以下城市消费者增长近40%。

"80后""90后"是中国奢侈品市场的消费主力,分别贡献了56%和23%的中国奢侈品总消费。父母给予的经济支持对"90后"的消费意愿(特别是购置昂贵的奢侈品)起到很大的助推作用。近七成的"90后"购买奢侈品是为了"感受独特和彰显自我"。更有年轻白领认为,奢侈品能展现他们的品位,能让职场上的自己更自信,甚至更容易得到他人尊重。消费者越年轻,这种心态就越强烈。奢侈品成了某种隐形的符号,是既能彰显个性,又有助于融入某些圈子,还能增强身份认同感的一种社交资本。当然,更加便捷的购物方式也无形中增加了消费者对奢侈品的购买欲望。

因此,若要奢侈品降价,首先应呼吁中国消费者冷静下来,对奢侈品消费从盲目狂热到日趋理性,理性消费才能缩小中国奢侈品与其他国家的定价差距。

思考:
1. 为什么奢侈品在中国的定价全球最高?
2. 应如何改变中国消费者对奢侈品的态度?

第一节 消费与消费者

从上面的案例可以看出,中国消费者的态度影响了世界奢侈品在中国的定价。虽然中国人均收入不是最高的,但是中国消费者不理智地追捧奢侈品的态度,导致了奢侈品在中国的定价全球最高。可见,消费者对品牌产生积极肯定态度,会对消费者行为产生至关重要的影响,这也是企业营销要达到的重要目标。本节将重点介绍消费者态度及其影响,讨论消费者态度的形成、测量和改变。

一、消费者态度的含义

态度(attitude)是人们在自身价值观和道德观基础上对某一事物或观念所持有的正面或反面的认识上的评价,情感上的感受和行为上的倾向。消费者态度就是消费者在购买活动中对商品、商家、服务等方面持有的评价、情感和行为倾向。消费者产生态度的目标客体很广泛,从具体的商品行为到与消费有关的相关行为,涵盖了人、事件、物、团体、制度等。例如,由于国内婴幼儿奶粉质量问题频发,因此消费者普遍对国内品牌奶粉失去信心而选择国外品牌的奶粉。目前,国外婴幼儿奶粉品牌几乎垄断了整个中国的中高端奶粉市场,价格再贵也有消费者愿意购买,对于国内乳制品企业来说,改变消费者固有的态度和看法,建立品牌偏好已经刻不容缓。

消费者对某一对象的态度并不是与生俱来的,而是后天习得的。只要能够形成态度,就具有相对持久和稳定的特点,反映为一定的规律和习惯,进而形成对某一品牌的偏好甚至忠诚。态度并非不可把握或者不可改变,若想使消费者产生购买某种商品的行为,就应该做好产品设计、广告设计、包装设计等,让消费者对该商品产生好感和信赖感。这样,指导消费和诱导消费就水到渠成了。

二、消费者态度的功能

消费者态度具有一定功能,其中被人们广泛关注的有心理学家丹尼尔·卡茨(Daniel

Katz）提出的态度功能理论（Functional Theory of Attitudes），其将态度的功能分为四种。

（1）效用功能（utilitarian function）。该功能主要与基本的惩罚原则有关，根据商品给消费者带来的是舒适还是痛苦来形成某种态度，例如，某消费者在初次体验华为手机后，对该商品的外形、功能以及社会认可度等各个方面都感到满意，那么这个消费者就会对华为手机形成正面积极的态度。消费者在下次选购手机的时候就极有可能作出和前面一致的行为，还是选购华为手机，从而节省了在购买决策上花费的时间和精力。同样地，只有形成适当的态度，才能够得到重要的人或群体的认同和赞赏，这点对于营销者来说尤为重要。例如在推销商品时，销售人员如果能够根据消费者的喜好和特点适当给予一些赞美，将拉近与消费者的距离，让其对商家和商品产生好感，顾客就很有可能购买该商品。

（2）价值表现功能（value-expressive function）。态度能够表现消费者的核心价值观或者自我观念，中国新兴的中等消费阶层选择奥迪汽车就是体现了他们价值观念。一方面，他们希望能够证实自己的社会地位；另一方面，他们又希望保持低调的外观，恰当表现自己的身份，于是较为低调谨慎的汽车品牌奥迪就成为他们的选择。

（3）自我防御功能（self-defensive function）。态度能够帮助个体回避或者忘却严峻的环境或事实，从而保护个体的身体和心理平衡。例如，老年人对保健品、滋养品和防病健身方面的产品有着非常积极的购买态度，就是出于自我防御的目的，渴望健康长寿。

（4）知识或认识功能（knowledge function）。态度能够帮助人们认识和理解某事物，态度的知识功能可以是正面的，也可以是负面的。当消费者对某种类型的产品形成一种正面或者负面的态度，那么下次遇到同类型的产品，不用思考就会根据以前形成的态度来决定是否购买。这种知识能够简化决策程序，让消费者迅速作出决定。

三、消费者态度与信念

消费者信念是指消费者对事物的属性及其利益所持有的知识。消费者信念会影响消费者的消费态度。例如有的消费者相信名牌产品，认为名牌产品可以具有普通产品所没有的附加值；而有的消费者却认为名牌产品性价比不高，没必要花大价钱购买。消费者信念可以分为三种类型，即客体——属性信念、属性——利益信念、客体——利益信念。

（一）客体——属性信念

客体是指人、产品、公司或者其他事物，属性是指客体具备或者不具备的特性或者特征。消费者对某种商品或者事物拥有某种属性的知识就是客体——属性信念，例如王老吉凉茶具有清热降火的功效，就是关于产品具有某种属性的信念。这使消费者在"上火"的时候选择王老吉凉茶。当然，消费者对某种产品的属性认识并不一定符合现实情况。

对属性的认识，准确定位产品或做到有效营销，如消费者能够把企业的商品和其竞争品区分开来，就说明企业的产品或者服务定位是成功的。例如，有的消费者认为苹果手机的IOS系统比谷歌手机的安卓（Android）系统安全性和稳定性更好，不论事实是否如此，这都说明了企业品牌定位和产品战略的成功。

（二）属性——利益信念

消费者追求产品和服务的能够解决某类问题并且提供某种利益的属性就是属性——利益信念。例如，云南白药具有化瘀止血、活血止痛、解毒消肿的属性。1995年，云南白药被列为国家"一级保护中药"之后,消费者对该产品形成更加良好的态度,2015年云南白药入选"值得信赖中国品牌"中医药行业之首。

(三) 客体——利益信念

消费者对一种产品、服务将导致某种特定利益的认识就是客体——利益信念,企业可以通过分析消费者的需要,设计满足这些需要的产品,从而获得产品策略和品牌战略的成功。例如,符合中国人传统的文化习惯——送礼的需要,脑白金成功地被包装成礼品并大受欢迎,脑白金产品本身与竞争对手的同类产品区别并不大,但是因为企业满足了消费者的需要,通过各种营销策略(如众所周知的"送礼就送脑白金"的广告等)消费者建立起脑白金和礼品之间的联系和信念。

四、消费者态度与购买行为

(一) 消费者态度对购买行为的影响

消费者的态度在一定程度上可对购买行为产生影响。消费者的态度是持久的,趋向于持续一段时间,如果消费者对某种产品、服务或者企业产生某种态度,就会在一段时间内储存在记忆中用于应付或者帮助解决当前面临的购买问题,态度能够让消费者在较短的时间内适应变化的购买环境并迅速作出购买决策。

★拓展阅读9-1

不买速溶咖啡的真正原因

速溶咖啡与一次性纸尿裤,应该是风马牛不相及的两种商品,然而,在这两种新产品刚刚问世的时候,公司决策者自以为很有把握的营销策划活动却遇到了相同的问题——消费者的抗拒态度。

速溶咖啡是20世纪40年代开始进入市场的。速溶咖啡物美价廉,配料又无须使用特别技术,制作非常节省时间,很适合现代人的生活节奏。然而,当企业在广告中大力宣传该产品的上述特点时,并没有受到消费者的青睐,反而受到冷落。于是,生产厂家请来了消费心理学家梅森·海尔(Mason Haire)进行了一次关于该产品广告的市场调查并找出了问题所在,以确定消费者拒绝购买这种省时省事产品的原因。

梅森首先调查了人们对雀巢速溶咖啡的态度,即使用传统的问卷调查方法对一个有代表性的消费群体(样本)进行了调查。首先,这些接受调查的人被问及是否饮用速溶咖啡,有人回答"是",也有人回答"否";然后,再问及那些回答"否"的人对这种产品有何看法。大部分人都回答说他们不喜欢这种咖啡的味道,然而令人不解的是,回答"否"的人并没有喝过速溶咖啡,怎么会形成"味道不好"的印象呢?

于是梅森又请这些人实际品尝速溶咖啡与新鲜咖啡,结果大部分人却又说不出它们在味道上真正的差别。因此,企业深信人们不喜欢速溶咖啡的真正原因并不是它们的味道不好!他们进而怀疑在消费者不喜欢速溶咖啡的背后有一些更为深层的原因。

为了深入了解消费者拒绝购买速溶咖啡的真实动机,梅森改用一种称为角色扮演法的投射技术进行了深层研究。他不再直接去问人们对速溶咖啡的看法,而是设计了两张购物清单,然后分别让两组妇女(调查对象)阅读这两张购物清单并请她们描述一下写这两张购物清单中的"主妇"有什么特点。

这两张购物清单上的内容几乎完全相同，只有一个条目不一样，那就是购物清单 A 包含了速溶咖啡，购物清单 B 则包含了新鲜咖啡（表 9-1）。

表 9-1　关于速溶咖啡与新鲜咖啡的两张购物清单

购物清单 A	购物清单 B
1 听朗福德发酵粉	1 听朗福德发酵粉
2 片沃德面包	2 片沃德面包
1 捆胡萝卜	1 捆胡萝卜
1 磅①雀巢速溶咖啡	1 磅麦氏新鲜咖啡
1.5 磅汉堡	1.5 磅汉堡
2 听狄尔桃	2 听狄尔桃
5 磅土豆	5 磅土豆

结果，看了购物清单 A 的那组妇女，有 48% 的人称该清单中的主妇为懒惰的、生活没有计划的女人，极少数（4%）的人把该购物者说成俭朴的女人，显然大部分人认为该主妇是一个挥霍浪费的女人，还有 16% 的人说她不是一位好主妇。而在另一组看了购物清单 B 的妇女中，则很少人把该清单中的主妇说成是懒惰的、生活没有计划的女人，更没有人把她指责为不好的主妇。

这个结果显示出这两组妇女想象中两个购物主妇的形象是完全不同的。它揭示出当时接受调查的妇女们内心存在的一种偏见，即作为家庭主妇应当以承担家务为己任，否则，就是一个懒惰的、挥霍浪费的、不会持家的主妇。而速溶咖啡突出的方便、快捷等特点，恰巧与这一偏见冲突。

在这个态度之下，速溶咖啡成了主妇们消极体验的产品，失去了积极的心理价值。换言之，省时省事的宣传在消费者（家庭主妇）心目中产生了不愉快的印象。这个实验揭示了主妇们冷落速溶咖啡的深层动机：购买此种咖啡的主妇被认为是喜欢凑合、懒惰的、生活没有计划的女人，所以速溶咖啡广告中宣传的免煮、有效、省时的特点就完全偏离了消费者的心理需求。

市场需求调查研究之后，企业决策层改变了原来的广告主题，在营销推广上不再突出速溶咖啡免煮，不用清洗煮咖啡工具等省时省事的特点，转而强调速溶咖啡美味和芳香的特色，用其色泽、质地来吸引消费者，以避开家庭主妇偏见的锋芒。于是速溶咖啡的消极印象被扭转，从此打开了销路。

（二）购买行为与消费者态度的不一致

虽然态度对行为有一定的影响，但是在现实中会有消费者态度和购买行为不一致的情况。造成不一致的原因是比较复杂的，具体包括了购买动机、购买能力、情境和测度条件等。

---

① 1 磅 = 453.59g。

1. 购买动机

消费者对某一企业者产品、服务有好感并不意味着其会采取购买行动。例如，已经拥有手机的消费者虽然对新上市的华为畅享10Plus有好感，但是从目前的需求来说并不需要重新购买一部新的手机，所以这些消费者是不会作出购买决策的。

2. 购买能力

消费者作出购买决策是受到自身经济能力限制的。不少女性消费者对于路易威登皮具的质量和款式评价很高，但并不是所有的女性消费者都会购买该品牌的产品，因为不是所有人都负担得起路易威登产品昂贵的价格。

3. 情境

环境的限制、时间的紧迫程度、身体状况等都可能导致消费者态度和行为不相符合。消费者在大城市的超市里可以按照自己的喜好选择某一大品牌的洗发水，但是在小乡村的零售店里也许只能买到不知名品牌的洗发水。

4. 测度条件

对消费者态度进行测度是有可能存在误差的。例如，只测量了消费者对某一产品的态度而忽视测量消费者对其竞争品的态度；或者只在某个特定情境下进行测度，没有在其他情境等因素下进行测度；或者只测量了某个家庭成员的态度，而没有测量其他家庭成员的态度及他们的态度对该成员态度的影响。

第二节 消费者态度的形成

消费者态度不是与生俱来的，而是在后天的生活和学习情境中以及消费行为中形成的。影响消费者态度形成的因素是多方面的，西方学者对于消费者态度的形成主要有五大理论，即学习论、诱因论、认知相符论、自我知觉理论和认知反应理论。

一、学习论

学习论又称条件作用论，以耶鲁大学的霍夫兰德为主要代表，该理论的核心思想是，人的态度是通过后天学习得到的。学习方式可以分为三种，即联想、强化和模仿。

（一）联想

联想是将多个观念连接起来，从一个观念自然引起另一个观念。例如，若支持保护环境的消费者若在新闻报道中看到关于英国品牌美体小铺（The Body Shop）的公司介绍，了解其经营理念和其为保护环境所作的各种努力（包括节约包装成本、反对动物实验、支持人权运动、积极参与环境保护运动等），就会将这些对The Body Shop的赞誉和公司的产品、服务联系起来，从而形成对该公司及其产品正面和积极的态度。

（二）强化

强化是指消费者在购买和使用某种产品后，对其再次作出购买决策有正面或者负面的影响。如果消费者网购了一件衣服，穿在身上感觉很满意，同时又受到家人和朋友的称赞，那么消费者的满意感就会被强化，从而对该品牌的衣服产生积极的情感和态度。有时候消费者会受到正面和负面两种强化，强化对态度的作用取决于两种强化的相对强度。

（三）模仿

模仿是人们不自觉地学习某一榜样的行为举止和态度等。榜样越是强有力的、重要的或者亲近的人物，人们模仿发挥的作用就越大。人们模仿的榜样可以是父母、老师、好友、名人等。例如，第一夫人彭丽媛女士的高贵、典雅、大气、亲和的气质完美诠释了中国当代女性的风姿，成为当之无愧的女性榜样。彭丽媛也是一位时尚偶像，彭丽媛出访其他国家时穿戴的服装鞋帽甚至使用的手机，已经达到一上市就被抢购一空的热度。2013年，彭丽媛出访俄罗斯时身着国产品牌服装，使用国产手提包，就引发了国人对本土高端服装品牌的热烈追捧；2014年，彭丽媛在德国观看中德青少年足球友谊赛时，手持中兴旗下高端子品牌努比亚（Nubia）手机拍的照片，再度掀起了一股国货热潮。"第一夫人"效应更使得"例外"服饰、"百雀羚"化妆品、"阮仕珍珠"以及"努比亚"手机等国货也随着"第一夫人"进入大众视野，不仅产生强大的示范效应，还带动国内其他优质本土品牌的消费热潮，这就是榜样的力量。可以看出，普通民众由于模仿榜样而对国产品牌产生了特殊情感和积极的态度。

★ 拓展阅读 9-2

"国礼"概念带火国货化妆品

"第一夫人"不仅在政治外交和国际交流中扮演重要角色，其一言一行都被置于镁光灯之下。从成为"第一夫人"那天起，彭丽媛的身份就制造出巨大的经济效益。彭丽媛一直以支持国产品牌而出名，"第一夫人"成为国产品牌最好的代言人。她充分利用各种场合展示对国产品牌的偏爱，既提高了国产品牌的曝光度和影响力，也体现了国家的自信。

2013年3月，彭丽媛出访参观坦桑尼亚妇女与发展基金会时送出的国礼中包含"百雀羚"化妆品。消息一出，"百雀羚"这个国货老品牌瞬间爆红。不少化妆品淘宝店直接将"百雀羚"命名为"国礼百雀羚"。不少人专门冲着国礼身份去够买"百雀羚"化妆品，该品牌的顾客问询量突增数倍，销量大幅提高。

"百雀羚"为上海品牌，创立于1931年。阮玲玉、周璇、胡蝶、宋氏三姐妹及英、德、法等驻华使节夫人都是它的推崇者。80余载的风风雨雨为这个国货老品牌增添了更为厚重的历史韵味。

事实上，"百雀羚"已经不是第一次跻身"国礼"行列。早在胡锦涛总书记任职期间，"百雀羚"已经作为"国礼"赠送给外国友人，然而以"国礼"标签进入大众视野，加之凭借"第一夫人"无形的代言，"百雀羚"适时地"霸气侧漏"。

在各大超市和卖场，"百雀羚"均被摆在醒目位置。一位销售小姐告诉笔者，"几周前（百雀羚）还摆在柜台的角落里，来买的人寥寥无几。"这几天来买（百雀羚）的顾客越来越多，甚至有阿姨来买了十几套礼盒，说是送人。"似乎一夜之间，大家脱离了对外国货的迷恋，回归了对国货的信赖。沉寂已久的国货化妆品关注度迅速升温，销售额更是有很大幅度的提升。

"百雀羚几乎拉动了所有国产品牌化妆品的销售"，银座超市的销售小姐指着柜台里陈列的老国货品牌告诉笔者。在各大超市的化妆品专区，许多国产品牌化妆品都占据了大面积的促销展位，而且销量都有明显增长。郁美净、孩儿面等国产老品牌化妆品热度直升，那些人们儿时迷恋的老国货仿佛又有横空出世的节奏。

以"国礼"在国外亮相为契机，国产品牌着实火了一把，很多习惯于消费欧美一线品牌化妆品的人，也开始接受和尝试国产品牌。在IT公司工作的李小姐说："上大学以后都是用的欧美品牌化妆品，感觉比较洋气，也没怎么关注过国货。最近看到国产品牌化妆品被当作'国礼'送到国外，觉得挺有范儿的，也有了想尝试一下的念头。"

分析提示："百雀羚"作为"国礼"送给外国友人，使消费者对"百雀羚"产品的态度发生了转变。在消费者心中，以前"百雀羚"只是个历史悠久的普通国产品牌，现在它却是中华民族品牌的典型代表。这让消费者对其产生了特殊的正面态度。

态度的形成和变化一般经历顺从、认同和内化三个阶段。

（1）在顺从阶段，人们一般都倾向于和他人表现一致，这主要受到奖惩原则的支配。该阶段的态度是最容易改变的。

（2）在认同阶段，由于喜欢某个人、某群体或者某件事情，而愿意与其保持一致的态度。这个阶段的态度更加积极主动和深刻。

（3）在内化阶段，人们将情感认同的东西和自己持有的信念、价值观、人生观等联系起对情感态度给予理性的支持。该阶段的态度有强烈的感情成分，也有的以理性认知为主导，因此不容易改变。

二、诱因论

诱因论是指人们在权衡利弊之后形成对某种事物的态度。消费者对于某一种产品和服务有正面趋近的理由，也可能有负面回避的理由。例如，消费者认为新上市的华为Mate30pro和以前的华为Mate20系列相比，屏幕更大、机身更薄、有超强的拍摄实力、性能更稳定。而且若拥有一台刚上市的华为Nova5能够让亲朋好友羡慕，感觉有面子。这些因素能够使消费者对购买该款手机产生积极的态度，但同时，消费者又面临着一些窘境，例如，iPhone5手机刚上市时价格较贵，这时出现一些关于这款手机的负面新闻（如外壳掉漆等问题），这会让消费者产生消极的态度。根据诱因论，消费者的态度就取决于趋近和回避这两方面的相对强度。诱因论将人的态度的形成看作是理性、主动的决策过程，这是和学习论截然不同的，学习论认为人是被动接受环境因素的，而诱因论认为人是主动、积极的对诱因冲突进行周密计算，然后才作出决策的。即便原来的诱因发生改变，人们的态度也有可能保持不变。人们态度的形成是一个复杂的过程，并不一定是以理性为依据的。

三、认知相符论

认知相符论也称为认知一致论，是20世纪50年代出现的社会心理学理论。它试图以人的认知活动为出发点理解隐含在个体的社会心理活动背后的动机状态。其基本观点是人一般自认为自己是理性的、合乎逻辑的，因此，在社会生活中，他总是自觉不自觉地对外证明这一点。人的态度如果和其他观点、行为发生矛盾，就会存在一种内在力量推动其进行自我调节，避免逻辑矛盾，以维护自己的理性的形象，达到认知上的相符与一致。

（一）平衡理论

平衡理论是海德等在20世纪50年代提出的。平衡理论又被称为"P-O-X理论"，用符号"P"表示认知的主体,"O"表示态度的另一个人,"X"表示态度的某个对象,用"＋"表示喜欢,用"－"表示不喜欢。P－O－X形成的三角形关系是一种情感关系,即好感或反感态度。

平衡理论假定P－O－X之间的平衡状态是稳定的,排斥外界的影响;不平衡状态是不稳定的,并会使个人产生心理上的紧张。人们喜欢完美的平衡关系,不喜欢有缺陷的不平衡关系。平衡关系的结构必须是三角形三边符号相乘为正,不平衡关系的结构必须是三角形三边符号相乘为负。

海德认为,P－O－X不平衡关系的任何一种情形,人们都企图改变某一项而使之恢复平衡关系。例如,"P"有一个好朋友"O","O"喜欢踢足球"X",如果"P"不喜欢踢足球,他就可能采取如下办法,使自己的认知达到平衡:一是说服"O"不要踢足球,二是改变对"O"的亲密关系,三是说服自己改变对足球的态度。这样的情况是很多的,其结果是通过平衡维持和发展"P"和"O"之间业已建立起来的良好人际关系。

(二) 认知——感情相符理论

这种理论认为,人们不仅会努力地使自己的认知和行为保持一致,也就是人们总是试图使自己的认知与感情相符。换句话说,人们的信念或认知在相当程度上被其感情支配。父母有时会因对子女的偏爱而不能很好地识别后者的缺点,甚至对后者的弥天大谎也信以为真,实际上这就是情感支配认识与信念的典型事例。

(三) 认知失调理论

认知失调理论是由美国社会心理学家利昂·费斯廷格在1957年提出的阐释人的态度变化过程的社会心理学理论。它是认知相符论中具有代表性的理论,是20世纪50—60年代在西方社会心理学研究领域中最有影响力的理论之一。

认知失调理论着重探讨的是个体的态度和行为不一致的问题。其认为一般情况下,个体对于事物的态度以及态度和行为间是相互协调的;当出现不一致时,就会产生认知不和谐的状态,即认知失调,并会导致心里紧张。当认知因素之间不协调的强度加大时,消费者想要减轻或消除这种不协调的动机也就越强烈。消费者会使用改变认知,使其与自己的其他认知一致;改变行为,使行为与认知保持一致;或在保持其他认知不变的情况下增加新的认知;改变认知的相对重要性等方法力图重新恢复平衡。

四、自我知觉理论

自我知觉理论的中心思想是消费者根据自己的行为或者实施行为的环境推断出自己对某一事物的态度。当消费者对某一事物的认知模糊或者缺乏相关体验的时候,通常会根据对行为的感知来推断自己的态度,这种理论更加侧重于态度的形成而不是变化。

在没有压力的情况下,消费者一般认为通过自我认知形成的态度是真实的。但是当存在压力的时候,消费者就会认为自我的行为是由于外部原因而不是内部真实意愿的驱使。例如,一产品刚上市的时候价格比较昂贵,但是不久之后就不断打折促销,消费者慢慢地就会降低对该产品内部价值的评价,而把购买产品的原因归结为外部促销活动,一旦促销活动停止,消费者也会停止购买产品。

五、认知反应理论

认知反应理论的核心思想是消费者对营销信息产生的想法或者认知反应会影响其态度。例如，999皮炎平的广告中出现一个很大的"痒"字，形状酷似一个人浑身瘙痒，在痛苦扭曲之中。这时某个消费者看到这一广告可能会想，"是啊，现在我的皮肤就有些瘙痒""这个产品看起来止痒效果很好"或者是"这个广告太夸张了，皮肤痒而已，没有那么痛苦"。这些正面或者负面的认知决定了消费者对999皮炎平的态度，以及会不会作出购买决策。

消费者对营销刺激的认知反应可以是反驳营销信息的观点、支持其观点或者来源贬损。如果营销信息激起的是反驳观点或者来源贬损，那么消费者对营销对象的态度就趋向于负面消极并抵制劝说。例如，消费者由于自己不喜欢某明星，可能就对该明星代言的产品有所抵触；如果信息激起的是支持观点，消费者对产品或服务的态度就趋于正面，有可能作出购买该产品决策。

当然，消费者对营销刺激的认知反应和很多因素有关，包括先前持有的观点和信念，消费者自身的需求，消费者的介入程度等。例如，加多宝凉茶的广告在《中国好声音》中的出现频率非常高，由于消费者对该节目的喜爱以及介入程度较高，情绪处于积极的状态，所以对加多宝凉茶的营销可能产生正面积极的反应，但是如果该广告影响了消费者正常观看节目，也可能引起他们的抵触。

第三节　消费者态度的改变

一、影响消费者态度转变的因素

消费者的态度形成之后比较持久，但也不是一成不变的，它会随着外界条件的变化而转变，从而形成新的态度。态度的转变有两个方面：一方面是方向的转变，另一方面是强度的转变。若消费者对某一事物的态度原来是消极的，后来变为积极的，就是方向的变化；若消费者原来对某事物是犹豫不决的态度，后来变为坚定不移的赞同，这就是强度的变化。当然，方向和强度有关，从一个极端转变到另一个极端，既是方向的转变，又是强度的变化。

态度改变的难易程度由两者差距的大小决定，因此，要转变一个人的态度取决于其原来的态度如何，如果两者差距太大，往往不仅难以改变，反而还会更坚持原来的态度，甚至持对立态度。比如，让一个吸烟成瘾的消费者改变其吸烟的习惯是困难的。如果消费者购买过某种劣质产品，心中愤愤不平，若看到该产品的广告，不但对其毫无作用，而且还会十分反感。

想转变消费者态度，除了提高产品质量、改善服务态度外，还有许多因素值得重视。研究这些因素，对促使消费者态度的转变有着十分重要的作用。消费者态度的转变受多种因素影响，可从以下几个方面分析。

（一）家庭的影响

在消费者的购买活动中家庭成员的共同体验对其态度的转变有着重要的影响。例如，家庭中长辈们的信仰、职业、各种习惯和食物的选择，甚至日常谈论的事情都可影响家庭成员的态度转变。

（二）参照群体的影响

在相关群体中，个人的态度很容易受到群体公认态度和权威态度的影响而改变，群体信念的强化作用和共同价值观也起着非常重要的作用。如时常出现的"抵制日货"就是受相关群体的影响。

（三）媒体的影响

消费者广泛接触的媒体一般是大众媒体，从传统的电视、广播、报纸、杂志到今天的网络、手机、路牌、大型投影等新型大众媒体都传播着各种信息，竞争者们充分利用这些媒体资源，以多种形式向消费者传递大量关于企业和产品的信息，对消费者态度的强化发挥着重要作用，甚至引导消费需求。

媒体宣传对消费者的态度转变是有影响的，但是宣传对消费者态度变化效果的大小究竟怎样，还取决于以下几个因素。

1. 宣传者的权威

宣传者本身有无权威，对广告受众的态度转变关系很大。宣传者的威信由两个因素构成，即专业性和可信性。专业性指专家身份，如学位、社会地位、职业、年龄等，可靠性指宣传者的人格特征、外表仪态以及讲话时的信心、态度等。同样是一件产品，若得到专家的权威性肯定，必然产生很强的说服力，使消费者的态度迅速从否定走向肯定，或者从肯定走向否定。耐克公司找的广告代言人是与运动产品有关的著名运动员。例如，篮球产品的代言人是乔丹、科比等，足球产品的代言人是贝利、罗纳尔多、罗纳尔迪尼奥等。在中国地区，耐克公司则找了中国消费者喜欢的运动员，包括刘翔、李娜、孙杨等。这样的广告宣传必然产生很强的正面说服力，对耐克公司的产品销量有很大的帮助。

心理学家伯洛（Bello）在研究了宣传者本身威信与态度改变之间的关系后指出其中有三个因素是很重要的：第一，宣传态度的公正与不公正、友好与不友好、诚恳与不诚恳，即可靠性因素；第二，宣传者的有训练与无训练、有经验与无经验、有技术与无技术、知识丰富与不丰富等，即专业性因素；第三，宣传时语调坚定与软弱、勇敢与胆小、主动与被动、精力充沛与疲倦无力，即表达方式的因素。伯洛认为在这三个因素中，第一、第二因素是主要的，第三因素较不重要。回顾成功的广告，运用宣传者的威信效应是不乏其例的。深圳南方制药厂的"三九胃泰"，以一贯扮演正面权威人士的著名演员李默然为广告宣传者，他诚恳坚定地说："干我们这一行的，经常犯胃病"。体现出他对选择胃药很有经验，加上其社会地位和成熟的年龄，给消费者以极大的可信性和说服力，使消费者对"三九胃泰"有肯定的态度。

2. 媒体宣传的内容

对商品优、缺点的宣传是只讲优点，还是优、缺点都讲？心理学家对此进行过研究认为，对于文化程度低的消费者来说，单方面宣传容易改变他们的态度；而对于文化程度高的消费者，则听到正、反两方面的内容，宣传效果最好。另外，人们最初的态度与宣传者所强调的方向一致时，单方面的正面宣传有效，若最初的态度与宣传者的意图相对抗，那么正、反两面宣传效果更佳。

对宣传的内容还要进行有效的组织。比如，可以采用引起受众恐惧的宣传，宣传的内容要使对方具有不安全感，承受一定的压力并产生一定的焦虑，这就能使对方改变态度，如宣传吸烟会引起癌症，不戴安全帽会发生流血事故，等等。但是恐惧心被过度强调之后，反而会引起逆反心理，从而采取否定或逃避听取宣传的态度，因此，若需要立即改变消费者的态度，广告宣传必须能引起消费者较强烈的恐惧心理，并使这种恐惧心理成为一种动机力量，以激发消费者迅速改变态度。这种宣传必须把握适度，其中有许多值得研究的内容。

广告的投放应该有阶段性。心理学研究认为，应该分阶段逐步发放广告内容，不能急于求成，否则欲速则不达。对广告媒体的心理学研究表明，延长广告播出时间并不能同步提升消费者的态度指数，随广告播出时间的增加态度指数先是增加，当达到一定数量时，消费者的反应呈饱和状态，因此，一味增加广告宣传力度，并不能达到转变消费者态度的目的。

3. 宣传是否给予明确的结论

在宣传时可以向消费者提供足以引出结论的资料，让消费者自己下结论，也可以直接向消费者明示结论。至于哪种方式有利于其态度的转变，这要以广告内容的繁简和发布者的权威性和信用以及消费者的文化水平和能力而定。一般说来，比较难以理解的信息，若发布者较有威信，而消费者又难以下结论的，明示结论的效果较好；反之，由消费者自己得出结论的效果较好。

心理学研究认为，要转变一个人的态度，必须引导他积极参与有关活动，在实践中转变态度。比如，食品广告中宣传的新产品，可以让消费者品尝之后，转变对其态度；又如一个对于体育活动态度不够积极的人，与其口头劝说他去参加运动，还不如直接带他去操场上活动一下。

广告发布者的意图是否让消费者发觉，这也是值得注意的问题。一般说来，如果消费者发觉广告发布者的目的在于使他改变态度时，往往会产生警惕而尽量回避宣传者，宣传效果就会降低；如果消费者没有发觉宣传者在有意说服他，就比较容易接受其意见而改变态度。在广告宣传中心中要有受众，发挥"自己人效应"，多一份真情，少一份说教。不要以教导者自居，动不动就说"明智的选择""最佳的选择"，应该让消费者感到广告是为大众着想，而不是只为生产者和设计师着想。缩短广告设计师和消费者的心理距离，消费者的态度就会转向广告宣传者设定的方向。

4. 传播信息的媒体

传播产品信息的渠道是多种多样的，除了广告宣传以外还有产品的包装装潢设计，橱窗样本设计，以及促销设计和口传信息，等等；而现代社会传播信息的媒体主要是报纸、杂志、广播、电视和网络五大媒体。五大媒体的作用各有千秋，但相比之下，以电视广告对改变消费者态度的效果最佳。电视广告综合利用消费者们喜闻乐见的视听形式，给大众以多种感官的刺激，容易引起消费者的注意，便于其对广告内容的理解和记忆，对改变消费态度效果明显。而且电视广告可以把单调的抽象产品认知成分变为多彩的画面和动人的语言，以求得消费者情感上的共鸣，从而改变消费者的态度；电视广告还能充分展示"以消费者为中心"的意图，用各种表现手法突出消费者形象并反映消费者的生活，使消费者深切感受"自己人效应"。网络广告是当今广告宣传的首选形式，具有费用较低、传播更精准等优点。有效的广告传播媒体能够对消费者的态度产生重要的影响。

(四) 个性的影响

心理学家米尔顿·罗克奇（Milton Rokeach）按个性将人分成实际开放型和教条封闭型两类。占大多数的实际开放型的人能够接受与自己不同的信念，态度随着信息的流动而调整；占少数的教条封闭型的人思想"顽固""封闭"、排斥心理强、回避和自己态度不一致的信息，不接受与自己信念不同的态度，甚至能固执地反对一切可以让态度改变的理由。例如，吸烟成瘾者很少阅读关于吸烟有害健康的文章。

（五）其他因素的影响

其他如预先警告、重复、分心、营销环境因素等也可以改变态度。分心是指信息传递过程中的"噪声"造成的分散注意力或使注意力不能集中的现象。

★拓展阅读9-3

预先警告影响态度

预先警告指个体获得的关于自己将要成为说服目标的信息，是影响态度改变的情境变量。预警可以使人们建立起防御心理，以准备好抵制劝说信息。一个人如果事先被通知，他将遇到一种与自己态度不同的信息，那么他通常会增加对后来说服的抗拒；而在缺乏这种预告的情况下，就较容易被说服。此外，警告的作用还与预先警告的内容是否涉及个人利益有紧密联系，对没有个人利益介入的人，能促进其态度转变；对于有较深利益牵连的人，能阻挠其态度的改变。

美国著名的社会心理学家弗里德曼（J.L.Freedman）和西尔斯（D.O.Sears）1965年进行过一项关于警告、分心与对传播影响抵制的研究。把十几岁的青少年分为两组，研究人员在场报告开始前10分钟告诉一部分受试者，他们将去听一个主题为"为什么青少年不许开车"的报告；而另一组则在演说开讲时才被告知。结果得到预告警告的一组受试者受报告影响的程度比未受到预先警告的受试者要小得多。报告后的测查表明，预先警告离报告的时间越长，人们的抵制越强。

二、消费者的个体差异

关于转变消费者态度的因素分析，除了态度形成的因素如消费者的需求、消费者的人口特征、消费者的经验和个性等仍起作用外，对态度转变有重要影响的还有消费者的观念、消费者的兴趣、消费者的偏见以及消费者的社会角色。

1. 消费者的观念

观念是态度认知成分中的重要组成部分，观念的更新必然带来态度的转变。改变消费态度的首要工作是改变消费观念。随着中国经济的增长，中国人的消费观也发生着变化，个性化消费和体验式消费将逐渐取代一窝蜂式购买。消费者的消费能力在提高，消费观念也已经转变，逐渐开始追求品位和品牌。

★拓展阅读9-4

消费观变化：从"只用苹果"到"支持华为"

王康是北京人，"95"后，平时没事就喜欢在家里研究最新的数码产品，也曾经是"苹果"的死忠粉，但这两年，他开始换了"口味"，用起了国货。

"尤其是华为手机，前几年主要是买给爸妈用，现在都说拍照不错，原本想当个备用机，现在基本成主力了。"王康说："至少在技术差距上，感觉华为和苹果之间的距离没有那么大了。"

这两年，有着像王康一样想法的年轻人越来越多。2019年7月，第三方机构QuestMobile发布的一份报告中，对约8亿月活跃移动设备的检测数据显示，在不同时期和不同价格段的苹果机型案例中，换成华为的比例均超过27%。而在第三方调研机构Canalys发布的报告中，华为以38.2%的市场份额位居国内第一，跟去年同期相比增长31%，也是国内市场上销售额唯一增长的手机品牌。

从"只用苹果"到"支持华为"，消费者的消费观正在发生变化，后者不再是家里的备胎，前者也正在远离过往在中国所代表的"阶级符号"。

苹果的标签曾经无处不在，比如用苹果手机登录邮件，都会自动生成一段"发自我的iPhone"的文字，在登录即时通信软件时则会显示类似于iPhone在线的提示。在一定程度上，这些小细节能够让使用者变得有些"与众不同"，不管用户乐不乐意，对方都会知道自己使用的手机品牌。

有人称苹果是"不劳而获"的教科书，没有在美国那样大规模的营销和宣传，却在中国这个仅次于美国本土的全球第二大市场，靠着终极精神图腾符号吸引着不同地区和不同身份的消费群体，而这些消费者有着共同的名字——"果粉"。

但随着技术的趋同化以及智能手机市场整体的回落，苹果的地位开始受到挑战，其中被外界视为最有竞争力的就是华为。

在Canalys对外公布的最新数据中，尽管2019年第二季度全球智能手机销量同比下滑2.3%，即32亿部，但华为第二季度全球出货量逆势增长8%，达到5 870万部，市场份额达16%，仅次于三星，至于苹果的排名，已经下降到第三了。

随着安卓系统的逐渐完善，再加上中国手机企业在技术、品牌以及产品差异化方面的全方位提升，市场竞争力的不断提高，中国的手机企业已经从设计到产品实现了全方位的追赶，本身的用户体验已经逐渐赶超苹果手机，甚至在一些特殊业务层面实现了对苹果手机的超越。这让中国消费者逐渐从盲目追逐苹果手机开始向国产手机转移。

更为重要的是消费者心态的市场变化。QuestMobile提到，"在手机市场此消彼长的同时，中国消费者对于手机的认知也发生了变化，在中国产品质量升级的同时，新国货的市场影响力也在不断增强，购买国产手机产品也成为一件足以使消费者自豪的事情。正因如此，国产手机市场才迎来了全面的市场变化。"

"我现在并不觉得买苹果是一件很酷的事情，华为在技术上已经赶超苹果，特别是拍照环节。"王康对记者表示，由于安卓系统和IOS系统版本在游戏转换上还存在问题，如果解决了这个问题，也许会有更多的人转向华为。

2. 消费者的兴趣

消费兴趣是消费者个体差异之一。所谓兴趣，是指一个人积极探究某种事物的认识倾向，它是人对客观事物的选择性态度，是由客观事物的意义引起的肯定的情绪和态度形成的。消费兴趣就是人们对某一种商品需要方面的情绪倾向。比如，读书人喜欢逛书店；而对于汽车，不同需求的人选择兴趣也不同：是载重车、代步车、休闲车、还是运动车，选购态度也不一样。逢年过节，人们有请客送礼的习俗，于是消费者对礼品感兴趣。兴趣培养与态度转变关系较大。消费者对某一种产品的兴趣是可以渲染、培养和诱导的，这种渲染、培养和诱导可以通过广告宣传、橱窗设计和消费者之间的口传信息等传播方式进行。兴趣的形成不是一蹴而就的，要增加宣传的次数，提供成功的经验，使消费者有仿效的榜样，通过消费兴趣诱导消费态度的转变。比如，有的消费者对体育用品没有兴趣，对健身保养持无所谓态度。这时就应从正反两方面提供信息，让他们了解体育对国、对民、对己的好处和如果不注意锻炼对身体的危害，并让他们参加体育运动，由此引发消费者对体育运动的兴趣。

3. 消费者的偏见

偏见是一种不正确的态度，是人们固有的否定性和排斥性的看法和倾向，是人们对某一事物缺乏充分事实根据的态度。偏见会影响态度的转变。

(1) 首因效应和近因效应。首因效应有时又称为第一印象的效应，指的是知觉对象给知觉者留的第一印象对社会知觉的影响作用。具体来说，就是初次与人或事接触时，在心理上产生对某人或某事带有情感因素的定势，从而影响到以后对该人或该事的评价。对商品的第一印象，并不一定反映商品的本质特征，但这第一印象的作用却不容忽视。如果消费者第一次购买某种商品称心如意，他会形成对该商品的肯定态度；如果第一次购买后不愉快、遗憾或失望，不仅会改变本人对该商品的态度，而且会影响他人。

近因效应指的是某人或某事的近期表现在头脑中占据优势，从而改变了对该人或该事的一贯看法。近因效应与首因效应是相对应的两种效应，首因效应一般在较陌生的情况下产生影响，而近因效应一般在较熟悉的情况下产生影响，两者都是对人或事的片面了解和主观臆断，使得决策信息失真。

(2) 晕轮效应和刻板效应。晕轮效应是指某人或某物由于其突出的特征留下了深刻的印象，在这种印象的影响下，人们对这个人的其他品质或这个物品的其他特性也会给予较好的评价。如高俅因一脚高超的"鸳鸯拐"而得到宋徽宗的青睐，竟平步青云官至殿帅府太尉，因此被戏称为"中国足坛第一人"。此外，俗语中的"一白遮三丑"也是晕轮效应在社会生活中的具体体现。

所谓刻板效应，又称刻板印象、社会定型、定性效应，是一种比较固定的、类化的看法。例如，"嘴上无毛，办事不牢"；老年人保守，年轻人冲动；北方人豪爽，南方人精明等。《三国演义》中曾与诸葛亮齐名的庞统去拜见孙权，"权见其人浓眉掀鼻、黑面短髯、形容古怪，心中不喜"；庞统又见刘备，"玄德见统貌陋，心中不悦"。孙权和刘备都认为庞统这样面貌丑陋之人不会有什么才能，因此产生不悦的情绪，这实际上也是刻板效应的负面影响在发挥作用。消费者一味崇尚外国货就是一种刻板效应。这种偏见被投机商利用，会产生"假洋货"泛滥的结果。

(3) 定势效应。定势效应就是一种固定不变的态度，指人们因为局限于既有的信息或认识的现象，比如对陌生人形成好或坏的印象后，就会对这个人其他特征进行定性。在生活中，这种情形也叫"老眼光"，即对人或物总脱离不了最初的印象，这会干扰消费者对信息的评价。小品《配角》中朱时茂说陈佩斯："就你，一看就是个反面角色……"然后说自己："看我穿上这身衣服，起码也是个地下工作者呀！"这就是由人的容貌产生的定势效应。

"疑人偷斧"也是这个道理,农夫先入为主认定是邻居偷了斧头,于是越来越觉得邻居形迹可疑,但后来发现斧头就在自己家时,就觉得邻居的行为不再可疑了。

(4) 移情效应。我国古代早就有"爱人者,兼其屋上之乌"之说。"爱屋及乌"形容人们喜爱某人之深情延续至与此人有关的人或事物,心理学把这种对特定对象的情感迁移到与该对象相关的人或事物上来的现象称为移情效应。如古时候,皇帝可以因一人犯罪而株连其九族,可见恨的广泛;如人们容易对娱乐明星和体育明星产生崇拜,所以一些商家利用粉丝对偶像的移情效应推销商品。

4. 消费者的社会角色

社会角色是指人们在现实生活中的社会身份,比如消费者可以是工人、农民,也可以是警察、教师等。社会角色影响人们态度的转变。因为人们的社会角色包含各自的人格特征、文化水平、能力素质以及社会化程度的差异,这就决定了人们态度转变的难易。社会角色中文化层次较高的人,素质较强的人,人格特征属理智型,一般转变他们的态度较难;反之,文化层次较低的人,能力素质较差的人,人格特征属情感型,转变他们的态度较容易。要转变各种社会角色的消费态度,应当根据社会角色中的差异,采取不同的宣传方式,才能取得理想的效果。研究消费者的社会角色,是促进消费者态度转变的有效方法。了解消费者的社会角色,以便和消费者的观点产生共鸣,产生表同作用,表明生产者的观点和消费者的观点是一致的。这样,缩短了产品生产者和消费者之间的心理距离,使认知协调,转变消费者的态度也就容易了。另外,了解消费者的社会角色,不仅要掌握生产者和消费者之间在观点上的一致,而且要掌握他们两者之间更多的相似之处。这样,可以提高宣传的效果,加速消费者态度的转变。因为相似之处会使人产生表同的趋向,把产品生产者当成自己人,形成"自己人"效应。在少数民族地区推销商品,一般用少数民族干部去做,效果会更好;做儿童食品的广告宣传,让小朋友做广告模特,效果较好。

三、改变消费者态度的途径

商家要改变消费者的态度,推广自己的产品,具体可以从以下三种营销策略入手。

(一) 改变认知成分

改变认知成分是改变态度的一个常用和有效的方法。改变认知成分可以通过改变信念、改变消费者对产品属性认知的权重、理想点以及增加对产品的新的信念等途径来进行。

1. 改变信念是指改变消费者对于产品属性的看法

例如,韩国现代汽车公司发现,有些消费者认为其汽车质量比不上日本或者欧美品牌,生产工艺也存在缺陷,只能算是入门级汽车。因此,现代汽车公司提供了大量的试验数据证明自己的汽车已经克服以前品质差的缺点,其中有数据表明现代汽车的质量已经超过丰田汽车,仅落后于雷克萨斯和保时捷。此类报告有利于改变消费者对产品的固有信念。

2. 改变属性权重是指强调优势属性比强调其他一些属性更加重要

例如,沃尔沃在车型实用性、节油性等方面都没有特别的优势,但是其在广告中反复强调的就是汽车的安全属性,车内的人和车外的路人都在沃尔沃安全定义范围内,沃尔沃推出了针对路人和自行车骑手的安全气囊。由于沃尔沃在广告和实践中都强调了汽车的安全属性，使消费者对该品牌的认知向积极方向倾斜。此外，增加新属性是指增加消费者的属性概念，把原本消费者忽略的或者认识模糊的属性变得比较重要，以至于能够影响消费者的态度。

3. 在消费者的认知结构中添加新的信念和改变理想点也是改变认知成分的方法

改变理想点是指改变消费者对属性理想标准的认识。例如，以前人们对手机存在小巧方便的倾向，但是三星推出"Note"系列大屏幕手机时，大力宣传大屏幕手机的优点，例如，看视频、打游戏、做笔记等更方便；同时在影响范围广的电视剧中植入广告，使消费者相信大屏幕手机是一种时尚潮流。三星就是通过改变人们对手机理想尺寸的认知，使"Note"系列手机大受欢迎。

（二）改变情感成分

只要消费者能够对产品产生好感，那么就有可能作出购买决策。改变消费者的情感成分使他们对产品或者服务产生好感主要有条件反射、广告激发情感和增加品牌接触三种途径。

1. 条件反射

条件反射是指将消费者喜欢的东西和产品的品牌放在一起展示，多次反复后让消费者的情感转移到该品牌上来。例如，万宝路香烟广告中，一位西部牛仔骑着骏马在广阔的草原上奔驰，其男子汉形象能够激发男性消费者对万宝路香烟的正面情感，从而认为抽万宝路香烟更有男人味。

2. 广告激发情感

如果消费者喜欢一则广告，那么就会对广告中的产品也产生情感。因此，使用幽默元素、明星名人代言、比较元素等都会增加消费者对广告的喜爱。当代美国销售学专家韦勒有句名言："不要卖牛排，要卖烧牛排时的滋滋声。"他认为："产品广告如果仅仅是将产品简单地介绍给消费者，那是难以吸引消费者的。广告应在介绍使用或享受这种产品时，赋予其一种生动、美好的印象——如果这种形象是独一无二的，那么效果更好。"

麦当劳有一则受到公众喜爱的创意广告，广告中有一个可爱的婴儿坐在摇篮中。当摇篮荡高近窗口时，婴儿就露出开心的笑容；当摇篮落下来时，婴儿就眯着眼睛皱起眉头哭。镜头反反复复，婴儿时笑时哭，调动了观众的好奇心，到底婴儿怎么了呢？是什么使他的表情变换不停呢？镜头转向摇篮正对着的窗外，那里挂着一个麦当劳的标记，随着婴儿的视线时起时落，出乎意料的答案让观众恍然大悟。原来，摇篮往上摆的时候，婴儿看见了麦当劳的金拱门标记，他就笑；摇篮往下摆时标记消失了，他就哭。这则广告充分表达了"一切源于金拱门的魅力，一切欢笑尽在麦当劳"。这就是麦当劳广告想传递的品牌承诺和体验感。这则广告曾荣膺1996年法国戛纳国际广告电视金狮奖。

3. 增加品牌接触

大量的品牌接触也能增加消费者对品牌的好感。对于低参与的产品，可以通过广告的反复播放提高消费者的喜爱程度，而不必改变消费者最初的认知结构。重复是以情感为基础的营销活动的关键。例如，很多品牌都在受欢迎的电视节目、电影和电视剧中植入广告，以增加消费者对品牌的接触。

★拓展阅读9-5

2019年上半年电视剧植入盘点

广告植入作为近几年热门的广告形式，一改传统的硬电视广告，用"软"的方式与剧情融为一体，淡化观众的反感，在电视剧中刷足满满的存在感。据统计，共有147个品牌扎堆植入2019年播放的24部主流剧集中，相当于每部电视剧/网剧的平均广告植入数量超过6.16个品牌。

近日热播的《破冰行动》就让人们看到好剧对于品牌声量的带动力，剧中华为手机、中国劲酒与乐虎饮料等都没有采用口播的露出方式，而是不动声色地存在于各种自然场景中。

比如蔡永强与陈光荣一对老友喝酒时，蔡永强拿的是价格亲民的劲酒，陈光荣却掏出昂贵的洋酒——皇家礼炮，两人经济地位的悬殊一目了然。陈光荣非高端酒不喝的背后是贪污受贿，而蔡永强是秉公执法的禁毒警察，劲酒的品牌调性也随着人物角色的气质彰显出来。虽然没有一句口播台词，但配合剧情润物细无声的植入，让劲酒在《破冰行动》播出后，微博搜索指数增长了206%。《破冰行动》中劲酒植入广告的截图如图9-2所示。

图9-2 《破冰行动》中劲酒植入广告的截图

与前几年美妆品牌、互联网金融APP充斥电视剧植入广告相比，2019年的剧集植入市场似乎换了一批玩家，随着现实主义、青春爱情与职场励志题材的增加，小猪短租、链接、安居客等租房类APP，猎聘、58同城等招聘类网站成为金主大户。

而讲述房屋中介故事的《我的真朋友》，几乎可以算是为这些品牌量身定制的电视剧了。虽然里面的公司"爱与家"是虚构的，但却通过创可贴、剧情植入、口播等多种形式安利了安居客，并明确带出了其"房源最全"还有可挑选喜欢的房屋中介和房产经纪人等特点。

当然，食品、饮料、药品这些生活必需的快消品牌依旧屹立不倒。农夫山泉的广告2019年上半年植入了《我的真朋友》《都挺好》《夜空中最闪亮的星》等多部热播剧，都市爱情题材似乎特别容易得到农夫山泉的青睐，毕竟金主爸爸都说了，人家"有点甜"嘛。

而景田、怡宝等品牌也纷纷选择了《一场遇见爱情的旅行》《趁我们还年轻》等植入。

被林更新带火的网红火锅品牌"自嗨锅",成为新晋植入大户。虽然网友吐槽《我的真朋友》里Angelababy月薪2 000却吃大几十块钱的"自嗨锅",但吐槽归吐槽,不少人看完也忍不住入手了同款。在《一场遇见爱情的旅行》中,一行人连吃带夸,称"自嗨锅"和店里的味道一样新鲜,"以后再也不用去火锅店排队了"。

同样是海量植入,小米在《都挺好》中的植入策略就显得巧妙很多。苏明玉用米家签字笔、小米手机、小米笔记本;苏明成婚房里放着小米电视、米兔抱枕;苏明哲用着小米笔记本、米家旅行箱;苏明哲女儿玩的是米兔智能故事机和贝瓦彩色益智积木(小米生态链产品),不仅全系产品亮相,老爷子苏大强还要去逛小米门店,就连"柳青"的女友都叫小米,可谓细节满满的广告植入。

(三) 改变行为成分

消费者的行为能够导致认知和情感的形成,表现为消费者在没有形成明确认知和情感之前尝试买一些新品牌的产品或服务。吸引消费者试用和购买产品的途径有现场免费试用、发放优惠券、搭售、降价等,引导消费者对该产品形成积极的态度。这样有可能改变消费者的行为,引起他们对该品牌的好感,并在以后作出购买的决定。美国曾在一家糖果店做过一项分组实验调查,一组免费试吃巧克力,另一组没有免费试吃。研究显示,在糖果店接受免费试吃巧克力的一组中有84%的人购买巧克力,没有免费试吃的另一组中有59%的人购买巧克力。这一研究也证明了行为塑造的有效性。

第四节 消费者态度测量

当你打开微博,点开一个营销话题,看见成千上万的网民在吐槽、在争议、在支持的时候,你是否想过,这么多的声音聚在一起是在谈论什么?这些来自四面八方的言论对该话题持有怎样的态度?或者,当你想要购买一款新手机,点开刚刚上线不久的华为手机的京东评论时,你在几千条的评论中是否看到了你最关注的手机属性的评价信息?而后是否产生了购买行为倾向?

这个时候,人们会暗自发声,在一个热门话题下我持有自己的态度,我并不知晓所有人如何看待,但我可能受他人观点的影响改变自身的看法。我想购买一款性价比高的手机,我习惯从评论中看消费者对性价比属性所持有的信念再决定是否购买。

当营销人员设想前面的场景,并试着站在消费者的角度来回答时会慢慢变得崩溃,因为每个消费者都有自己的态度,成千上万个消费者便形成成千上万种态度;一个消费者的态度又影响着另一个消费者的态度。那是不是消费者的想法就变得捉摸不定、不可测量了呢?不是的,不管态度之间的差异有多大,都可以通过分解态度的组成成分来测量消费者的态度,从而衡量一个消费群体的整体态度。

消费者的态度有善意的、满意的,或者说是肯定的;也有恶意的、讨厌的,或者说是否定的。这是两个极端,其间还有不同程度的态度表示。比如,从最喜欢到最厌恶之间有喜欢、较喜欢、无所谓、较不喜欢、不喜欢,等等。准确判断消费者的态度并不容易,需要一定的方法和技巧。常用的测量方法有瑟斯顿量表、李克特量表、语意差别量表。

一、瑟斯顿量表

瑟斯顿量表又称"等现间隔量表",1929 年由美国心理学家瑟斯顿(L. L. Thurstone)和契夫(E. J. Chave)在合著的《态度的测量》一书中首次提出。这种量表设计过程比较复杂、费时且不方便,现在已经较少使用。但是它提出的在赞同或不赞同的基础上测量态度的方法至今仍是多数量表的基本特点。具体操作步骤如下。

(1) 调查者需要通过一定的方式广泛收集人们对某个问题的各种看法和意见并对其进行逐一审查,整理出 50~200 条陈述性语句,并保证其中对主题不利的、中立的和有利的语句都占有足够的比例。瑟斯顿等曾采取这种方法整理出人们对教会的 130 余条意见。

(2) 在被调查者中找出一定数量的评审员,少则 20 人,多则几百人,让他们根据自己的判断将整理出的语句按肯定态度、中立态度、否定态度的顺序分成若干个等级(一般分为 11 个等级,也有分为 9 个等级或 7 个等级的)。

(3) 计算每条语句被归在这个等级中的次数分布。删除次数分配过于分散的语句,计算各保留语句的中位数,并将其按中位数进行归类。

(4) 要求被调查者对这些陈述意见进行判断。通过计算被调查者同一项数的平均量表值或中项分值,可以知道消费者在这个问题上的态度分数。

瑟斯顿量表的优点在于量表语句是根据各评定人员的标准差确定的,有一定的科学性,用在主题比较清楚、调查范围不广的态度问题上效果较好。但量表制定过程复杂,选题目、找专家都很困难,量表的确定费时、费力而且容易失去信度并产生偏差,在实际运用中受到很大的限制。

二、李克特量表

你有没有参加过这样的调查,在回答某些题目的时候,答案选项中出现"既不是同意也不是不同意"这种调查表就被称为李克特量表。

李克特量表由李克特(R. A. Likert)于 1932 年在原有的总加量表基础上改进而成。这种量表由一组与测量主题相关的问题或陈述构成。它呈现出的不只是简单的"是/否"选项的二元问题,通过计算量表中各题的总分,李克特式问题还可以更精确地反馈出被调查者对该问题的态度,从而收集到更加准确的数据以了解人们对该调查主题的综合态度或看法,因此被广泛用于衡量态度和意见中。李克特量表非常适合深入挖掘一个特定主题,详细地找出人们对这一主题的看法,例如了解消费者近期对产品的满意度情况。

李克特量表在形式上与瑟斯顿量表相似,都要求提出和确定一组与测量主题有关的陈述句。它们的区别是瑟斯顿量表只要求受测者选出其所同意的陈述语句,而李克特量表要求受测者对每一个与态度有关的陈述语句表明其同意或不同意的程度。另外,瑟斯顿量表中的一组有关态度的语句按有利和不利的程度都有一个确定的分值,而李克特量表仅仅需要将态度语句划分为是有利还是不利的。

李克特量表具体操作步骤如下:

(1) 收集大量(50~100 条)与测量的概念相关的陈述语句;

(2) 根据测量的概念将每个测量的项目划分为"有利"和"不利"两类,两类项目都应有一定的数量；

（3）受测者进行测试，一般采用五级量表，其态度范围从一个极端到另一个极端，如"非常同意、同意、无所谓/不确定、不同意、非常不同意"，或者从"非常可能"到"根本不可能"；

（4）对每个回答给一个分数，如从"非常同意"到"非常不同意"的有利项目分别为5、4、3、2、1分，对不利项目的分数就为1、2、3、4、5分，计算可得到个人态度总得分；

（5）依据总分将受测者划分为高分组和低分组，选出有较大区分能力的项目，构成一个李克特量表。

李克特量表容易设计而且操作简单，因此是目前态度测量中最常用的一种。但该方法存在将问题简单化处理的倾向，相同态度得分者可能具有完全不同的态度形态。需要指出的是，在对实际消费者调查中，很少按照上面给出的步骤来制作李克特量表，量表中的项目通常由客户经理和研究人员共同研究确定。

三、语意差别量表

语意差别量表又称为语意分化量表，这是1957年美国心理学家奥斯古德（Charles Egerton Osgood）提出的一种态度测量技术。该表是一次性集中测量被测者所理解的某个单词或概念含义的测量手段。

该方法不是直截了当地询问消费者对某一事物的看法和态度，而是通过分析主题概念的语意，确定一些相应关联词，然后让被调查者进行选择，并分析他们对关联词的反应。语意差别量表包括三个不同态度测量维度，即情感或评价维度、力度维度和活动维度，每个维度都用若干反义形容词或两极形容词予以刻画。用数值的形式评分，把各个维度集合为一个分数，且以表明被调查者总体的态度强度。

语意差别量表以形容词的正反意义为基础，标准的语意差别量表包含一系列形容词和它们的反义词，在每一个形容词和反义词之间有7～11个区间，人们对观念、事物或人的感觉可以通过其所选择的两个相反形容词之间的区间反映出它要求人们记下对性质完全相反的不同词汇的反应强度。

语意差别量表具体操作步骤如下。

（1）确定每一片段的维度，供被调查者判断。

（2）针对这些词或概念设计出一系列双向形容词量表，界定两个相反的术语代表每一维度的两极。请被测者根据对词或概念的感受、理解，在量表上选定相应的位置。

（3）做出语意差别计分表，对语意差别量表中的不同项目根据被调查者的回答打分。

语意差别量表的结果数据可用来分析不同测量与不同被调查者的相同点和不同点，还可将各项目的得分加总，用以比较不同测量对象整体形象的偏好等级。由于功能的多样性，语意差别量表被广泛用于消费者行为研究。例如，用于比较不同品牌商品和企业形象，以及帮助制定广告等战略、促销战略和新产品开发计划。

语意差别量表构造比较简单，使用范围广泛，但是这种方法并未摆脱被试自我报告的方式，而且各种评价项目的确定具有主观性。

除了上述几种方法以外，社会距离量表、生理反应测量、投射测验等也经常在测量态度时被采用。例如，社会距离量表是1925年由美国社会心理学家鲍格达斯提出来的。该方法是通过观察人与人交往中身体接近程度和亲切程度来判断人们是持肯定还是否定态度的。虽然该方法原本是用于分析种族之间距离问题的，但是同样适用于测量消费者的态度。

本章小结

消费者的态度就是指消费者在购买活动中，对商品、商家、服务等方面持有的评价和行为倾向者的态度具有效用功能、价值表现功能、自我防御功能和知识或认识功能。

影响消费者态度形成的因素是多方面的。西方学者对于消费者态度的形成有五大理论：学习论、诱因论、认知相符论、自我知觉理论和认知反应理论。学习论的核心思想是人的态度是后天习得的。诱因论是指人们在权衡利弊之后形成对某种事物的态度。认知相符论的基本观点是人的态度如果和其他观点、行为发生矛盾，就会存在一种内在力量推动其进行自我调节。自我认知理论的核心思想是消费者根据自己的行为或者实施行为的环境推断出自己对某一事物的态度。认知反应理论的中心思想是消费者对营销信息产生的想法或者认知反应会影响其态度。

消费者的态度形成之后，会随着外部条件的变化而变化，从而形成新的态度。影响消费者态度的因素一般来说有三个方面：广告宣传、消费者个体差异和具体情境。商家要改变消费者的态度，推广自己的产品，具体可以从三种营销策略入手：改变认知成分、改变情感成分和改变行为成分。

消费者态度常用的测量方法有瑟斯顿量表、李克特量表和语意差别量表。这些测量方法虽然在日常生活中都广泛运用，但也有各自的局限性，需要进一步改进和完善。

》关键概念《

消费者态度　效用功能　价值表现功能　自我防御功能　知识或认识功能　学习论　诱因论　认知相符论　自我知觉理论　认知反应理论　瑟斯顿量表　李克特量表　语意差别量表

习题

1. 态度的功能有哪些？
2. 消费者态度和消费者信念的区别和联系是什么？
3. 导致购买行为和态度不一致的因素有哪些？
4. 学习论和诱因论有什么异同？
5. 影响消费者态度转变的因素有哪些？
6. 商家可以通过什么途径来改变消费者态度？

第十章

个性、自我概念与生活方式

【学习目标】
　　不同的消费者在个性、自我概念和生活方式各方面会存在一定的差异，受这些因素的影响，其消费行为也会有所不同。对这些问题进行研究，有利于对消费者行为进行较为准确的把握。
　　通过本章的学习，掌握以下内容。
● 了解个性的含义和特征以及个性的内部结构。
● 了解并掌握气质、性格、能力和兴趣对消费者行为的影响。
● 了解生活方式与个性的区别，熟悉自我概念的类型。
● 了解产品成为传递自我概念的符号或象征品应具有的特征。
● 了解生活方式的测量方法（AIO 和 VALS2）。

【能力目标】
　　通过本章的学习，培养学生以下能力。
● 能结合个性理论，对自己的朋友、同学的个性进行分析和判断。
● 根据消费者个性、自我概念和生活方式对消费者行为进行分析和预测。
● 能用生活方式的测量方法（AIO 和 VALS2）对某一消费群体的生活方式进行测量。

【导入案例】

《都挺好》人物个性分析

　　由正午阳光出品的电视剧《都挺好》一经播出就受到不少热议。故事围绕一个外人看来"都挺好"的苏家的日常生活展开。这个家庭，有身体硬朗的老爸、留学归来的长子、家庭幸福的次子和事业有成的小女儿。一家人性格各异、立场不同，剧情基本围绕苏家各个成员间的矛盾展开，将原生家庭、金钱观、职场权谋、比较心、家庭缺位、重男轻女、啃老等现实问题赤裸裸地呈现在了观众眼前。
　　赵美兰——母亲。对于苏家所有的人，她都有强烈的控制欲，视苏大强、苏明哲、苏明成以及苏明玉为提线木偶。母亲的性格很强势，在家里说一不二，父亲不能花钱，赚的钱要全给她，否则她会当着孩子的面抽父亲嘴巴。她虽然是个女人，却十分重男轻女，她对老大尤其是老二的溺爱，和对老三的苛责导致了剧中绝大部分矛盾冲突的发生。她不认为自己是在压迫谁，她认为自己是在给老苏家挣面子，而不是为了自己的面子。

苏大强——父亲。他做事缺乏主见，典型的妻管严，在家里没有话语权。苏大强凡事都听从安排：在家听老婆的，在单位听领导的，别人让做啥，他就去做啥，从来不出错，也从来不去思考人生的意义和价值。以至于对自己的子女，都不善于表达，甚至知道有不公平，但是却没有维护自己女儿权利的勇气。面对家庭矛盾，不是设法解决，而是每次都避之不及，不是假装看报纸，就是上厕所。明明是一家之主，却当了个甩手掌柜。他私藏存折，喜欢记账。在妻子女权主义的笼罩下，他表面上唯唯诺诺，暗地里却争强好胜，典型的小市民形象。

苏明哲——大哥。典型的"中国式长子"，也是个典型的个人主义者。成绩优异，父母宠爱，留学海外，别墅豪车，苏明哲一直觉得自己是全家人的骄傲。他年轻时只顾自己出国留学，在弟妹面前没有是非观念；长大后，一心愚孝，不惜以牺牲妻儿生活质量为代价，一味满足父亲不合理的要求，引发了自己小家庭的危机。他从小衣食无忧，发生任何事情都由母亲解决，导致他不善交际，认为自己和上司关系很好就不会被裁员，想法过于幼稚。在弟弟和妹妹爆发冲突时也总是采取"和稀泥"的态度，处理事情没有分寸，缺乏魄力和能力，和父亲的性格极为相似。

吴非——大嫂。她是温婉贤惠的传统女性，又有着超出一般家庭主妇的睿智。一出场，她就利用一副中国麻将对比出苏明哲的愚钝。在长期的相处中，她逐渐洞察老公的性格弱点并屡次提醒老公要注意和上司搞好关系，免得被裁员，老公却毫不在乎。她知道老公也有压力，所以没有强迫其听从自己的意见，而是选择私下和老公的上司沟通，希望搞好关系，但还是没能挽回老公在上司眼中的印象。因此，在苏明哲失业后再次求职时，她说出了这个人物前途命运的真相："以他的性格，做不了管理层。"

苏明成——二哥。按理说，受到关爱的苏明成是幸运的，但其实他也深受母亲"溺爱"之害，因为母亲的有求必应，他养成了好吃懒做、不想奋斗的性格，成了一个无法抵御挫折的妈宝男。他是家中的宠儿，从小娇生惯养的他与明玉形成了鲜明的对比，因此兄妹积怨很深，但其本质并不坏。他是唯一一个守在父母身边的孩子，对父母孝顺，对妻子宠爱，只不过缺少一点担当和面对现实的勇气。当他投资失败，和妻子离婚后，心智渐渐成长起来，并且渐渐接受和爱护起自己的妹妹，承担起一个哥哥和丈夫的责任。

朱丽——二嫂。她是典型的大城市中产家庭掌上明珠，学历不差、从小家境优越、没有为经济问题烦恼过，上学、考注册会计师、工作、加薪……爹妈疼爱，婆婆和老公也宠着她，世界几乎没有为难过她，一生顺遂。虽然娇纵好面子，却明事理、有担当。当她知道自己和苏明成在啃老时，毅然决定降低自己的生活水平来还父亲的债务；离婚处理两人共同财产的时候，很理性地把卖房子的钱拿出来和苏明成平分，不占便宜也不让自己吃亏。在和苏明成离婚之后依然把苏大强当作自己的长辈尊重，独立自强，令人敬佩。

苏明玉——女儿。她是一个倔强而冷漠的职场女强人，饱受母亲"重男轻女"和父亲教育缺席之害。虽看似活得最洒脱，可她也是最孤独的人。她渴求被爱，却从小生活在重男轻女的家庭里，没有感受过来自家庭的温暖和爱，执拗、强硬、冷漠的外表下是纠结脆弱的内心。表面上看，苏明玉对苏家没有任何留恋，一副老死不相往来的态度。她和家人没有一丝肢体接触，没有一回善意的问好，也没有一次礼貌的挽留。可实际上，她刀子嘴豆腐心，每当知道苏家有困难时，她都施以援手，为家人们收拾了不少烂摊子。

思考： 剧里的每个人物都有独特的个性，你在苏家成员身上能看到自己或身边朋友的影子吗？这些个性是如何形成的？

第一节 个性的定义和特征

"个性"又称人格，是指一个人独特的、稳定的和本质的心理倾向和心理特征的总和。简单地说，个性就是一个人的整体精神面貌。个性强调的是个体差异性，也就是面对相同的刺激，不同人所作出的不同反应。

一、个性的定义

"个性"一词来自拉丁文"persona"，原指演员所戴的"面具"，后来引申为人物、角色及其内心的特征或心理面貌。

个性是由多种心理现象构成的，这些心理现象有些是显而易见的，别人看得清楚，自己也觉察得很明显，如热情、健谈、直爽、脾气急躁等；有些非但别人看不清楚，就连自己也感到模模糊糊。

由于个性的结构较为复杂，因此，许多心理学者从自己研究的角度提出个性的定义。美国心理学家奥尔波特（G. W. Allport）曾综述过个性的50多种不同的定义。美国心理学家吴伟士（R. S. Woodworth）认为："人格是个体行为的全部品质。"美国人格心理学家卡特尔（R. B. Cattell）认为："人格是一种倾向，可借以预测一个人在给定的环境中的所作所为，它是与个体的外显与内隐行为联系在一起的。"苏联心理学家彼得罗夫斯基认为："在心理学中个性就是指个体在对象活动和交往活动中获得的，并表明在个体中表现社会关系水平和性质的系统的社会品质。"

从其内容和形式分类方面来看，个性主要有以下五种定义。

（1）列举个人特征的定义。其认为个性是个人品格的各个方面，如智慧、气质、技能和德行。

（2）强调个性总体性的定义。其认为个性可以解释为"一个特殊个体对其所作所为的总和"。

（3）强调对社会适应、保持平衡的定义。其认为个性是"个体与环境发生关系时身心属性的紧急综合"。

（4）强调个人独特性的定义。其认为个性是"个人所有有别于他人的行为"。

（5）对个人行为系列的整个机能的定义。其认为"个性是决定人的独特的行为和思想的个人内部的身心系统的动力组织。"

二、个性的特性

人的个性作为反映个体基本精神面貌的、内在的、本质的心理特征，具有差异性、一致性和稳定性、可变性、整体性等基本特性。

（一）差异性

每个人的个性都具有差异性，即使是同卵双胞胎甚至连体婴儿长大成人后也同样具有自己独特的个性。个性的差异性是指在某一个具体的、特定的个体身上，区别于其他个体的精神面貌或心理特征的构成，每个人的个性都是由其独特的精神面貌或心理特征所构成，就像世界上找不到完全相同的两片树叶一样，世界上也很难找到个性完全相同的两个人，但这并不是说人与人之间在个性心理倾向和个性心理特征方面完全没有相同之处。其实就某一具体个性心理特征而言，很多个体之间都存在一定的相似性，例如，在性格方面，可以把一些人归为外向型性格，而把另一些人归为内向型性格。正因为可以根据一些特质对消费者群体进行分类，个性才被市场营销者视为对其经营较为有用的概念。

（二）一致性和稳定性

个性是个体经常表现出来的一致的、相对稳定的心理特征或心理倾向。个体行为中偶然表现的一些心理特征或心理倾向并不能准确反映其个性，比如说某个人"很有责任心、办事认真"，是他经常表现出来的一致的、相对稳定的行为得出的定论，而不是根据其某一次的行为表现来说的。由于消费者也是人，当然也有一致的、相对稳定的心理特征或心理倾向，因此，市场营销者不应当试图改变消费者的个性，而是应该在了解个性特征及其对消费者行为影响的基础上，使市场营销策略更能适应消费者的个性特征。在这里应当注意一个问题，虽然消费者的个性具有一致性和稳定性的特点，但其行为却可能经常发生变化，这主要是因为影响行为变化的因素很多、很杂，个性只不过是其中的一个因素而已。

（三）可变性

虽然个性具有一致性和稳定性的特点，但并不是说个性完全不能改变。如生活中的某些事件（孩子的出生，亲人的去世、离婚等）有可能导致个性的改变；随着环境的变化、年龄的增长、消费经验的不断丰富，个性也有可能发生改变。

（四）整体性

个性的整体性是指个体经常表现出来的一致的、相对稳定的心理特征或心理倾向都不是孤立的，也不能彼此分割，而是紧密地，有机地联系在一起，相互依赖，形成个性的整体结构。

三、个性的内部结构

从内部结构来看，消费者的个性心理主要由个性倾向性和个性心理特征两部分构成。个性倾向性是指个人在与客观现实交互作用的过程中对事物所持有的看法、态度和倾向，主要包括需要、动机、兴趣、态度、理想、信念、价值观。个性倾向性主要体现了人对环境的态度和行为的积极特征，对消费者心理的影响主要表现在心理活动的选择性、对消费对象的不同态度体验以及消费行为模式上。个性心理特征是气质、性格和能力等心理机能的独特结合。其中气质显示个性心理活动的动力特征，性格则反映个体对现实环境和完成活动态度上的特征，能力体现个体完成某项活动的潜在可能性特征，三者的独特结合构成个性心理的主要方面。研究消费者的个性心理与其行为的关系，主要就是研究不同的消费者在气质、性格、能力、兴趣方面的差异及其在消费行为上的反映。

（一）气质与消费行为

气质（temperament）是表现在心理活动的强度、速度、灵活性与指向性等方面的一种稳定的心理特征。

气质是人的个性心理特征之一，主要表现在情绪体验的快慢、强弱、表现的隐显以及动作的灵敏或迟钝方面，因此为人的全部心理活动表现染上了一层浓厚的色彩。人的气质差异是先天形成的，受神经系统活动过程的特性制约。孩子刚出生时，最先表现出来的差异就是气质差异，有的孩子爱哭好动，有的孩子平稳安静。

气质在社会上所表现的是个体内在的人格魅力及其升华。人格魅力有很多种，比如修养、品德、举止行为、待人接物、说话的感觉等，表现出来的有高雅、高洁、恬静、温文尔雅、豪放大气、不拘小节等。所以，气质并不是说出来的，而是长久的内在修养的平衡与文化修养的结合，是持之以恒的结果。

气质类型是对人的气质所进行的典型分类。以公元前5世纪古希腊医生希波克拉底的分类最为著名。他认为人体内有四种液体，即血液、黏液、黄胆汁、黑胆汁。由于这四种液体在人体内的比例不同，因此形成了气质的四种类型，即多血质、胆汁质、黏液质、抑郁质。多血质的人体液混合比例中血液占优势，胆汁质的人体内黄胆汁占优势，黏液质的人体内黏液占优势，抑郁质的人体内黑胆汁占优势。这种用体液解释气质类型的观点虽然缺乏坚实的科学根据，但把人的气质分为这样四种类型在今天看来仍具有其合理性。

根据体液说，结合巴甫洛夫的高级神经活动类型学说（高级神经活动有四种基本类型）以及对心理活动的观测，对四种典型的消费者气质类型的购物行为进行简要介绍。

1. 多血质型消费者

多血质相当于高级神经活动强而平衡灵活型，表现为活泼、敏感、好动、反应迅速、喜欢与人交往、注意力容易转移、兴趣容易变换。

商品的外表、造型、颜色、命名对这类消费者影响较大，但有时他们的注意力容易转移，兴趣忽高忽低，行为易受感情的影响。他们比较热情、开朗，善于表达自己的愿望。在购买过程中，愿意与营业员或者其他消费者交谈；有的会主动告诉他人自己购买某种商品的原因和用途；喜欢向他人讲述自己的使用感受和经验；也希望从他人那里得到自己不知道的信息。另外，选购过程中易受周围环境的感染、购买现场的刺激和社会时尚的影响。

接待这类消费者的营业员应注意主动介绍商品，注意与他们联络感情，以促使其购买；与他们聊天时，应使他们专注于商品，尽量帮助他们缩短购买过程。

2. 胆汁质型消费者

胆汁质相当于高级神经活动强而不平衡型，表现为直率、热情、精力旺盛、情绪易于冲动、心境变换剧烈。

这类消费者表情外露，心直口快，选购商品时言谈举止较为匆忙，一般对所接触到的第一件合意的商品就想买下，不愿意反复比较、选择，购买的决策过程较为迅速，但有时显得草率。他们一到市场就急于完成购买任务，如果等待时间稍长或营业员的工作速度稍慢，就会激起其烦躁情绪。他们在与营业员的接触中，言行主要受感情支配，满意与否表现得十分明显，态度可能在短时间内发生剧烈变化，挑选商品时以直观感觉为主，不加以慎重考虑。

接待这类消费者的营业员应注意动作要快捷，态度要耐心，应对要及时，可恰当地向他们介绍商品的有关性能，以引起他们的注意和兴趣，另外，还要留意言语友好，不要刺激对方。

3. 黏液质型消费者

黏液质相当于高级神经活动强而平衡不灵活型，表现为安静、稳重、反应缓慢、沉默寡言、情绪不易外露，注意稳定但又难于转移，善于忍耐。

这类消费者挑选商品比较认真、冷静、慎重，信任文静、稳重的营业员，他们善于控制自己的感情，喜欢与否不露声色，不容易受广告、商标、包装的干扰和影响。他们对商品的挑选表现出认真、冷静、慎重的态度，细心地比较、选择后才决定购买；不会轻易作出购买决策，一旦作出购买决策，则不会轻易改变，对自己喜爱和熟悉的商品会产生连续购买行为，但速度慢，有时会引起服务人员和其他顾客的不满情绪。

接待这类消费者的营销人员应注意避免过多的提示和热情，否则容易引起他们的反感；要允许他们有认真思考和挑选商品的时间，接待时更要有耐心。

4. 抑郁质型消费者

抑郁质相当于高级神经活动弱型，表现为孤僻、行动迟缓、体验深刻、多愁善感、善于觉察他人不易觉察到的细小事物。

这类消费者选购商品优柔寡断，千思万虑，对商品的观察细致入微，从不轻易作出决定；对营业员或其他人的介绍将信将疑、态度敏感，挑选商品时小心谨慎、一丝不苟；还经常因犹豫不决而放弃购买。

接待这类消费者的营业员应注意态度和蔼、耐心；对他们可进行一些有关商品的介绍，以消除其疑虑、促成买卖，对他们的反复应予以理解。

（二）性格与消费行为

性格是指一个人比较稳定的对现实的态度和习惯化了的行为方式中所表现出来的个性心理特征。性格是消费者主要的个性心理特征，是各种心理特征的核心，是一个人最本质、最核心、最有代表性的生动体现。一方面，性格反映人的行为方式，可以从外在行为上表现出来；另一方面，性格还可反映出一个人的动机和态度，如一个小气的人与一个勤俭的人，在行为方式上很相近，但动机和态度不一样。因此，性格是行为方式和现实态度的统一。消费者性格是指消费者在对待客观事物的态度和社会行为方式中所表现出的较为稳定的心理特征，消费者性格属于心理因素的范围，不同性格的消费者其购买行为差异是很大的。

按照不同的分类标准，可以把消费者的性格划分为不同的类型。

1. 按消费者的态度划分

①节俭型：选购商品时注重内在的质量和实用性，不太注重商品的品牌。

②保守型：习惯于传统消费方式，对新商品、新观念接受比较困难，并常常有怀疑、抵制的态度。

③随意型：消费态度比较随便，选购商品时随机性比较大，选购标准也呈现多样化。

2. 按购买的方式划分

①习惯型：常常根据以往的购买和使用经验或习惯采取购买行动，他们一般比较忠于自己熟悉和信任的品牌、商品和经销商，在购买商品时目标明确，不需要进行反复推敲和比较，成交速度较快。

②理智型：购买时常常要慎重考虑和经过比较，挑选商品时很细心，不容易冲动。"我平时属于理性消费，用不到的东西很少买。如果买了东西不用的话，这件商品的价值就没有实现，属于浪费。""00后"男生小陈说："实用性对于我来说很重要。"尽管每月的网购消费金额已占他当月花销的七成多，但他觉得自己购买的东西中很少有"好看但不实用"的。

③情感型：购买时有较强烈的感情色彩，购买目标容易转移，往往以感情程度决定是否购买。"00后"女生小雅就坦言自己买东西没什么计划，"我几乎每月的花销都用于网购，最喜欢买衣服和化妆品。我会选择在电商搞活动的时候囤货，比如面膜等。即使我已经有十几盒连包装都没拆过的面膜，但看到价格划算的还是会控制不住地买买买。"

④挑剔型：具有较丰富的高品知识和购买经验，且对他人的意见怀有戒心，选购商品有时达到苛刻的程度。

（三）能力与消费行为

能力是指人顺利完成某种活动所必备的，并且影响活动效果的个性心理特征。消费者的能力主要由感知辨别能力、记忆想象能力、分析评价能力和购买决策能力组成。

1. 感知辨别能力

消费者识别、了解和认识商品的能力就是感知辨别能力。它是消费者对商品的外部特征、外部联系的直接反应能力。商品的外观、造型、包装、分量、气味、整体风格等都是消费者通过感知认识的。感知辨别能力是消费者购买行为的先导。消费者对商品的感知辨别能力存在较大的差别，主要体现在感知的速度、准度、敏锐度方面。例如，消费者购买洗衣机，一般借助于对商品知识的介绍和购买经验，洗衣机的外观造型、颜色、容量等认识该洗衣机是否理想；而感知辨别能力强的消费者，不仅要观察洗衣机的外部特征，而且还要观察洗衣机的内部结构及其运行情况来确认其品质的好坏。

2. 记忆想象能力

记忆想象能力是消费者必须具备和经常运用的基本能力，良好的记忆能力能把过去感知过的商品、体验过的情感、积累的经验等在头脑中回忆和再现出来。丰富的想象力能使消费者从商品本身想象到该商品在一定环境和条件下的使用效果，从而激发美好的情感和购买欲望。

3. 分析评价能力

分析评价能力是指消费者对接收到的各种商品信息依据一定的标准进行整理、加工、分析综合、比较评价，进而对商品的优劣、好坏作出准确判断的能力。经过分析评价才能形成理性的购买行为。消费者分析评价能力的强弱，主要取决于其思维能力和思维方式，同时也受个人知识、经验、审美观的影响。分析评价能力强的消费者在购买商品时，一般会积极主动地收集有关信息，具有全面的商品知识并清楚了解商品的优缺点，对于商品的各种促销手段有相当的判断力；而分析评价能力弱的消费者，则不主动收集信息，一般参考大多数人的购后评价后才决定购买。

4. 购买决策能力

购买决策能力是指消费者在充分选择、比较的基础上，及时、果断、正确地作出购买决策的能力。有的消费者能根据自己对商品的判断及时作出决定，采取购买行动；而有的消费者在购买行动中常常优柔寡断、犹豫不决，甚至受他人看法的左右，不能根据实际情况果断采取行动，这些都体现了消费者购买决策能力的差异。消费者的购买决策能力直接受到个人性格和气质的影响，性格不同、情境不同，购买决策能力就会出现很大的差异。购买能力强的消费者挑选迅速，购买果断，效果明显；相反，购买能力差的消费者往往犹豫不决，营业员要给予适当的引导。

消费者在购买过程中除了应具备上述一般的购买能力之外，从事特殊消费活动时还应具有一些特殊能力。特殊能力是指为完成某些专门性活动所具备的能力，主要表现为以专业知识为基础的专业技能，如鉴赏能力、色彩辨别能力、商品检验能力、言语沟通能力、手感能力等。特殊能力还包括某些一般能力高度发展而形成的优势能力，如创造能力和审美能力等，此外，消费者对自身权益的保护能力也属于特殊能力。如果不具备特殊能力，购买专业强性的商品时就很难取得满意的消费效果。

消费者的能力差异必然影响到消费者购买和使用中表现出的行为特征，能力决定了消费者的购买类型，购买行为的多样性又会在购买活动中表现出来，通过不同能力的消费者对商品的认识程度和购买目标的明确程度的差异将购买行为划分为不同类型。

（1）从对商品的认识程度划分。

①成熟型：也称为特殊型。能力特点主要是内行程度高，对商品的质量及各种特征了解得非常清楚，甚至超过销售人员。在购买过程中，表现出自信、坚定，自主性高，很少受外界环境的干扰，能够按照自己的意志独立作出购买决策，完成购买。

②一般型：也称为普通型。能力结构和水平处于中等状态，具备通常的商品知识，通过广告宣传、他人介绍等掌握商品的部分信息，缺乏相应的消费经验，在购买过程中更乐于听取销售人员的介绍和企业的现场宣传。

③缺乏型：也称为幼稚型。能力结构和水平处在缺乏状态，不了解有关的商品知识、消费信息，也不具备任何购买经验，在购买前目标不明确，导致决策时犹豫不决，受环境和他人意见的影响大。

（2）从购买目标的确定程度划分。

①确定型：能力特点主要是购买目标比较明确，能够自信、清晰、准确地用语言表达，对要购买的商品事先有相当的了解，购买决策过程一般较为迅速简练，主动对需购买商品提出要求，如规格、式样、色彩、价格等。

②半确定型：能力特点表现为购买目标大致明确，对商品的细节尚不明确，相关经验和知识不足，对购买的商品类型清楚，但对商品的具体要求是随机的，决策过程视购买现场情境而定，甚至需要销售人员的介绍、参谋。

③盲目型：能力特点主要是购买目标不明确或不确定，由于目标不明确，对所需商品的各种要求表达不清，购买商品带有很大的随机性，购买决策过程受购买现场情境和销售人员的态度或其他消费者的购买情况等的影响。

（四）兴趣与消费行为

兴趣是指人们积极地探究某种事物或爱好某种活动的一种认识的倾向，是个性发展的潜在动力。

人的兴趣和动机与人的行为是密切相关的。人积极探究某种事物的认识倾向是人的某种事物给予优先注意，并有特殊的倾向性。消费者兴趣是消费者对于客观事物特殊的认识倾向。所谓特殊的认识倾向是指在认识过程中带有稳定的指向、趋向、偏好，并能持续较长的时间。根据兴趣的倾向性，将消费者兴趣分为情趣与志趣两种。情趣是情感作用于兴趣的结果，表现为对某种消费对象的喜爱与追求；志趣是意志作用于兴趣的结果，表现为消费者热衷于创造活动，是一种间接兴趣。

消费者间的兴趣存在很大差异，这种差异体现在消费者兴趣的倾向性、稳定性、广泛性和效果性4个方面。倾向性是指兴趣总是指向具体的对象，稳定性是指兴趣的持久和稳固程度，广泛性是指兴趣指向的对象范围，效果性是兴趣产生结果的大小。

"人心不同，各有所好"，不同商品对不同消费者具有不同的吸引力。消费者兴趣点可以是不同范围的客观事物，同时对事物的兴趣有一定的持续时间。兴趣在不同的人身上产生的效果是不同的。这些都不同程度地影响消费者的购买行为。

1. 兴趣与行为

消费者兴趣一般可以分为偏好型、广泛型、固定型和随意型。有不同兴趣爱好的消费者，其购买行为表现如下。

（1）偏好型。偏好的不同构成了多样化的市场，营销者可以通过市场细分将具有相同消费偏好的客户视作同一个消费群体开展市场营销工作。此类消费者的兴趣非常集中，甚至可能带有极端化的倾向，直接影响他们购买商品的种类。有的消费者千方百计地寻觅自己偏好的商品甚至到成癖的地步，如有些收藏家可能会为一张邮票、一件玉器或是一幅字画而费尽心机，不惜压缩其他开支，甚至会倾其所有。

（2）广泛型。消费者具有多种兴趣，自信、自立意识强，对广告、宣传、商品的外观包装、质量、色彩、他人评价等外界刺激反应灵敏，购买时不拘一格，购买对象徘徊不定。

（3）固定型。固定型是指消费者对于某一种商品或某一品牌的消费已经形成习惯。此类消费者的购买具有经常性和稳定性的特点，兴趣持久，往往是某些商品的长期顾客。

（4）随意型。此类消费者无明显兴趣指向或兴趣易变，一般没有对某种商品的特殊偏爱或固定习惯，也不会成为某种商品的忠实购买者。随意型消费者的购买行为受到周围环境和主体状态的影响，因时制宜地购买商品。

2. 兴趣在消费者购买行为中的作用

（1）兴趣是消费者未来购买活动的准备。消费者对感兴趣的事物、人等主动认识，通过收集有关信息，积累相关知识，为日后的购买活动做好准备。

（2）兴趣能促使消费者作出购买决策。消费者选购感兴趣的商品时，一般会有一种积极、愉悦的心态行动，有利于购买活动的顺利完成。

（3）兴趣是培育消费者忠诚度的保障。持久的兴趣可以发展成为个人偏好，有利于形成固定、长期、重复的购买行为。

3. 兴趣影响消费者购买行为

消费者在购买行为中，有的注重商品的商标、色彩、包装、价格、质量等商品本身的表现，即商品型；有的注重售后服务的质量、范围等，即服务型；有的注重与商品购买有关的环境格局和情调，即情调型；有的注重特殊日子的安排，如我国每年固定的元旦、春节、清明、五一国际劳动节、十一国庆节等重大节日，还有情人节、三八妇女节、母亲节、父亲节、教师节，即节日型；有的注重趋时消费和特殊消费，这种消费还随社会风气和消费流行变化，即时尚型；有的在基本满足物质生活后，注重精神生活的品位和质量，即娱乐型。

一般来说，消费者对于某种事物产生兴趣时，总伴有喜欢、高兴、满意等情感表现。在商业经营活动中，善于察觉消费者对客观事物的特殊认识倾向，包括他们对商业经营动中哪些事物感兴趣或不感兴趣，是把握消费者心理，提升商业经营水平的重要环节。同时，由于兴趣存在着积极和消极两种倾向，研究消费者的兴趣还有利于在商业服务工作中引导与鼓励消费者的积极兴趣、克服消费者的消极兴趣，从而创造和谐的社会消费风气。

四、个性与消费者行为

（一）个性与消费者购买行为的预测

在消费者行为学中，大多数专家和学者对个性的研究，都是为了预测和引导消费者的消费行为。心理学和其他行为科学关于个性研究的大量文献促使市场营销的研究者坚信，对消费者个性的把握，有利于预测和引导消费者的相关消费活动。早在20世纪中期，美国学者伊万斯就试图根据个性对消费者是拥有福特汽车还是雪佛兰汽车的行为进行预测。他将一种标准的个性测量表发给福特和雪佛兰两种品牌的汽车拥有者，然后对收集的相关数据进行判别分析。经过一系列的测试、分析和预测，伊万斯最终得出了个性在预测汽车品牌的选择上价值较小的结论。一些个性与消费者购买行为的后续研究，证实了个性与商品选择和使用之间存在一定的相关关系，但是它们之间的相关性并不是很强。由此可见，个性只是影响消费者行为的众多因素中的一个因素而已。虽然一些专家和学者关于个性的研究未能证明个性特征与购买行为之间存在较强的相关关系，但他们的研究对于激发新的研究思路和研究方法也起到了积极促进的作用。

（二）个性与产品品牌的选择

品牌个性是指消费者给品牌不同的产品赋予不同的类似于个性特征或个性的描述，即品牌内在核心要素的看法。品牌个性是品牌形象的一部分，也是产品或品牌特性的传播以及在此基础上消费者对这些特征的感知。例如，劳斯莱斯汽车代表着尊严，宝马汽车是追求完美的象征，耐克是所有人都可以拥有的专业运动象征。

品牌个性无疑具有一定的主观性，然而它一旦形成就会与其他刺激因素共同作用于信息处理过程，使消费者得出这一品牌是否适合于自己的印象。品牌个性不仅使其与其他品牌相区别，而且其还具有激发情结和情感，为消费者提供无形利益之功效。

将消费者对产品或服务各种特性的理解看法转化成有人性特征的过程被称为人格化。识别品牌和人格之间的关系并将新产品与人的个性特征相联系，是市场营销者面临的重要工作和任务。

(三) 个性与创新性产品的消费

不同的消费者对创新性产品的接受和采用并非同时的、一致的，而是有先后顺序的。一些消费者是创新性产品的率先采用者或称为创新采用者，而另外一些人则称为落后采用者。创新采用者和落后采用者有哪些区别性特征呢？这是营销者特别希望了解的。

(1) 消费者的创新性 (Consumer Innovativeness)。消费者的创新性反映的实际上是消费者对新事物的接受倾向与态度。有些人对几乎所有的新生事物均持排斥和怀疑的态度，另外一些人则采用开放和乐于接受的态度。

(2) 教条性或教条主义 (Dogmatism)。教条性或教条主义是这样一种个性特质，它反映个体对不熟悉的事物或与其现有信念相抵触的信息在多大程度上持僵化立场。非常僵化的人对陌生事物非常不安并怀有戒心；相反，少有教条主义倾向的人对不熟悉或相对立的信念持开放的立场。与此相应，少有教条倾向的人更可能选择创新性产品，而教条倾向严重的人则更可能选择既有产品或已经成名的产品。另外，教条倾向严重的人更可能接受带有"权威诉求"的新产品广告，部分出于这一目的，一些企业运用名人和权威来推广其创新性产品，以使那些疑心重重的消费者乐于采用新产品。

(3) 社会性格 (Social Character)。在社会心理学中，社会性格是用来识别和区分不同的社会亚文化类型。在消费者心理学领域，社会性格是用来描述个体从内倾到外倾的个性特质。有证据显示，外倾型消费者倾向于运用自己内心的价值观或标准来评价新产品，他们更可能成为创新采用者；相反，外倾型消费者倾向依赖他人的指引作出是非判断，因此成为创新采用者的可能性相对要小。上述两种类型的消费者在信息处理上也存在差别。一般来说，内倾型消费者较喜欢强调产品特性和个人利益的广告，而外倾型消费者更偏爱那些强调社会接受性的广告。由于后者倾向根据可能的社会接受性来理解促销内容，所以这类消费者更容易受广告影响。

(四) 个性与决策

虽然个性在预测购买结果上并不尽如人意，但它对解释不同购买决策阶段上的行为却颇有帮助。目前，关于这方面的研究主要集中在个性与信息处理变量的关系上。

(1) 认知需要 (Need for Cognition)。认知需要是指个体进行思考的努力程度，或更通俗地说它是指个体喜爱思考活动的程度。广告如何影响消费者对产品态度的形成与认知需要有密切的关系。研究发现，高认知需要者更多地被广告的内容与陈述质量影响，而低认知需要者更多地被广告的边缘刺激 (如陈述者的吸引力) 影响。

(2) 风险承担 (Risk Taking)。是否愿意承担风险将直接影响消费者对诸如创新性产品推广和目录销售等营销活动的反应。在个性研究中，风险不仅仅是决策后果的不确定性，它也意味着对将要发生损失的个人预期。一些消费者被描绘成"T型顾客"(Thrill Seekers)，这类顾客较一般人具有更高的寻求刺激的需要，很容易变得腻倦；他们具有追求冒险的内在倾向，更可能将成功和能力视为生活的目标。与此相反，风险规避者更可能将幸福和快乐视为生活的首要目标。

(3) 自我掌控或自我驾驭 (Self Monitoring)。辛德 (Snyder) 将自我驾驭界定为这样一种个性品质，它反映个体是更多地受内部线索还是更多地受外部线索的影响。自我驾驭程度低的个体，对自身内在的感受、信念和态度特别敏感，并认为行为主要受自己所持有的信念和价值观等内在线索的影响。与此相反，自我驾驭程度高的个体，对内在信念和价值观不太敏感。凡恩（Fine）和舒曼（Schumann）发现，消费者与销售人员的自我驾驭特质存在交互影响。当双方自我驾驭水平不同时，互动效果更加正面和积极。

第二节　个性的主要理论

研究个性，就是研究人，就是研究人生。个性理论就是关于人的理论，就是关于人生的理论。人人都有个性，人人的个性都各不相同。正是这些具有千差万别个性的人，组成了生动活泼、丰富多彩的大千世界和各种各样、既相互联系又相互制约的人类群体，推动着历史的前进和时代的变迁。

一、弗洛伊德的精神分析理论

奥地利著名科学家弗洛伊德在长期的研究和医疗实践中逐渐认识到，在意识的背后都可能具有各种各样的欲望和冲动，因不被社会习俗、道德法律所容许，必须被压抑下去而不被意识到。这些被压抑于心灵深处的欲望和动机构成了人的潜意识，它是人类一切精神生活的根本动机。这种潜意识学说，构成了精神分析的理论基础。弗洛伊德一生用了40多年建立和发展精神分析理论，在欧洲乃至全世界掀起了一场轰轰烈烈的精神分析运动。

弗洛伊德还提出了个性发展的阶段理论。他将性心理的个体发展分为五个阶段。

第一阶段，口欲期（0～1岁），快乐来源于口、唇和手指头。

第二阶段，肛欲期（1～3岁）快乐来源于排便时，肌肉紧张的控制感。

第三阶段，生殖器期（3～5岁）快乐来源于生殖部位的刺激和幻想，具有恋母或恋父情节。

第四阶段，潜伏期（5～12岁）快乐来源于外部知识和技能的提升，应付环境的需要。

第五阶段，生殖期（12岁以后）性欲转向异性。起源于青春期，持续整个成年期。

基本的观点是，人们遇到的心理问题绝大部分是由于在这些对应的时期里"性本能"没有得到满足，被压制在潜意识中。在之后的生活中，如果问题严重将会给人们造成不同程度的心理创伤，会通过其他形式表现出来。精神分析法特别强调，从童年和过往的经历去深度解析潜意识形态，然后进行剖析，找出问题的根源。精神分析理论诞生之后，弗洛伊德的同事和弟子又进一步发展他的理论，形成新的理论体系。

二、阿德勒的个体心理学

阿德勒是弗洛伊德最早的同事。1910年，在弗洛伊德的推荐下，他成为维也纳精神分析协会第一任主席。阿德勒后来发现与弗洛伊德的学说理念不相同，1911年，他公开反对弗洛伊德的泛性论，两人关系破裂。于是阿德勒创立了个体心理学（Individual Psychology），后来成为一个颇有影响的学派。

阿德勒认为意识才是人格的中心，他觉得人性格和成长是由遗传、环境和创造能力决定的。人有能力改变情况、改变自己，追求优越的生活目标。弗洛伊德看到的总是陷入与社会或各个人相互冲突之中的个体，而阿德勒看到的却是寻找友好与和谐的个体。相对来说，阿德勒的学说是积极的，这与他本人的性格和经历也是分不开的。

在中国的历史中，有许多典故充分印证了阿德勒的个体心理学理论，"塞翁失马"就是最好的例子。假如，故事里的"塞翁"不能积极看待自己遇见的每一件事，也许就不会有"塞翁失马"这样的典故了。

三、荣格的分析心理学

卡尔·古斯塔夫·荣格是弗洛伊德最有名的弟子，他的心理学理论和思想至今仍对心理学研究有着深远影响，其中最著名的就是他的分析心理学。他的分析心理学不但与精神分析学齐名，而且还被看作是弗洛伊德经典分析学说的超越，更被誉为后现代心理学的先锋。

荣格是在以弗洛伊德对人类无意识的发现的基础上，根据自己亲身体验及在对临床病人的大量观察和广泛研究了各民族宗教神话之后，提出来的一套颇具说服力的人类心灵深层结构理论。他更强调人的精神的崇高抱负，反对弗洛伊德的自然主义倾向。这一理论勾画出了人类心灵的原始面貌，为沟通过去与现代、东方与西方架起了一道心理学的桥梁。

四、奥尔波特的人格特质理论

人格特质理论（Theory of Personality Trait）起源于20世纪40年代的美国，最早源于研究人格个别差异的类型理论。特质理论认为，特质（trait）是决定个体行为的基本特性，是人格的有效组成元素，也是测评人格所常用的基本单位。例如，"谦虚"这一特质，使个体对不同种类的刺激作出相似的反应。

卡特尔经过20多年的艰苦工作，提出了人格的16种根源特质。根据这16种根源特质，他编制了16种人格因素测验（16PF）。除了卡特尔以外，还有许多心理学家对人格特质进行了研究，这些研究均采用因素分析的方法来发现各种人格特质，继而确定人格的维度。

五、安娜·弗洛伊德的自我心理学

安娜·弗洛伊德是弗洛伊德6个孩子中最小的一个。她继承和发展了弗洛伊德后期的自我心理学思想，赋予自我合法地位。她认为，自我是了解本我和超我的媒介，对自我的分析是解决所有精神分析问题的起点。此外，安娜还系统地总结和扩展了弗洛伊德的自我防御机制研究。与其父亲相比，她的工作强调了"自我"和正常的"发展路线"的重要性，同时也强调了工作的协作性在分析和观察中的重要性。

传统的精神分析学家（包括安娜的父亲）都认为自我防御机制阻碍着对潜意识的理解，而安娜却认为，自我防御机制具有特别重要的意义。安娜表明了这些防御机制通常是如何被用来调节社会性需要和生物性需要的。当理解了正常的需要后，异常的需要自然更容易界定了。在传统的自我防御机制的类型之上，安娜又加上了两种，即利他性放弃和对攻击者的认同。利他性放弃是指一个人放弃自己的抱负和生活，感同身受地认同另一个人的苦与乐；对攻击者的认同是指一个人采用他所恐惧之人的价值观和行为方式。这个机制也解释了为什么有些人质会对绑匪产生感情。在现代心理学中，后一种倾向被称为斯德哥尔摩综合征。这个名称来自1973年瑞典斯德哥尔摩的一位妇女被劫持的案例。在这段经历中，这位妇女与其中一个劫匪建立了非常深厚的感情，她放弃了与另一个男人的婚约，甚至在这个劫匪服刑期间都对他保持忠诚。

第三节 消费者的自我概念

一、自我概念的含义及内容

（一）自我概念的含义

自我概念是消费者对后天自我的综合观念，它包含了消费者对自己价值观、社会角色、个性等不同层面的认识。20世纪40年代，P·莱基和C·罗杰斯详细阐述了自我概念。60年代以后，自我概念的研究延伸到消费学领域。简单地说，自我概念是对自我的看法或态度，或对"我是谁"的理解。

消费者的自我概念（而不是真实自我）对消费行为起着极为重要的作用。自我概念以潜在的、稳定的形式参与消费活动，对消费行为产生深刻影响。因此，对消费者的自我概念及自我概念的结构进行探讨，有助于更深层次地研究品牌个性对消费者行为的影响，从而更科学地制定市场营销策略。

★拓展阅读10-1

《武林外传》吕秀才说死姬无命

姬无命：想怎么死，我成全你。

吕秀才：慢着，杀我可以，不过得先说明了，我到底死在谁的手里？

姬无命：废话，我呀。

吕秀才：我……是……谁？

姬无命（犯迷糊，想了会儿）：我怎么知道你是谁啊？

吕秀才：问题来了吧？

姬无命（看看大家，又看秀才）：你……什么意思？

吕秀才：这得从人和宇宙的关系开始讲起了。在你身上，长久以来，一直就有一个问题缠绕着你。

姬无命：什么问题啊？

吕秀才：Who Am I？（我是谁？）

姬无命：这个我已经知道了。

吕秀才：不！你不知道。你知道吗？你是谁？姬无命吗？不，这只是个名字、一个代号。你可以叫姬无命，我也可以叫，他们都可以，把这个代号拿掉之后呢？你又是谁？

姬无命：（摇摇头）我不知道。（愤怒）我也不用知道！

吕秀才：好！好！那你再回答我另一个问题：我是谁？

姬无命：这个问题已经问过了。
吕秀才：不，我刚才我问的是本我，现在问的是自我。
姬无命：这有什么区别吗？
吕秀才：举个例子。当我用我这个代号用来对话的同时，你的代号也是我。这意味着什么呢？这是否意味着，你就是我，而我也是你……
姬无命：（沉思说到）这……这……这个问题没什么意义嘛！
吕秀才：那就问几个有意义的。我生从何来？死往何处？我为何要出现在这个世界上？我的出现对这个世界意味着什么？是世界选择了我？还是我选择了世界？
姬无命：够啦……
吕秀才：我和宇宙之间有必然的联系吗？宇宙是否有尽头？时间是否有长短？过去的时间在哪里消失？未来的时间又在何处停止？我在这一刻提出的问题还是你刚才听到的问题吗？
姬无命：（极其愤怒）我杀了你！！！
吕秀才：是谁杀了我？而我又杀了谁？
姬无命：是我……杀了……我？
吕秀才：回答正确。动手吧！
姬无命：呀——！！！！！（自杀）
吕秀才：他不会再醒过来了吧？
老白：应该不会了。
小郭：这……这算个什么说法啊？
秀才：知识就是力量。

（二）自我概念的内容

一般认为自我概念由反映评价、社会比较和自我感觉三部分构成。

1. 反映评价

反映评价就是人们从他人那里得到的有关自己的信息。

如果年轻的时候得到肯定的评价，你就会有一个良好的自我概念；若这种评价是否定的，你的自我概念就可能感到很糟糕。例如，在学期开始时，如果老师对一个学生说："你行，你一定会成为一个好学生的。"这位学生听了以后很可能会好好学习作为回应。如果老师说："你以后没有什么发展。"那他可能从此消极起来，反正自己不行，懒惰一点也无所谓。

2. 社会比较

在生活和工作中，人们往往与他人比较以确定衡量自己的标准，这就是在做社会比较。

例如在学校时，考试卷子发下来，同学们就会问一下自己的同桌得多少分，自己的好朋友得多少分；走到社会上，又和同事比谁家钱多，生活幸福；当自己有了孩子，就比自己的孩子成绩好还是别人的孩子成绩好；当担任领导管理一个单位时，就和其他单位比，等等。无论什么人，从出生到长大，从家庭到社会，从学习到工作，都在社会的比较中发展和充实自我概念。

3. 自我感觉

在年少时，对自己的认识大多数来自人们对你的反应，然而，在生活的某一时刻，你开始用自己的方式来看待自己，这种方式称为自我感觉。

如果从成功的经历中获得自信，自我感觉就会变得更好，自我概念就会得到改进。例如，通过自己的能力安装调试好一台计算机，自我感觉就非常好，也就是功能改进自我感觉。

二、自我概念的类型

一般情况下，消费者不仅有一种自我概念，而且拥有多种类型的自我概念。
（1）现实的自我概念：指消费者实际上如何看待自己。
（2）理想的自我概念：指消费者希望如何看自己。
（3）社会的自我概念：指消费者感到别人如何看待自己。
（4）理想的社会自我概念：指消费者希望别人如何看自己。
（5）期待的自我概念：指消费者期待在将来如何看待自己，是介于实际的自我与理想的自我之间的一种形式。由于期待的自我概念能够反映出个体改变自我概念的现实机会，对企业的市场营销来说，应当比理想的自我和现实的自我更有价值。

消费者自我概念的多样性，意味着在不同的情境下消费者可能选择不同的自我概念来指导其态度与消费行为。例如，个体在家里和家庭成员交往时，其行为一般较多地受现实的自我概念支配和指导；在外面和同学、朋友交往时，其行为一般较多地受社会的自我支配和指导；在电影院或博物馆则更多地受理想的社会自我概念支配。

人类行为的目的都是保持"自我概念"与行为的一致性。如果理想自我、现实自我与自我形象不一致，就会产生一定程度的紧张与焦虑。消费者的很多决定，实际上都会受其自我概念的引导。例如，人们在购买衣服、小轿车等产品时，一般都会想到购买的产品或品牌一定要符合自己的身份。

三、自我概念与产品象征性

著名心理学家胡特认为，自恋是人类的一般本质，每个人本质上都是自恋的。戴尔·卡耐基小时候，有个邻居去世了，伤心的他跑去告诉自己的小伙伴。听到丧讯的小伙伴刚好被蚊子叮了一口，没有在意卡耐基讲的话反而去找药膏。卡耐基后来把这个现象形象地表达为："人们对自己被蚊子叮咬后痛痒的关心，超乎邻居的死讯！"

天大的消息，只要与自我不相关，消费者就丝毫不会触动。同样的，消费者对于产品的关注点也是如此。大家关心的不是 iPhone X 的"刘海"丑不丑，而是关心自己拿着有"刘海"的 iPhone X，会不会被别人认为是个审美不行的人。比如：曾经被爆红炒到 888 元的星巴克猫爪杯。一个喝水的杯子不值钱，真正让消费者愿意花高价买单的是人们想要无限展示和证明的自我。对于买不起古驰和普拉达的"猪猪女孩"来说，888 元的猫爪杯就能买一个精致优雅的形象，是意外的"划算"。

在消费心理学中，有关消费者自我概念与产品（品牌）形象之间一致性的讨论，较为著名的是美国营销学家Sirgy 1999年提出"自我概念——产品形象一致"的理论。该理论认为，具有象征性意义的品牌通常会激发包含同样形象的自我概念。如一个包含"高贵身份"意义的品牌会激发消费者自我概念中"高贵身份"的形象。由于自我形象是产品（品牌）意义激发的结果，因此，产品及其形象属性的价值将取决于其所激发的自我形象。

在很多情况下，消费者购买产品并不只是为了获取其核心价值，更重要的是获取其形象价值，获取其所代表的象征性价值。换句话说，消费者购买产品或者服务不仅为了它们能做什么，更重要的是它们代表了什么。消费者购买的许多产品或者服务反映了消费者的形象、价值观、生活方式以及社会地位等。

假如有两辆车的配置一模一样，一定是那辆外观能够象征身份、让开车人觉得自己很有面子的车会让消费者愿意支付比较高的价钱。宝马和奔驰的购买者不只是购买一种单纯的交通工具，更多的是用宝马和奔驰的产品和品牌来显示自己的身份、地位与财富。如在美国一项对哈雷摩托拥有者的调查发现，许多购买者购买哈雷摩托并不是因为摩托车的性能，而是由于骑乘时的自我独立、活力张扬的感觉以及在哈雷摩托车族中形成的微妙伙伴关系。这个道理在其他产品中也同样适用。

★ 拓展阅读 10-2

中国与欧洲高端车车主形象差异

胡润研究院的报告显示，中国与欧洲高端车车主的个人身份特征与自我评价是否一致，不同品牌的表现明显不同。奔驰、沃尔沃最为一致，凯迪拉克截然相反。

在问及自己的性格特征时，在中国及欧洲地区高端车车主中，自信、热情、活泼等积极的性格特征均是提及率最高的形容词。

凯迪拉克在中国与欧洲的车主形象差异最大，尤其在车主职业上，除了"炫富"是中欧车主共同的性格特征外，中国车主主要是外企高层，而欧洲车主，则是暴发户、影视明星、新富人群。

德系三驾马车中的奥迪与宝马，车主的形象与评价印象也有较明显的区别。奥迪的中国车主年龄偏大，不热爱运动；欧洲车主年龄偏小，跟随潮流、热爱运动。类似的人群特征差异还出现在宝马身上。在中国，宝马的女性车主占比明显高于欧洲，宝马车主在相当多中国受访者的印象中，其社会身份被认为是"二奶""暴发户"。

路虎、英菲尼迪和保时捷在中欧高端车车主中的身份特征和评价印象则较为一致。路虎车主在中欧车主中均认为具有男性、高调张扬、粗犷等特征，车主身份均以暴发户、包工头为主。英菲尼迪的中欧车主职业特征和社会身份都较为模糊，没有明显特征。保时捷车主则是高端车车主中唯一偏单身人群的，且以高调张扬、炫富、个人主义、热爱运动等特征为主。

在中欧两地，奔驰与沃尔沃车车主均为高学历群体，其中，奔驰车车主的社会身份均以政府官员、企业高层或企业家为主，沃尔沃则大多是专业人士与社会中坚。

一些专家和学者认为，某些产品对拥有者而言具有相当丰富的含义，它们能够向他人传递关于自我概念的很重要的信息。贝尔克用延伸自我（Extended Self）这一概念来说明某类产品与自我概念之间的关系。贝尔克认为延伸自我由自我和拥有物两部分组成。也就是说，人们倾向于根据自己的拥有物界定自己的身份。一些拥有物有时不仅是自我概念的外在展示，同时，也是自我身份的有机组成。从某种意义上来说，消费者是什么样的人，是根据其使用的产品来判定的。如果消费者丧失了某些关键拥有物，那么，他就成为不同于现在的个体了。

产品的象征性对消费者来说非常重要。运用象征性产品传递自我概念（图10-1）由三个方面组成：个体的自我概念、参照群体、象征性产品。消费者首先会选择某种能够向他人传递自我概念的产品；然后，他希望参照群体能看到产品所具有的象征性；最后所具有的象征性的产品品质视为其人格或自我概念的一部分。简单地说，消费者购买某些产品就是为了象征性地向社会传递关于其自我概念的不同方面。

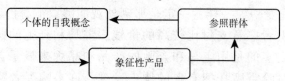

图10-1　运用象征性产品传递自我概念

那么，哪些产品的象征性更强呢？哪些产品更有可能成为传递自我概念的符号或象征品呢？一般情况下，象征性产品与一般产品的区别，主要体现在象征性产品的三个特征上。

第一，象征性产品应具有使用可见性。也就是说，象征性产品的购买、使用和处置时的可见度高，容易被他人看到。

第二，象征性产品应具有变动性。由于消费者拥有的各种资源特别是经济资源并不相同，一小部分消费者有能力购买，而一大部分消费者则无力购买，这样的产品才会成为象征性产品。如果每人或者每个家庭都拥有一辆宝马，那么宝马就不存在象征性价值了。

第三，象征性产品应具有拟人化性质，能在某种程度上体现一般使用者的典型形象。如名牌汽车、珠宝等产品都具有上述特征，因此，它们很自然地被人们作为传递自我概念的象征性产品。

四、身体、物质主义与自我概念

（一）身体与自我概念

每个消费者都会形成对自己身体及各个器官的评价与看法，这些评价与看法也组成了自我概念的一部分。肖顿（Schouten）采用深度访谈的调研方法访问了9位做过整容手术的消费者，用以考察整容与消费者自我概念之间的关系。结果显示，消费者一般是因为对自己的某些或某个器官的不满而做整容手术，手术之后，他们的自我得到了极大的改善，自我概念的一部分得到了提升。一般情况下，消费者较少做整容手术，他们做整容手术大多发生在角色转换的时候，或者是他们的自尊因某些或某个器官的原因受到伤害的时候。整容会使他们在社交中更加自信，从而极大地改变了他们对自身的看法，提升了他们的自我概念。

在很多消费者心里，其身体各个部分或不同器官的重要程度并非完全相同，而是存在差异的。很多消费者认为其眼、头发、心脏、腿和生殖器官是形成自我身份的核心部分，而下巴、膝盖和鼻子在消费者心里的重要性相对偏低。有资料显示，女性消费者比男性消费者更强烈地将其身体视为自我身份的核心。消费者自身的不同器官在消费者自我概念中所占位置的重要程度不同。从消费者心理角度看，移植对自我概念而言非常重要的器官，无论对器官捐献者还是器官接受者都会带来很大伤害。鼓励人们在过世之后捐献自身的重要器官，应该先从心理上改变消费者自身以及社会关于这些器官对消费者自我身份的重要性的看法与评价。

（二）物质主义与自我概念

在消费者的自我概念与产品的象征性问题中已经介绍过，人们倾向于根据自己的拥有物界定自己的身份，消费者是什么样的人是根据其使用的产品来判定的，消费者自我概念从某种意义上来说是根据消费者所拥有的小轿车、别墅、收藏品等象征性产品进行界定的。但是，不同的消费者对具有象征性价值的物质产品的注重程度并不相同，而是存在一定的差别。有的消费者特别注重这些具有象征性价值的物质产品，并将其视为自己追求和奋斗的目标；另一些消费者对这些物质产品看得相对淡泊，对这些产品的拥有与否也持一种无所谓的态度。消费者通过拥有物质产品而追寻幸福、快乐的倾向被称为物质主义。具有极端物质主义倾向的消费者将物质产品置于生活的中心位置，认为其是他获得满足感的最大来源。关于物质主义与自我概念之间关系的研究尚处于起步阶段，但也取得了一些初步的成果。如莫温（Mowen，John. C）研究发现，被视为具有高物质主义倾向的人表现出以下几个方面的特点：①他们不太愿意为移植目的捐献器官；②他们对花大量的钱购买汽车和房子持赞许态度；③他们较少可能希望在昂贵的餐馆用餐；④他们更可能视圣诞节为购物时间；⑤他们较少认为他人会欣赏自己的助人行为。

★ **拓展阅读 10-3**

拼多多？并夕夕？

近日，一组"灵魂问答"在网络上刷屏。问曰："怎样判断一个人是否向生活低头了？"答曰："看这个人是否给你发拼多多的链接"。

小郑是一位名牌大学毕业生，毕业后在一家知名外企工作，月薪8 000元左右。虽然工资并不高，但她却过着令人羡慕的精致生活——穿着名牌服装，喝着星巴克。她经常在天猫、京东、当当、苏宁、唯品会购物，却从来不在拼多多买东西，因为她觉得这么做"很Low"。在水木社区（源于清华的高知社群），有网友吐槽"觉得上了拼多多的广告后，湖南卫视更Low了"。

小郑的这些消费行为正是受到自我概念的影响。消费者购买某些品牌的产品，是为了保持或提高其所追求的自我形象，消费者的自我概念使得他们把自己占有或希望占有的产品与这些产品对他们自己以及对其他人的意义联系起来。当某项产品所象征的意义与消费者已有的或希望获得的自我概念一致时，他就想购买该产品。因此，营销人员应该努力塑造产品形象，并使之与目标消费者的自我概念一致。

第四节 生活方式的含义

一、生活方式的含义

生活方式（Life Style）是一个内容较为广泛的概念，它包括人们的衣、食、住、行、劳动工作、休息娱乐、社会交往、待人接物等物质生活和精神生活的方式以及价值观、道德观、审美观和与这些方式相关的方面。也可以理解为在一定的历史时期与社会条件下，各个民族、阶级和社会群体的生活模式。简言之，生活方式就是人如何生活。具体地说，它是个体在成长过程中，在与社会各种因素交互作用下表现出来的活动、兴趣和态度模式。每个个体和家庭都有自己的生活方式，家庭的方式部分地由家庭成员的个人生活方式所决定。反之，家庭成员的个人生活方式也受其所在家庭的生活方式的影响和制约。

消费者的生活方式与消费者个性并不相同，两者之间具有一定联系，又存在一定区别。一方面，消费者的生活方式在大程度上受到消费者个性的影响。一个具有开放、大方性格的消费者其生活方式中出现登山、跳伞、丛林探险之类活动的可能性较大；而一位具有保守、性格拘谨的消费者，这类活动出现在其生活方式中的可能性较小。另一方面，生活方式关心的是人们如何生活的、如何消费、如何消磨时间等外显行为，而个性则侧重从内部来描述个体，更多地反映个体思维、情感和特征。从某种意义上说，两者是从不同的层面刻画个体，区分消费者个性和消费者生活方式在市场营销活动中有重要意义。一些专家和学者认为，在市场细分过程中过早地以个性为标准细分市场，会使目标市场过于狭隘。因此他们建议，市场营销者应该先以生活方式为标准分市场，然后再分析每一细分市场内部消费者在个性上的差异，这样能够便于市场营销者对具有相似生活方式特征的大量消费者进行识别。

研究消费者生活方式一般有两种途径：一种是研究消费者一般的生活方式模式；另一种是将生活方式分析应用于具体的消费领域中，或与市场营销者所提供的产品、服务最为相关的方面。在现实生活中，消费者一般很少能清楚地意识到生活方式在其购买决策、购买行为中所起的作用。例如，消费者在购买登山鞋、越野车、野营帐篷等产品时，很少意识到这仅仅是为了保持自己的生活方式。然而，追求户外活动和刺激性生活方式的消费者可能不需要进行过多考虑就会购买这类产品，因为这类产品带的利益与其活动和兴趣较为吻合。

市场营销者应该意识到，不同的消费者群体其生活方式存在较为明显的差别。如果企业的市场营销人员缺乏对这些差异的认知或者不能准确地对这些差异进行认知，其市场营销活动就很难达到理想的效果。

二、生活方式的测量

目前较为流行的生活方式的测量方法主要有两种：一种是消费者活动、兴趣、意见结构法（AIO法）；另一种是综合测量法。

(一) AIO 法

消费者活动（Activity），兴趣（Interest）、意见（Opinion）结构法简称 AIO 法。其基本思想是通过问卷调查的方法了解消费者的活动、兴趣和意见，以描述其不同的生活方式类型。研究人员设计一份 AIO 问卷表，然后从消费者中抽取大量样本作为被调查对象，要求被调查者对问卷表中的问题进行回答，见表 10-1。AIO 问卷表主要由三部分组成：第一部分是有关活动方面的问题，如消费者做什么、买什么、如何打发时间等；第二部分是有关兴趣方面的问题，如消费者的偏好和优先考虑、关心的事物；第三部分是一般性问题，如消费者的世界观、道德观、人生观以及对社会事物和经济发展等方面的看法和感受。

表 10-1 AIO 问卷表的主要组成

活动	兴趣	意见
工作	家庭	自我表现
爱好	性别	社会问题
社会活动	工作	政治
度假	交际	商业
文娱活动	时尚	经济
俱乐部会员	休闲	教育
社交	事物	产品
运动	食品	未来
购物	成就	文化

研究人员运用计算机相关技术对消费者的答案进行分析，把答案相似的消费者归为一类，用来识别消费者的不同生活方式。AIO 问卷表中具体应设计哪些项目并无固定标准，视研究目的和研究所涉及的领域及其性质而定。一般来说，AIO 问卷表中的问题可分为具体性问题和一般性问题两种类型。具体性问题与特定产品相结合，测量消费者在某一产品领域的购买、消费情况；一般性问题与具体产品或产品领域无关，主要用来测量人群中各种流行的生活方式。两种类型的问题都有其自身的价值。具体性问题提供关于消费者如何看待某种产品的信息，使市场营销者了解消费者对产品哪些方面的属性和特征比较喜欢，对哪些方面的属性和特征不喜欢，消费者希望从产品的这些属性和特征中获得哪些利益。这样有助于企业改进产品和提高服务水平。一般性问题提供的信息为市场营销者勾勒出目标市场上消费者的一般生活特征，从而有助于企业从中发现市场机会，并据此拟定相关市场营销策略。

AIO 问卷表中的一些典型问题如下。

(1) 活动方面的问题。
①你每月至少参加两次何种户外活动？
②你每月去几次购物中心？
③你是否曾经到国外旅行？
④你参加了多少个俱乐部？

(2) 兴趣方面的问题。

① 你对什么更感兴趣——运动、电影还是工作？
② 你是否喜欢尝试新的事物？
③ 出人头地对你是否很重要？
④ 星期六下午你是愿意花两个小时陪你妻子，还是一个人外出钓鱼？
（3）一般性问题（回答同意或者不同意）。
① 我对新鲜事物的接受能力很高。
② 对于是否人工流产，妇女应有自由选择的权利。
③ 教育工作者的工资太高。
④ 我在乘坐公交、地铁时会留意周边的广告。

（二）综合测量法

AIO 法虽然可以通过问卷调查的方法了解消费者的活动、兴趣和意见，进而描述消费者不同的生活方式类型，但其获取的数据过于狭窄。为了进行有效的市场细分，需要扩展数据搜集范围。综合测量法就是在活动、兴趣、意见测量的基础上，加上态度、价值观、人口统计变量、媒体使用情况、产品使用频率等方面的测量。研究人员从选取的大量消费者样本（通常是 9 个以上）上获取相关数据，然后使用统计技术对这些消费者样本进行分组，大多数研究是从两个或三个层面对消费者样本进行分组，其余层面的数据则是用来给每个小组提供更完整的描述。

三、VALS 生活方式分类系统

到目前为止，关于生活方式的研究最受推崇的要数价值观及生活方式（Values and Lifestyles，VALS）系统，该系统是由美国加利福尼亚的斯坦福国际研究所（SRI）的阿诺德·米歇尔（Arnold Mithchell）根据 20 世纪 80 年代对大约 1 600 个美国家庭进行的冗长的全面询问，设计出的一个把消费者放于九个生活方式群体的系统，也称为 VALS 类型。但到 80 年代后期，一些研究人员开始批评 VALS 系统，认为 VALS 系统已经过时，并且不能很好地预测消费者的消费行为，由于人们行为的差异性、媒体选择的多样化，生活方式和价值观念的变化，VALS 系统在 90 年代成为描述消费者行为的一个无效的工具。基于这些批评，SRI 开发出了 VALS2 系统，其仅包括与消费行为有关的项目，所以比 VALS 系统更接近消费者，下面将对这两种系统进行简单介绍。

（一）VALS 生活方式分类系统

该系统将美国成年消费者分为三大类别九种类型。

（1）需求驱动型：消费者的购买活动是被需求而不是偏好所驱动。

① 求生者（survivors）：占 18 岁以上总人口的 4%，为生存而挣扎，多疑，社会处境不佳被食欲所支配；收入在贫困线以下，受教育程度很低，大多是少数民族，生活在贫民窟；价格处于第一位考虑，集中于基本必需品，购买是为了即时需要。

② 维持者（sustainers）：占 18 岁以上总人口的 7%，关注安全，时时有不安全感，较求生者自信且较乐观；收入低，受教育程度低，较求生者年轻，很多是失业者；对价格敏感，

谨慎的购买者。

（2）外部引导型。是大多数产品的消费主体，非常在意他人的评价，紧跟时代潮流。

①归属者（belongers）：占18岁以上总人口的35%，特征是从众，传统，怀旧，家庭观念强，收入低于中等人群，受教育程度低于社会平均水平，从事蓝领工作；追求时尚，在中低大众化市场购物。

②竞争者（emulator）：占18岁以上总人口的10%，特征是雄心勃勃，好炫耀，重地位和身份，上进心和竞争意识强；年轻，收入高，大多住市区，传统上男性居多但正在变化；炫耀性消费，模仿并追逐流行，以消费为主而不是储蓄。

③成就者（achievers）：占18岁以上总人口的22%，喜欢成就，成功，声望，物质主义，领导效率和舒适；收入丰厚，商界或政界名流，良好教育，住城市或郊区；追求高品质生活，购买奢侈品和礼品还有新产品。

（3）内部引导型。消费者的生活更多地被个人需要、内心的情感体验而不是外界的价值观支配。

①我行我素者（I-am-me）：占18岁以上总人口的5%，特点是极度个人主义，求新求变，情绪化，冲动，重情绪体验；年轻，大多未婚，身份是学生或刚开始工作的职场新人，富裕的家庭背景；展现品位，购买刚上市的时尚品，结伴购买。

②体验者（experiential）：占18岁以上总人口的7%，受直接体验驱动，活跃，自信，好参加尝试新事物；中等收入，受过良好教育，大多在40岁以下，成家不久；喜欢户外活动，喜欢自己动手。

③社会良知者（Socially Conscious）：占18岁以上总人口的8%，社会责任感强，社会俭朴，重内在成长；收入较高，受过良好教育，年龄和居住地呈多样化，白种人为主；关注环境，强调自然资源的保护，节俭，生活简单。

④综合者（integrated）：占18岁以上总人口的2%，心智成熟，内外平衡，宽容，自我实现感，具有全球视野；收入良好，受过一流的教育，工作和居住分布呈多元化。各式各样的自我表现讲究美感，具有生态意识。

一些企业和组织运用上述分析系统获得不同生活类型的消费者在某些具体活动和产品消费上的差异，并据此制定企业和组织的市场营销策略。

（二）VALS2 生活方式分类系统

相比较 VALS 系统来说，VALS2 系统具有更广泛的心理学基础，而且更加强调对活动与兴趣方面的问题的调查。VALS2 验明美国消费者的细分市场是基于对 170 个产品目录上产品的消费状况进行调查的结果。VALS2 主要基于两个方面的因素将美国消费者分成 8 个细分市场：一方面是消费者的资源，主要包括消费者的收入、教育、自信、健康、购买愿望、智力和能力水平；另一方面是消费者的自我导向，主要包括其的行为和价值观念。被验明的自我导向主要有三种。

一是以原则为导向的消费者，他们主要是依据信念和原则行事，而不是依据感情或获得认可的愿望作出选择。

二是以地位或身份为导向的消费者，他们的观点是基于其他人的言行和态度，他们为赢得其他人的认可而奋斗。

三是以行为为导向的消费者，他们喜欢社会性的和物质刺激的行为、变化、活动和冒险。

下面对 VALS2 系统分成的 8 个细分市场作简要描述。

①现代者（actualizers，占美国人口的 8%）：拥有丰富的资源，以原则为导向；具有广泛的兴趣，利用自己的财富显示个人的格调、品位和特点；乐于赶时髦，善于接受新产品、新技术和新的分销方式；阅读大量的出版物，轻度电视观看者；不相信广告，购买活动体现趣味、独立和个性；他们具有大学文化水平，高度自信、高收入，平均年龄为 43 岁，平均年收入大约 58 000 美元。

②成就者（achievers，占美国人口的 10%）：拥有较多资源，以地位或身份为导向；他们关心工作和家庭，重视一致和稳定甚于风险和自我发现；注重形象，崇尚地位和权威；容易被昂贵的产品吸引，中度电视观看者，阅读商务、新闻和自助出版物；受过大学教育，平均年龄为 36 岁，平均年收入为 50 000 美元。

③实现者（fulfilleds，占美国人口的 12%）：拥有较丰富的资源，以原则为导向；成熟，负责，受过良好教育，具有较高的收入，从事专业性工作，并且年龄较大（他们中 50% 的人已经在 50 岁以上），一般已婚并有年龄较大的子女；休闲活动以家庭为中心，消费中更加面向价值观念；平均年龄为 48 岁，平均年收入为 38 000 美元。

④奋斗者（strivers，占美国人口的 14%）：他们具有蓝领背景，拥有资源较少，以地位或身份为导向，企图模仿社会资源较为丰富的人群；他们中的许多人追赶时尚，花销主要在服装和个人保健产品上；与阅读相比，更喜欢看电视；平均年龄为 34 岁，平均年收入为 25 000 美元。

⑤信任者（believers，占美国人口的 17%）：资源较少，以原则为导向；传统，保守，信守现成规则，活动很大程度上是以家庭、社区或教堂为中心；寻求廉价商品，垂青美国产品和有声望的产品，不喜欢创新；重度电视观看者，阅读有关退休、家庭/花园和感兴趣的杂志；受教育程度低，大多数为高中文化程度，平均年龄为 58 岁，平均年收入为 21 000 美元。他们是 VALS2 的细分市场中最大的细分市场。

⑥享乐者（experiencers，占美国人口的 11%）：拥有较丰富的资源，以行为为导向；单身，年轻，精力充沛，喜欢运动和冒险；他们花费大量时间在锻炼身体和社交活动上，不吝惜在衣服、快餐和音乐上的花费。他们中略低于 20% 的人已经完成大学教育（无学位），但正在努力获得大学学位。他们追随时髦和风尚，在社交活动上花费较多的可支配收入，购买行为较为冲动。他们注意广告，喜欢新产品，与其他细分市场相比具有更大的冒险性，属冲动型购买者；平均年龄为 26 岁，平均年收入为 19 000 美元。

⑦休闲者（makers，占美国人口的 12%）：拥有资源较少，以行为为导向；保守，务

实,注重家庭,怀疑新观点,崇尚权威;对物质财富的拥有不是十分关注,注重舒服、耐用,仅购买基本的东西;受过高中教育,平均年龄为30岁,平均年收入为30 000美元。

⑧挣扎者(strugglers,占美国人口的16%):拥有资源最少,收入最低,为生存而奋斗,没有任何自我导向;受教育程度低,缺乏技能,没有广泛的社会关系;一般年纪较大,最关心的是健康和安全;对喜爱的品牌比较忠诚,相信广告,在消费上比较谨慎;平均年龄为61岁,平均年收入为9 000美元。

应当指出,相比较VALS系统而言,VALS2有较大的改进,但它同样存在VALS系统所具有某些局限。例如,VALS2中的数据是以个体为单位收集的,而大多数消费决策是以家庭为单位的,或很大程度上受家庭其他成员的影响。另外,很少有人在自我导向上是"纯而又纯"的,三种导向中的某一种可能对消费者具有支配性影响,然而支配的程度及处于第二位的导向的重要性因人而异。尽管如此,VALS 2仍是目前运用生活方式对市场进行细分的最完整系统,它已经并将继续被一些企业和组织广泛运用。

本章小结

个性是个体经常表现出来的一致的、相对稳定的反应倾向,它是在个体生理素质的基础上后天环境的作用下,通过其本身的实践活动逐渐形成的。人的个性具有差异性、一致性、稳定可变性和整体性等几个方面的特点。在消费者行为学中,大多数专家和学者对个性的研究都是为了预测和引导消费者的消费行为。品牌个性是指消费者给品牌不同的产品赋予不同的类似于个性特征或个性的描述,即对品牌内在核心要素的看法。个性理论主要包括弗洛伊德的精神分析论,阿德勒的个体心理学、荣格的个性类型说,奥尔波特的人格特质理论等。

自我概念是指一个人对自身存在的体验,是个体对自身一切的知觉、了解和感受的总和,一个人通过经验、反省和他人的反馈,逐渐加深对自身的了解。一般认为,自我概念是由反映社会比较和自我感觉部分构成,反映评价就是个体从他人那里得到的有关自己的评价信息,若在年轻时得到肯定的评价,人们就会有一个良好的自我概念。在社会生活和工作中,个体往往通过与他人进行比较来确定衡量自己的相关标准,这就是在做社会比较,人们用其自己的方式来看待自己,评价自己,这种看待自己,评价自己的方式被称为自我感觉。自我概念的类型主要有现实的自我概念、理想的自我概念,社会的自我概念,理想的社会自我概念和期待的自我概念。在很多情况下,消费者购买产品并不只是为了获取其核心价值,更重要的是获取产品的形象价值及其所代表的象征性价值。

生活方式是一个内容较为广泛的概念,它包括人们的衣、食、住、行、劳动工作、休息娱乐、社会交往、待人接物等物质生活和精神生活的方式以及价值观、道德观、审美观等方面。消费者的生活方式与其个性并不相同,两者之间具有一定的联系,又存在一定的区别。研究消费者生活方式一般有两种途径:一种是研究消费者一般的生活方式模式,另一种是将生活方式分析应用于具体的消费领域中,或与市场营销者提供的产品和服务最为相关的方面。

目前较为流行的生活方式的测量方法主要有两种:一种是AIO法,即活动、兴趣、意见结构法；另一种是综合测量法。到目前为止，关于生活方式的研究最受推崇的要数 VALS（价值观及生活方式）系统。该系统是由美国加利福尼亚的斯坦福国际研究所（SRI）开发出来的，将美国成年消费者分为三大类九种类型。相对于 VALS 系统，VALS2 系统具有更广泛的心理学基础，而且更加强调对活动与兴趣方面的问题的调查。VALS2 验明美国消费者的细分市场是基于对 170 个产品目录上产品的消费状况进行调查的结果。VALS2 主要基于两个方面的因素将美国消费者分成 8 个细分市场，一方面，是消费者的资源，主要包括消费者的收入、教育、自信、健康、购买愿望、智力和能力水平；另一方面，是消费者的自我导向，主要包括他们的行为和价值观念。

关键概念

个性　气质　性格　能力　兴趣　教条主义　社会性格　认知需要　风险承担
反映评价　社会比较　自我感觉　自我驾驭　自我概念　物质主义　生活方式
AIO 法　VALS2

习题

1. 个性的内部结构包括哪些？
2. 气质的含义是什么？对消费者行为有哪些影响？
3. 个性如何影响消费者行为？
4. 生活方式与个性的区别是什么？生活方式应如何测量？
5. 自我概念包括哪几种类型？
6. 产品应具有怎样的特征才会成为自我概念的象征品？

第十一章

营销因素与消费者行为

【学习目标】

在影响消费者心理的外部营销刺激因素中,产品、价格、渠道、促销策略是最重要的4P策略,只有很好地掌握4P策略是如何影响到消费者心理的,才能有效地制定相应的营销策略,达到影响消费者购买行为的目的。

通过本章的学习,掌握以下内容。

● 掌握产品策略与消费者行为的关系。
● 掌握价格策略与消费者行为的关系。
● 掌握渠道策略与消费者行为的关系。
● 掌握促销策略与消费者行为的关系。

【能力目标】

通过本章的学习,培养学生以下能力。

● 能够熟悉生命周期不同阶段产品设计的特点。
● 能够合理预测消费者对价格调整的应有的心理反应。
● 能够具备一定的终端布置的评价能力。

【导入案例】

拼多多的营销策略

2015年4月,黄峥创立的拼好货上线;同年9月,拼多多APP上线,采取"农村包围城市"策略,以迅雷不及掩耳之势抢占三四线城市以及农村市场。仅用一年时间,拼多多在订单数和用户数方面已经赶上了唯品会;2016年9月,拼多多、拼好货宣布合并,组建成目前的拼多多公司。

就一段时间内的成交总额(Gross Merchandise Volume,GMV)增速而言,拼多多无疑是当下中国增长速度最快的头部电子商务平台。拼多多首创"拼单"模式,将线上购物转换成一种动态社交体验。拼多多自我定位是"社交电商领导者",以微信为入口,将电商融入社交平台之中。用户通过发起和朋友、家人、同事等的拼团,可以以更低廉的价格购买优质商品。你能享受多大的优惠力度取决于你能找到多少朋友帮你砍价或注册。其中,沟通分享的社交理念,形成了拼多多独特的新社交电商思维。

2019年6月,拼多多年活跃买家数量达4.832亿,较去年同期增长41%;同期,京东年活跃买家数量为3.213亿,阿里巴巴为6.74亿。仅从活跃买家数量来看,拼多多自2018年第二季度以3.44亿超过京东后,已经成为中国第二大电商平台。

2019年9月,成立仅4年,上市才一年出头的拼多多(NASDAQ:PDD)市值首次突破400亿美元大关,继续稳坐中国第五大互联网公司的位置(前四名分别是:阿里、腾讯、美团、京东)。

拼多多走出的速度确实让人羡慕。自2015年9月成立,短短4年的时间,拼多多缔造一个又一个的增长神话。拼多多从一家普通的拼团购物小程序发展成一家GMV超过7000亿元,拥有3.66亿活跃买家,170万商家,市值达420亿美元的电商平台,而百度市值仅为388亿美元。(2019年9月13日数据)在各大互联网巨头纷纷陷入增长困境之时,拼多多的增长依然稳健。要知道京东达到这个市值整整花了17年。而在经历了刘强东事件后,京东的股价曾一度腰斩,2019年年初市值才勉强重返400亿美元大关。

一、价格策略

拼多多的用产群70%为女性,并且这其中很大一部分是四五六线城市或农村女性。对这部分人群来说,价格是非常敏感的因素。价格的绝对优势是拼多多相对于淘宝、京东等竞争平台最显著的特色,拼多多要求其所有供应商保证"全网最低价"。拼多多平台上的商品价格通常为100~200元,不少产品的拼团数量达100万甚至200万件,从而形成了强势规模效应,使平台对厂家具有较强的议价能力,而超低的价格反过来又会吸引更多消费者购买,进一步增加订购量,形成良性循环。由于每天、每时、每刻都有上千万个订单拼成,刺激了消费者限时抢低价的心理,大大提升了转化效率。

低价策略可以说是拼多多的核心卖点,而拼多多的低价策略达到什么程度呢?低到你不需要思考这个东西品质怎样以及买回来要是不好怎么办。价格便宜也与商品的选择有关,而前期的主推商品选择中,主要是大家需要的基本款,如水果、纸巾、零食等。1元起步,9块9包邮,买回来货品要是质量不好完全可以不心疼地扔掉,买不了吃亏,买不了上当,反正没多少钱,打消了消费者担心受骗而遭受较大资金损失的顾虑。

二、产品策略

消费者可直接访问拼多多APP,选中商品后,可以将拼团的商品信息通过微信和QQ等社交网络发布,邀请亲朋好友和其他社交网络好友进行"拼单",当然也可以由拼多多内有同样购买需求的陌生买家组团以获取折扣。一旦符合拼团人数的条件,就被认定为拼团成功,各个买家将获得优惠的拼团价格,且商品将分别发货;若无法满足拼团要求,则拼团失败,所付款项将返回给用户。当然消费者也可以通过拼多多平台参与他人发起的订单拼团获得更优惠的价格。每次只需花费很低的成本,拼多多就能为自己带来一个高质量的微信用户。这正是将拼多多推向应用商店顶端的策略。

用户点击购物链接，拼多多默认用户使用微信登录，没有让你重新注册，没有让你添加手机号，体验就是这么流畅。从下单到支付，只需要填写收货地址，而且如果你在微信里填写过地址，拼多多可以帮你一键获取到，有了地址之后，支付也可以选择现成的微信支付。从看到购物链接到首次完成在拼多多的购物，只需要添加一个收货地址。这种便利的购物体验是淘宝和京东都没有的。

三、渠道策略

电商发展的这十多年，通过自动化设备、机器人、无人机、大数据、人工智能等优化物流运输效率。得益于多年市场上物流建设的积累，物流的便利已经是一个无须考虑的问题了。对拼多多来说，传播渠道的便利性才是拼多多最在意的。拼多多对中国人爱面子的心理有深刻的洞察，借助微信的社交关系链，采取了分享互惠的玩法，在无形之中完成了拉新、获客和推广。这种以社交关系为媒介来实现商品销售的形式就构成了拼多多的商业基因。

邀请好友助力是拼多多最核心的玩法，用户在购买商品时，将"砍价"链接转发给好友，好友点进砍价页面就可以帮其砍价，参与砍价的好友越多，用户就可以用越低的价格购买商品。而女性的购买场景中，对于身边人的需求依赖度是很高的，即便是小物件也要不自觉地或安利或讨论一波。拼多多的低价"社交电商"不太会招致目标用户反感，反而会让目标用户依赖的感觉更像是二姑妈在对三姑妈说："你看这个东西好便宜，我们一起砍价，你给我砍，我给你砍，一起薅羊毛（占便宜）。"

四、促销策略

2018年，拼多多的营收为131.2亿元，营销花费却高达134.42亿。这意味着，拼多多几乎把赚到的每1元钱都投入营销活动中了。而仅在2019年Q2单季度，拼多多就花去了61亿元的营销费用，几乎占2018年全年的一半。那么，拼多多具体将钱花在了哪里？

线上线下广告：包含央视加省级卫视电视广告、网络媒体、微信朋友圈广告、各大新闻客户端、搜索引擎广告等信息流广告，全国主要城市电梯楼宇地铁及公交站牌广告。

综艺营销：与湖南卫视、江苏卫视和东方卫视这些一线卫视进行跨年活动的合作，拼多多先后赞助了《小姐姐的花店》《亲爱的客栈》《中餐厅》《爸爸去哪儿6》《我家那小子》《青春同学会》《奔跑吧》《我是大侦探》《极限挑战4》《无限歌谣季》《欢乐喜剧人》《非诚勿扰》等，几乎涵盖全年所有主流综艺节目。

促销补贴：通常来说只要低于市场价格出售都可以看成是一种补贴，例如"新人专属的1元购"和"百亿补贴"活动。

拼多多会利用微信定期给消费者发放红包，点开红包后需分享给好友，一定数量好友共同打开后才能打开红包，获得抵扣金，以此吸引更多的微信用户下载拼多多APP，达到让用户主动拉新的目的。比如，成功邀请1位好友下载APP并使用微信登录便可获得5元可提现的微信红包、2位得12元、3位得17元。在分享互惠的玩法中，拼多多还开发了签到红包、答题红包等玩法。其中签到红包，只要用户每日签到分享即可获得红包；答题红包，答对即可领取，答错也可通过分享给好友，若好友答对，用户也可获得红包，起到促活留存的作用。

2019年"618"期间,拼多多联合品牌商推出"百亿补贴",直接针对全网热度最高的10 000款商品实施大幅让利。比如在拼多多平台,戴森电吹风最低价仅售2 100元,较官方售价便宜1 000元左右;博世(BOSE)QC35降噪耳机仅售1 480元,较官方售价降幅接近一半……在这种活动力度的推动下,"618"实物订单量突破11亿笔,销售额同比增长超过300%。"618"促销是拼多多能实现二季度用户增长数量远超一季度的主要原因。

思考:拼多多的营销有什么特点?你从中能得到哪些启示?

第一节 4P营销策略与4C营销策略

一、4P营销策略

1967年,菲利普·科特勒在其畅销书《营销管理:分析、规划与控制》第一版中进一步确认了以4P为核心的营销组合方法,即产品(product)、价格(price)、渠道(place)、促销(promotion)。

产品:注重开发的功能,要求产品有独特的卖点,把产品的功能诉求放在第一位。

价格:根据不同的市场定位制定不同的价格策略,产品的定价依据是企业的品牌战略,注重品牌的含金量。

渠道:企业并不直接面对消费者,而是注重经销商的培育和销售网络的建立,企业与消费者的联系是通过分销商来进行的。

促销:企业注重销售行为的改变来刺激消费者,以短期的行为(如让利、买一送一、营销现场气氛等)促成消费的增长,吸引其他品牌的消费者或诱发提前消费来促进销售的增长。

4P营销策略的提出奠定了市场营销的基础理论框架。该理论以单个企业为分析单位,认为影响企业营销活动效果的因素有两种。

一种是企业不能够控制的,如社会/人口(social/demographic)、技术(technological)、经济(economic)、环境/自然(environmental/natural)、政治(political)、法律(legal)、道德(ethical)、地理因素(geographical factor)等环境因素,称为企业不可控因素,这也是企业所面临的外部环境。

另一种是企业可以控制的,如产品、价格、分销、促销等营销因素,称为企业可控因素。企业营销活动的实质是一个利用内部可控因素适应外部环境的过程,即通过对产品、价格、分销、促销的计划和实施,对外部不可控因素作出积极动态的反应,从而促成交易的实现和满足个人与组织的目标,用科特勒的话说就是"如果公司生产出适当的产品,定出适当的价格,利用适当的分销渠道,并辅之以适当的促销活动,那么该公司就会获得成功"。所以市场营销活动的核心就在于制定有效的市场营销计划并实施。

二、4C营销策略

4C营销理论,是1990年由美国营销专家劳特朋(R. F. Lauterborn)教授在《广告时代》上提出的。4C理论以消费者需求为导向,设定了市场营销组合的四个基本要素,即客户（customer）、成本（cost）、便利（convenience）和沟通（communication）。它强调企业首先应该把追求客户满意放在第一位，其次是努力降低客户的购买成本，然后要充分注意到客户在购买过程中的便利性，而不是从企业的角度出发决定销售渠道策略，最后还应以消费者为中心实施有效的营销沟通。

三、4P 与 4C 的关系

电子商务对消费的影响是革命性的，如今网购已经成为人们生活的一部分。企业如何在传统营销模式的基础上适应电子商务的新形势，进行营销创新，对企业来说是一个新的思考和挑战。有人认为在新时期的营销活动中，应当用 4C 取代 4P。但许多学者仍然认为，4C 的提出只是进一步明确了企业营销策略的基本前提和指导思想。

万变不离其宗，4P 和 4C 存在着实质上的关联。即 "customer" 是指用 "客户" 取代 "产品"，要先从客户需求的角度思考如何设计和研发产品；"cost" 是指用 "成本" 取代 "价格"，客户成本的角度考虑如何制定最合理的价格，而客户需求本身对于产品价格也有着直接的影响；"convenience" 是指用 "便利" 取代 "地点"，意味着制定分销策略时要尽可能让客户方便；"communication" 是指用 "沟通" 取代 "促销"，从如何实现与客户的沟通的角度思考促销和推广的方式。4P 与 4C 的关系对照见表 11-1。

表 11-1　4P 与 4C 的关系对照

	4P		4C	
阐释	产品（product）	服务范围、项目，服务产品定位和服务品牌等	客户（customer）	研究客户需求欲望，并提供相应产品或服务
	价格（price）	基本价格，支付方式，佣金折扣等	成本（cost）	考虑客户愿意付出的成本、代价是多少
	渠道（place）	直接渠道和间接渠道	便利（convenience）	考虑让客户享受第三方物流带来的便利
	促销（promotion）	广告，人员推销，营业推广和公共关系等	沟通（communication）	积极主动与客户沟通，寻找双赢的认同感
时间	20 世纪 60 年代中期（科特勒）		20 世纪 90 年代初期（劳特朋）	

从操作层面上讲，仍然必须通过 4P 为代表的营销活动来具体运作，即 4C 是营销理念和标准，4P 是营销的策略和手段。4C 提出的营销理念和标准最终还是要通过 4P 由策略和手段实现。4P 仍然是目前为止对营销策略组合最为简洁明了的诠释。

第二节　产品因素与消费者行为

产品是消费者满足需求和欲望的基本载体，是企业进行各种营销活动和决策的基础，也是市场营销组合策略中心。其他营销策略都是围绕产品策略开展的。产品也是消费者的各种心理活动动机、购买决策和购买行为产生的原因。而企业产品设计的成功与否，主要取决于消费者是否认可和接受，因此，企业必须围绕消费者的心理特点和行为来设计新产品，让消费者接受和喜欢。

所谓产品生命周期，是指产品从投放市场开始，到它失去竞争能力在市场上被淘汰为止的整个运行过程。

产品生命周期一般分为四个阶段，即导入期、成长期、成熟期、衰退期。

产品生命周期与消费者心理也就是研究各个阶段的产品具有各种不同的特点，以及这些特点对消费者心理产生影响的规律，同时也研究新产品在消费者中扩散的规律等。

一、产品生命周期与特点

（一）导入期

导入期是产品刚投入市场的试销阶段。在这一时期，由于产品刚刚由设计到制成销售，在各方面还可能存在一定的缺陷。

（二）成长期

新产品被开发后投放市场，经过导入期的各种营销努力，终于站稳了脚跟，并以迅速发展并迅速扩大市场占有率的态势进入产品生命周期的第二阶段。

（三）成熟期

成熟期是指产品的销售达到了顶峰，是产品生命周期中的"鼎盛"时期，此后进入销量增加缓慢甚至停滞的时期。在成熟期，产品各方面基本完善，消费者对产品给予肯定的评价，使消费者对新产品的需求猛增，表现在消费行为上，就是对新产品的蜂拥购买。

（四）衰退期

衰退期是指产品在市场上失去竞争能力、陈旧老化、市场销售量下降，并出现被淘汰态势的时期。

二、产品生命周期心理与设计

消费者对待产品在导入期、成长期、成熟期和衰退期的态度和行为规律表现在两个方面：一是把消费者作为个体现象，研究消费者对新产品的接受和拒绝的规律；二是把消费者作为消费群体，研究新产品的扩散过程。

消费者对待新产品的态度存在着个体差异，有些人在产品投入市场的导入期就很快将其接受了；另一些人则需要很长时间，当产品进入成熟期时才能决定是否接受；还有些人更慢，可能到了成熟期，甚至衰退期才购进产品，见表11-2。

表 11-2　产品生命周期与消费者类型的对应关系

产品生命周期	消费者组别	消费者个性特征
导入期	革新者	冒险性，独立性强
成长期	早期采用者	受其他人尊敬，经常是公众意见领导人
成熟期	晚期大众	怀疑论者
衰退期	守旧者	遵从传统观念，当新事物失去新颖性时才肯接受

（一）导入期的消费行为和产品设计

产品一旦投入市场，便进入其生命周期的导入期，导入期的消费行为特点是购买人数极少，大约仅占消费者总人数的 2.5%。

1. 导入期的消费行为

①购买动机：求新、求美、求异、求胜。
②购买个性：独立型。
③购买年龄：以青年人居多。
④购买性别：以男性居多。
⑤购买方式：带冲动性。

2. 导入期的产品设计

导入期的产品设计策略主要强调以下两点：一是针对导入期消费行为规律，产品的设计应把握"新"字，因此导入期的产品设计就有全新型产品、革新型产品、改进型产品和部分改进型产品等；二是导入期产品广告宣传的重点在于介绍新产品的新意所在以及使用要点等。

（二）成长期的消费行为和产品设计

成长期是产品能否生存、发展壮大，形成气候的关键期，把握成长期消费行为规律，可以指产品设计师及时修正，扩大影响，占领市场。

成长期消费者的消费心理主要体现在以下几个方面。

①趋优心理：因为市场上有了竞争产品，消费者会寻求性能更优的产品。
②疑虑心理所产生的比较性和选择性：产品种类的增加，消费者会增加产品、企业之间的沟通和选择。
③求廉心理：这时的消费者会对价格较为敏感，因此在成长期，企业作出了降价行为。

成长期产品设计策略主要强调以下几个方面：一是针对成长期的消费规律和行为，设计人员应当清楚，首先要巩固新产品的优越性，提高质量，保证信誉，以满足消费者的趋优心理；二是改工艺，降低成本，降低价格，以满足消费者的求廉心理；三是加强新产品的宣传攻势，促使新产品扩散速度加快，形成销售量不断增加的趋势。

（三）成熟期的消费行为与产品设计

成熟期消费者的消费心理和相应行为表现主要有如下 3 个方面。

①严格地挑选产品。

②求廉心理表现突出。

③产品饱和。一是对产品效能的要求更高更严质量上加精求精，并设法改变产品的特色和款式，为消费者提供新的利益；二是增加产品的服务项目，以良好的售后服务来提升产品的形象，是在产品广告设计中改变形式，采用对比性广告，更多地向基本消费大众介绍产品的独创性、优越性。

（四）衰退期的消费行为与产品设计

进入衰退期，在消费者心理上产生了特定的影响，这个影响最典型的就是期待心理。

消费者的期待心理在产品设计策略方面主要表现在以下两点：一是积极开发新产品，满足革新者求新、求胜的心理需求，缩短产品生命周期；二是通过降低产品价格，满足普通消费者和守旧者的求廉心理，尽快走出衰退期的低谷。产品生命周期的营销策略见表11-3。

表11-3 产品生命周期的营销策略

项目	导入期	成长期	成熟期	衰退期
营销目标	让目标客户知觉、注意并试用产品	尽量取得市场的占有率	从既有竞争者中取得市场占有率	稳固客户
产品设计	新颖、新奇、独创	增加产品的花色、品种、形式，丰富功能	产品形式与产品功能	删减没有获利的产品形式，开发新产品
价格	高价	价格下降，但幅度有限	价格可能降至最低	价格稳定、有时回升
渠道	有限渠道	渠道数目和范围有所增加	渠道最广泛也最密集	删减无利可图的渠道
推广	借助促销与试用，体现产品新意	强调品牌差异，抢占新增客源	大量强调品牌差异，鼓励竞争品牌客户的品牌转换，或维持自己的市场占有率	维持最低限度的推广活动，进行单纯的告知
主要客户	革新者	早期采用者	后期接受者	守旧者

三、影响新产品扩散的因素

产品生命周期的四个环节中，成长期最为重要。若新产品顺利度过成长期，那么，这个新产品是成功的；反之，则是失败的。

研究产品成长的规律，实际上就是分析新产品的扩散过程，这对企业开发新产品和设计人员的决策是至关重要的。

（一）影响新产品扩散的客观因素

（1）社会经济因素。若经济繁荣，消费者收入水平提高，新产品扩散速度就快；反之，则变慢，甚至停步不前。

（2）新产品本身的特征。新产品的优越性能非常明显，容易被消费者接受，它的扩散速度就比较快；产品使用方法的复杂与否，是影响产品扩散速度的又一因素，使用方法简单，有利于新产品的扩散，反之，则不利于新产品的扩散；产品是否可试用，是影响新产品扩散速度的又一因素，若允许试用则会增加新产品的扩散速度。

（3）新产品的传播渠道。主要有两种传播渠道：一是大众传播媒介物，如网络、电视、报刊、广播等，选择广告宣传的侧重点和表现方式来达到目的；二是人际传播渠道，如家庭、同事之间的口碑信息，这将传播产品形象的优劣。

（4）从众现象。当一个人的活动趋向于其他人的活动时，这种行为便是从众现象。比如你是否发现某些奶茶店门前总是排着长长的队？排队的盛况助推了网红奶茶在社交媒体上的火爆程度，一杯排队2小时才能喝到的奶茶，勾起很多消费者的好奇心。商家花钱雇人排队，故意拖延奶茶制造时间造成排队，雇托排队可以提高消费者对产品的预期，出于好奇心和从众心理加入队伍之中。现在雇托排队的营销模式已经升级，用传统的排队托与网络营销相结合，线下排队、线上宣传，用套路营销制造火爆假象以诱发消费者的从众行为。此种营销方式不仅仅存在于街边的网红奶茶店，也存在于其他行业，如楼盘开盘、明星接机、专业博览会等，都存在雇人充场的现象。另外相比于投放广告，排队营销可以直达受众，并且和媒体广告投放相比成本较低。

（二）影响新产品扩散的主观因素

消费者的知觉、动机、态度、价值观、尝试、评价。新产品主要通过新奇、独创、个性化的设计造型吸引消费者的知觉注意，最终得到其接受和认可。

四、产品造型个性化设计

一个成功的造型设计，除了注意功能、结构和外形等共性外，还应该有其独特的个性，这样才能从许多同类产品中区别出来，引起消费者的注意和喜爱。基于消费者不同的需求满足，把产品设计分为六类：功能类产品设计、成人类产品设计、渴望类产品设计、威望类产品设计、地位类产品设计、娱乐类产品设计。产品设计分类见表11-4。

表11-4 产品设计分类

产品设计种类	满足需求类型
功能类产品设计	主要是指满足消费者的生理需求，给其以具体使用价值的产品；这类产品设计力求朴实、有效、经济耐用，在科学性和实用性方面下功夫
成人类产品设计	产品个性应该具有成熟、智慧、大方的特点；这类产品的设计一般以结构严谨、质量上乘、色调淡雅、大方实用为原则
渴望类产品设计	满足消费者的安全、护身、防护等保护自我的需要；设计这类产品应针对具体的消费者，以使用方便、感觉舒适为原则
威望类产品设计	提高消费者的社会威望，表现其事业成功、个人成就的产品；设计这类产品时必须考虑选用昂贵的材料，设计豪华的款式，体现出产品的超群

续表

产品设计种类	满足需求类型
地位类产品设计	专供社会某一特定阶层使用，借此表示其地位和身份，成为某一阶层成员的共同标志，从而获得一种群体归属感；设计时应考虑消费者不同的生活环境、经济地位和消费习惯
娱乐类产品设计	为消费者提供某种娱乐，以引起他们的某些冲动而去购买的产品，如成年人的零食、小朋友的玩具、游戏娱乐用品；产品的设计往往以新奇、有趣取胜

新产品设计时不仅要在外观做到新颖、美观，还要在满足消费者内在的需求上下功夫，满足消费者不同层次的需求，从而达到吸引消费者的目的。比如同样是平板电脑，微软的 Surface 面向的是生产力场景，是希望消费者在会议室和出差路上用的；苹果的 iPad 面向的是泛娱乐场景，是希望消费者躺在家里沙发上用的；亚马逊的 Kindle 面向的是阅读场景，是希望消费者随时随地读书用的。因为场景的不同，所以人们看到这三个产品的功能设计截然不同。微软给 Surface 配备触控笔、独立键盘和 Office，帮助用户办公和演示；苹果给 iPad 配备音乐、视频、购物等各种 APP，Appstore 一网打尽；亚马逊给 Kindle 配备的就是不伤眼的电子墨水屏和海量的电子书库。

阅读场景　　泛娱乐场景　　生产力场景

图 11-1　Surface、iPad、Kindle

第三节　价格因素与消费者行为

价格策略是 4P 营销组合策略中最活跃的因素，也是市场反应最灵敏的策略。首先，价格决定了消费者的支付成本，客单价 20 元和客单价 200 元的客群是完全不同的。定价就是客群划分，也就是市场细分。其次，定价还决定了产品处在哪个竞争领域，要和哪些竞争对手正面遭遇。再次，不同的定价决定了不同的产品资源配置；高价产品和低价产品需要配置的性能、材质、团队、服务、营销资源是完全不同的。最后，不同的价格意味着不同的收入和利润。因此价格策略的运用是一门艺术，对企业市场营销价格策略的制定者素质要求较高。

一、消费者的价格心理与营销策略

（一）习惯心理

习惯心理是指消费者根据自己以往的购买经验，对某些商品的价格反复感知，从而决定是否购买的习惯性反应。虽然商品价格的制定具有一定的客观标准，但在实际生活中，由于各种因素的影响，消费者很难了解清楚商品价格的客观标准。

营销策略：对那些超出消费者习惯性价格范围的商品要特别慎重，应弄清这类商品的价格在消费者心中的上限和下限。

（二）敏感心理

消费者对价格的敏感性就是价格意识，它是指消费者对商品价格变动的反应程度，对于那些与日常生活关系密切的商品价格敏感性较高；对于一些高档商品（如奢侈品）价格敏感性较低。

营销策略：在对价格敏感性高的商品提价时，应做好必要的宣传，采取渐进式、缓慢的提价方式。

（三）倾向心理

倾向心理是指消费者在购买过程中对商品价格进行选择的倾向。商品的不同价格，标志着商品的不同价值和品质档次，消费者会出于不同的价格心理对商品的价格档次产生不同的选择倾向。

营销策略：把握消费心理的多元化特征。

（四）感受性心理

感受性心理是指消费者对商品价格高低的感受和知觉程度，消费者对商品价格的高与低的认识和判断，不完全基于某种商品价格是否超过或低于他们认定的价格尺度，他们还会通过与同类商品的价格进行比较，同类商品价格差异大的情况下，既不能买太便宜的次货，又要在质量还行的情况下不让自己吃亏。这个平衡感的掌控难度堪比一门玄学。消费者的比价范围不仅仅限于同一个平台或商场，随着可选择电商渠道的增加，有人甚至总结出了"逐优惠而动"的民间智慧：手机里同时下着几个不同的电商或者团购 APP，哪儿便宜上哪买，用完红包或优惠券就跑。换句话说，消费者们在价格面前显得"不那么忠诚"。

消费者对商品价格的认识途径：①同类商品的价格比较；②不同类商品的价格比较；③通过商品本身的外观、质感、重量、大小、包装、使用特点。

营销策略：加强对销售环境、销售气氛、商品陈列、商品包装的研究。

（五）逆反心理

在一般情况下，当某种商品价格下跌时，会刺激消费者对该种商品的购买，而当价格上涨时，则会限制消费者的购买。然而，在某些特定情况下，商品的畅销性与其价格呈反向表现。当某种商品价格下跌时，消费者反而不愿购买该商品；当某种商品价格上涨时，消费者反而争先购买该种商品。这就是消费者的价格逆反心理，这种心理对于消费者的购买行为影响也是特别明显的。

营销策略：善于运用价格逆反心理，及时适应消费者的心理需求。

★拓展阅读 11-1

黑珍珠如何从无人问津变为稀世珍宝

1973 年，萨尔瓦多·阿萨尔多遇到了一位商人，这位商人刚给他大溪地岛出身的妻子在附近买了一个小岛。附近海域的小岛盛产一种黑边牡蛎，这种黑边牡蛎中生产一种灰绿色的珍珠，即所谓的黑珍珠。

黑珍珠刚推出的时候，价格低廉，也没有什么市场，并不被消费者认可，但这位商人说服了萨尔瓦多一起销售这种本来没什么市场的珍珠，结果自然失败。当时的审美都认为大、白、圆且珠光好的珍珠才是好珍珠，没人喜欢这种看起来像是灰铁球一样的珍珠，而且色泽和亮度都不好，个头也太小，完全不同于大家印象当中的珍珠模样，所以萨尔瓦多铩羽而归。

按正常的销售套路，应该略微提高白珍珠的价格，然后买白珍珠送黑珍珠。可是萨尔瓦多却换了一种思路。他尝试用当时日本已经成熟的人工养殖技术培育出了"品质更好"的黑珍珠，颜色更深、珠光更好、个头更大也更圆。

然后，他通过朋友——珠宝大亨温斯顿，把黑珍珠放到美国第五大道的橱窗里，并且标上令人难以置信的高价，与钻石、红宝石、蓝宝石、祖母绿等贵重大宝石首饰一起展出。同时萨尔瓦多利用媒体进行宣传，在最高端的时尚杂志连续刊登广告，将黑珍珠置于钻石、红宝石、绿宝石的映衬中。他还高金聘请当红女明星为代言人，让她们带着黑珍珠项链出现在各种高级社交场合及杂志和报纸的报道中；当然这些杂志也会刊登黑珍珠和其他贵重珠宝放在一起的大合影。黑珍珠在各种宝石的衬托下变得异常神秘典雅。

结果出人意料的是，黑珍珠火了。在纽约，几乎所有人在一夜之间都知道了黑珍珠，这也被当作了一种稀世珍宝，黑珍珠受到了美国上流社会名媛们的追捧。就这样，萨尔瓦多巧妙地利用了消费者的逆反心理，成功地将原来无人问津的黑珍珠变成了稀世珍宝。黑珍珠的美得到了非常广泛的认可，而萨尔瓦多本人也被人称为"珍珠王"。

二、定价策略与技巧

价格对消费心理有重要影响，定价是科学与艺术的结合。消费心理调查研究结果表明89.3%的人有选价心理。其中80%的人希望物美价廉，另外20%的人偏爱选购高价商品。由于价格的独特作用以及影响价格因素的复杂性，决定了企业在为产品定价的时候不能仅采取最原始的成本加利润的定价方法与策略，而应更加注重消费者的需要，迎合消费者的心理，才能达到促进商品销售、提高市场占有率的目的。

（一）尾数定价

所谓尾数定价，是指当商品的价格处于整数与零头的分界线时，定价不取整数而取零头的定价法，利用消费者在数字认识上的某种心理制定尾数价格，使消费者产生较廉、商家定价认真以及售价接近成本等信任感。这种定价策略是利用消费者对价格感知的差异所产生的错觉来刺激消费行为。

（1）感觉便宜。调查表明，有些消费者在潜意识里真的相信少1分钱划算很多。99.9元和100.9元的商品价格只差了1元，可是在消费者眼里却足足跨了百元大关，一个是不到100元，另一个可是100多元呢。

（2）认为定价精准。商品连几角几分都能算得清清楚楚，会让消费者产生信任感，使消费者认为商家定价是非常认真、精确的，给消费者一种经过精确计算的、价格最低的心理感觉。

消费心理学研究表明，尾数的微小差别能够明显地影响消费者的购买行为。一般认为5元以下的商品，末位数为"9"的最受欢迎；5元以上、100元以下的商品，末位数为"9"

的"5"效果最佳；100元以上的商品，则末位数为"98""99"最为畅销，因此这种定价策略适用于需求弹性大、价格定位不高的商品。此外，根据统计，消费者对尾数"1"~"5"的感知度很差，比如定价为25元以下时，消费者认为其价值可能在20元，而尾数"5"以上时，尤其是"8""9"的尾数更能体现商品的价值，且能具有较高的价值。所以采取尾数定价的商品尾数一般为"5"以上的数字。目前，这种定价策略已被商家广泛应用，从生活日用品到小家电；从国外的沃尔玛到国内的华联等大型超市，都采用了尾数定价策略。

涉及生活日用品的书店、超市、便利店等市场定位，决定其无法适用整数定价，而应以零数结尾定价。比如，超市经营的商品以日用品为主，目标消费者多为普通工薪阶层，其动机的核心是"便宜"和"低档"。人们进超市买东西多是图价格低廉和品种齐全，且多数是周末去一次把一周所需的日用品购全。尾数定价策略是应用较广泛且效果比较好的一种定价策略，因为尾数定价不仅意味着给消费者找零，也意味着给消费者更多的优惠，在心理上满足了消费者的需要，并且商品价格低廉，消费者很容易产生冲动购买，从而扩大销售额。

（二）整数定价策略

不同类别的商品适用不同的定价策略。非整数定价策略给人以捡便宜的印象，但它不是在哪儿都好使，有时甚至会适得其反。比如消费者在进行感性消费（如购买奢侈品或高档商品）时，对价格的敏感度高，".99"会让人产生便宜没好货的感觉，反而影响商品的销售。这时候，就需要使用"整数定价法"舍零凑整的策略来维护消费者的自尊心理与炫耀心理。

整数定价策略是企业将价格尾数去掉，舍零取整的定价策略。整数定价又称方便价格，适用于某些价格特别高或价格特别低的商品。

整数定价会抬高商品的价值，购买高档商品的消费者更追求品质和物有所值，1 000元的定价就能比999元让消费者拥有更多的心理自信。

整数定价可以给消费者一种干脆的感觉，同时还便于计算和收款。对方便食品、快餐以及在人口流动比较多的地方的商品制定整数价格，适合人们的"惜时心理"，同时也便于消费者作出购买决策。整数的价格相对容易计算，会让饥肠辘辘的消费者感到精神放松，因此餐厅运用整数定价也会比尾数定价更受消费者青睐。试想一下，当你下班后筋疲力尽地冲进一家餐厅，菜单上却全是令你头昏眼花的59.99元和99.99元，这很难让人不崩溃吧……研究表明，餐饮业实行整数定价时消费者的消费意愿更强，效果明显优于实行尾数定价时。

（三）招徕定价

这种策略是指利用消费者的求廉心理，将部分商品降价带动其他商品的销售，在吸引消费者购买廉价商品的同时扩大其他正常定价商品的销售。

线下的2元店、10元店总能吸引大批人进店选购。当人们看到这种商店会不自觉地认为全场都是价值超出2元的商品。买家心想："这么多商品都是一样的价格，我肯定能淘到非常划算的。"而且，当所有价格都一样的时候，买家的注意力会更多地关注商品本身，因此更有可能成交，也更容易多买。这样的销售方法能吸引大量顾客，同时当人们进店购买时，有些标高价格的商品也能很好地被销售出去。

每个人心里都有一只"求廉"的小兽，明明是被超市海报上的打折商品吸引进去的，可是最后出来时总会捎带上一些不打折的商品，那么商家吸引客源的目的就已经达到了。

（四）同价销售法

又称"价格阵线策略"，是指企业把不同品牌、规格、型号的产品分成几个档次，每档定一个价格以简化交易手续。例如，服装店把运动服分为4组，价格分别为每套99元、199元、299元和399元。这种定价策略使消费者容易感到高低档的差别，并产生安全感和信任感，因此比较容易为消费者所接受。

采用这种策略时，价格差距的确定应该进行认真的分析研究，有时还要进行适当的调整。商品档次不宜过多，档次过多就失去意义；此外，各档次的差价要适当，如果差价过大，就会失去期望调价的顾客。这种策略多用于商品的零售环节。

（五）声望定价

你有没有想过一个问题，为什么商家会把化妆品、首饰或古玩、汽车等价格定得这么高呢？因为定得低会卖不出去。为了提高消费者的潜在认知价值，有意识地给商品定出高昂价格，限制潜在消费者，并创造一种高品质的印象，称为声望定价。

质量不易鉴别的产品最适合采用此法。这种定价策略"借声望定高价，以高价扬声望"，主要有两种目的，第一能提高产品形象，因为消费者有崇尚名牌的心理，往往以价格来判断质量，认为价高质必优。第二能满足某些消费者对地位和自我价值的欲望。这种定价策略能使消费者产生"一分钱一分货"的感觉，从而在购买过程中得到精神的享受。如德国拜耳公司和我国同仁堂的药品，尽管价格较高，但是仍比一般的低价药畅销。

同时，高价维护了企业或产品的良好声誉，增加了在消费者心目中的"神秘感"和"优越感"。奢侈品的价格都是同类普通产品的几十倍、上百倍甚至上千倍，这也是奢侈品的一种定价策略。多数奢侈品宁可销毁产品也不降价销售，始终保持该产品在市场上的最佳形象和稳固地位，进一步坚定了消费者对该品牌的信心。2018财年，英国奢侈品品牌Burberry销毁了价值近3亿美元的库存，因为一旦这些库存在市场上低价出售，那么Burberry的市场高端形象将不复存在。

（六）折扣定价

折扣定价是指对基本价格作出一定的让步，直接或间接降低价格，以争取顾客，扩大销量。其中直接折扣的形式有数量折扣、现金折扣、功能折扣和季节折扣，间接折扣的形式有回扣和津贴。

日本东京银座美佳西服店为了销售商品采用一种折扣销售方法，颇为成功。折扣定价策略具体方法是这样的：第一天打九折，第二天打八折，第三天和第四天打七折，第五天和第六天打六折，依此类推，到第十五天和第十六天打一折。这个销售方法的实践结果是，第一、二天顾客不多，来者多半是来探听虚实和看热闹的；第三、四天人渐渐多起来，第五、六天打六折时，顾客像洪水般地拥向柜台争相抢购。以后连日爆满。没到一折的售货日期，商品早已售完。这是一则成功的折扣定价策略案例。

（七）习惯性定价

某种商品由于同类商品多，其在消费者心中已经定格成一种习惯性的价格，不符合其标准的价格则易引起消费者的疑虑，从而影响购买……降价易引起消费者对品质的怀疑，涨价则可能受到消费者的抵制。消费者已经习惯于消费这种商品时只付出这么大的代价，例如，消费者已经习惯于袋装牛奶价格为 3.5 元/袋、瓶装矿泉水价格为 1 元/瓶等。

适用条件：消费者需要经常、重复购买的商品（尤其是家庭生活日用品）。企业给这类商品定价时，要充分考虑消费者的这种习惯性倾向，不可随意变动价格，否则一旦破坏消费者长期形成的消费习惯，就会使之产生不满情绪，导致购买的转移。

★拓展阅读 11-2

价格标签上的秘密

人们逛超市的时候会发现，很多商品的定价是 1.99 元而不是 2 元、是 9.9 元而不是 10 元，或者是 99.8 元而不是 100 元……这是心理定价策略的一种。".99" 是超市和购物网站最爱的商品定价，这样的非整数定价让一些消费者觉得捡到了便宜，从而忽略了小数点后面的数字。大多数消费者在购买商品，（尤其是购买日用消费品）时，乐于接受尾数价格。所以无论是在超市还是在购物网站，人们都能看到铺天盖地的以 ".99" 为定价的价格标签。

关于 ".99" 的起源，有种说法是，这是零售行业为了保证收银员不能私吞货款而制定的。试想下，如果大多数商品的价格不是 5 元就是 10 元，消费者直接给出相应面额的现金，收银员是可以直接把钱塞进自己的口袋里，而不必经过收银系统。而如果这些商品的价格分别是 4.9 元和 9.9 元，则收银员在大多数时候，都需要打开收银机为消费者找零。那么，打开收银机这个动作，就能让这次消费被收银系统记录下来。不论 "打开收银机" 的说法是否正确，"非整数定价法" 的确促进了销售。

一项调查表明，有些消费者在潜意识里真的相信少一分钱划算很多。两位研究者进行了一个简单的实验，他们制作了 3 个不同价格版本的价格目录，每个价格目录上都有 4 条裙子，唯一不同的是裙子的价格，然后将这些目录随机分发给相同数量的消费者并记录购买数量。结果显示，以 9 结尾定价确实能提高商品的销售量。

而 "整数定价法" 与 "非整数定价法" 相对，一般以 "0" 作为尾数。美国《消费者研究》杂志指出，"整数定价法" 能让消费者更感性地评估商品，而非整数价格让人们更倾向于理性消费。原因是，在注重品质的场合，整数定价策略给人以可靠感，以整数定价的商品看上去更加物有所值，让消费者感觉即使花了大价钱也在所不惜。这种时候，整数的优势就体现出来了。

一般来说，整数定价策略适用于那些名牌优质商品，比如皮包、手表等。这种定价策略一是显得不掉价，二是一元两元的减少相对于总价格来说真的是杯水车薪。研究数据证实了这一观点，在购买香槟时，人们更倾向于选择标价为 40 美元而非 39.72 美元或 40.28 美元的。

既然说到了 "价签上的秘密"，那就不得不提到 "换季促销" "年中大促" "双 11 特惠" 里最爱用到的 "满减"。对消费者而言，"满减" 永远没有直接打折来得直接。每当 "满减" 的时候人们都会发现，衣服、鞋子、包包……没有一样商品遵循整数定价，全部都是 "××8 元" "××9 元"。以看似打五折的 "每满 200 减 100" 为例，398 元的衣服优惠下来是 298 元，相当于打了 7.49 折；498 元的包包折后价 298 元，相当于 5.98 折；而 598 元打完折是 398 元，只有 6.66 折……更让人郁闷的是，每当你想要充分享受折扣的力度，总需要再买一些其他的商品来凑数——很遗憾,任何商场都不会"正好"有1元2元钱的商品出现。想付出最少的现金,比如买双19元的袜子来凑数——对不起,袜子不参加"满减"活动。

所以,如果消费者在乎这些小钱,那么在眼花缭乱的优惠活动和疯狂买买买之间,不妨用手机自带的计算机计算一下到底能省多少钱再下手吧。

三、价格阈限与消费行为

(一) 绝对价格阈限

价格阈限是指消费者心理上所能接受的价格界限,即所谓的绝对价格阈限。绝对价格阈限可分为上绝对阈限和下绝对阈限。上绝对阈限是指可被消费者接受的商品的最高价格,下绝对阈限是指可被消费者接受的商品的最低价格。

(二) 差别价格阈限

两种不同商品价格刚能引起差别感觉的最小差异量。比如,对某个人而言,原来定价73元的商品涨价到74元,难以使其感觉出价格上涨,而涨价到78元时,此人才明显感觉出价格上涨了;若73元的商品降价到72元不会使此人产生价格明显下降的感觉,而降价到70元时,此人就会明显感觉价格下降了。这里,上涨(或下降)的幅度3元就是此人在原价73元条件下感知价格变化的差别阈限。这种能刚刚识别的价格差异就是差别价格阈限,其对购买心理形成一定影响,是商家制定价格心理策略的考虑因素之一。

在有关价格升降幅度与消费者感知的研究中发现,零售商需要削价15%才可能获取成功,较低的价格调整是难以引起消费者察觉的。差别价格阈限还与商品总价有关,价格越高,差别阈限也越高,此时提价的幅度应控制在低于差别阈限的范围内,而降价幅度却应达到或超过差别阈限,以使消费者可以感觉到前后的变化。比如当国内70英寸智能电视价格一降再降终于跌破4 000元大关时,引发了新一轮购买热潮;居民用水价格由1.8元/立方米调整为2.10元/立方米,涨价仅0.3元就引发市民的强烈感知。由此企业制定产品价格或在广告中需强调价格优势、降价促销时,应首先测出消费者的差别价格阈限,方可实现对价格信息的有效传播。

四、影响价格判断的因素

(一) 消费者的经济收入

消费者的经济收入是影响其消费的经济基础,也是影响消费者消费能力大小的重要因素。其中个人可支配收入的多少为最直接因素。

(二) 消费者的价格心理

消费者的价格心理是哪种类型,在消费情境中也很重要。

(三) 生产和出售地点

许多商品在生产地和出售地的价格是有差异的。有时消费者会对他们经常购物的商场的价格信誉形成依赖,因此不用认真地比较和分析价格信息。在一些以货物齐全、价格低廉著称的大型连锁超市(如家乐福、沃尔玛等)中,消费者会认为所有商品的价格都比其他商家优惠而大量购买。

（四）商品的类别

商品的类别是属于快速消费品还是便利品、选购品等，消费者也会对其价格有个心理定位。

（五）以往购买经验和价格

消费者倾向于依据商品的历史价格为参考，并通过比较各竞争者之间的价格对当前商品价格的公平性及判断，并据此作出判断。

（六）消费者对商品需求的紧迫程度

消费者对商品需求的紧迫程度高，其对价格的敏感性就低；对商品需求的紧迫程度低，购买时间越充裕，消费者货比三家的时间就越充分，其对价格的敏感性就高。

五、价格调整与消费者行为

（一）一般反应

消费者面临商品价格变动时的一般反应表现为当价格变动在价格阈限内，消费者心理处于承受范围之内，反应不大；当价格变动超出价格阈限，消费者的一般反应是价格下降多购买，价格上涨少购买。

（二）消费者对调高商品价格的心理反应

企业往往会认为，价格的提高对消费者而言是不利的，会减少消费者的需求，抑制其购买欲望，但在现实生活中，消费者往往会作出与之相反的各种行为反应，他们会有以下心理活动。

（1）储备心理。认为商品很畅销，现在不买就快买不到了，甚至会对有些商品出现囤积心理。

（2）早购心理。表现在若商品涨价，则说明其热门，有流行的趋势，应尽早购买。

（3）商品涨价。可能是因其具有特殊的使用价值，或优越的性能。

（4）商品已经涨价。可能还会继续上涨，将来购买更贵。例如，在预期房价还会上涨的情况下，消费者就会买涨，买到就能赚到。

此外，消费者对企业调整价格的原因和目的有着不同的理解，于是作出的心理反应也不尽相同。若消费者认为价格的上涨是由原材料价格上涨导致的，他们会对这种调整表示理解；反之，若把价格的上涨归结于企业欲提高产品利润，则他们的抵触反应比较强烈。

（三）消费者对调低商品价格的心理反应

大多数企业认为，调低商品价格有利于消费者，可以让其花更少的钱买到同样的商品，从而激发消费者的购买欲望，促使其大量购买商品。然而实际情况并非如此，常常是商品的价格降低，购买的人反而更少。这主要是由于面对价格的降低，消费者常表现出以下心理和行为反应。

（1）"便宜——便宜货——质量不好"等一系列联想，引起消费者心中的不安，因此会使消费者产生对商品品质和性能的怀疑。

（2）购买便宜货有损消费者的社会形象或身份、地位。

（3）消费者会认为可能新商品即将问世，所以商家才会降价抛售旧商品。

（4）可能是过时商品，其式样和款式等不流行了；或是过期商品，残次品或低档品，需要降价销售以减少库存。

(5) 消费者有买涨不买落的心理,认为商品既然已经开始降价了,可能还会继续降价,于是选择持币待购,以期购买到更便宜的商品。

(6) 降价商品肯定是质量下降了,消费者拒绝购买。

(四) 降价策略

1. 降价的条件

①企业的生产能力过剩。这时企业库存积压严重,需要扩大业务,但是企业又不能通过产品改良和加强促销等手段扩大销售。就必须考虑通过降价提高销售量。

②在强大的竞争压力下,企业的市场占有率下降,迫使其降低商品价格来维持和扩大市场份额。

③企业为了控制市场,通过降低成本来降价。企业通过销售量的扩大进一步降低成本,从而降低价格。

④市场需求不振。在宏观经济不景气的形势下,价格下降是许多企业借以渡过经济难关的重要手段。

⑤根据产品寿命周期阶段的变化进行调整。相对于导入期时较高的价格,在进入成长期后期和成熟期后,市场竞争不断加剧,可以通过下调价格来吸引更多的消费者。

2. 降价的方式

因产品所处的地位、环境以及引起降价原因的不同,企业选择降价的方式也会各不相同,具体来说有以下两种。

(1) 直接降价,即直接降低产品价格。如汽车销售中常采取直接降价。

(2) 间接降价,即企业通过赠送礼品、增加容量、增大折扣、送货上门、免费安装调试或者延长保修时间等手段,在保持名义价格不变的前提下变相降低产品的实际价格。例如购买红米 K20 系列手机赠送价值 99.9 元的无线耳机,相当于是变相降价 99.9 元。

(五) 涨价策略

1. 主动涨价策略的实施原因

①由于产品成本增加,妨碍了企业合理利润的获得,只能通过涨价转嫁负担。这是企业调高产品价格的最主要原因。

②由于产品供不应求,企业必须通过提价来抑制部分需求,以缓解市场压力。

③改革产品。企业通过改进产品的质量、性能、结构提高市场竞争力。

④竞争策略的需要。以产品的高价位显示其高品位。

2. 涨价的方式

企业采用主动涨价策略时,一般有两种方式可供选择。

(1) 直接调高。即直接提高产品价格。例如:2019 年非洲猪瘟导致的猪肉大萧条刚过,猪肉价格就来了一个绝地反击,从 12 元/千克疯涨到 40 元/千克,厦门甚至出现了 100 元/千克的天价猪肉。

(2) 间接调高。即企业采取一定方法使产品价格表面保持不变但实际隐性上升,例如缩小产品的尺寸和分量;使用便宜的代用原料;减少价格折扣等。一般地,降价容易涨价难,调高产品价格往往会遭到消费者的反对。摩拜单车上调了计费标准,起步价由原先 1 元/1 小时提高至 1 元/15 分钟。这让很多已经习惯于享受低价乃至免费服务的消费者在心理上感觉难以接受,乃至发出"再也不骑共享单车"的吐槽,因此,在使用涨价策略时必须慎重,尤其应掌握好涨价幅度和涨价时机,并注意与消费者及时进行沟通。

第四节　渠道因素与消费者行为

渠道策略是指为使目标顾客能接近和得到其产品而进行各种活动的策略。渠道就是消费者需求和欲望的到达环节和接触环节。渠道策略是整个营销系统的重要组成部分,它对降低企业成本和提高企业竞争力具有重要意义。营销渠道的选择将直接影响到其他的营销决策。如产品的定价,它同产品策略、价格策略、促销策略一样,也是企业是否能够成功开拓市场、实现销售及经营目标的重要手段。正确运用渠道策略,可以使企业迅速及时地将产品转移到消费者手中,达到扩大产品销售,加速资金周转,降低流动费用的目的。

一、全渠道时代的消费者行为

随着社会的进步,企业的战略制定和经营方式都发生了变化,在渠道策略方面更多地强调便利(convenience),其渠道策略也更加多元化。线下渠道类型繁多,如大卖场、连锁超市、百货商店、连锁便利、加油站、小卖部、娱乐场所、餐饮店等;线上渠道则有官网、综合电商、垂直电商等。线上和线下共同构成了全渠道终端体系。购物渠道并不是相互孤立的,消费者总是在他们最方便的渠道购物。产品的价格越低(如快消品),消费者愿意在产品信息搜索上付出的精力和时间就越少。消费者更倾向于搜索更为便利的线上渠道。反之,产品的价格越高(如奢侈品),消费者愿意在产品信息搜索上付出的精力和时间就越多。消费者更倾向于从线下渠道搜索更为详尽的产品信息。大部分消费者偏好在实体渠道进行"日常补货"或"紧急购物";而线上渠道最受欢迎的情况是当消费者在"休闲购物"或商家在特定节日促销时。

电商购物的体验对用户越来越友好。如果线上购物能提供消费者"购物便利性",那么线下实体店的价值又是什么呢?答案就是"体验"和"场景"。与单纯线上购物带来的购物乐趣相比,场景消费与享受购物愉悦与体验感的乐趣是消费者新的兴趣点。消费者在拥有多样化渠道选择的同时,购物过程也更加复杂。消费者消费行为的变化(品类、金额、渠道等)主要是因为商品品类的渐趋丰富,购物渠道更丰富和买东西更方便(如海淘、O2O等)。消费渠道上各个环节的优化,改善了人们的购物体验,因此影响了人们的消费方式和消费理念。全渠道时代的消费者行为变革主要体现在以下几个方面。

(一)获取商品信息多元化

在传统模式下,消费者只能通过在实体店进行亲身体验和了解产品的功能、质量等信息。在互联网及移动互联网高速发展的今天,消费者可通过电视渠道、网络渠道、移动终端等多种渠道方式接触产品信息,还可以利用这些渠道对不同产品进行比对,根据各方面信息作出最终的消费决策。全渠道消费也具备传统线下消费模式的基本特点,但在传递信息方面,网络带给消费者更直接的消费判断,从而进一步提供给消费者自我学习的氛围。

(二)消费者的需求更加多元化

在传统模式下,日常生活所需是人们消费的主要部分。如今,越来越多的消费者注重自身个性化需求。以服装为例,工业革命以来,批量化的成品服装是大多数消费者的选择。如今,许多定制化平台纷纷涌现,能够为消费者进行产品定制,还可以让消费者参与到服装的设计与生产环节中。消费者需求的多元化,让传统企业在运营及发展过程中面临更多挑战。为了促成与消费者之间的交易,扩大自身的产品销售规模,经营者需要在营销环节进行创新,为消费者提供详尽的产品信息。

(三)消费者的购买选择更加多元化

在传统模式下,消费者在制定决策之前,也会对不同商品进行比对,但从总体上来说,其选择空间是有限的。如今,同样的产品有许多品牌,同样品牌的产品,还有多种多样的功能、型号、款式等。除此之外,消费者既可以到线下实体店进行现场体验,也可以通过网络渠道进行搜索,可以现金支付也可以电子支付,这些都体现出消费者选择的多样化特点。在这样的消费环境下,企业要获得消费者的认可,就要改变传统销售模式,通过实施全渠道零售的模式服务于全渠道消费群体。

二、线下渠道与消费行为

企业对线下终端销售点的选择所遵循的主要原则是消费者对最方便购买的地点的要求;消费者对最乐意光顾并购买的场所的要求;使商品得到最充分展现并让更多人认识的地点要求;树立商品形象的地点要求。

渠道终端购物环境是指消费者实施购买活动的时候各类环境条件与影响因素,其中包括店铺的选址、店铺的招牌、橱窗设计、店铺内部装饰等微观环境,从而更好地打造高效、愉悦的选购体验。

(一)店铺选址

店铺应处于商业圈内客流量大、店铺能见度高的地点,一般最好选择两面或三面临街的路口,交通便利,客流频繁,周边的功能设施配套齐全,能适应目前购物、观光、娱乐、餐饮等多方面的要求。

(二)店铺招牌

店铺的招牌是用来指示店铺的名称和标志,也是一种有效的广告形式,它具有引导客流,反映经营特色与服务传统、引起消费者兴趣并加深记忆的作用,具有高度概括力和强烈吸引力的"门面",对于扩大商品销售,增强消费者对店铺的亲切感有着至关重要的作用。在某种程度上,招牌的设计代表着店铺的形象,因此,设计时应注重造型美观醒目、做工精良细致、字体端正易认、信息直观明确。招牌始终是一种商业文化,无论其怎样变化,总是要符合消费者的心理,满足人们吉祥如意、幸福美满的愿望。

(三)橱窗设计与消费者行为

橱窗越来越占据店铺中最重要的位置。如今,不同类型的店铺在不同的时期都会推出不同的橱窗,较小的零售店铺的橱窗多以展示商品销售信息为主,大型百货商店的橱窗则经过一定的艺术创作,以达到引起关注甚至引起轰动的效果。

1. 橱窗的作用

(1)与消费者沟通的桥梁。由于橱窗位于店铺最易让消费者看到的位置,橱窗几乎是店铺中最能有效演示或展示商品的区域。当然橱窗不仅用于演示或展示商品,有时也根据品牌或设计师的需要展示其他内容。例如陈列几件艺术品，展示活动的装置或者进行真人表演等。但不管橱窗展示什么内容，总体来说橱窗的最大作用在于与消费者沟通。香奈儿等许多奢侈品牌的橱窗很少见到商品促销或打折的信息，反而以各种富有艺术创意的橱窗展现在消费者面前，这种展示方法更注重展示品牌魅力。

（2）品牌与店铺的广告：橱窗就如一个位置固定的广告，而且比起其他广告形式，它离消费者更近且费用低廉。如果把店铺比作一个美丽的姑娘，那么橱窗就是她的眼睛，其是否存在与好坏决定店铺是否更吸引人。品牌广告往往体现品牌信息与品牌文化，橱窗设计师可以通过对橱窗风格的长时间把控，使受众经过长时间的信息接收后对品牌类型及其风格形成深刻的印象，并能充分展示店铺销售信息的窗口：销售信息是人们在橱窗中最常看到的内容。橱窗通过展示销售信息，在消费者的心目中占有一席之地。

2. 橱窗设计原则

①突出主营商品，传递最新商品信息。
②构思巧妙，动感强。
③可创造意境，能激发联想。
④注意店外环境与店内经营的风格统一。

（四）店铺内部装饰与消费者行为

店铺的布置要让消费者容易进入，让消费者在店内停留的时间更久，营造最佳的销售环境和最有效的利用空间。一般从照明、色彩、音响、气味、通风调温、清洁卫生等方面充分调动消费者的感知觉，诱发其兴趣，刺激其需求。本书第七章第三节（购物环境的影响）介绍了如何从温度、音乐、色彩、空间、气味等方面影响消费者，此处不再赘述。

坐落于上海复兴广场的"LINE FRIENDS CAFE & STORE"旗舰店将咖啡馆与"LINE FRIENDS"周边商品店有机地融合，结合品牌元素设立多个拍照点，给消费者提供的不仅是产品的售卖，更重要的是它为消费者搭建了一个具有社交功能的平台，这对年轻人极具吸引力。

（五）商品陈列与消费者行为

1. 商品陈列的一般要求

商品陈列的一般要求是醒目化、丰富感、吸引力、说明性。

2. 商品陈列的主要形式

商品陈列的主要形式一般有分类陈列、敞开陈列、专题陈列和季节陈列。

（1）分类陈列。指先按商品的大类划分，然后在每一大类中再按商品的价格、档次、产地等不同分类方法进行二次划分。如纺织品类、服装类、化妆品类等都可作为大类。在纺织品大类中，可再细分为化纤、棉布、丝绸、毛呢等。这种分类便于消费者集中挑选和比较，也有利于反映门市的经营特色。这种方法适应大多数消费者，特别是理性的消费者。

（2）敞开陈列。指门市采用自选售货形式。消费者可以直接从敞开展示的商品中选择所需购买的商品。这是一种现代通行的售货形式，它把陈列与销售合二为一，并把商品全部悬挂或摆放在货架或柜台上，消费者不需要反复询问，便可自由挑选。这种方式既方便消费者，使其感到自然和随意，又容易激发消费者的购买情趣。这种陈列形式主要适用于服装、化妆品、大件耐用消费品、家具和袋装罐装食品等，而不适用于贵重商品，如金银首饰等。

（3）专题陈列。是结合某一特定事物、时期或节日集中陈列展示应时适销的连带性商品，或根据商品的用途在特定环境时期陈列，又称作主题陈列，如中秋节食品店中的月饼专柜或时逢每学期初门市开设的学生用具专柜等。这种陈列方式适应了普通消费者即时购买的心理，大多数可以形成某种商品的购买热潮。这种陈列方式必须突出"专题"或"主题"，而且不宜搞得过多或过宽，否则容易引起消费者的反感，认为门市是在搞"借机甩卖"，造成消费者的逆反心理。例如在无印良品店内，随处可见跨品类商品之间的组合，如图11-2所示。如在化妆品展示区，无印良品通过独立的展示面板，将浴室的洗漱用品及工具进行集中搭配展示，方便消费者确认所需之物。将同空间商品陈列在一起，为消费者创造商品的空间共鸣感。

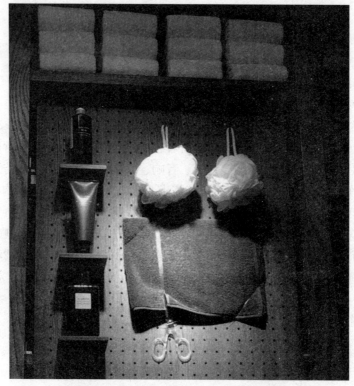

图11-2　无印良品店内"混搭"主题陈列

（4）季节陈列。可视为"专题陈列"的特例，是根据气候、季节变化，把应季商品集中起来陈列，这是销售季节性商品的门市最常用的方式。四季服装、夏季纳凉商品、冬季御寒商品等季节性特征商品一般采用这种陈列方法，它主要是适应消费者应季购买的习惯心理，所以每逢换季，门市的季节陈列展销大都能收到较好的效果。

3. 商品陈列的心理要求

商品陈列的心理要求主要有以下几点。

①陈列高度适宜，易于消费者观看感受。

②适应购买习惯，便于寻找选购或引导消费者购买。

③突出商品的实用价值和特色，促进购买欲望。
④陈列方式应灵活多变，讲究创新。

三、线上渠道与消费行为

网络消费与传统消费在交易空间和购买环境上大不相同，线上线下两种营销渠道的营销策略也存在较大差异。如今消费者有更多选择，购物过程更加复杂。商品的价格越低（如快消品），消费者愿意在商品信息搜索上付出的精力和时间就会越少，消费者更倾向于搜索更为便利的线上渠道。反之，商品的价格越高（如高档奢侈品），消费者愿意在商品信息搜索上付出的精力和时间就会越多，消费者更倾向于从线下渠道搜索更为详尽的商品信息。因此，了解消费者在各个渠道的购物行为特点至关重要。

网络消费是在网络虚拟购物空间中进行的。购物由一种十分具有仪式感的传统活动变成受网络影响的无处不在的行为。2019年，中国消费者网购奢侈品金额占整个中国奢侈品市场的5%，其销售额比2018年增加了20倍。越来越多的中国消费者在网上购买奢侈品，奢侈品品牌也加大了对其电商的投入。老字号在新的网络消费趋势面前，也开始逐步探索一些新的方式与消费者进行互动。

消费者借助网络可以"随心所欲""随时随地"进行消费活动，同时消费者还能以一种轻松自由的自我服务方式来完成交易，消费者权利可以在网络消费中充分体现出来。购物行为可能发生在等人、入睡之前、打车等过程中。消费者每天起床一边刷牙一边看手机；即使吃饭时也要看看直播、煲煲网剧；而在晚上也必须在被窝里刷着朋友圈或者淘宝才会入睡。随之而兴起的有淘宝、京东、苏宁易购、唯品会、亚马逊等购物平台，也有腾讯视频、优酷、抖音、斗鱼、小红书、虎牙直播、喜马拉雅等娱乐平台。

买买买的确是一件让人上瘾的事情。有数据显示，相对于网购时间0~6个月的消费者，网购时间在31~36个月的消费者重复消费金额高出67%；人们第5次网购平均消费金额比初次网购增加40%，第10次网购平均消费金额比初次网购增加80%。

电商发展早期，网络消费者的购买路径很简单，不外乎是先搜寻，再比较商品，再下单购买，最后再留下评论和回馈。但在今天的全渠道环境中，营销触点、资讯来源、渠道都在急速增加。现在的典型消费场景是这样的：消费者通过新闻、报告、广告、手机资讯等触点获得购物线索，而后上网搜索相关信息，经过朋友沟通和搜索比价之后决定所购之物，最后可能用手机上网完成购物。

网络消费者更看重"优质商品"与"特价优惠"，在乎商品是否物美价廉；而线下消费者则讲求服务与体验。偏好网络购物的消费者会"更加频繁地对比各种商品信息"，并认为"价格实惠"是他们更喜欢线上购物的原因，此外也包含"提供送货上门服务""可以节省时间""销售独特的特色商品"等原因——这些都是电子商务的优势。

喜欢到实体店面购物的受消费者则说"即到即买"是他们偏好线下购物渠道的首要原因，购买的瞬间就能立刻拿到商品。其他因素还包括线下有"现场体验"的机会而且"质量更可靠""服务好"，等等。换句话说，建议零售商在制定策略时应注意线上渠道有明确的商品差异化；线下则应该注重服务及体验的差异化，以避免陷入价格竞争。

大部分网络消费者会经常访问3个以上的电商平台（44%），而线下消费者一般固定到

2家实体零售商店购物（51%）。即使电商不断成长，网络购物仍然不能取代实体渠道。

可见，线上与线下关系互补胜于竞争，渐渐相互融合。消费者在店内购物时，越来越多会先使用网络查询价格、寻找最划算的方案——这样的行为被称为"展厅现象（showrooming）"或"先逛店后网购"，但消费者也会反向操作：先上网搜寻，再到实体店面购物。

线上交易的便利和快捷是网络消费者的共同体会，让"一个人"的生活更丰富，让"一家人"的生活更舒适便捷。从热衷于看直播、刷短视频，再到氪金打赏主播、从电商平台网购商品，网络消费行为的频率大大增加，特别是外卖、家政以及生鲜电商的消费需求出现显著增长。网络消费的持续繁荣助推物流生态体系的建立和完善，快递业务呈现持续快速发展态势。网络消费的便利，也在潜移默化地影响着老年群体的消费思维模式，他们渐渐不再拘泥于传统的现金支付或刷卡支付，而是更加愿意尝试网上购物和移动支付。"银发族"正因为智能手机和移动互联网的普及，逐渐变得"无所不能"。京东到家、淘生鲜、美团、饿了么、哈啰出行、丁香医生之类都是网络消费者的新宠。

网络渠道中，个人化、个体化和个人市场这些观念逐步深入人心。通过大量的数据跟踪，用LBS记录分析消费者的日常活动和消费习惯，为消费者推荐商家，制定购物计划，组合休闲活动，等等。基于各种用户数据和反馈，网络渠道的终极表现是少量而精准的动态推荐。商家不需要把100个商品挤到一个货架上，也不需要把10 000个商品放到网上供人随意浏览挑选，而是要在不同的时刻，针对不同的消费者，推荐几款最适合他的商品，让每个人都有一个私人专属货架。便捷的商务模式有助于消费者轻松进行需求设计和表达，提升了商品流通的效率，直接实现了以销定产。

影响网络渠道中的消费心理策略包括以下两方面。

（一）网站颜值

当遇见红配绿打底再配上艳丽金黄大字的街边烤翅招牌风购物网站时，93%的消费者承认自己会动摇购买的决心；52%的消费者会直接点击右上角的红×扭头就走，而且再也不会访问；42%的消费者会根据网站颜值判断网站背后公司的品位。

（二）购物体验

购物体验和便利性很重要。水果、饮料、大米之类不易携带的东西，年轻消费者还是更愿意在网上下单，等待送货上门。电商平台的站内设计和使用者界面设计同等重要，以便让消费者能够轻松愉快地操作。通过点击购买按钮，消费者可由广告无缝跳转至线上商店进行选购。招人喜欢的网站一般不会要求你强制注册，也不会塞满无用信息让你抓狂。数据显示，有76%的消费者认为"好用"是电商网站第一要义；在支付页面删除强制注册要求后，客户消费金额可以提升45%。升级网站导航和信息流，可以带来83%的投资回报。

"进度条"作为当代社会全民公敌，在人们看剧、购物、刷刷刷时深受怨念。当想买点东西又半天打不开页面时，73%的人会立刻扭头就走；近65%的人等完3秒钟便扭头就走。亚马逊数据表明，网站页面加载时间每增加100毫秒，销售量就会下降1%；网站加载时间每增加1秒，客户满意度下降7%。

近一半消费者使用移动设备网购。在使用手机客户端的时候，26%的人追求"容易操作"，21%的人则希望"在搜索中能加入比较、排序等功能"。

（三）实拍视频

在这个照片都是"照骗"的年代，人们对视频表现出更大程度的信任。96%的消费者认为"如果你敢实拍视频我就敢信";73%的消费者表示看过商品视频后作出购买决策的可能性更大;58%的消费者认为会专门为产品/服务制作视频的公司更值得信赖。事实上,电商网站登录页面将图片替换成视频之后,用户转化率可以提升12.62%,60%的受访消费者表示,视频给了他们购买想法和购物灵感。

(四) 买家评价

买家秀中粉碎购买欲望的高频词有很多,比如褪色、缩水、起球、变形、色差……看的你扭头就走。包括那些让你拔草的可怕买家秀在内,你必须承认买家评论依旧是网购法宝;77%的消费者表示,任何网购他们都会看买家评论;27%的消费者尽管在实体店也会掏出手机看网上对商品的评价;还有44%的消费者表示自己很注重评论的实效性,评论最好是一个月之内的。有近90%的亚马逊消费者表示,他们不会考虑购买评级为3星以下的商品。卖家评级也很重要;有近79%的消费者表示在决定购买商品之前,他们"经常"或"总是"检查卖家评级。

(五) 客户服务

好的客服基本相似,糟糕的客服则各有不同,做到"迅速及时地答疑解惑"是一个客服的基本素养。数据显示,57%的消费者表示,一旦电商的客户服务体验糟糕,他们就再也不去这家买东西了。

如沐春风的客户服务不能让客户缺少存在感。推出新品和服务时,参与客户量会提升6倍;推出打折活动时,参与客户响应量会提升7倍;直接联系客户时,参与客户满意度会提升4倍。

(六) 是否打折

假设你要买双新鞋子,而且一定要买当季新款。你已经看到想要的鞋子了,了解其尺寸、颜色和配送方式。但是,呃,再等等,要到恰当的时机再购买。什么时机最合适?当然是有折扣的时候啦。

在同等条件下,一件原价为200元的商品打折后售价为100元和一件原价为100元不打折的商品,带给人的消费感受是不同的,人们会觉得购买打折商品"赚了"。人们不仅喜欢打折,40%的人表示只喜欢简单粗暴的打折,而不是积分、礼品卡、满减等方式。

中国消费者容易被折扣打动,对于促销消息也极为灵敏。因此,每年的节庆活动不胜枚举——大多品牌采取低价促销、限时抢购等营销策略——消费者总是喜爱在节庆时购物、送礼。其中最著名的例子就是每年11月11日举办的"双十一购物节",已成为中国最大的网购狂欢节日。

(七) 是否包邮

"亲,包邮哦!"是一个响亮的接头暗号。围绕着商品"包邮"而展开的各种营销策略一直层出不穷,诸如"9.9包邮""一件包邮""满××元全场包邮"之类广告语吸引着消费者的眼球。研究发现,商家包邮,人们会多买约30%的商品;28%的消费者表示,如果不包邮他们就不买;36%的消费者不愿意为"次日达"服务支付额外的费用;87%的消费者表示会为了凑包邮而加购商品。

(八) 支持移动设备

APP是电商的春天。70%的消费者会使用移动设备搜索价格更优惠的商品;38%的消费者会在自己的移动设备上兑换优惠券;超过 80% 的中国消费者在手机上购买至少 1/4 的日常用品。

(九) 付款方式

最气人的事情就是已经挑好了东西却因为某爸爸网站和某爸爸网站之间的竞争关系不能使用顺手的支付工具,如支付宝。掏钱作为一件悲伤的事情,稍遇阻碍都会令人抓狂,对比之下能够爽快花钱多么令人愉悦。亚马逊在推出"Log in and Pay"功能后,平均付款时间减少了 70 秒,用户转化率提升了 34%;网购支付页面上如果能使用网上支付工具(比如支付宝、PayPal Credit 等)可以使平均交易量提升 30%;支持线上支付的商家付款率比不支持线上支付的商家高出 70%。

(十) 购物车吸引力

如果想买鞋子,我完全可以买。嗯,挺漂亮的,尺码也合适,已经加到购物车了。很简单的,你看我要付款了——哇,看窗外有外星人唉?好吧,我刚刚退出 APP 了,看来我今天是不会买这双鞋了。

基于 33 项研究发现,消费者的平均在线购物车弃置率为 69.23%(Baymard Institute, 2017)。很多"加入购物车"的行为都代表着"我现在不想买/买不起"。消费者享受要购买的欲望,但是不一定真的会买。过段时间后消费欲望没有那么强烈了,就会因为一点小事删除购物车里的商品。比如,支付环节如果被收取额外手续费;别的地方价格更实惠;或不满卖家提供的配送方式。

(十一) 退货方便

经常会遇见这种情况,从英国代购一条裙子嗷嗷苦等一个月,结果连最小码穿着都大,不能退货只能在闲鱼上忍痛便宜卖了;买一箱吃的送给朋友结果寄给了自己,退货太麻烦还不如再买一份寄过去;买了个电子秤结果是坏的,想着退货但手续特烦琐要填一大堆信息,拖着拖着就自动确认收货了。数据表明,只有 58% 的消费者认为,目前线上购物退货非常便捷。68% 的消费者把免费退换货作为网购的第一要素;63% 的消费者网购时会先查看退货规则,如果商家提供免费退换货服务,48% 的人会放心大胆地多买点商品。

(十二) 安全可靠

在这个看条短信一不小心都能被骗 100 万元的年代,人们对于电子支付方式需要极大的安全感。61% 的线上消费者认为,如果电商网站没有安全认证,他们扭头就走。

(十三) 附加价值

人们在网购时还希望能满足一些精神需求,比如环保、公益等。66% 的消费者表示愿意支付更多的钱购买环保商品。

★ 拓展阅读 11—3

Tiffany 线上限时精品店

"Digital IQ Index:Luxury China"调查报告显示,在目前进入中国市场的 107 个奢侈品牌中,92% 已开通了微信账号。2018 年 1 月中旬,Tiffany 第一家线上限时精品店在微信朋友圈中首发,销售中国地区独家限量版产品。

Tiffany 邀请品牌代言人倪妮为限量发售的 150 条致敬传奇设计师艾尔莎·柏瑞蒂的

"Open Heart" 18K 玫瑰金项链拍摄广告如图 11-3 所示。基于粉丝新闻浏览、关键词搜索、关注、加入粉丝群等社交行为，腾讯社交广告助力 Tiffany 筛选出倪妮的核心粉丝群，进行广告投放。借助代言人的影响力，Tiffany 成功将大量明星粉丝高效转化为品牌粉丝，促进品牌关注度与产品销量的提升。

11-3　倪妮代言 "Tiffany Open Heart" 18K 玫瑰金项链广告

依托腾讯社交广告的人群定向能力，Tiffany 投放微信朋友圈广告锁定精准的受众人群，收获大量互动。此外，Tiffany 还充分利用朋友圈的社交属性，在广告投放后针对点赞、评论、转发的活跃用户进行社交关系链扩展，将广告推送给其好友，大幅度提升广告的人群覆盖与点击互动效果。最终，Tiffany 此条广告的点击率高于行业平均数 2.5 倍。通过点击广告中的"购买"按钮，消费者可无缝跳转至 Tiffany 线上精品店进行选购，此款项链 6 天内即售罄。

本次营销过程中，Tiffany 除投放微信朋友圈广告外，还特别开设"搜一搜"品牌专区，通过秀场直播、开设线上精品店、构建品牌粉丝群为用户提供个性化服务等多种营销玩法，实现品牌声量与产品销量的高效提升，制胜社交营销战场。

四、渠道冲突与渠道融合

随着顾客细分市场和可利用的渠道不断增加，越来越多的企业采用多渠道营销进行试营销。不同渠道间的冲突指的是企业建立多渠道营销系统后，不同渠道服务于同一目标市场时所产生的冲突。例如，美国的李维牌牛仔裤原来通过特约经销店销售，当它决定将西尔斯百货公司和彭尼公司也纳为自己的经销伙伴时，特约经销店表示了强烈的不满。因线上和线下渠道冲突，休闲服装品牌以纯于 2013 年 1 月暂停电商业务，准备转变电商策略，原有以纯品牌将退出电商行列，推出网络新品牌。

线上渠道对线下渠道的竞争首先是消费者的争夺，这是造成冲突的本源。由于网络营销传播的特性和优势，以及中间环节简化带来的价格优势，使得线上渠道在吸引消费者的同时对传统渠道造成了挤压。不同渠道间的冲突在某一渠道降低价格时，表现得尤为强烈。同样，商品在线上价格往往比线下便宜。

对生产企业来说，顺应全渠道发展趋势，做好线上和线下渠道企业的渠道管理，使线上和线下渠道实现融合和协调发展是避免渠道冲突、更好的满足消费者、实现利润的必然选择。企业可以采取渠道差异策略和渠道融合策略。

（一）渠道差异策略

采取渠道差异策略的目的是不让消费者在不同渠道间迁徙，保持对各自的渠道的忠诚度，同时也是针对不同的目标顾客，分别采用线上渠道和线下渠道销售不同的商品，制定不同的价格，采用不同的促销方式；然而，因为线上和线下的目标群体并没有太大的差别，只能在型号、包装、外表上略作区别，并不能完全避免线上和线下渠道的冲突。

★ 拓展阅读 11-4

以纯退出线上销售

2010 年年底，知名休闲服品牌以纯开始试水电子商务，在天猫和京东两个销售平台上取得了不错的业绩。据天猫数据显示，2012 年天猫商城的品牌服装销售排行榜中，以纯名列前 10。

2013 年 1 月 10 日，以纯天猫旗舰下架了所有商品。14 号，以纯宣布暂停电商业务，天猫旗舰店客服签名改成了"因公司统一政策调整，暂停运营。请各位亲光临以纯品牌各线下实体店。"不仅仅是天猫旗舰店，以纯还下架了独立商城网站及其在国美在线、京东商城以纯官方旗舰店的所有商品。至此，以纯品牌全线退出线上销售。

以纯此次如此决绝地退出线上销售，主要是因为线上和线下存在激烈的渠道冲突。尤其是天猫"双十一"期间的线上低价销售，导致诸多加盟商的不满。在电子商务兴起以后，线下与线上渠道的冲突、加盟商的利益保障问题被认为是传统企业涉足电子商务后碰到的最大难关。这一冲突自从以纯试水电子商务后，就一直存在。

以纯有超过 5 000 家品牌专卖店，其中公司直营的不到 20 家，绝大部分都是加盟店。正因为以纯集团发展离不开数量巨大的加盟商，该品牌的线上销售策略也不能不考虑加盟商的利益。为了减少线上对线下的冲突，以纯也采取了不少措施。以纯线上销售和专卖店销售是截然分开的，线上和线下的款式不同，所有的新款产品都是第一时间在实体店推出，而网上销售的款式都是库存老款。所有这些做法都是以不冲击实体店为最优先考虑。但因为线上销售太红火，仍然大大冲击了实体店的生意。许多消费者都是先到实体店体验以纯的品质和设计，然后再上网购买商品。因此，即使网上销售的都是老款，加盟商们仍然感到自己的生意被网店抢去了不少。在一次加盟商大会中，加盟商们联合"造反"，威胁不再做以纯品牌，导致以纯不得不挥泪宣布终止以纯品牌的线上销售。

以纯天猫官方旗舰店停止运营之后，一直在筹备其网络专供品牌。2013 年 3 月 21 日，以纯正式推出"A21"，作为以纯线上专供品牌，以纯官方旗舰店也已经直接切换为 A21 旗舰店页面。A21 是"Always 21"的缩写，意为永远的 21 岁。新品牌从零开始，再战电商，面向年轻人群，只在线上销售，价格略低于以纯线下品牌。A21 开业以后，营业额基本保持每个月 100% 的增长率。2013 年 8 月 28 日天猫新风尚，A21 排名男装第十三名，网络品牌第二名，2015 年"双十一"当日全网销量突破 6 000 万元，夺得网络男装品牌第一名。

线上线下渠道的冲突是每一个传统零售商在电子商务过程中都会遇到的问题，以纯之后给出的解决之道是开发网上专属品牌，对线上和线下的商品进行区隔，这未尝不是一种解决方式。

（二）渠道融合策略

从发展趋势上看，渠道融合策略是建立高效完善的全渠道模式、满足消费者的需求、实现全渠道发展的必然趋势。在渠道融合策略中，线上渠道和线下渠道不再是对立的关系而是合作共赢的关系，允许消费者根据需求在不同渠道间迁徙。

福建茶花家居电商事业部总经理陈飞透露，他们已经实现了线上线下正常品同价，部分商品差异化，并已经将经销商的仓储配送纳入电商销售服务体系，实现多点多仓联合配送，实现利益共享。

而优衣库则推出了掌上旗舰店（官网、官方 APP、微信小程序、线下扫码四大入口），消费者可通过"一键随心购"功能利用各渠道进入优衣库线上商城购买商品，选择在家收货或门店自取，缩短购物的中间环节。

在渠道融合策略中，打通全渠道数据、实现利益共享和合理分配是关键。实现数据共享是渠道融合策略的前提，只有升级硬件设备，打通生产企业、渠道企业的订单系统、库存系统、支付系统和 CRM 系统等组成的数据网，才能实时更新消费数据，实现融合。而实现利益共享和合理分配则是重中之重，既要保证参与的渠道企业都能够从融合中获得利益，激发所有渠道企业的销售动力，又要保证利益的合理分配。

第五节　促销因素与消费者行为

促销策略类型包括广告、公共关系、人员推销、销售促进。

一、广告与消费者行为

各种促销策略中广告是投入成本相对较少，到达受众较为广泛的一种传播方式，也是企业非常重视的一种产品宣传方式。

（一）广告的功能

（1）认知功能。现代社会，商品琳琅满目，消费者通过广告信息了解许多新产品、新用途。例如："人人车，没有中间商的个人二手车网"。

（2）诱导功能。如苹果公司在新产品上市之前不惜用十分钟的广告时间来告知人们这个高科技产品如何给消费者生活带来意想不到的改变、快乐和享受，让苹果粉丝对其充满期待和渴望。

（3）教育功能。如"药材好，药才好"（宛西制药）；吃火锅，通宵看球，吃油炸食品、薯条、烧烤等都容易上火，所以"怕上火喝加多宝"。

（4）便利功能。广告介绍各种商品信息如名称、规格、性能、用途等，并告诉人们，如何利用这些产品去改善自己的生活。如"白天吃白片不瞌睡，晚上吃黑片睡得香"（白加黑感冒药）。

（5）促销功能。一些经典的广告词已经起到了促销作用。例如"我们不生产水，我们只是大自然的搬运工"（农夫山泉）；"哪里不会点哪里，妈妈再也不用担心我的学习了"（步步高点读机）；"要想皮肤好，早晚用大宝"（大宝 SOD 蜜）；"牙好胃口就好，吃嘛嘛香"（蓝天六必治牙膏）等。

（二）广告的 AIDMA 模型

AIDMA 模型也称爱德马法则，由美国广告学家艾里亚斯·路易斯（E. St. Elmo Lewis）于 1898 年提出。AIDMA 法则是消费者行为学领域很成熟的理论模型之一。该模型描述了消费者从接触到信息到最后达成购买之间，动态式地引导其心理过程，并将其模式化的一种消费者行动模式（图 11-4）。

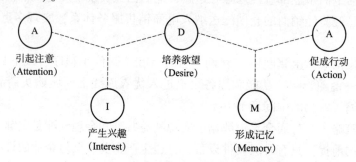

图 11-4 广告的 AIDMA（爱德马）法则

A：引起注意（attention），广告必须先能引起受众的注意力。

I：产生兴趣（interest），广告需要使受众产生信息互动的兴趣。

D：培养欲望（desire），诱导激发消费者的购买欲望。

M：形成记忆（memory），创造记忆点，使消费者将需求与产品结合。

A：促成行动（action），促使消费者采取实际行动，购买产品和服务。

AIDMA 是英文"attention""interest""desire""memory""action"五个单词首位字母的缩写。它总结了消费者在购买商品前的五个过程，首先消费者注意到（attention）该广告，其次感到兴趣（interest）而阅读下去，再者产生想买来试一试的欲望（desire），然后记住（memory）该广告的内容，最后产生购买行为（action）。

有人把销售形象地比喻成恋爱。恋爱的时候你不但要让女神（男神）对你产生兴趣，还要让女神（男神）有进一步了解你的欲望，是不是跟 AIDMA 模型很像呢？AIDMA 模型将消费者的购买行为模型化，对一个普通受众到最终的消费者的心路变化过程阐述得非常准确，有助于系统地研究消费者并进行更有效的商品宣传。在消费者行为学中，经常运用该模型检验设计的广告是否合格。

该模型主要是存在于传统经济时代，信息大量不对称的情况下，消费者对商品知之甚少，获取信息渠道也相对单一，因此整个消费过程比较单一，是单向的漏斗转化，但是该理论并没有具体细化到不同的商品类别，实际上，该理论更多地适合高卷入度的商品（价格高,需要小心作决策),而对于低卷入度商品,消费者的决策过程往往没有那么复杂。

(三) AISAS 模型

在网络时代,AIDMA 模型渐渐失去效用。2005 年,日本电通集团推出的 AISAS 模型更加适应网络时代的消费者行为历程。

注意(attention)→兴趣(interest)→搜索(search)→行动(action)→分享(share)

AISAS 的前两个阶段和 AIDMA 模型相同,但在第三个阶段"S"为"search",即主动进行信息的搜索,最后一个阶段"S"为"share",即分享,将购买心得和其他人进行分享。两个具备网络特质的"S"的搜索和分享的出现,指出了互联网时代搜索和分享的重要性,而不是一味地向用户进行单向的理念灌输,充分体现了互联网对于人们生活方式和消费行为的影响与改变。

二、公共关系与营销公共关系

(一) 含义

公共关系是一个社会组织为取得与其特定公众的双向沟通和精诚合作而进行的遵循一定行为规则的传播活动。公共关系的本质是组织与公众之间的一种社会关系。

人们通常听到公关都会联想到品牌或者个人解决公关危机,调解公共关系,维持大众对品牌或个人的良好印象。在公关中,为品牌塑造良好的形象,为企业的营销策略营造好的市场环境也是其功能,因此公共关系是企业市场营销不可分割的重要部分。其主要目的在于促进广大公众之间的相互了解,并激发他们的消费热情和购买欲望,最终增加企业的知名度和美誉度,从而使企业和产品的形象深入人心,获得家喻户晓、人人皆知的效果。通过对消费者心理与行为的分析,如需求、兴趣、购买习惯和文化背景、宗教信仰、社会阶层等,进一步进行市场细分和选择目标市场。因此,企业的公关策略可以把目标市场作为进攻的重点对象,如中产家庭的年幼子女、受过高等教育的年轻白领女性等。

(二) 公共关系的作用

作为营销的手段和工具,公共关系作为"攻关"武器的角色被淡化,而是以营销为主导,通过公关活动打造品牌,提升口碑与价值,促进销售。在这个领域中,英明的计划、智慧的主张以及吸引公众注意力的能力,都可以得到淋漓尽致的发挥,形成一种既独特而又强大的竞争力。一般来说,公共关系有助于完成以下任务。

1. 参与新产品的开发

通过审慎的营销公关,可以在一种产品、一个企业或一种观念上制造某种神秘感。例如,回力近年来的"回天之力""无效电阻"等明星爆品,一经上市,瞬间引爆市场。限量发售的"回天之力"鞋子卖到了 999 元,首发当天回力线上旗舰店 3 秒售空。

2. 协助老产品的重新定位

通过市场调研发现老产品的新用途和新市场,对老产品进行重新定位。回力与上海工业设计协会、上海设计创意中心以及专业设计公司合作,坚持"经典与时尚结合、运动与休闲结合"的理念,改变了回力产品款式陈旧,色彩单调的旧貌。新产品既便宜又耐穿,既复古又时尚,情怀满满的回力从"民工鞋"再次变成国内外潮人的新宠。

★ 拓展阅读 11-5

六神：重新走入消费者内心

作为"80后""90后"的童年回忆，经典国货品牌六神凭借鲜明独特的品牌定位，在花露水市场占据龙头地位。当"时尚"与"网红"大行其道，原本引以为傲的国货开始被贴上落伍的标签。年轻一代消费者对于六神的普遍认知大多都是"传统""上一辈"。将六神与花露水画上等号，限制了六神品牌价值的扩张。

一、品牌重新定位

2012年六神开始了品牌的年轻化营销战略，尝试用不同的方式与年轻人进行沟通，用更为互联网化的传播方式拉近彼此距离。从《花露水的前世今生》到最近引爆社交媒体的"六神×RIO花露水风味鸡尾酒"，毫无疑问，这个经典国货品牌以"国货网红"的姿态卷土重来，重新焕发生机与活力。

"90后"明星华晨宇为六神品牌的代言人，使六神立刻披上了一层鲜活的"反差萌"外衣，年轻化气息扑面而来。六神还制造各种热点话题，并借助明星、媒体、网红、平台的力量与消费者进行深度沟通，同时，携手国内艺术院校学生，设计全新限量版包装，提升品牌好感度以及充分放大品牌特性。从"夏天"这一特定季节出发，将原本的"花露水品类"上升到"夏天的品牌"，从而实现品牌年轻化和品牌价值扩张。

在各类营销传播案例当中，六神将诸多年轻群体喜爱的传播元素和渠道进行了整合。六神充分发挥其代言人华晨宇的号召力，从话题营销入手，结合TVC、音乐舞蹈、创意快闪等时下流行的方式，深入传达品牌主张；同时，在年轻用户居多的抖音短视频APP发起"#带感浪花舞#"挑战。明星代言人、特邀艺人、多领域达人PGC层层接力，不断激发用户互动；甚至将旗下的沐浴露产品带到了毛里求斯，消费者可以在诸多景点找寻到六神的旗帜，体现品牌"东方符号"的价值。

二、新产品开发

随着国内新兴品牌的崛起以及外来品牌侵占市场，国货老字号的日子并不好过。商务部曾经做过一项统计显示，大约有八成老字号面临生存危机或者处于发展停滞状态。再加上人们对国货老字号印象已经固化，使老品牌的处境更加危险。例如提到大白兔，想到的就是奶糖；提到六神，想到的就是花露水；提到波司登，就是"中老年"款式的羽绒服。通过跨界合作、延伸开发出更多的新产品，能够吸引更多人对品牌的关注，同时为老品牌注入活力，改变人们对这些老品牌的固有印象。

"一口入魂，两口驱蚊"。六神通过品牌跨界营销，制造了一款冲突感强烈的爆款单品。他们从有28年记忆的经典绿色玻璃瓶花露水出发，与同为玻璃瓶身、同为酒精产品、同样具备清凉关联度的RIO合作，定制了六神花露水风味的鸡尾酒。一个是年轻的专业鸡尾酒品牌，一个是国货老字号产品，两个品牌产生的"化学反应"颠覆了所有人的想象，如图11-5所示。

紧接着，六神又有意识地进行线上线下公关传播。携手Vogue推出时尚硬照，邀请头部测评达人对这款花露水风味鸡尾酒进行评测，在魔都潮流酒吧进行快闪……这一系列的动作为产品带来了更大的曝光度，在促使消费者快速产生第一笔交易的同时，也为品牌带来更多

图 11-5 六神×RIO 花露水风味鸡尾酒

的自然流量和长尾流量。

六神花露水风味鸡尾酒开售当天,短短 17 秒,限量供应的 5 000 瓶被抢购一空;亮相半小时,即引来超 4 万人围观,其中新客占比高达 85%;整场活动下来,六神花露水售出累积超 40 万瓶,稳居类目第一。这次创造性的跨界营销,让六神变身十足的"国货网红",也让其一举夺得"2018 新网商营销大奖",品牌实力得到行业认可。

每个品牌都有自己的生命周期,唯有不断地进行年轻化迭代,才能保持品牌活力,才能让传统也出新意,让国货经典更流行。

3. 吸引消费者的关注,展示品牌形象

在公关活动中向公众散发品牌信息,或是借助公关话题挑动大众情绪,引发对品牌或者产品的关注和兴趣,通过造成的轰动效应来扩大品牌知名度,带动长远的品牌发展和销售增长。企业可以策划各种让消费者参与、体验的活动,如新闻发布会、展览会、开放参观活动、沟通性会议、庆典活动、社会服务、赞助活动、联谊活动等。如 2019 年 6 月,"中国李宁"登上巴黎时装周的 2019 春夏系列大秀,经典的"番茄炒蛋"红黄主题色被设计师用更潮流方式重新定义,配上"中国李宁"的红底白字,刮起一股浓浓的中国风。这个集复古、中国风和时尚气息于一体的全新品牌形象,受到了年轻人的一致好评,也创造了李宁自创立以来最大的一次社交媒体刷屏。

4. 应对公共关系危机

当出现公关危机时,企业能够有所准备,而当企业面临其他危机时,也可以有预防和应对措施。运用公关营销需要公关团队在长时间内保持对市场和公共关系的洞察力及敏锐度,以备不时之需。从消极不利的情况中注意发掘出蕴含着的有利因素并不失时机地进行令人信服的宣传,反而化祸为福,在万众瞩目之际化解危机并趁机进行品牌营销,甚至带来口碑与促销的双丰收。最近华为在中美贸易战中受到美国政府的打压和排斥,但另一方面,华为的应对却使其品牌形象得到了很高的评价,也可谓是"失之东隅收之桑榆"了。

2018年5月14日，四川航空（以下简称"川航"）3U8633航班在从重庆飞往拉萨的途中，在万米高空突遇驾驶舱风挡玻璃爆裂脱落、座舱释压的极端罕见险情。生死关头，凭借过硬的飞行技术和良好的心理素质以及空管、机场、军方等各方密切配合，机组成员驾驶飞机安全备降成都双流国际机场，确保了机上119位乘客和9名机组人员的生命安全。事件发生后，川航立刻展开以"向英雄致敬"为主题的舆论攻势，通过各种方式将公众注意力转移到机长刘传建的操作水平、机组成员的能力和遭受事件的突发紧急，将安全危机转移到公司实力，从而减少了公众指责。从一开始，川航事故的关注点就集中在歌颂"英雄"上，川航事故秒变催泪英雄剧，提升了公司的品牌知名度、公众信赖度以及公司形象，实现危机化解与处理。川航的危机公关做得十分出色，由此事件改编的电影《中国机长》于2019年国庆档上映7天，票房就突破18亿元，不断刷新着各界的票房预期。

5. 分析调研市场需求

公共关系的目的也是取决市场消费者的需求，比如瑞典的宜家、日本的平和堂、美国的沃尔玛等大型连锁店都是经过了长达数年的数据分析完成的经典。品牌营销是公共关系的核心，因为品牌的根是来源于消费者。

（三）公关关系的心理策略

在传播沟通过程中，企业可以通过分析公众的心理活动，增加与消费者交流和沟通的渠道，使消费者增加对企业和品牌的信任与忠诚，利用公众的心理定式来达到公关传播的目的。

（1）在首因效应方面形成对企业和品牌的积极认知。因此，在公关传播中，要利用这一效应，在一开始就要让组织通过各种媒介的传播在公众心理树立起一个良好的形象。例如有些组织通过广告来使自己为公众所认识的时候，要使用简单又有创意的广告词，让人一听就能留下深刻的印象。

（2）在公关传播中利用近因效应，及时向公众传播一些关于企业最新的消息，或者适时地开展一些公关活动，例如公益活动、慈善活动等来加深公众对企业的了解或者改变某些公众对企业的态度。

（3）企业通过长期的公关活动，积极参与各种社会活动，树立社会公民的公众形象，利用晕轮效应让消费者对企业和品牌的美誉度形成共识。很多企业在环境建设、企业文化、产品包装、广告设计上不断创新，就是在利用这一效应扩大企业的知名度和提高公众对它的认可度。

（4）在公关传播中还可以利用移情效应。对于这一效应最明显的应用就是请代言人，企业通过邀请公众喜爱的明星作为自己的代言人，充分发挥参照团体的引导作用，把公众对明星的喜爱转移到对企业和品牌的喜爱上来，从而提高企业的知名度和公众的认可度。

（四）营销公共关系的方法

在营销公共关系的战略目标中，最重要的是增加认知度，提供广泛而准确的信息，培养对企业有利的利害关系者，培养对企业有利的消费倾向倡导者，最终为消费者购买商品创造良好的氛围。一般来说，营销公共关系的常用方法有以下几种。

1. 在产品广告实施前营造市场氛围

在信息时代的今天，企业家们都知道新产品的新闻发布会能够有效提供新产品信息的机会,并且深知对于新产品的新闻应在新产品广告发布之前进行才有效果,因为从媒体的立场角度,广告一旦被消费者所接触,则该产品信息就不会成新闻了。

例如,2019年6月巴黎航展上,中国商用飞机有限责任公司(以下简称"中国商飞")带来了四款机型,其中,备受瞩目的是还在试飞取证中的C919客机。此前,波音737MAX飞机发生了空难事故,中国最先宣布停飞后,多国都称十分期待中国的C919客机。C919客机是我国第一架自行研制、具有自主知识产权的干线窄体飞机,历时8年。C919客机虽然还未上市,却已经喜获超过1 000架客机的订单。

2. 利用广告制造新闻

著名的广告代理公司BBDO的总裁杜森伯里(Phil Dusenbery)曾主张过如果通过营销公共关系战术得到自然类型的宣传机会,那么就会得到自身所不具有的巨大宣传预算,即广告使非广告性的内容更具有价值。而且杜森伯里每次对其广告主提议新的广告候选人时,都会对公共关系管理者提出忠告,摸索并运用比实际的媒体费用带来更大市场效果的战术。杜森伯里为广告主百事可乐(Pepsi Cola)以杰克逊、麦当娜等名人模特做电视广告宣传,创造了数百万美元的投资宣传效果。再如苹果电脑公司1984年在"Super Ball"中断期间,由于实施了1984年度新年电视广告,不仅宣传了自己,而且"Super Ball"还成了介绍新候选人的窗口。

3. 为顾客提供新的超值服务计划

美国专门从事火鸡料理的Butterball公司从12年前开始就一直以"Butterball Turkey Talkline"商标为手段,对公共关系营销活动给予关注并为顾客提供新的超值服务计划——顾客通过电话从Butterball公司的"家庭料理顾问"服务部得到怎么准备和使用料理的信息,这种"Talkline"免费电话主要是靠宣传活动推广流传的。经过Butterball公司的公共关系代理公司诶德曼国际公关公司(Edelmen Public Relations Worldwide Pty Ltd)的努力,在新闻和播放媒体展开营销公共关系活动,3天之内预订了25 000罐火鸡料理。可见,在没有创新型的新产品或价格下降等惊人新闻时,营销公共关系战术可以在事前及事后的营销计划中为顾客提供新的超值服务计划来实现。因此,如果营销公共关系战术能够开发并提供以前没有的顾客超值服务计划,实施营销公共关系可以得到让顾客满意和增加销售的"双赢"效果。

4. 构筑产品与顾客之间的有效通道

美国食品行业盛名的琵尔斯贝丽公司(Pillsbery)为了进行料理材料产品公共关系活动,早在1949年就首次举行了"Bake-off"料理演讲大会,此后琵尔斯贝丽"Bake-off"成了美国关于食品的代表性事件和活动,每年通过印刷及播放媒体等广泛的宣传活动公布有关申请参加的事宜,对过去曾参与相关活动的顾客都会寄去或送去信函,在数万名申请参与者中,挑选100名地区优胜者在料理演讲大会上参加演讲。由于众多媒体的跟踪报道和广泛支持,最终的胜利者在其料理方法中所使用的琵尔斯贝丽产品,在其广告打出之后的数年内一直呈现出销量递增的趋势。

5. 控制消费倾向倡导者意见

以生产"惊奇面包"(Wonder Bread)闻名于世的美国大陆面包公司(Continental Baking Company),为了改变白面包对身体有害的观念,实行了以美国国内营养专家为对象的特别考察计划——公司展开了以打破面包是发胖食品这一偏见为目的研究，得出了吃面包有助于减轻体重的重要结论。该公司在 Cohn & Wolfe 公共关系公司的支持下，招待了参加在华盛顿的美国营养专家协会定期聚会的 40 多位营养学专家，并举行了倡导食用白面包的"白面包节"活动来激起消费者对白面包的兴趣和好感。这项活动成为全国电视和新闻的头版头条，并且得出了"白面包好"的公众观念。由于这一观念是对美国人的"减肥文化"有重要影响的营养专家们赞同的，使公司的销售额快速稳步增长。美国大陆面包公司不把公共关系目标的意图暴露出来，而是通过诱导和控制消费倾向倡导者或有影响力人士的意见实现企业产品被广大公众所接受乃至喜爱的营销公共关系战略目标。

6. 借用公益团体的社会影响力

"农夫山泉，喝一瓶水捐一分钱"被广大消费者所熟悉。农夫山泉股份有限公司与宋庆龄基金会的一分钱公益活动持续了六年，基本上每两年换一个主题，更是引发了公众对"喝水助学""饮水思源"的高度关注和热情参与。"一分钱"的公益为农夫山泉增加了"爱"的内容，无形中提升了农夫山泉的品牌形象。这一公共关系战术的成功，就是在于企业借用了公益团体认知率高和说服力强的特点，通过长期同公益团体协力合作，得到公众舆论的赞同，从而获得利益关系者的好感，最终达到增加销售额和利润的目的。

三、人员推销与消费者行为

人员推销是销售人员直接与消费者接触，向消费者宣传介绍商品和服务，促成其购买行为的一种促销活动。它是人类最古老也是最不可缺少的促销方式，在现代市场营销和社会经济中占有相当重要的地位。在商品经济高度发达的现代社会，人员推销这种古老的形式更焕发了青春，成为现代社会最重要的一种促销形式。

人员推销主要的形式有上门推销、柜台推销和会议推销。人员推销以充满人情味的交际为基础，优点是亲切感强，特别具有针对性和灵活性，说服力强，竞争性强；但其缺点是支出较大，成本较高。人员推销是一种专业性和技术性很强的工作，对推销人员的要求较高。推销人员不但要为企业赚取利润，而且要使消费者得到满意的产品及服务；不但要懂得推销艺术和技巧，而且要懂得整体营销战略。除了推销产品外，推销人员还应该注意发现并帮助消费者解决问题，收集分析市场情报，估量市场潜力，参与制定市场销售策略和计划等。故人员推销又被称为昂贵的推销手段。

（一）人员推销的特点

1. 信息传递的双向性

推销人员和消费者面对面沟通，直接从消费者处得到信息反馈，诸如消费者对推销人员的态度、对推销的产品和企业的看法和要求等，还可以在借助于表情、肢体语言等有效的内容交流的基础上进行推销活动。

2. 推销目的的双重性

一方面是带有目的性的推销产品，但更重要的是要建立情感关系，在达到信息传递和影响的目的。推销人员在与消费者长期反复来往、洽谈过程中，易于形成一种直接而亲切友好的关系。一个有经验的推销人员为了达到促进销售的目的，可以使买卖双方从单纯的买卖关系发展到建立深厚的友谊，彼此信任、彼此谅解，这种感情的增进有助于推销工作的开展，实际上起到了公共关系的作用。一方面，推销人员在帮助顾客选择称心如意的产品，解决产品使用过程中的种种问题，使顾客对推销人员产生亲切感和信任感；另一方面，顾客对推销人员的良好行为予以肯定和信任，也会积极宣传企业的产品，帮助推销人员拓展业务，从而形成长期稳定的营业关系。

3. 推销过程的灵活性

推销过程是考验推销人员各种综合素质的很好过程。针对不同类型的顾客，推销人员可采取不同的、有针对性的推销手段和策略。通过交谈和观察，推销人员可以掌握顾客的购买动机，有针对性地从某个侧面介绍产品特点和功能，抓住有利时机促成交易；可以根据顾客的态度和特点，有针对性地采取必要的协调行动，满足顾客需要；还可以及时发现问题，进行解释，解除顾客疑虑，使之产生信任感。在促销过程中，推销人员可以直接展示产品，进行操作表演，帮助安装调试，并根据顾客反馈，灵活地采取必要的协调措施，对顾客提出的疑虑和问题，可及时地讨论和解答。此外，推销人员在促销的同时，尚可兼做许多相关性的工作，如安装、维修、服务、调研、情报搜集等。

（二）人员推销的类型

1. 上门推销

上门推销是最常见的人员推销形式。它是由推销人员携带产品样品、说明书和订单等走访顾客，推销产品。这种推销形式可以针对顾客的需要提供有效的服务，方便顾客，故为顾客广泛认可和接受。

2. 柜台推销

又称门市，是指销售人员以定点的方式，在特定的场所向前来寻购的顾客销售产品，并保持不间断客户服务的过程。门市的营业员是广义的推销人员。柜台推销与上门推销正好相反，是等顾客上门式的推销方式。由于门市里的产品种类齐全，能满足顾客多方面的购买要求，为顾客提供较多的购买方便，并且可以保证产品的完好无损，故顾客比较乐于接受这种方式。

3. 会议推销

会议推销是指利用各种会议向与会人员宣传和介绍产品，开始推销活动。譬如，在订货会、交易会、展览会、物资交流会等会议上推销产品。这种推销形式接触面广、推销集中，可以同时向多个推销对象推销产品，成交额较大，推销效果较好。

（三）人员推销的过程

一般来说，一个有效的人员推销过程至少应包括3个程序，即寻找顾客、进行推销、售后跟踪。

1. 寻找顾客

推销人员首先要做的就是寻找可能愿意或正准备购买产品的潜在消费者，即确定目标顾客。在寻找顾客时，可以使用细分标准，根据年龄、性别、收入、受教育程度等对顾客进行识别区分。比如年轻父母是婴儿服装、食品和玩具市场的顾客，新婚夫妇是房子、家具、电器和银行贷款等的潜在顾客。另外，还可以根据消费者的爱好、生活方式来选择目标顾客，比如旅游爱好者当然是旅游用品市场的理想顾客。

推销人员获取潜在顾客信息的途径主要有以下几种。

（1）市场调查。市场调查既可以由企业自己进行，也可以委托专门的市场调查咨询公司来进行。根据对调查结果的分析，可以发现潜在的顾客。

（2）资料查询。现有的各种信息资料是推销人员可以利用的最便捷的信息来源，如顾客数据库、工商企业名录、各种统计资料和年鉴、电话簿、有关的信息报纸杂志等。

（3）顾客介绍。现有顾客的推荐、介绍是招徕新顾客的一种很重要的方式。这种方法的关键在于推销人员首先要获取现有顾客的信任，然后利用现有顾客的社会关系，找到更多的潜在顾客。

寻找到潜在顾客后，还需要对他们进行评估，以确认是否真正值得开发。只有那些需求比较强烈且具有支付能力的潜在顾客，才是理想的目标顾客，他们是推销人员时间和精力关注的重点。这样，可以减少不必要的支出，提高推销的效益。

2. 进行推销

确定目标顾客后，推销人员就要安排与顾客直接接触，进行推销。这一过程主要包括两个阶段，即接近准备和面谈推销。

在与目标顾客见面之前，推销人员要做好充分的准备工作。首先，广泛搜集目标顾客的信息，进一步了解其各方面的情况，以做到知己知彼；然后，拟定可行的推销计划，包括确定目标产品、准备洽谈内容以及约见时间、地点、方式等。

当推销人员与顾客见面后，就进入了关键性的面谈阶段。推销人员向顾客介绍和展示产品，运用恰当的推销技巧，说服顾客购买。这实际上是推销人员与顾客的信息沟通过程，目的是激发顾客的购买欲望，赢得其信任，直至达成交易。这一阶段是整个推销过程的核心。

3. 售后跟踪

产品售出后，推销活动并未就此结束，推销人员还应该继续与顾客保持联系，提供各种售后服务，及时解决产品在使用中出现的问题。同时，应在注意搜集顾客对产品的改进建议。良好的售后服务可以提高顾客的信任度和满意度，增加产品再销售的可能性。

（四）销售促进与消费行为

长期以来，由于翻译原因，销售促进有很多叫法。在国内早期市场营销及相关著述中，它被翻译成"营业推广、促进销售、营业提升、促销推广、促销"等。而国内学术界和管理界最常用的就是"促销"。

销售促进是营销活动的一个关键因素。广告和人员推销提供了购买的理由，而销售促进则提供了购买的刺激。这种促销方式向消费者提供了一个特殊的购买机会，它能够唤起消费者的广泛注意，具体实在，针对性强，灵活多样，对想购买便宜产品和低收入阶层的消费者颇具吸引力。作为一种促销策略和促销方式，销售促进见效快，可以在短期内刺激目标市场需求，使之大幅度地增长。

但是，开展营业推广必须在适宜的条件下以适宜的方式进行，否则会降低产品的身价，影响产品的声誉，使消费者感到卖主急于出售，甚至会使顾客担心产品质量不好或者价格定得过高。

常见的销售促进的工具有消费者促销（样品、优惠券、现金返回、价格减价、赠品、奖金、光顾奖励、免费试用、产品保证、产品陈列和示范）和交易促销（购买折让、广告和展示折让、免费产品）等。

许多企业正在以各种创新的方式使用人工智能和大数据进行销售促进。利用大数据筛选量化消费者的促销敏感度，利用人工智能算法可以通过查看赢得或丢失的每个过去交易的特征确定一个产品的理想折扣率，以此来赢得交易。特征可能包括交易规模，金额，产品规格，竞争对手数量，客户行业，客户年收入，时间，新客户或现有客户等。使用人工智能算法还可以帮助确定哪些现有客户更有可能购买他们目前拥有的更好的版本（向上销售）和（或）哪些最有可能想要一个新的产品提供（交叉销售）。算法带来的效应是收入增加和营销成本下降。

本章小结

产品生命周期一般分为四个阶段：导入期、成长期，成熟期的和衰退期。新产品上市时，革新者在导入期接受产品，具有冒险性、独立性强的特点；早期接受者在成长期接受产品，一般具有受其他人尊敬、经常是公众意见的领导人的个性特点；早期大众在成长，成熟期接受产品，一般具有服从性强，愿意照别人的路子走的个性特点；晚期大众一般在成熟期的后期接受产品，具有怀疑的个性特点；守旧者在衰退期接受产品，一般具有遵从传统观念、当新事物失去新颖性时才肯接受的个性特点。

影响新产品扩散的客观因素有社会经济因素、新产品本身特性，新产品的传播从众现象等，影响新产品扩散的主观因素有消费者的知觉、动机、态度、价值观、尝试、评价。

消费者的价格心理策略有整数定价、尾数定价、声望定价、招徕定价、习惯定价。促销销略类型主要包括广告、公共关系、人员推销、销售促进。

> **关键概念**

产品生命周期　绝对价格阈限　差别价格阈限　渠道冲突　渠道融合　广告　AIDMA 模型　AISAS 模型　人员推销　销售促进

习 题

1. 影响新产品扩散的主客观因素分别是什么？
2. 什么是消费者心理的差别价格阈限？
3. 消费者心理定价策略有哪些？
4. 价格调整对于消费者心理有哪些影响？
5. 广告的功能有哪些？
6. 公共关系传播的心理策略有哪些？

消费者购买决策与购买行为

【学习目标】

消费者心智是黑箱，看不见，摸不着。消费者在消费决策过程中怎样进行消费决策，属于哪种消费者决策类型，以及消费者在不同的商品选购中应该怎样决策都是营销者需要研究的。

通过本章的学习，掌握以下内容。
- 掌握消费者购买决策内容是什么。
- 熟悉消费者购买决策的几种模式。
- 了解消费者购买决策类型。

【能力目标】

通过本章的学习，培养学生以下能力。
- 能分析消费者在具体消费情境中所面临的购买决策内容。
- 通过分析消费者购买类型，能提出对应的营销策略。

【导入案例】

小米的"饥饿营销"

2019年9月27日，小米9Pro正式在小米商城开始发售，并以3 699元的价格成为当时价格最低的5G手机。不过饥饿营销给小米带来了销量，这款手机在预售阶段就有18万人预订。一进去销售页面，就被抢购一空，显示没货了，整个过程持续不到10秒。想要购买，就只能等到10月2日再次开售了。

每逢开售必缺货似乎已经成为小米手机的惯例，而且大部分都是秒罄。从2010年到2019年，更新换代的9年时间里，小米手机从第1代到第9代，年年缺货无一例外，于是有网友调侃，都是一家人当然要整整齐齐，都缺货这么多年了，小米9Pro当然也不能例外。

从出生开始，小米就带有饥饿营销的基因，而基因的形成主要归结于小米最大的功臣——性价比。小米数字系列的手机刚出现时，就以性价比的特质吸粉无数，在同等品质下，市面上很难找到与小米价格相媲美的手机品牌。而高性价比往往也意味着低利润。据一位手机零售店的老板透露，华为、OPPO、VIVO 手机每台利润大约为四五百元，而小米手机每台利润连两百元都不到。双方之间两倍的利润差说明，小米的高性价比的确名副其实，但低利润也意味着低库存，低库存就意味着要随时面临缺货的风险。不论是小米手机、小米手环还是小米电视机等产品，每次都需要抢购，并且迅速售罄。如果确实喜欢，真心想买，就要提前守在电脑前，随时关注产品的上线时间，排队抢购。

小米产品上市的营销曲线有其独特性：信息的控制——发布会的召开——公布产品的上市日期——消费者长时间的等待——全方位的新闻报道——抢购——全线缺货——抢购——全线缺货。

首先，根据马斯洛的需求层次理论和对购买动机的具体分析，捉住消费者"求同、求新、求美、求名"的消费心理，小米手机"为发烧而生"的口号极好地迎合了大多数年轻消费者追求个性的态度。其次，再通过其未销先造势，使其在发布之前就已经赢得大部分客户关注，通过杂志、网络、报纸、电视等媒体对产品进行了强势宣传，同时其限量发售、预约购买、限时抢购等众多条件，造就"物以稀为贵"的情形。最后，利用消费者"规避损失"以及"人无我有"的心态，使消费者购买欲望层层叠加。事实证明，小米前几代手机的饥饿营销效果非常显著。

手机圈的饥饿营销"玩法"一直层出不穷，饥饿营销带来的高溢价意味着这一品牌的高影响力。iPhone 11 墨绿色最高溢价达2 000元，华为 Mate30 Pro 需要加价 600 元才能购买。然而，最早进行饥饿营销的其实是"奢侈品"品牌。有一句话这样说："如果你没有在 Waiting List 上排过队，就不能算是一个合格的奢侈品粉丝"。从这句话也能看出，"饥饿营销"的方式更能激发消费者的购买热情。

思考：
1. 根据消费者购买决策的内容，分析饥饿营销是如何激发消费者购买热情的？
2. 手机的购买是属于哪种消费者购买决策类型？

企业应如何吸引消费者？通过什么手段让消费者关注产品，产生兴趣甚至购买？消费者关注的产品又能够给他们带来什么样的价值？在什么时间、什么地点能够买到企业的产品？对于这些问题，企业都要精确地研究消费者，精心地策划，把握消费者需求，刺激消费者的购买欲望，让消费者产生购买产品的冲动。

第一节 消费者购买决策与行为模式

一、消费者购买决策的内容

消费者购买决策指消费者为了满足需要实现购买行为，在两个及以上方案中经过分析、评价、选择并且实施最佳的购买方案，以及购后评价的活动过程。在决策中借助于各种信息和经验，经过复杂的心理活动，最终实现自身想要的目标。

消费者决策过程要解决以下几个问题，即人们通常所说的5W1H问题。

1. 为什么买？（why）

这是解决购买动机问题，是对产品功能的需要，是买一个普通包，还是出于身份、地位的需要，女士为了出席宴会买一个品牌包？

2. 买什么？（what）

购买对象。购买对象是建立在购买需要的基础上而作出的选择，购买对象主要还要分析消费者是要满足哪个层面的需要。如消费者想买一辆轿车，若是为了满足交通工具的生理层面的需要，在城市里最好买一辆小排量的经济实惠型轿车，但若出于面子考虑，就想选择大排量、外观大气的 SUV，由于不同的目的选择了不同的对象。

3. 在哪买？（where）

购买地点。购买地点的选择会受到很多因素影响，如购买地点的便利性、购物环境、商家的信誉、产品种类、价格水平、历史、规模、配套设施情况等。

4. 何时买？（when）

购买时间。也就是消费者的购买时间表，这也是商家非常关心的问题。购买时间的紧迫性也与消费者满足需要的紧迫性有关，这种需要未满足的紧张感越强，则消费者想要实现的内在动机越强，购买选择的时间就越短。消费者的购买时间还会受到外部因素的影响和刺激，如有无促销，促销的力度，购买情景因素、经济因素等。

5. 由谁买？（who）

购买者及参与者。这与消费者的购买商品类型有关。若是日常用品，是家庭妇女进行采购；若是大宗商品，一般家庭成员都会参与决策，购买属于习惯型购买的一般参与者少；若是复杂型购买，参与者就多。

6. 如何买？（how）

购买方式。是到实体店购买还是网购？甚至代购？是用现金购买？刷卡支付？还是用手机支付？是用花呗一次性支付，还是京东白条分期？

二、消费者购买决策的特点

许多学者对于消费者购买决策有不同的描述过程。为了指导读者对消费者购买决策模式有较好的认识，本书通过查阅文献总结出消费者购买决策的一些特点，为消费者购买决策模型的分析与构建提供评价参照系和理论依据。

（一）消费者购买决策的目的性

消费者进行购买决策，就是要促进一个或若干个消费目标的实现，这本身就带有目的性。在决策过程中，消费者要围绕目标进行筹划、选择、安排，就是实现活动的目的性。

（二）消费者购买决策的过程性

消费者购买决策是指消费者在受到内、外部因素刺激，产生需求，形成购买动机，抉择和实施购买方案，购后经验又会反馈回去影响下一次的消费者购买决策，从而形成一个完整的循环过程。

（三）消费者购买决策主体的需求个性

由于购买商品行为是消费者主观需求、意愿的外在体现，受许多客观因素的影响，因此除集体消费之外，个体消费者的购买决策一般都是由消费者个人单独进行的。随着消费者支付水平的提高，购买行为中独立决策的特点将越来越明显。

（四）消费者购买决策的复杂性

（1）心理活动和购买决策过程的复杂性。决策是人大脑复杂思维活动的产物。消费者在作决策时不仅要进行感觉、知觉、注意、记忆等一系列心理活动，还必须进行分析、推理、判断等一系列思维活动，并且要计算费用支出与可能带来的各种利益。因此，消费者的购买决策过程一般是比较复杂的。

（2）决策内容的复杂性。消费者通过分析，确定在何时、何地、以何种方式、何种价格购买何种品牌产品等一系列复杂的购买决策内容。

（3）购买决策影响因素的复杂性。消费者的购买决策受到多方面因素的影响和制约，具体包括消费者个人的性格、气质、兴趣、生活习惯与收入水平等主体相关因素；消费者所处的空间环境、社会文化环境和经济环境等各种刺激因素，如产品本身的属性、价格、企业的信誉和服务水平，以及各种促销形式等。这些因素之间存在着复杂的交互作用，它们会对消费者的决策内容、方式及结果有不确定的影响。

（五）消费者购买决策的情景性

由于影响决策的各种因素不是一成不变的，而是随着时间、地点、环境的变化不断发生变化的，因此，对于同一个消费者的消费决策具有明显的情景性，其具体决策方式因所处情境不同而不同。由于不同消费者的收入水平、购买传统、消费心理、家庭环境等影响因素存在着差异性，因此，不同的消费者对于同一种产品的购买决策也可能存在差异。

第二节 消费者购买决策的类型

为便于更好理解消费者购买决策类型的多样性，消费者购买行为应按以下类型划分，即消费者购买行为可以根据消费者购买行为的复杂程度和所购产品的差异程度划分；根据消费者购买目标选定程度划分；根据消费者购买态度与要求划分；根据消费者购买频率划分。

一、根据消费者购买行为的复杂程度和所购产品的差异程度划分

不同消费者购买决策过程的复杂程度不同。究其原因，是受诸多因素影响，其中最主要的是参与程度和品牌差异大小。同类产品不同品牌之间的差异越大，产品价格越昂贵，消费者越是缺乏相关知识和购买经验，感受到的风险越大，购买过程就越复杂。比如牙膏、矿泉水与手机、轿车之间的购买复杂程度显然是不同的。阿萨尔（Assael）根据消费者的参与程度和产品品牌差异程度区分出四种购买类型。

（一）复杂的购买行为

如果消费者属于高度参与，并且了解现有各品牌、品种和规格之间具有显著差异，则会产生复杂的购买行为。复杂的购买行为指消费者需要经历大量的信息收集、全面的产品评估、慎重的购买决策和认真的购后评价等各个阶段。比如，家用计算机价格昂贵，不同品牌之间差异大，某人想购买家用计算机，但又不知硬盘、内存、主板、中央处理器、分辨率、Windows 等为何物，对于不同品牌之间的性能、质量、价格等无法判断，贸然购买有极大的风险，因此他要广泛收集资料，弄清很多问题，逐步建立对此产品的信任，然后转变成态度，最后才会作出谨慎的购买决定。

对于复杂的购买行为，营销者应制定策略帮助消费者掌握产品知识，运用印刷媒体、电波媒体和销售人员宣传本品牌的优点，发动商店营业员和消费者的亲友影响其最终购买决

定,简化购买过程。

(二)习惯性购买行为

对于价格低廉的、经常性购买的商品,消费者的购买行为是最简单的。在这类商品中,各品牌的差别极小,消费者对此也十分熟悉,不需要花时间进行选择,一般随选随买就可以了。如买油、盐之类的物品就是这样。这种简单的购买行为不经过搜集信息、评价产品特点、最后作出重大决定这种复杂的过程。

对习惯性购买行为的主要营销策略有如下几个方面。

1. 利用价格与销售促进或吸引消费者试用

由于产品本身与同类其他品牌相比难以找出独特优点以引起消费者的兴趣,就只能依靠合理价格与优惠、展销、示范、赠送、有奖销售等销售促进手段吸引消费者试用。一旦消费者了解和熟悉了某产品,就可能经常购买以至形成购买习惯。

2. 发布大量重复性广告加深消费者印象

在低度参与和品牌差异小的情况下,消费者并不主动收集品牌信息,也不评估品牌,只是被动接受包括广告在内的各种途径传播的信息,根据这些信息所造成的对不同品牌的熟悉程度选择。消费者选购某种品牌不一定是被广告所打动或对该品牌有忠诚的态度,只是熟悉而已。购买之后甚至不去评估它,因为并不介意它。购买过程是由被动的学习形成品牌信念,然后产生购买行为,接着可能有也可能没有评估过程,因此,企业必须通过大量广告使消费者被动地接受广告信息而产生对品牌的熟悉。

为了提高效果,广告信息应简短有力且不断重复,只强调少数几个重要论点,突出视觉符号与视觉形象。根据古典控制理论,不断重复代表某产品的符号,消费者就能从众多的同类产品中认出该产品。

3. 增加购买参与程度和品牌差异

在习惯性购买行为中,消费者只购买自己熟悉的品牌而较少考虑品牌转换。如果竞争者通过技术进步和产品更新将低度参与的产品转换为高度参与并扩大与同类产品的差距,将促使消费者改变原先的习惯性购买行为而寻求新的品牌。提高参与程度的主要途径是在不重要的产品中增加较为重要的功能和用途,并在价格和档次上与同类产品拉开差距。

比如,若洗发水仅仅有去除头发污渍的作用,则属于低度参与产品,与同类产品也没有什么差别,只能以低价展开竞争;若洗发水增加去除头皮屑的功能,则参与程度提高,提高价格也能吸引消费者购买,扩大销售;若再增加营养头发的功能,则参与程度和品牌差异都能进一步提高。

(三)寻求多样化的购买行为

有些商品品牌之间有明显差别,但消费者并不愿在上面多花时间,而是不断变化他们所购产品的牌子。如在购买点心之类的产品时,消费者往往不花长时间来选择和估价,下次买时再换一种新花样。这样做往往不是因为对产品不满意,而是为了寻求多样化。比如购买饼干,消费者第一次购买的是巧克力夹心,二次购买的是奶油夹心。这种品种的更换并非对上次购买的饼干不满意,而是想换换口味。

对于寻求多样化的购买行为,市场领导者和挑战者的营销策略是不同的。市场领导者力图通过占有货架、避免脱销和提醒购买的广告,来鼓励消费者形成习惯性购买行为;而挑战者则以较低的价格、折扣、赠券、免费赠送样品和强调试用新品牌的广告鼓励消费者改变原习惯性购买行为。

(四) 化解不协调的购买行为

有些选购品,品牌之间区别不大,而消费者又不经常购买,购买时有一定的风险性。对这类商品,消费者一般先转几家商店看看都有什么货,进行一番比较,然后不花多少时间就买回来,这是因为不同品牌的同类商品之间没有明显差别。一般如果价格合理,购买方便,机会合适,消费者就会决定购买。如购买沙发,虽然也要看其款式和颜色,但一般差别不太大,有合适的就会买回来。

购买以后,也许商品的某个地方不够称心,或者听到别人称赞其他种类的商品,消费者也许会感到有些不协调或不够满意,在使用期间,消费者会了解更多情况,并寻求种种理由减轻和化解这种不协调,以证明自己的购买决策是正确的。

对于这类购买行为,营销者要提供完善的售后服务,通过各种途径经常提供有利于本企业和商品的信息,使消费者相信自己的购买决定是正确的。

二、根据消费者购买目标选定程度划分

(一) 全确定型

全确定型购买决策指消费者在购买商品以前,已经有明确的购买目标,对商品的名称、型号、规格、颜色、式样、商标以至价格的幅度都有明确的要求。这类消费者进入商店以后,一般都是有目的地选择,主动地提出所要购买的商品,并对所要购买的商品提出具体要求,当商品能满足其需要时,则会毫不犹豫地买下商品。

(二) 半确定型

半确定型购买决策指消费者在购买商品以前,已有大致的购买目标,但具体要求还不够明确,最后购买需经过选择比较才完成的。如购买空调是原先计划好的,但购买什么牌子、规格、型号、式样等心中无数。这类消费者进入商店以后,一般要经过较长时间的分析、比较才能完成其购买行为。

(三) 不确定型

不确定型购买决策指消费者在购买商品以前没有明确的或既定的购买目标。这类消费者进入商店主要是休闲或漫无目标地观赏商品或随便了解一些商品的销售情况,有时感到有兴趣或合适的商品偶尔购买,有时则观后离开。

三、根据消费者购买态度与要求划分

(一) 习惯型购买行为

习惯型购买行为指消费者由于对某种商品或某家商店的信赖、偏爱而产生的经常、反复的购买。由于经常购买和使用,他们对这些商品十分熟悉,体验较深,再次购买时往往不再花费时间进行比较选择,注意力稳定、集中,决策果断,成交迅速。

(二) 理智型购买行为

理智型购买行为指消费者在每次购买前对所购的商品已经广泛收集所需商品的信息,了

解市场行情，在深思熟虑后再作出消费决策。

"我平时属于理性消费，用不到的东西很少买。如果买了不用的话，这件商品的价值就没有实现，属于浪费。" "00后"男生小宋说。物品的使用率是否高、使用需求是否必要，成为他判断是否购买的主要因素。像小宋这种理智型消费者购买感情色彩较少，头脑冷静，行为慎重，自主性较强，不轻易相信广告、宣传、承诺、促销方式以及推销人员的介绍，始终由理智来支配行动。

（三）经济型购买行为

经济型购买行为指消费者购买时特别重视价格，对于价格特别敏感，以价格高低作为选购标准。

"购买一件东西会考虑很多因素，价格对于我来说很重要。"福建的李小姐说道。像李小姐这样的消费者往往对同类商品中价格低廉者尤感兴趣，"甩卖""清仓""折扣""秒杀"等低价促销对他们有很强的吸引力。一般来说，这与消费者自身的经济状况有关。

（四）冲动型购买行为

冲动型购买行为是一种突然、难以抗拒并带有享乐性的复杂购买过程。在购买过程中，个体受商品的外观、包装、商标或其他促销因素的刺激，迅速做出购买决策，往往没有细致、深入地考虑所有相关信息及其他可供选择的对象。消费者很少进行认知性评价，甚至不经过认知评价，并对购买行为的潜在不利后果很少或根本不予考虑。

研究显示，消费者的年龄和冲动购买倾向呈负相关关系；冲动购买倾向直接影响消费者的购买意愿；在消费类直播情境下，如在观看购物直播或参与秒杀活动时，消费者冲动性购买行为会显著增加。电商购物的体验对用户越来越友好，当消费者浏览微信公众号、微信群、朋友圈时，随时会因为一条信息而决定购买。

购买服装和个人护理用品多属冲动型消费。许多购买服装的行为并非与穿衣有关，当购买兴奋感消失后，衣服塞满衣橱，消费者却可能永远不会穿。

（五）疑虑型购买行为

疑虑型购买行为指消费者因担心受骗或失误而在购买过程中犹豫不决。缺乏自信，并对推销人员也缺乏信任，购买时小心谨慎、疑虑重重，购买缓慢、费时多。常常是"三思而后行"，常常因犹豫不决而中断购买，购买后还会怀疑是否上当受骗，容易后悔。

（六）从众型购买行为

从众消费行为比较常见，这种购买行为在很大程度上是由模仿引发的。并非每个消费者都是精明的，更多时候，消费者是渴望被引导的迷茫人群。消费者自觉或不自觉地跟从大多数消费者的消费行为并且其购物目的变为寻求认同，以证明自己符合社会潮流或社会规范。

扮演时尚领导者身份的消费者作出示范性的消费行为并在群体中得到广泛认可，从而形成潮流，形成从众消费行为。

从众型购买行为的发生与购买情境有密切的关系。当一个人置身于某一情境中时，情境中其他人的行为和认知判断都会影响到他的行为反应。2019年2月，星巴克在中国门店发售了2019年樱花主题系列杯子，发售前夜很多人在星巴克门店彻夜蹲守，并在发售当天发生多起抢夺杯子而产生的斗殴事件，被网友戏称为"圣杯战争"。还有同年，星巴克"猫爪杯"的抢购行为，都是这种从众购买的典型实例。

商业心理学的研究表明多数消费者的购买行为表现出不同程度的从众性,只有极少数消费者保持独立消费见解。促使从众购买行为的发生是产品市场推广的一种快速、有效的重要手段。在实践中也有许多企业利用消费者期望购买与大众相同的产品的从众心理,进一步达到销售的目的。

★拓展阅读 12-1

优衣库联名系列抢购事件

2019 年 6 月 3 日,优衣库与美国当代艺术家 KAWS 最后一个合作系列的联名款 UT(UNIQLO T-shirt)一经发售,天猫旗舰店 3 秒售罄。线上秒光,线下则是一场哄抢。当日,上海南京西路优衣库旗舰店门口,凌晨 4 点左右就有人开始排队。为了抢到这次的联名款,买家在店铺开门的那一瞬间防盗卷帘门居然被"冲烂"了;展示模特身上的样品也被直接脱掉拿去结账。在网络上疯传的现场视频里,一群小伙子以百米冲刺的劲头向某个终点狂奔,并充分证明真男人从不回头看自己掉地上摔成八瓣儿的手机。他们扒在店铺尚未升起的安全门前蠢蠢欲动,不待大门完全升起便身手矫健地匍匐而入。冲进店铺之后,人们互相撕扯、激烈争抢,到处透着世界末日般的慌乱与疯狂。甚至有人紧紧地缠斗在一起,为了一件不知尺寸的 T 恤大打出手。

就在线上线下一抢而空过后,一些已经抢到衣服的人发现商机,想要高价卖出。这款原价 99 元的 T 恤,网上转卖价格已经达到原价的 4~5 倍。

微博话题"优衣库联名款遭哄抢"在短短数小时内登上热搜榜前五名,截至 6 月 4 日早上,阅读数量超 4 亿次,讨论超 5 万次。

有网友调侃道:"我根本不需要去学防身技能,我只需要穿着优衣库和 KAWS 的联名 T 恤,就没人敢碰我。他们就知道我不仅能打,还能跑得快!"

有微博用户表示突然明白了,"我并不喜欢优衣库,也不喜欢 KAWS,只是喜欢跟着大家冲冲冲的感觉!"

严格意义上来讲,中国内地并没有出现过街头文化,那么喜欢 KAWS 的都是一群什么人?"有货 UFO"负责人大魁认为,一切都是哄抢的氛围作祟,而参与其中的"KAWS 爱好者",更多是"潮流爱好者"或者希望被贴上"潮人"标签的年轻人。

但不管怎样,优衣库又一次走在了潮流的前沿。优衣库相关负责人认为,T 恤能直观反映出穿着者的个性和价值,"穿上喜欢的 T 恤就是一种自我表达,通过 T 恤上的文案,可以表达你是谁、你来自哪里、喜欢什么样的文化"。

(七) 情感型购买行为

这类消费者的购买多属情感反应,往往以丰富的联想力衡量商品的意义。购买时注意力容易转移,兴趣容易变换,对商品的外表、造型、颜色和命名都较重视,以是否符合自己的想象作为购买的主要依据。

(八) 随意型购买行为

这类消费者的购买多属尝试性,其心理尺度尚未稳定,购买时没有固定的偏爱,在上述五种类型之间游移。这种类型的购买者多数是独立生活不久的年轻人。

四、根据消费者购买频率划分

（一）经常性购买行为

经常性购买行为是购买行为中最为简单的一类，指购买人们日常生活所需、消耗快、购买频繁、价格低廉的商品，如油盐酱醋茶、洗衣粉、味精、牙膏、肥皂等。消费者一般对商品比较熟悉，加上价格低廉，往往不必花很多时间和精力去收集资料和进行商品的选择。

（二）选择性购买行为

这一类商品的单价比日用品高，多为在几十元至几百元；因为购买后使用时间较长，所以消费者购买频率不高。不同的品种、规格、款式、品牌之间差异较大，消费者购买时往往愿意花较多的时间进行比较选择，如服装、鞋帽、小家电产品、手表、自行车等。

（三）考察性购买行为

消费者购买价格昂贵、使用周期长的高档商品多属于这种类型，如购买住房、汽车、高档家具、钢琴、高档家用电器等。消费者购买该类商品时十分慎重，会花很多时间去调查、比较、选择。消费者往往很看重商品的商标品牌，大多是认牌购买；已购消费者对商品的评价对未购消费者的购买决策影响较大；消费者一般在大商场或专卖店购买这类商品。

人们日常生活中买东西就是在消费，无论是大物件还是小零碎都是在为市场经济作贡献。现在最常见的就是网上消费（也就是网购），这无疑方便了人们的生活，所以现在消费者的购买行为出现了各种各样的类型，可是无论哪种类型都要适当消费，不可沉迷。

第三节　消费者购买决策过程

每天，每个消费者都面临各种各样的购买决策。由于购买对象的不同，所需花费的时间和精力也是不一样的。有时几秒、几分钟就可以决定购买，有时要花几个月甚至几年的时间决定，消费者的介入程度也随之发生变化，但无论其介入程度如何，其中都有一定的规律及特点。

消费者典型的购买决策一般由问题认知、信息搜集、备选方案评估、购买决策和购后行为五个阶段组成，如图 12-1 所示。这五个阶段是环环相扣的，消费者的购买决策过程在实际购买前就已经开始，而且延伸到实际购买之后。因此，营销者应该要关注整个购买决策过程的各个阶段，而不仅只关注购买决策阶段。

图 12-1　消费者的购买决策过程

一、问题认知阶段

"5G"时代来临了,你的老手机还能继续用吗?你是不是该换手机了?事实上,当你认识到你需要一台高颜值的 5G 手机时,你的购买决策过程已经开始了。

问题认知是指消费者意识到理想状态与实际状态存在差距,从而需要采取进一步行动。购买决策过程从消费者对某一问题或需求的认知开始。这种认知可能是由内在的生理活动引起的,也可能是受到外界的某种刺激引起的。例如因饥饿而引起购买食品的需求,还有看到别人穿潮鞋,自己也想购买;或者是内外两方面因素共同作用的结果。

消费者在意识到某个问题以后,是否会采取行动取决于两个方面的因素:一是理想状态与感知的现实状态之间差距的大小或强度;二是该问题的相对重要性。

消费者所追求的生活方式和现在所处的情境决定了他的理想状态和现实状态。理想状态与现实状态是否存在差异、差异的性质及其大小决定了消费者对现实状态是否满意。在不满和喜出望外的情况下都可能引发问题认知,从而触发进一步的决策活动。

举例来说,假设某位消费者希望拥有一套 150 平方米的住宅,而现在的住宅面积是 140 平方米,此时虽然理想状态与现实状态之间存在差距,但差距比较小,如果没有其他促动因素,这一差距可能不会导致消费者采取购买新住宅的决策行动。

另外,即使现实状态与理想状态之间存在较大差距,但如果由此引起的问题相对于其他消费问题处于较次要的位置,此时该问题也不一定会进入下一步的决策程序。例如,某位消费者希望拥有一台 72 英寸的全面屏平板电视机,而现在使用的是一台 48 英寸的电视机,此时理想状态与现实状态之间的距离是比较大的,但如果该消费者面临更为紧迫的消费支出,如为孩子上学购买学区房,该消费者恐怕只有将购买新电视机的计划暂时搁置起来。

影响问题认知的因素包括以下几个。

(一)时间

时间的流逝本身就是激发需要和问题认知的一个重要因素。从上次用餐到现在的时间越长,你越发意识到去食堂用餐或叫外卖这一问题的迫切性。同样,对抽烟者而言,从抽上一支烟到现在的时间长短会直接影响他是否现在点燃另一支烟。在上述两种情况下,时间直接作用于现实状态使之逐步偏离理想状态,从而引发问题认知,时间也可以以间接方式影响理想状态,随着时间的增长,消费者的趣味和价值观会发生变化,这反过来会影响消费者的理想状态,很多人年轻喜欢蓄长发,但步入老年后头发刚触及耳边就要去理发。

(二)产品消费

产品的实际消费也会引发问题认知。很多情形下,人们若意识到某一购买问题仅仅是由于产品即将用完,如电池快用尽了,油盐快用尽了,均会促使消费者购买这些产品。消费过程中的愉快体验,如一次令人难忘的郊游,会激起下次邀朋友或家人前往同一地点或附近其他地方郊游的打算。

(三)不满意

对现有的东西不再满意也会引发问题认知。如衣服旧了,或者款式不时尚了,要买新的;对过去买的 4G 手机不满意了,要换台 5G 手机等。

(四)新产品的需求

社会在不断地进步,技术在不断地发展,新产品不断地涌现,看到丰富多彩的产品,消费者会产生强烈的购买欲望。当一款新的手机出现时，消费者了解它的主要功能，就会产生新的购买欲望。

（五）配套产品

当有了一件产品时，为了更好地实现其使用价值，消费者就会产生对其配套产品的需求，例如，消费者买了西服就要买领带、衬衫、皮鞋和皮包等配套产品，买了电脑就要买摄像头、打印机、扫描仪等配套产品。

（六）环境的变化

生活环境的变化会激起许多新的需要。很多挥别象牙塔的职场新鲜人在走上工作岗位以后，会发现需要添置许多新衣服。牛仔裤、T恤、球鞋可以让你在校园里表现青春活力，但到了比较严谨的工作场合却变得不协调。同样，家庭的变化也会激发问题认知。比如新婚夫妇要买家具、室内装饰品，孩子出生后要添置新的婴儿衣服、婴儿家具以及对婴儿房间进行重新布置。

在此阶段，营销者的任务是搞清楚引起消费者问题认知的因素，可以通过消费者调研回答如下问题：所引起的是哪种需求？这种需求因何而生？这些需求是如何把消费者引向购买某一特定产品的？除此之外，营销人员还必须注意两点。

（1）了解与本企业产品的销售有实际和潜在关系的动力，即是什么原因驱使消费者来买本公司的产品。

（2）消费者对某产品的需要程度会随时间曲线的变化而适当改变策略，设计诱因，增强刺激，唤起需求，最终影响人们购买行动的变化，也许某种诱因使需求变得更强烈，也许变得更淡漠。掌握了这些情况，营销者就可以在适当的时间，用适当的策略唤起和强化消费者的需求，最终促使消费者采取购买行动。

二、信息搜集阶段

当消费者察觉到能够通过购买和消费产品来满足需求时，信息搜集就开始了。

内部信息搜集是指消费者将过去储存在记忆中的有关产品、服务的信息提取出来，以服务于解决当前问题的过程。

外部信息搜集是指消费者从外部来源（如同事、朋友、商业传媒及其他信息渠道）获得关于与某一特定购买决策相关的数据和信息。消费者会去主动地了解产品的特性、功能和价值，以便寻找到对作出决策有用的信息。

消费者一般通过以下几种途径获取其所需要的信息。

（1）个人来源如家庭、亲友、邻居、同事、同学等。

（2）商业来源如广告、商品包装、商品目录以及产品说明、推销人员、分销商、零售商、展销会等。

（3）公共来源如报纸、杂志、电视、网络等大众传媒、消费者组织、政府评审机构等。

（4）经验来源通过以前购买使用或当前试用中获得的知觉，如操作、实验和使用产品的经验等。

以上这些信息来源的影响随着产品的类别和消费者特征而变化。一般来说，就某一产品而言，消费者最主要的信息来源是商业来源，即营销人员所控制的来源。另外，最有效的信息展现来自个人来源。不同信息来源对于购买决策的影响会起到不同的作用。商业信息一般起到通知的作用，个人信息来源起到对作出购买决定是否合理或评价的作用。例如，内科医生通常从商业方面获知上市的新药，但究竟购买与否，则需借助其他医生对该信息的评价。

消费者信息搜集过程中会受到一系列因素的影响。对一些产品和服务而言，消费者可能根据已有的经验来判断采取何种购买行为，例如，乒乓球爱好者总是会购买一套"更好的"乒乓球底板和套胶，或者有些购买本身就是可以判断的，因此不需要着急作出决定。影响消费者信息搜集的努力程度的因素见表12-1。

表12-1 信息搜集过程中的影响因素

产品因素	购买间隔时间较长（耐用品或不经常使用的产品）； 风格经常改变，时尚性较强； 价格波动频繁； 大量购买（一次购买大量产品）； 价格偏高； 可替代品牌较多； 产品特征不稳定
环境因素 — 经验	首次购买； 由于是新产品，缺乏相应的购买经验； 过去购买相同大类产品时有不满意的购买经历
环境因素 — 社会接受性	购买产品作为礼品； 产品具有高的社会曝光度
环境因素 — 相关价值因素	购买行为具有很强的随意性而且非必需； 所有的替代性购买都会带来期望以及不期望的结果； 家庭成员在产品需求以及替代性购买方面有不同意见； 产品的使用偏离重要的参照群体有大量相互冲突的信息来源； 购买行为涉及生态方面的考虑
消费者因素	消费者的人口统计特征（受教育程度、收入水平、职业、年龄等）； 消费者的个性

通过信息搜集，消费者熟悉了市场上的一些竞争品牌和特征。例如，从消费者决策到手机品牌的选择如图12-2所示。图12-2左边第一个方框表示消费者可能得到的全部品牌，而某个消费者只熟悉全部品牌中的一部分，这就构成了知晓品牌组。在知晓品牌组中，只有某些品牌能适应最初的购买标准，这便是可供考虑的品牌组。当消费者收集了这类品牌的大量信息之后，只有少数品牌被作为重点选择，这些被重点考虑的品牌集合形成了选择品牌组。最后消费者根据自己经历的决策评价过程，从选择品牌组中作出最后决定。

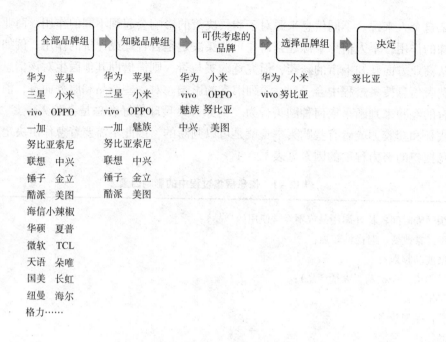

图 12-2　消费者手机购买决策中相继考虑的品牌

如图 12-2 所示，企业必须有战略地使它的品牌进入潜在消费者的知晓品牌组、可供考虑的品牌组和选择品牌组。企业应该深入研究有哪些其他的品牌留在消费者的选择组中，以便制定具有竞争吸引力的计划。另外，营销者应该对消费者的信息来源加以识别，并评价其相关重要性。同时还应该询问消费者最初听到有关品牌信息时有什么感觉，以后又得到什么信息以及各种信息来源的重要性等。这些答案将会帮助企业为目标市场准备有效的传播计划。

三、备选方案评估

消费者得到的各种有关信息可能是重复的甚至是互相矛盾的，因此还要进行分析、评估和选择，这是决策过程中的决定性环节。

消费者应怎样在众多竞争性品牌信息中进行选择，并做出最后的价值判断？消费者应怎样确定各种各样的备选方案？在考察备选方案时，消费者应使用哪些评估标准？是利用单一的标准还是利用复合的标准？每一个标准的相对重要程度如何？

由于消费者经常是不可能或者无法用词语表达他们对某一产品的评估标准，因此很难确定他们在某一产品的挑选决策过程中实际上使用了哪些评估标准。至今还没有一种能让所有消费者在各种购买情况下均可使用的简单明了的信息评估标准。

在消费者的备选方案评估过程中，有以下几点值得营销者注意。

（1）产品性能是购买者所考虑的首要问题是消费者评价或比较备选方案的努力程度如何？

（2）不同消费者对产品的各种性能给予的重视程度不同，或评估标准不同。比如在洗发水的备选方案评估中，某个消费者可能把去屑视为比价格更为重要的指标，而另一个消费者则可能把控油作为衡量洗发水品质的最重要标准。

(3) 多数消费者的评选过程是将实际产品同自己理想中的产品相比较。

常见的备选方案评估规则如下。

(一) 连接式规则

在这种选择规则下，消费者对各种产品属性应达到的最低水平作出了规定，只有所有属性均达到该规定的最低要求，该产品才会被作为选择对象。即使产品在某些属性上的评价值很高，但只要某一项属性不符合最低要求，该产品仍将被排除在选择范围之外。

(二) 重点选择规则

重点选择规则又称为分离式规则。在这种选择规则下，消费者为那些最重要的属性规定最低的绩效值标准，这一标准通常定得较高，只有在一个或几个重要属性上达到了规定的标准，该品牌才会被作为选择对象，其他品牌都将被排除。

(三) 按序排除规则

消费者先将各种产品属性按重要程度排序，并为每一属性规定一个删除点或删除值(Cut off Point)，然后在最重要的属性上检查各品牌是否能够通过删除点，不能通过者则被排除。如果有一个以上的品牌通过第一道删除关口，则再考虑其第二重要属性，检查哪些品牌在这一属性上能够通过删除点。如此继续下去，直至剩下最后一个品牌为止。

(四) 编纂式规则

这一规则类似于编纂词典时所采用的词条排序法，即消费者先将产品的各种属性按重要程度排序，然后在最重要的属性上对各品牌进行比较，在该属性上得分最高的品牌将成为备选品牌。如果得分最高的品牌不止一个，则在第二重要属性上进行比较。若在该属性上仍分不出高低，则在第三重要属性上进行比较，直至剩下最后一个品牌。

(五) 补偿性规则

补偿性规则亦称期望值规则。根据此一规则，消费者将按各属性的重要程度赋予每一属性相应的权数，同时结合每一品牌在每一属性上的评价值得出各个品牌的综合得分。得分最高的就是被选择的品牌。

★ **拓展阅读 12-2**

消费者购车的决策过程

如果一名消费者要买汽车，他会凭什么判断汽车的质量和性能优劣？许多人会提及发动机性能、安全性能、耗油量、最大速度、最大加速度等，更专业的则会告诉你诸如最大扭矩、最大输出功率、平均首次故障里程、发动机平均无大修里程、从静止到100千米时速的加速时间等。所有这些听起来都不错，都是反映汽车性能的重要指标，但如果不是为了获得一些感性认识，消费者根本就不用去看车，只要面对一堆汽车性能数据就好了。既然要去实地看车，总该有一些因素在汽车销售现场对消费者产生影响。

人们买汽车之前基本上都会亲往现场看车，很多人甚至要试驾。即使是试驾，也不大可能试出汽车的性能——难道你真能试试汽车从静止加速到时速100千米需要几秒吗？难道你能把汽车开到最快，看看它的极速是多少吗？难道你会先把车开上高速公路，然后来个急刹车，看看它的制动距离是多少米吗？这些显然都是不现实的。

在美国，营销专家专门通过一项购物行为模式研究来了解消费者购车的决策过程。他们在多个汽车经销商处安装了摄像机,把消费者在看车现场的一举一动录下来进行观察分析。结果发现,在影响消费者购车决策的因素之中,有许多竟是相当的匪夷所思,比如用脚踢轮胎,听它的响声;反复开关车门,感觉车门的分量,听车门关闭的声音等。

理性地说,车门应以轻为宜,如果车门太重,显然会给年纪大的或是身体虚弱的消费者会带来很大的不便。但购物行为模式研究发现,车门越轻,消费者就越会觉得汽车的用料不够货真价实,质量不行,不上档次。对视频的分析表明,许多型号的汽车性能指标相当理想,消费者刚来到经销现场的时候也对这款车表现出最浓烈的兴趣,但在踢了几脚轮胎,开关了几次车门之后,就开始无缘无故地认为这款汽车不够高贵,质量平平。于是,许多汽车制造商根据研究成果,在轮胎的回音、车门的重量、关闭车门时的声音等"细枝末节"方面狠下功夫,让轮胎和车门能发出低沉、厚重的回音,在技术上毫无必要地加大车门的重量(但又不能重得让老人关门时感到吃力)等。

四、购买决策阶段

消费者对商品信息进行比较和评选后,已形成购买意愿,然而从形成购买意愿到决定购买之间,还将受到以下因素的影响。

(1) 他人的态度。态度影响程度取决于所持否定态度的激烈程度,与消费者关系的密切程度,以及在本产品购买问题上的权威性。

(2) 对购买风险的再认识。一般而言,购买风险越大,消费者对采取最后购买行动的疑虑就越多,对购买就会更谨慎。

(3) 价格预期的改变。当消费者预期该商品的价格可能不久要下降或有更好的品牌会出现时,部分消费者宁愿牺牲时尚等待一段时间换来更低的价格。

(4) 意外的情况。如消费者失业、意外急需、竞争产品降价、产品负面新闻曝光等。

消费者在购买活动中常常扮演发起者、影响者、决定者、购买者、使用者的参与角色。本书第一章第二节介绍了消费者购买决策的五种参与者。正确辨认消费者购买决策过程中的参与者所扮演的角色,有助于将营销活动有效地指向目标消费者,制定正确的促销策略。如美国雪佛兰汽车公司发现家庭小轿车购买的决策权在丈夫,便在所有小轿车的广告中体现丈夫的作用,并同时注意妻子、孩子和其他可能影响购买活动的人。另外,在设计小轿车时,雪佛兰汽车公司还考虑了购买决策参与者的需要。

五、购后行为阶段

消费者决策过程并不随着购买过程的结束而结束。在使用产品和服务的过程中,消费者将其实际表现水平同期望水平进行比较,并体会到满意或不满意,进而决定以后的购买行为。

(一) 消费者满意度

如果用经济学和心理学两种不同科学理论分析消费者满意度,会有不同的理论解释。

经济学一般用效用、消费者剩余等理论来分析消费者满意度。效用是指个体从产品或服务中获得的好处和满足,是人的心理感受。效用理论说明了消费者对产品的评价标准是效用的大小。消费者剩余是指消费者基于产品评价所决定的愿意支付的价格与实际价格的差额。

消费者剩余理论揭示了消费者剩余越大,其对产品越满意。

用心理学解释消费者满意度的主要代表理论是认知失调理论。这种理论认为消费者的行为是以一系列的预期、判断、选择,并朝着一定目标的认知为基础的。消费者如果在两个认知因素之间失调,就会主动驱使自身去减少这种矛盾,力求恢复平衡。如果把消费者购买前的预期与购买后的体验看作两个认知因素,就不难获得消费者对购买结果是否满意的解释。

总之,消费者满意度是消费者对商品或服务的期望水平与实际水平之间的主观比较。购买后的满意程度决定了消费者的购后活动,决定了消费者是否重复购买该产品,决定了消费者对该品牌的态度,并且还会影响到其他消费者,形成连锁效应。

(二)重复购买与品牌忠诚

品牌忠诚指消费者对某一品牌具有特殊的嗜好,因此在不断购买此类产品时,仅仅是认品牌而放弃对其他品牌的尝试。品牌忠诚度高的顾客对价格的敏感度较低,愿意为高质量支付高价格,能够认识到品牌的价值并将其视为朋友与伙伴,也愿意为品牌作出贡献。

品牌忠诚的首要功能在于可以方便消费者进行产品选择,缩短消费者的购买决策过程。选择知名的品牌,对于消费者而言无疑是一种省事、可靠又减少风险的方法。

(三)购买后不协调

消费者在购买产品(特别是购买住房、汽车、计算机等高介入产品)后会考虑自己的购买选择是否最佳的问题。购买后不协调是指消费者在购买产品后对自己的购买决策感觉到心理上不平衡。如消费者在购买别克汽车后可能会有这样的焦虑:奥迪汽车可能更适合自己的形象或社会地位,如果当初购买奥迪汽车就好了,可能不会像现在这样后悔。消费者购买后如果认知不一致,心里就会处于不平衡的紧张状态,从而发展为不满意的情绪。

第四节 消费者满意与不满意

一、满意与不满意的形成过程

消费者在使用产品时,尤其在尝试性购买的情况下,通过产品性能同自身期望之间的差距来评价产品,这样的评价会产生三种可能的结果。

(1)实际情况与消费者的预期相匹配,消费者持中立态度。

(2)实际情况超出预期,导致消费者满意。

(3)实际情况低于预期,结果是与积极性预期不匹配以及消费者不满意。

在这三种情况中,消费者的预期同满意度紧密相连。也就是说,在进行购后评价时,消费者倾向于通过预期判断其购买经验。产品效用与消费者的期望之间的差距越大,消费者购买后产生不满意的体验就越深刻。

此外,差距对个人的重要性和差距能够被修正的程度以及购买的费用(包括时间和金钱)有关。不同的消费者、同一消费者在不同购买问题上的不满情绪的表达方式可能存在差异。

由于期望的绩效水平与实际绩效是消费者满意与否的主要决定因素,因此,企业应对产品和服务的绩效予以了解。一项关于消费者转换服务提供商的原因的研究表明,绝大多数消费者不会从一个满意的服务商转向更好的服务商,相反,他们转换服务商是因为现有服务商不能令他们满意。

对于很多产品,绩效包括两个层面:工具性绩效和象征性绩效。工具性绩效与产品的物理功能的正常发挥有关,象征性绩效与审美或形象强化有关。运动衣的耐用性属于工具性绩效,而其款式、颜色则是象征性绩效。评价一个产品时,是工具性绩效还是象征性绩效更重要呢?这一问题的答案无疑随产品类别和消费者群体的不同而异。

然而,一项关于服装的研究,对了解这两种绩效如何相互作用提供了帮助。服装有五大主要功能:保护身体免受环境伤害、增强对异性的吸引、审美与感官满足、身份与地位的标志和自我形象的延伸。除了保护作用外,其余功能都属于象征性绩效范畴。然而,通过对退回的衣服、购买抱怨和被扔掉衣服的研究,人们发现,服装的物理缺陷是导致消费者不满的主要原因。另一项关于期望绩效、实际绩效与购买满意之关系的研究,得出了以下一般性结论:"不满意是由工具性绩效令人失望造成的,而完全满意同时要求象征性绩效达到或超过期望水平。"虽然这一结论不一定能推广到服装以外的其他类别的产品上,但它却提醒企业应将导致不满的属性绩效保持在最低期望水平,同时尽量将导致满意的绩效保持在最高水平。

二、影响消费者满意的因素

(一) 产品因素

消费者过去对产品的体验、产品的价格、产品的外部特征均会影响消费者对产品的预期,如果本产品较竞争品价格高,过去体验和口碑均好,消费者自然会期待该产品可以满足较高的绩效与品质标准。

(二) 促销因素

企业如何宣传其产品以及用什么样的方式与消费者沟通,也会影响消费者对产品的预期,例如,企业在广告中大力宣传其产品的可靠性、耐用性,试图树立产品的优质形象,由此可能使消费者对产品品质产生比较高的预期。如果消费者实际感受到的品质低于这一预期,就可能引起不满情绪。美国一家旅店曾推出一项促销计划,若给客人带来麻烦和问题,旅店愿意免费提供一晚住宿。这一计划失败了,原因是它提高了众多客人对旅店服务质量的预期,由此引起客人大量不满,致使旅店无法兑现其承诺。

(三) 竞争品牌的影响

消费者对某一产品或服务的预期并不是在真空中发展起来的,他们在预期形成过程中会充分利用过去的经验和现有一切可能的信息,尤其是关于使用同类产品的体验和有关这些产品的信息。目前,国内一些企业强调其生产的产品采用国际先进技术,或者产品的关键零部件是由某国外厂商提供的,其目的在于提高消费者对产品品质的预期,从而激发消费者试用的欲望。

(四) 消费者特征

一些消费者较另一些消费者对同一产品有更多的要求与期望。换句话说,有些消费者对产品较为挑剔,另一些消费者则较为宽容。例如,在吃的方面,南方人较北方人似乎有更高的期待;在穿的方面,女性较男性似乎更为讲究和有更高的要求。

(五) 产品的品质与功效

产品的实际表现与消费者对产品的认知在很多情况下是一致的，但有时也存在不一致的情况，因为除了产品的实际功效与品质以外，还有一些其他因素影响消费者的认知。然而，在一般情况下，消费者对产品的认知是以产品的实际品质为基础的。如果产品货真价实，不管原来预期如何，消费者尽早会调整其预期，逐步对产品产生满意感。相反，如果产品实际品质很差，即使原来对质量不能确定，一旦买到了质量很差的廉价产品，消费者仍会表达其不满。

(六) 消费者对产品的态度和情感

基于过去经验形成的态度和情感，对消费者评价产品有很大的影响，消费者对产品的评价并不完全以客观的认知因素为基础，而带有一定的情感色彩。

(七) 对交易是否公平的感知

消费者对产品是否满意，还取决于消费者认为交易是否公平合理。一旦消费者认为自己是受剥夺或受剥削的一方，心里就会不平衡，从而导致不满情绪的产生。消费者对"公平"的感知与其所拥有的文化背景、所受的教育程度以及价值观等多种因素有关。

(八) 消费者的归因

所谓归因（attribution），是指人们对他人或自己行为原因的推理过程。具体而言，是对他人或自己的行为过程所进行的因果解释和推理。归因理论最早由美国心理学家海德提出，后来经凯利、琼斯和戴维斯、韦纳的发展，日益严谨和完善。它为人们如何对各式各样行为作出解释提供了理论基础。

消费者在购买和使用产品过程中会对企业的各种行为、其他消费者的行为以及产品品质好坏作出归因。例如，当产品出现故障时，消费者可能将其归因于生产或销售企业，也有可能将其归因于自己使用不当或运气不好，或恶劣的气候、糟糕的环境等外部因素。当消费者将产品归因于生产或销售企业时，将对产品产生不满；而在另外的归因情况下，则可能采取较为宽容的态度。曾经有一个调查，询问乘客在航班误点时的反应。结果发现消费者是否不满，很大程度上取决于归因类型。如果将误点与航空公司可以控制的因素相联系，乘客的愤怒和不满程度就比较深。

对某个行为作出归因，涉及三个方面的因素，即消费者或行为人、客观刺激物（如产品）、所处关系或情境。对行为作出正确归因，取决于以下三个变量。

①区别性，即消费者是否对同类其他刺激作出相同反应。
②一贯性，即消费者是否在任何情境和任何时候对同一刺激作出相同反应。
③一致性，即其他消费者对同一刺激是否也作出了与行为人相同的反应。

例如，企业获得了某一用户对产品的好评，企业是否沾沾自喜，将其归因于产品的内在品质呢？恐怕不能简单地得出这种结论。也许是因为写好评的人心情特别好，或者生性喜欢赞许他人。只有了解写该好评的人平生从来或很少对别的产品给出好评，在同样的心境下他也没有给好评的习惯，同时，有不少消费者表达过对该产品的赞许，此时，才能得出确实是企业产品品质超群才赢得赞许的结论。对企业来说，重要的是了解消费者是如何作出归因的，并引导他们作出正确的和有利于企业发展的归因。著名的百事可乐公司在对可口可乐公司发起强劲攻势的过程中，曾邀请一些消费者"蒙眼"品尝两种可乐，结果大多数被试消费者喜欢"百事可乐"的口味。百事可乐公司将此摄制成广告片宣传，由此使其市场份额急剧上升。面对咄咄逼人的攻势，可口可乐公司则在另一收视率极高的视节目中，影射品尝活动的"被试"是为了获得上电视的机会和在电视上一展自己的风采。可口可乐公司的做法，其目的是给观众新的理由，以淡化百事可乐公司广告信息的影响，结果也相当成功。购后评价的一个重要组成部分是消费者在选择过程中可能遇到的任何不确定性和怀疑的降低。作为购后分析的一部分，消费者会试图说服自己，他们的购买是明智的。也就是说，他们试图降低购后认知失调的程度：消费者通过采用以下策略降低购后认知失调的程度：一是可能将决策是明智的命题进行合理化；二是可能会搜寻广告信息以支持自己的决定，同时避免看到竞争品牌的广告宣传；三是可能会试图去说服朋友或者邻居购买相同的品牌，通过这种方式坚定自己的选择，或者也可以到一些满意的使用者处寻找安全感。

三、消费者不满意的表达方式

消费者表达不满的方式一般有以下几种。

（一）自认倒霉，不采取外显的抱怨行为

消费者之所以在存在不满情绪的情况下采取忍让克制态度，主要原因是其认为采取抱怨行动需要花费时间、精力，所得的结果往往不足以补偿其付出。很多消费者在购得不满意的产品后，未见其采取任何行动，大多恐怕是抱有这种"抱怨也无济于事"的态度。尽管如此，消费者对品牌或店铺的印象与态度显然发生了变化。换句话说，不采取行动并不意味着消费者对企业行为方式的默许，这一点企业应谨记。

（二）采取私下行动

比如转换品牌，停止光顾某一商店，将自己不好的体验告诉熟人和朋友使他们确信选择某一品牌或光顾某一商店是不明智之举。

（三）直接对零售商或制造商提出抱怨，要求补偿或补救

如写信、打电话或直接找销售人员或销售经理进行交涉，要求解决问题。

（四）要求第三方予以谴责或干预

比如向地方新闻媒体写抱怨信，诉说自己的不愉快经历；要求政府行政机构或消费者组织出面干预，以维护自己的权益；对有关制造商或零售商提出法律诉讼等。

研究显示，只有一小部分不满的消费者直接对企业采取抱怨行动。安德鲁逊（Andreason）和培斯特（Best）在对2 400户居民的调查中发现，大约有1/5的购买在不同程度存在不满意的情况。在不满情形下，消费者采取抱怨行动的不足一半。至于消费者将采取何种抱怨行动，部分取决于其所购产品或服务的类型。对于价值不大但经常购买的产品，若有不足15%的不满，消费者会采取某种抱怨行动；而对于汽车等耐用消费者，若出现不满，50%以上的消费者会诉诸某种行动。对不满采取抱怨行动最频繁的是服装类产品，大约有75%的不满顾客将采取抱怨行动来表达自己的不满。

一般而言，消费者抱怨是基于两个方面的考虑。第一，获得经济上的补偿。比如要求更换产品、退货或者要求商家对其所蒙受的损失予以补偿。第二，重建自尊或维护自尊。当消费者的自我形象与产品购买紧密相连时，不满意的购买可能极大地损害这种形象。想象一下，在盛大的婚姻或其他庆典上喝假"茅台"酒的窘境，就不难解释主人当时的愤怒和事后可能采取的抱怨行动。

四、消费者满意的表达方式

如前所述，不满的消费者不大可能继续使用同一品牌，而且很可能向同事、亲友表达不满，相反满意的消费者则可能向他人推荐产品，重复选择产品甚至形成品牌忠诚。

（一）向他人推荐产品

在"购买行为的决策阶段"中曾经介绍过，消费者获得信息的来源分为内部信息和外部信息，而个人来源是外部信息获得的主要来源。个人来源包括家庭、朋友、邻居熟人。在消费者购买某一产品或服务且满意的情况下，他就会向他的家人、朋友、邻居和熟人推荐此产品，成为产品信息传播的渠道。

（二）重复购买

在满意的消费者中，相当大的一部分可能成为重复购买者。重复购买是指在相当长的时间内选择一个品牌或极少几个品牌的人。重复购买者可分为两种类型，即习惯型购买者和忠诚型购买者。前者重复购买某种产品是由于习惯，或者其购物地点没有更好的备选品，或该品牌是最便宜的。忠诚型购买者则是对某种产品或某个品牌产生了一种特别偏好，甚至形成了情感上的依赖，从而在相当长的时期内重复选择该品牌。

（三）品牌忠诚

重复购买者中有相当一部分对某一产品或品牌产生了忠诚，所谓品牌忠诚，是消费者对某一品牌形成偏好、试图重复选择该品牌的倾向。理解品牌忠诚应把握以下几点。

①品牌忠诚是一种非随意性的购买行为反应，偶然性连续选择某一品牌，不能视为品牌忠诚。

②消费者在长时间内对某一品牌表现出强烈的偏好，并将这种偏好转化为购买行动或购买努力，单纯口头上的偏好表示不能作为确定品牌忠诚的依据。这同时也意味着，确定消费者对某一品牌是否忠诚，仅凭通常采用的问卷法是不够的，历史数据才是衡量品牌忠诚的基础。

③品牌忠诚是某个决策单位如家庭或个人的行为。

④品牌忠诚可能涉及消费者选择域中的一个品牌，也可能涉及一个以上品牌，当然，在同一产品领域消费者选择的品牌越多，其品牌忠诚程度越低。

⑤品牌忠诚是决策、评价等心理活动的结果。

本章小结

消费者购买决策一般包括问题认知、信息搜集、备选方案评估、购买决策和购后行为五个阶段。

问题认知是指消费者意识到理想状态与实际状态存在差距，从而需要采取进一步行动。影响问题认知的非营销因素很多，主要有时间和环境的变化、产品获取与消费、个体差异、不满意与配套产品等。

当消费者察觉到能够通过购买和消费产品满足需求时，信息搜集就开始了。消费者的信息来源有个人来源、商业来源、公共来源、经验来源。信息搜集过程还受到产品、环境、相关的价值、消费者本身的影响。信息搜集过程中关于品牌的考虑顺序如下：全部品牌、知晓品牌、可供考虑的品牌、选择品牌、决定品牌。

在搜集信息的基础上，消费者将采用一定的评价标准对其所考虑到的备选品进行评价和比较。消费者采用的评价标准有时比较多，有时比较少，而且各评价标准的相对重要性也不一样。消费者常用的选择规则有5种，即连接式规则、重点选择规则、按序排除规则、编纂式规则和补偿性规则。

一旦确定了要购买的产品或品牌，接下来消费者很可能采取实际的购买行动。然而，也有一些因素如他人态度、购买风险、意外情况使消费者改变购买意向。

在购后行为阶段，消费者在使用产品时，（尤其在尝试性购买的情况下）通过产品性能与自身期望之间的差距来评价产品。这样的评价会产生三种可能的结果：

①实际情况与消费预期相匹配，消费者持中立态度；
②实际超出预期，结果是积极性预期匹配，使消费者满意；
③实际低于预期，结果是积极性预期不匹配以及消费者不满意。

消费者对产品的满意或不满意感会影响其以后的购买行为。如果消费者对产品满意，则在下一次购买中，将极可能继续购买该产品。对产品不满意感的消费者可以放弃或退货或寻求某些保护其自尊的手段，如进行产品投诉。

关键概念

问题认知　连接式规则　重点选择规则　按序排除规则　补偿性规则　归因
重复购买　品牌忠诚

习题

1. 消费者购买决策过程分为几个阶段？
2. 哪些原因促使消费者认知问题、产生需求？
3. 搜集信息过程中的影响因素有哪些？
4. 零售店的规模和距离是如何影响消费者对商店的选择的？
5. 影响消费者满意度的因素有哪些？
6. 消费者对企业不满和抱怨时作出了哪些反应？这些反应措施有效吗？

参考文献

[1] 埃森哲. 赢得并留住数字消费者[R]. 北京: 埃森哲（中国）有限公司, 2013.

[2] 埃森哲. 中国消费者的数字化生存[R]. 北京: 埃森哲（中国）有限公司, 2014.

[3] Jap W, Kuo Y, Walters J. The Chinese digital consumer in a multichannel world[R]. The Boston Consulting Group, 2014.

[4] 曹虎, 王赛, 乔林, 等. 数字时代的营销战略[M]. 北京: 机械工业出版社, 2017.

[5] [美] 丹·艾瑞里. 怪诞行为学[M]. 赵德亮, 夏蓓洁, 译. 北京: 中信出版社, 2010.

[6] [美] 德尔·I. 霍金斯, 罗格·J. 贝斯特, 肯尼斯·A. 科尼. 消费者行为学[M]. 8版. 符国群, 译. 北京: 机械工业出版社, 2002: 前言.

[7] [美] 凯文·莱恩·凯勒. 战略品牌管理[M]. 3版. 卢泰宏, 吴水龙, 译. 北京: 中国人民大学出版社, 2009.

[8] 卢泰宏, 周懿瑾. 消费者行为学——中国消费者透视[M]. 2版. 北京: 中国人民大学出版社, 2015.

[9] 麦肯锡. iConsumer 2015 中国数字消费者调查报告: 对选择和变化日益强烈的渴望[R]. 北京: 2015.

[10] [美] 莫文 JC, 米勒 MS. 消费者行为学[M]. 4版. 符国群, 译. 北京: 清华大学出版社, 2003: 3.

[11] [美] 尼葛洛庞帝. 数字化生存[M]. 胡泳, 范海燕, 译. 海口: 海南出版社, 1997.

[12] [美] 尼古拉斯·克里思达基斯, 詹姆斯·富勒. 大连接[M]. 简学, 译. 北京: 中国人民大学出版社, 2013.

[13] [美] 特蕾西·塔滕, 迈克尔·所罗门. 社会化媒体营销[M]. 李季, 宋尚哲, 译. 北京: 中国人民大学出版社, 2014: 20-23.

[14] 汪丁丁. 行为经济学要义[M]. 上海: 上海人民出版社, 2015.

[15] 郑毓煌. 理性的非理性[M]. 北京: 中国商业出版社, 2013.

[16] [美] 迈克尔·R. 所罗门. 消费者行为学[M]. 10版. 卢泰宏, 杨晓燕, 译. 北京: 中国人民大学出版社, 2014.

[17] Ajzen I. From intentions to actions: A theory of planned behavior[M]//Kuhl J, Beckmann J. Action control. Berlin Heidelberg: Springer, 1985: 11-39.

[18] Ajzen I. The theory of planned behavior[J]. Organ Behav Hum Decisi Process, 1991, 50 (2): 179-211.

[19] Arnould E J, Thompson C G. Consumer culture theory (CCT): Twenty years of research[J]. J Consum Res, 2005, 31 (4): 868-882.

[20] Baker M J, Saren M. Marketing theory: A student text[M]. London: SAGE, 2010: 263-

268；272.

［21］ Bartels R. The history of marketing thought ［M］. 3rd ed. Columbus：Publishing Horizons, 1988：194 – 198.

［22］ Blackwell R D, Miniard P W, Engel J F. Consumer behavior ［M］. 9th ed. Ft. Worth, TX：Harcourt College Publishers, 2001.

［23］ Carter B, Brooks G, Catalano F, et al. Digital marketing for dummies ［M］. Chichester, United Kingdom：John Wiley & Sons, 2007.

［24］ Charmonman S, Chorpothong N. Digital lifestyle and the road ahead ［J］. Int J Comput Internet Manage, 2005, 13 (SP3)：2.1 – 2.8.

［25］ Clark L H. Consumer behavior volume II the life cycle and consumer behavior ［M］. New York：New York University Press, 1955.

［26］ Clark L H. Consumer behavior：Research on consumer reactions ［M］. NY：Harper & Brothers, 1958.

［27］ Court D, Elzinga D, Mulder S, et al. The consumer decision journey ［J］. McKinsey Quart, 2009, 3 (3)：1 – 11.

［28］ Edelman D C. Branding in the digital age ［J］. Harv Bus Rev, 2010, 88 (12)：62 – 69.

［29］ Engel J F, Kollat D T, Blackwell R D. Consumer behavior ［M］. New York：Holt, Rinehart & Winston, 1968.

［30］ Fullerton R A. The birth of consumer behavior：Motivation research in the 1940s and 1950s ［J］. J Hist Res Mark, 2013, 5 (2)：212 – 222.

［31］ Hawkins D I, Mothersbaugh D L. Consumer behavior：Building marketing strategy ［M］. 12th ed. New York：McGraw – Hill/Irwin, 2012.

［32］ Helgeson J G, Mager J, Kluge E A. Consumer research：Some history, trends, and thoughts ［A］. Sheth J N, Tan C T. Historical perspective in consumer research：National and international perspectives ［C］. Singapore：Association for Consumer Research, 1985：155 – 159.

［33］ Howard J A. Consumer behavior：Application of theory ［M］. New York：McGraw – Hill, 1977.

［34］ Howard J A, Sheth J N. The theory of buyer behavior ［M］. New York：John Wiley and Sons, 1969.

［35］ Hirschman E C. Humanistic inquiry in marketing research：Philosophy, method, and criteria ［J］. J Mark Res, 1986, 23 (3)：237 – 249.

［36］ Hudson L A, Ozanne J L. Alternative ways of seeking knowledge in consumer research ［J］. J Consum Res, 1998, 14 (4)：508 – 521.

［37］ Kollat D T, Blackwell R D, Engel J F. The current status of consumer research：Developments during the 1968 – 1972 period ［A］. Venkatesan M. Advances in consumer research ［C］. Ann Arbor, Michigan：Association for Consumer Research, 1972, 3：576 – 585.

［38］ Kotler P T, Armstrong G. Principles of marketing ［M］. 17th ed. Upper Saddle, N. J.：Pearson, 2017.

[39] Kotler P, Keller K L. Marketing management [M]. 15th ed. Upper Saddle River, N. J.: Pearson, 2015: 623-628.

[40] Krishnan B C. Legends in marketing: Jagdish Sheth [M]. India: Sage Publications, 2010.

[41] Lawson R. Consumer behavior [M]//Baker M J, Saren M. Marketing theory: A student text. London: SAGE, 2010: 264; 269-270.

[42] Leedecker C H. Historical dimensions of consumer research [J]. Hist Archaeol, 1991, 25 (2): 30-45.

[43] Negroponte N. Being digital [M]. New York, United States: Alfred A. Knopf, Inc., 1995.

[44] Rowles D. Digital branding: A complete step-by-step guide to strategy, tactics and measurement [M]. 3rd ed. London: Page, 2014.

[45] Ryan D, Jones C. Understanding digital marketing: Marketing strategies for engaging the digital generation [M]. London: Page, 2009.

[46] Schiffman L G, Kanuk L L. Consumer behavior [M]. Englewood Cliffs, N. J.: Prentice-Hall, 1978.

[47] Schiffman L G, Wisenblit J. Consumer behavior [M]. 11th ed. Englewood Cliffs, N. J.: Pearson-Hall, 2015.

[48] Scott W D. The psychology of advertising [M]. Boston: Small, Maynard & Co., 1908.

[49] Sirgy J M. Self-concept in consumer behavior: A critical review [J]. J Consum Res, 1982, 9 (3): 287-300.

[50] Solomon M R. Consumer behavior: Buying, having, and being [M]. 11th ed. Boston: Pearson, 2005.

[51] Wang X, Bendle N T, Mai F, et al. The journal of consumer research at 40: A historical analysis [J]. J Consum Res, 2015, 42 (1): 5-18.